KB210426

도서출판 대장간은
쇠를 달구어 연장을 만들듯이
생각을 다듬어 기독교 가치관을
바르게 세우는 곳입니다.

대장간이란 이름에는
사라져가는 복음의 능력을 되살리고,
낡은 것을 새롭게 풀무질하며, 잘못된 것을
바로 세우겠다는 의지가 담겨져 있습니다.

www.daejanggan.org

다니엘처럼 낯선 땅에서 하나님과 함께

지은이	김근주
초판1쇄	2019년 6월 20일
초판3쇄	2023년 12월 5일
펴낸이	배용하
책임편집	배용하
등록	제364-2008-000013호
펴낸곳	도서출판 대장간
	www.daejanggan.org
등록한곳	충남 논산시 매죽헌로1176번길 8-54, 101호
대표전화	(041) 742-1424 전송 0303-0959-1424
분류	기독교	구약	다니엘서
ISBN	978-89-7071-479-0 03230
CIP	CIP2019022916

 값 18,000원

낯선 땅에서
하나님과
함께...

다니엘처럼
낯선 땅에서 하나님과 함께

김근주

목차

낯선 땅에서
하나님과
함께…

다니엘서는 특이한 책이다. 풀무 불의 세 친구, 사자 굴의 다니엘처럼 어린 시절부터 무척이나 많이 들은 흥미로운 이야기가 있는가 하면, 포로로 잡혀간 청년이 마침내 왕에게 가장 신임받는 지위까지 올랐다는 성공적인 인생 이야기를 담고 있기도 하며, 7장 이후에는 쉽게 이해하기 어려운 상징적인 환상을 가득 포함하고 있기도 하다. 그래서 다니엘서는 복음과는 꽤 거리가 먼, 싸구려 고지론의 수단으로 소비되기도 하며, 다니엘서의 모든 비밀을 다 풀었다고 주장하는 '기도 많이 하며 하나님께서 비밀을 풀어주시는 것을 깨달았다는 분들'의 단골 메뉴이기도 하다.

다니엘서의 핵심적인 소재는 환상이다. 이 환상은 앞으로 임할 날을 계산해서 맞이하도록 돕는 데 목적이 있지 않다. 환상은, 우리 눈을 압도하는 거대하고 견고한 세력과 그 횡포 앞에서 결코 굴하지 않고 그 견고한 세력을 쳐서 파하실 영광의 날이 올 것임을 보인다. 그래서 참혹하고 고통스러운 현실 속에서 존엄성을 잃지 않고 끝까지 옳고 바른 가치를 포기하지 않고 살게 한다. 그렇다면 다니엘서의 환상은 단순히 신비스러운 꿈이나 종말의 순간을 미리 알기 위해 비밀스러운 지식을 동원하여 풀어야 하는 암호 같은 것이 아니라 세상을 바라보는 눈이며 세계관이라 할 수 있다.

다니엘서에 등장하는 이들은 바벨론에 포로로 끌려가서 페르시아 시대까지 살았다. 다니엘서는 낯선 땅에서 어떻게 하나님과 함께 살아갈지를 보여준다. 다니엘서가 전하는 환상은 낯선 땅을 살아가는 하나님 백성으로 그저 내세를 소망하며 살게 하지 않고, 강력하고 단단한 현실에 압도되지 않고 차근차근 믿음으로 살아가도록 돕는다. 쉽지 않은 현실을 각자도생으로 살아남는 것이 아니라, 지난 역사에 대한 비판적 반성을 통해 역사의 현실 속에 서도록 촉구한다. 같은 신앙을 가진 이들끼리만 살아남는 것이 아니라, 낯선 땅에서도 가난한 자를 지키고 보호하는 가치를 포기하지 않으며, 적대적이라 할 수 있는 바벨론 지혜자 집단을 살리기 위해 최선을 다하기도 한다. 그렇다면 다니엘서가 신실한 그리스도인의 성공담이나 말세의 날짜를 알려주고 신비스러운 하늘 지식을 알려주는 책으로 소비되는 것은 부당하다.이것은 동시에 오늘날에 출세한 기독교인을 가리켜 '요셉'에 견주는 것이나, 요한계시록을 종말에 관한 지식을 전하는 책으로 읽는 것이 부당하다는 의미이기도 하다.

  '낯선 땅을 하나님과 함께 걸어가는 사람들의 이야기', 그리고 '세계관으로서의 환상'이라는 관점으로 다니엘서를 읽어가려는 본서는 다니엘서에 대한 학문적이며 세밀한 주석을 전혀 의도하지 않았다. 그래서 학문적인 목적으로 다니엘서를 연구하려는 이들에게 이 책은 추천할 만한 것이 못된다. 처음부터 이 책 대부분의 내용은 신앙 공동체를 대상으로 한 설교로 시작되었다. 이 책의 처음 출발은 성서유니온에서 매월 발간하는 「묵상과 설교」 2014년 6월호에 실렸던 다니엘서 해설 원고였다. 덕분에 2013년 말부터 2014년3월까지 다니엘서를 살펴볼 수 있는 좋은 기회를 얻었다. 시간에 쫓겨 부실한 부분이 많았지만, 그럼에도 부족한 글을 싣도록 하신 당시 편집장이셨던 박대영목사님께 감사드린다. 이 책의 내용이 수정되고 보완된 실질적인 기회는 2014년5월부터 12월까지 8개월에 걸쳐 일산은혜교회 청년2부 예배에서 나누었던 주일 설교였다. 이전에 쓴 원고를 매주마다 다시 수정하며 다듬었고, 매주 설교 후에 제기된 청년부 지체들의 질문과 의견 역시 원고가 좀 더 나아지는데 큰 도움이 되었다. 언제나 일산은혜교회 청년2부는 필자의 다소 거칠고 강한 설교를 참고 들어주었다. 필자의 설교가 얼마나 청년2부 지체들의 신앙과 삶에 유익이 되었는지 자신 없지만, 청년2부 공동체 덕분에 적어도 필자의 구약 공부는 좀 더 꼼꼼해졌고 부지런해졌다. 청년2부 형제자매님들에게 언제나 고맙고 감사한 마음뿐이다. 특히 겨우겨우 설교만 나누기에 급급했던 필자의 부족함에도 몇 년을 한결같이 청년부 지체를 섬기고 세워주신 이낙규, 이지선 청년2부 부장집사님 내외분께 깊이 감사드린다. 마지막으로, 2019년 1월부터 3월 중순까지 일산은혜교회 수요성서학당에서 여덟 번에 걸쳐 다니엘서를 나누게 되었고, 이 기회를 통해 지난 원고를 최종적으로 다듬을 수 있었다. 소중한 기회를 마련해 주신 일산은혜교회 강경민 담임목사님께 깊이 감사드린다.

오래 묵혀 있던 글이 여기까지 오기에 기독연구원 느헤미야의 여러 과정에서 공부하셨던 최윤희 선생님의 지지와 격려가 큰 도움이 되었다. 이 책 원고를 읽고 일차 교정을 하며 내용에 대해서도 조언해준 장혜영 전도사님께도 감사드린다. 도서출판 대장간 배용하 대표님이 흔쾌히 출판하시겠다 하여 이 책이 이제 빛을 본다. 약속했던 시간을 훨씬 지날 때까지 기다려주신 대표님께 감사드린다. 그리고 배용하 대표님과 대장간의 추구와 방향을 언제나 지지하며 함께 한다.

이 책의 첫 부분, 다니엘서 1장 내용을 가장 처음 나눈 설교는 2014년 3월 12일 기독연구원 느헤미야 신학연구과정 1기 입학생들과 드린 채플에서였다. 잘 알려지지도 않은 작은 비주류 신학기관이 이제 갓 만든 과정에 공부하겠다며 용기있게 지원했던 1기 학우들의 그 열정과 생생한 눈빛이 아직도 마음에 남아 있다. 주님께서 그들의 앞길을 진리와 은혜 가운데 늘 인도해주시길. 언제나 그렇듯이 느헤미야의 학우들과 선생님들은 필자의 모든 공부와 고민을 함께 하는 소중한 동역자이다. 이분들이 있어 필자의 공부에 기쁨이 있고 소망이 있다. 우리는 다니엘처럼 낯선 땅에서 하나님과 함께 그 나라의 환상을 품고 계속 같이 걸어갈 것이다.

01. 바벨론 땅에 끌려간 다니엘과 세 친구
다니엘 1:1-7

예언서이며 성문서인 다니엘

기독교 전통에서 다니엘서는 예언서로 분류된다. 그러나 예언서들은 모두 첫머리에 '하나님의 말씀이 누구누구에게 임했다' 혹은 '누구누구에게 임한 하나님의 말씀'과 비슷한 형식으로 시작한 데 비해, 다니엘서 첫머리는 예언자의 이름을 전혀 소개하지 않는다는 점에서 예언서와 명확하게 구별된다. 본문의 배경이 되는 역사적 사건이나 시기를 언급한다는 점에서 예언서와 비슷해 보이기도 하지만 정작 예언자의 이름이 언급되지 않고 하나님의 말씀이 임함에 대한 언급이 전혀 없다는 점에서 다니엘서는 에스라, 느헤미야, 에스더와 같은 책들과 훨씬 더 공통된다. 히브리 성경에서는 다니엘서를 이러한 책들과 같은 묶음에 포함하며, 통상 이러한 묶음을 '성문서成文書'라고 부른다. 그러나 기독교 성경에서 다니엘은 에스겔과 호세아 사이에 놓여 '예언서'로 분류된다. 주후 4세기 사본인 바티칸 사본과 5세기 알렉산드리아 사본 모두에서 현재의 위치와 다르긴 해도, 다니엘서는 예언서들과 함께 배열되어 있다. 그런 점에서 다니엘서를 어떻게 보는가가 초기 기독교와 유대교를 가르는 여러 차이 가운데 하나라고 볼 수 있다.

위에서 언급한 대로, 본문 첫머리가 보여주는 특징은 다니엘서를 예언서보다 성문서로 보는 것이 타당함을 알려준다. 성문서에 속한 책들은 대체로 '하나님과 더불어 일상을 어떻게 살아갈 것인가'를 다룬다는 점에서, 성문서에 속한 다니엘서는 낯선 땅에서 어떻게 일상을 살아갈 것인가를 전하는 책으로 읽어야 한다고 볼 수 있다. 한편 다니엘서 자체가 스스로 어떻게 표현하는가와는 별개로 초기 기독교 전통은 다니엘서를 예언서라 읽었고 그렇게 오늘까지 전해왔다. 다니엘서는 이러한 기독교 전통을 통해 오늘 우리에게까지 전해졌다는 점에서, 예언서로서의 다니엘서라는 성격 역시 결코 무시하거나 함부로 할 수 없는 점이라 할 수 있다. 다니엘서를 예언서로 읽는다는 것은, 현재의 현실은 죄로 말미암아 비롯된 현실임을 알리는 책 그리고 현재가 다가 아니라 다가올 새롭고도 놀라운 미래가 있음을 알리고 증언하는 책으로 읽는다는 것을 의미한다. 요약하자면 성문서로서의 다니엘서는 일상을 강조하고 예언서로서의 다니엘서는 미래를 강조한다. 이 두 가지 특징은 어느 하나를 버릴 필요 없이 다니엘서 이해를 더욱 풍성하게 한다. 결론적으로는, 일상을 어떻게 살아갈 것인가를 다루는 책이 기독교 신앙 안에서 다가올 궁극적 변화의 미래를 소망하는 이들이 어떻게 일상을 살아갈 것인가를 다루는 책으로 그 의미가 확장되었다고 말할 수 있을 것이다.

다니엘서와 역사, 역사의 의도

다니엘서의 첫머리는 다니엘서 내용이 시작되는 역사적 배경을 알려준다. 이에 따르면 유다왕 여호야김 3년에 바벨론 왕 느부갓네살이 예루살렘을 함락시켰고 예루살렘 성전 그릇 일부를 탈취하고 이스라엘 자손 가운데 왕족과 귀족 청년들을 포로로 끌고 갔다.단 1:1-7 그러나 이러한 서술은 실제 역사와는 잘 들어맞지 않는다. 열왕기에 따르면, 여호야김 시대에 느부갓네살이 진격하여 여호야김이 삼 년을 그를 섬기다가 반란을 일으켰고 바벨론 군대와 거기에 동원된 주변 민족들의 군대로 인하여 여호야김의 유다가 멸망할 지경까지 이르렀지만, 여호야김은 어쨌든 11

년 통치한 후 그 땅에 묻혔다.왕하 24:1-6 역대하 36:6-7 역시 느부갓네살이 여호야김 시대에 유다를 침략한 사건을 전한다. 역대기는 이때 여호야김이 바벨론으로 포로가 되어 끌려갔고 성전 기구들도 약탈당하여 바벨론 신전에 놓았다고 전한다. 역대기는 그의 아들 여호야긴 역시 느부갓네살이 보낸 군대에 사로잡혀 바벨론으로 끌려갔다고 전하기도 한다.대하 36:9-10 그러나 여호야김을 포로로 끌고 가면서 유대 왕을 따로 세우지 않았다는 점에서, 여호야김의 사로잡힘에 대한 역대기의 진술은 역사적 사실을 정확히 반영한 것이라 보기 어렵다.역대기에 따르면 요시야가 전사한 이래 유다의 모든 왕은 이방에 끌려간 것으로 되어 있다[대하 36:1-21] 열왕기서에 따르면, 그의 아들 여호야긴이 즉위한 후 석 달 조금 지나서 느부갓네살이 다시 진격하였고, 왕을 비롯한 "예루살렘의 모든 백성과 모든 지도자와 모든 용사 만 명과 모든 장인과 대장장이 … 왕의 어머니와 왕의 아내들과 내시들과 나라에 권세 있는 자 … 용사 칠천 명과 장인과 대장장이 천 명 곧 용감하여 싸움을 할 만한 모든 자"를 포로로 끌고 갔고,왕하 24:14-16 성전의 모든 보물 역시 약탈하였다.24:13 여호야긴의 사로잡힘은 예레미야서렘 22:24-26; 24:1; 28:3-4; 29:1-2; 52:31와 에스겔서겔 1:2를 비롯한 다른 본문에서도 증언된다.대상 3:17; 에 2:6; 참고. 마 1:11 이를 고려하면, 여호야김의 사로잡힘에 대한 역대기의 진술은 역사적 사실을 반영한 것이라기보다는 요시야 이래 왕들에 대한 신학적 평가를 반영한 것이라 볼 수 있다. 여호야김 3년에 느부갓네살의 손에 왕과 성전 기구가 넘겨졌다는 다니엘서 첫머리 역시 역대기 본문과 비슷한 맥락이라 할 수 있는데, 이 역시 엄밀하게 정확한 사실의 반영이라 보기 어렵다. 더더욱 이 시기에 다니엘과 같은 "소년"들이 끌려갔다는 진술은 여호야긴과 시드기야 시대 관련 포로 사건에 대한 다른 본문에서 찾아보기 어려운 내용이라 할 수 있다.

다니엘서 내용이 역사적으로 확인되기 어렵다는 점을 보여주는 또 다른 부분은 벨사살을 바벨론의 마지막 왕으로 서술하는 5장이다. 고대 중동의 기록들에 따르면 바벨론의 마지막 왕은 나보니두스이며 벨사살은 그의 아들로 되어 있다는 점에서, 다니엘서 기록은 엄밀하지 않다. 아울러 바벨론 다음에 세상을 차지한 이가 "메대 사람 다리오"라 되어 있는데,단 5:30-31 이 인물 역시 성경 외 다른 곳에서는 확인되지 않는다. 다니엘 9:1에서는 "메대 족속 아하수에로의 아들 다리오가 갈대아 나라 왕으로 세움"을 받았다고 전하는데, 이 역시 확인하기 몹시 어려운 본문이다. "메대 사람 다리오"에 대한 언급은 다니엘 11:1에서도 볼 수 있다. 페르시아에서 "아하수에로"는 "다리오" 다음에 왕이 된 이이다.스 4:5-6; 참고. 에 1:1 가톨릭 성경에 포함된 토빗서의 경우 시내산 사본에 반영된 긴 본문 전통과 나머지 대문자 사본 등이 보존한 짧은 본문 전통이 있는데, 짧은 본문 전통의 토빗서 14:15에 따르면 아하수에로는 느부갓네살과 함께 니느웨를 멸망시킨 이로 등장하는가 하면, 가톨릭 성경 토빗서에 반영된 긴 본문 전통 토빗서 14:15에서는 니느웨를 멸망시킨 이가 "메대의 왕 아키아카로스"라고 언급된다. 다니엘 9:1의 언급은 토빗서가 간직한 전통과 통하는 바가 있다. 한편 다니엘서는 다리오를 두고 "갈대아 나라 왕"이라 부르는데 아마도 이것은 페르시아 왕 고레스를 두고 "바벨론 왕"이라 부르는 에스라 5:13, 아닥사스다를 두고 "바벨론 왕"이라 부르는 느헤미야 13:6과 비슷한 사고에서 비롯된 표현일 것이다.사실, 에스라 6:14는 고레스, 다리오, 아닥사스다 모두를 가리켜 "바사 왕"이라 부른다 여기서 "바벨론 왕"은 이스라엘을 지배하는 이방 왕을 상징하는 일종의 코드 혹은 암호라고 말할 수 있을 것이다. 성전 재건을 허용한 페르시아 왕을 가리켜 "앗수르왕"이라 표현하는 에스라 6:22 역시 같은 맥락으로 이해할 수 있다. 다른 구약 본문에서도 그렇지만, 다니엘서에서 이방 왕에 대한 부분은 그리 엄밀하고 엄격하게 진술되지 않았다고 볼 수 있다.

아울러 바벨론 왕들이 특정한 종교의식 준수를 요구했다는 점 역시, 역사적 증거를 전혀 찾아볼 수 없다.[1] 이상의 내용을 고려할 때, 다니엘서에 역사가 다루어지고 언급되지만 다니엘서를 '역사책' 같은 것으로 볼 수 없다고 결론 내릴 수 있다. 다니엘서는 역사를 전하고 싶은 글이 아니라, 역사를 배경으로 하여 하나님과 그 하나님을 섬기는 이들의 삶을 그려주고 있는 글이다. 유의할 것은, 다니엘서가 역사를 초월한 무시간적 진리가 아니라 역사와 결부되고 역사 속에서 의미를 지니는 진리를 전한다는 점이다. 흔히 성경이 제시하는 역사가 사실 그대로의 역사이며 일반 역사와 충돌될 경우 성경이 제시하는 역사를 좀 더 정확한 역사로, 언젠가는 사실로 입증될 역사로 보려는 경향이 기독교 교회 안에 존재하지만, 오히려 훨씬 중요한 것은, 하나님의 영원한 진리가 특정한 역사를 배경으로 전달된다는 점이라 할 것이다. 성경은 정확한 역사를 전달하려는 책이 아니라 역사의 의미를 묻는 책이며, 역사 속에서 하나님의 행하심을 보이는 책이다. 그러므로 역사를 간과한다면 하나님의 행하심도 알 수 없다.

다니엘서 첫머리는 다니엘서의 기본적인 배경으로 임금과 성전 그릇이 이방 왕 느부갓네살의 손에 넘어가 버린 현실을 제시한다. 1:21은 다니엘의 활동을 고레스 왕 원년까지로 표현한다. 2장은 느부갓네살 2년 되는 해를 다루며, 3-4장 역시 느부갓네살 시대를 배경으로 한다. 5장은 바벨론 시대의 마지막으로 벨사살 왕을 다루며 5장 마지막에서는 갈대아 왕 벨사살이 죽고 메대 사람 다리오의 시대가 임하였음을 보여주고, 5:30-31; 또한 9:1 6장은 다리오의 시대를 다룬다. 6:28은 1:21과 마찬가지로 다니엘의 시대가 바사 사람 고레스 시대까지였음을 이야기한다. 또한 10:1 이

---

1) P.R. 데이비스 지음, 심정훈 옮김, 「다니엘 연구 입문」 (기독교문서선교회, 2017), 47.

처럼 다니엘서 1-6장은 바벨론-메대-페르시아로 이어지는 순서를 따라 배열되었다. 실제 역사에서 메대라는 나라가 어느 정도 역할을 했는지 알기 어렵고 구약 안에서도 메대에 대한 언급은 그리 찾아보기 어렵다. 그리고 바벨론은 주전 539년경 페르시아의 고레스에게 항복하는 것으로 멸망하였다는 점에서, 다니엘서가 제시하는 역사와 조화되기 쉽지 않다. 중요한 것은 실제 이루어진 역사보다는 다니엘서가 제시하는 역사 그리고 그 역사의 의도일 것이다. 그와 더불어 다니엘서 7-12장은 바벨론-메대-페르시아의 시대를 이어 헬라 시대가 올 것을 이야기한다.8:20-21; 10:20 그러므로 다니엘서는 역사의 흐름을 바벨론-메대-페르시아-헬라로 이어지는 시대로 표현한다고 볼 수 있다. 다니엘서에 따르면 다니엘은 처음 세 시대를 살고 경험했으며, 다가오는 헬라 시대에 이루어질 일을 예고한다.

다니엘서는 다니엘의 시대를 이 세 나라의 시대로 표현한다. 이 세 나라가 지배하는 동안 다니엘과 그의 세 친구로 대표되는 하나님 백성 이스라엘이 존재했다. 다니엘서는 이러한 참담한 지경을 매우 담담하게 그린다. 이것이 다니엘서의 배경이다. 유다의 왕 여호야김이 다스리던 시절, 당시의 초강대국이었던 바벨론이 유다를 침공하여 예루살렘을 포위하였고, 아마도 한동안 저항했겠지만 결국 힘이 약했던 유다는 바벨론 앞에 무릎을 꿇게 되었다. 여호야김 3년에 왕은 바벨론에 항복했고, 그 대가로 하나님의 성전에 있던 그릇들을 바벨론에 바쳐야 했다. 느부갓네살은 그렇게 가져간 성전 그릇들을 자신의 신전에 가져다가 그 신들의 보물 창고에 보관했다. 이때 빼앗겼던 성전 그릇이 5장 사건과 연결되기도 한다. 그런 점에서, 다니엘서 첫 부분은 굴욕 가운데 이방 땅에 끌려가서 살게 된 유대 청년들이 처한 현실, 이후에 펼쳐질 그 모든 내용을 위한 무대 설정이라 할 수 있다. 이처럼 다니엘서의 역사는 다니엘서 내용을 풀어가기 위한 배경 설정이다.

이방 왕의 손에 넘겨진 예루살렘 단 1:1-4

예루살렘은 바벨론 왕 느부갓네살에게 포위당하였고, 왕과 성전 그
릇들이 그의 수중에 떨어졌다. 하나님의 약속이 있고, "평화"를 의미하
는 단어를 이름에 포함한 도성이 이렇게 하나님을 알지도 못하는 이들의
수중에 떨어지게 될 줄은 예전에 미처 상상도 못 했을 것이다. 다니엘서
의 첫머리에 적힌 내용은 꽤 담담해 보이기까지 한다. 그렇지만 이 담담
해 보이는 진술이 반영하는 현실은, 이방 국가에 의한 유다와 예루살렘
의 약탈당함과 불살라짐, 수많은 사람의 죽음과 고통, 사로잡힘, 그 모
든 피눈물 나는 참담함이다.

이토록 참담한 심판과 멸망은 언제나 도적같이 임한다. 그렇기에 그
들은 그날과 그때를 준비할 수도 없고 대비할 수도 없다. 물론 이미 충분
히 멸망의 징조와 예상은 있었겠지만, 때로 '설마'를 말하면서 때로 '하나
님의 약속과 구원'에 대한 근거 없는 신뢰를 내세우며 그들은 다가오는
멸망을 애써 외면하였을 것이다. 일상의 현실에서 하나님 앞에 바로 서
서 살아가지 않는 한, 그들은 심판의 그 날을 미리 준비할 수 없다. 다니
엘서의 첫 두 절은 멸망에 이른 현실 앞에 독자와 청중을 세우고 있으며,
이러한 참담함 앞에서 오늘의 우리는 어떻게 살아가야 할지를 묻는다.
설마 예루살렘이 망하고 다윗의 나라가 이렇게 몰락하랴 싶었겠지만, 그
날은 오고야 만다. 그렇다면 오늘의 한국 교회가 하나님 은혜로 망하지
않으리라 생각하거나 오늘의 한국 기독교가 참담하게 몰락하지 않으리라
여기는 기대 역시 도적같이 임하는 멸망 앞에 산산이 부서지게 될 것이
다. 다니엘서의 첫 절은 강력하고도 명백하게 경고한다. 회개하고 삶을
바꾸지 않으면 너희도 이와 같으리라.

하나님의 성전 그릇을 바벨론 신들의 보물 창고에 보관했다는 것은 매우 상징적인 행동일 것이다. 나라가 아직 멸망하지는 않았지만, 언제든 바벨론이 유다를 멸망시킬 수 있고, 이미 유다는 더는 저항하거나 버틸 수 있는 상태이지 않다는 것이 이 같은 성전 그릇 탈취의 상징적 의미로 생각해볼 수 있다. 성전 그릇 전부를 가져가는 것이 아니라 일부를 가져갔다는 것은 유다를 장악하고 지배하는 이가 누구인지를 똑똑히 기억하게 하려는 정치적인 의도였을 수 있다. 예루살렘 성전은 그들 가운데 임재하시는 하나님을 상징하지만, 바벨론은 그 하나님의 성전에 있는 그릇을 원하면 언제든 마음대로 가져갈 힘이라는 점을 확실히 각인시켰을 것이다. 실제로 그들은 여호야긴을 사로잡아 갈 때 성전 기물을 약탈했고, 그로부터 십 년 후 마침내 예루살렘을 멸망시키고 모든 성전 기구를 전부 빼앗아갔다.

또한, 유다 신의 물건들이 바벨론 신의 보물 창고에 놓이게 되었다는 점은 바벨론 신에 의해 패배당하고 꺾여 버린 유다의 신을 상징한다. 인간적인 저항이야 더 할 수 있겠지만, 성전 그릇이 약탈당했다는 점을 고려하면, 바벨론은 이스라엘의 패배가 단지 이스라엘만의 패배가 아니라, 이스라엘 하나님의 패배임을 명확히 보여주고자 했을 것이다. 그러므로 이것은 단지 무력으로 눌러 버리는 것이지 않다. 실제로 바벨론은 얼마든지 유다를 멸망시킬 수도 있었지만, 멸망시키지 않았다. 성전을 짓밟고 들어가 마음껏 기구를 약탈하는데도 아무런 기적이나 특별한 개입이 없었다는 점에서, 그들은 유다 백성들의 자존심, 그들의 신앙 전체에 대해 비웃고 조롱하고 확실히 밟아 버리고 있는 것이라고 볼 수 있다. 바벨론이 휘두른 칼은, 유다 백성들의 육체 만이 아니라 그들의 정신에, 신앙에 깊고도 지울 수 없는 상처를 내었다. 그를 통해 패배자로, 열등한 존재로, 다시는 달리 시도해볼 수 있는 것이 없는 존재로 살아가게 하는 것, 그것이 바벨론과 같은 제국의 진정한 의도일 것이다.

정신이 짓밟히고 마음이 다쳐 버리게 되면, 참으로 회복하기 어렵다. 몸이야 고생할 수도 있고, 몸이야 아플 수도 있지만, 정신이 다치고 마음이 병들면, 우리는 내내 종으로 살아가게 되고, 내내 누군가에게 지배당하는 채로, 굴욕스러운 채로 살아가야 할 것이다. 그것이 바벨론의 조치의 의미일 것이다. 이렇게 성전 그릇이 옮겨지는 것에 대한 묘사는 이스라엘이 처한 참담하고 비극적인 현실을 생생하게 보여준다. 그런 점에서 성전 그릇은 완전히 짓밟히고 장악당한 이스라엘의 현실을 상징적으로 보여준다고 할 수 있다.

바벨론의 유대 제압은 여기에서 그치지 않는다. 바벨론이 가져간 것은 단지 성전 그릇들만이지 않다. 2절과 4절히브리어 성경에서는 3절에 있지만, 번역 과정에서 개역에서는 4절에 쓰였다에 공통되게 쓰인 히브리어 동사가 있다면 그것은 '가지고 가다' 혹은 '데려오다'로 번역된 동사히브리어 '보' 동사의 사역형이다. 2-4절에서 느부갓네살은 두 가지를 유다에서 가져오는데, 첫 번째가 하나님의 성전에 있던 그릇 얼마이고 두 번째는 유다 소년들이다. 첫 번째 것은 가져와서 바벨론의 신전 보물 창고에 두었고, 두 번째 것은 가져다가 바벨론 왕궁에 두어 바벨론을 위해 봉사하고 충성할 신하로 세우고자 하였다. 이스라엘의 보물뿐 아니라 이스라엘의 또 다른 보물인 젊은 청년들까지도 바벨론으로 옮겨가서 자신들의 것으로 만들고자 하였다. 그러므로 느부갓네살이 가져간 두 가지는 유다의 미래 전부라고 해야 할 것이다. 그것이 현실이다. 그것이 다니엘서 첫머리가 그리는 유다의 현실이다.

포로가 된 유다의 소년들 3-7절

그들은 이스라엘 자손 중에서 왕족과 귀족 가운데 뛰어난 청년들을 사로잡아갔다. '흠이 없다'라는 것은 신체가 건강하며 장애가 없는 상태를 가리킬 것이다. 그리고 모든 지혜를 통찰하고 지식에 통달하며 학문에 익숙하다는 것은 지적인 영역에서의 뛰어난 자질을 가리킨다. 왕궁에 설 만하다는 것은 그렇게 왕궁에서 일할 수 있을 만한 능력을 갖추었다는 것을 의미한다. 비극적인 장면이지만, 다니엘서 본문은 이 소년들을 매우 긍정적이고 희망차게 표현한다. 이를 따르면, 신체적으로나 지적으로 매우 강건하고 탁월한 청년들이 바벨론에 먼저 끌려가게 되었다. 재능과 탁월함은 부귀영화를 위해 필요한 것이 아니라, 이같이 고난의 현장에 가장 먼저 쓰이는 데 필요한 것일 수 있다.

바벨론은 이들을 데려다가 갈대아 사람의 학문과 언어를 가르치게 하였고, 그들에게 왕의 음식과 왕이 마시는 포도주를 공급하였다. 그리고 3년을 교육한 다음에 바벨론 왕실에서 사역하게 하였다. 5절에서 '기르게 하다'로 옮겨진 것은 '자라게 하다, 양육하다, 교육하다' 등의 의미를 지닌 동사이다. 이러한 교육의 목적은 바벨론 왕실을 위한 쓸모 있는 관리의 양성이었을 것이다. 페르시아 문헌들에 따르면 3년의 교육은 종교적인 문제들에 대한 지식을 가르치기 위해 요구되는 시간이었다고 한다.[2]

바벨론이 데려간 이들은 유다의 모든 청년이 아니라 그 가운데서도 혈통이 좋고 학문과 지혜를 익힐 충분한 자질을 갖춘 이들이었다. 그 점에서 바벨론의 정책은 매우 효과적이라고 해야 할 것이다. 그들은 그들이 정복한 나라 백성들을 단순히 노예로 만들어 버리는 것이 아니라, 실제로 그들을 위해 봉사하고 충성하며 도움이 될 수 있는 이들을 양성하고자 했다. 특히 유다의 왕실과 귀족들의 후예 가운데 똑똑하고 명철한 이들을 데려다가 바벨론을 위해 복무하게 한다면 상징적으로나 실질적으

---

2) D.L. Smith-Christopher, "Daniel", *New Interpreter's Bible. A Commentary in Twelve Volumes*, vol VII (Abindgon Press, 1996), 39.

로나 모두 효과적일 것이다. 그렇게 끌려온 청년들은 3년에 걸쳐 바벨론 학문과 언어 교육을 받았다. 다니엘을 비롯한 세 사람의 이름이 바벨론식 이름으로 바뀌게 된 것에 대한 소개는 바뀐 이름 자체에 대한 어떤 주장보다는 그들의 삶이 이방에 의해 좌우되고 있음을 보여주는 예일 것이다. 그리고 그 기간 이들에게는 바벨론 왕에게 주어지는 음식과 포도주가 제공되었다.

자신들의 나라가 이방 민족에게 멸망 당하게 되고 성전 그릇들이 빼앗기게 되어 버린 현실과 바벨론 왕실에서 왕의 음식과 포도주를 먹고 마시며 학문을 배우게 된 일부 청년들의 상황은 극히 대조적이다. 어쩌면 3년의 세월은 그들의 형편과 처지를 잊어버리기에 충분한 시간이지는 않을까? 이미 망해 버린 나라를 떠올리기보다 변화된 상황 속에서 자신들의 길과 미래를 모색해야겠다는 생각을 품게 만들기에는 충분하지 않았을까? 그리고 이것이 그들에게 충분히 좋은 먹을 것과 마실 것을 아낌없이 공급하는 바벨론 당국의 의도이기도 할 것이다. 괜히 그들을 핍박하고 학대하기보다 충분히 혜택을 누리게 하고 충분히 교육을 받게 한다면 저절로 그들의 상태가 변화되리라는 의도, 충분하고도 막대한 물량과 문화를 가진 제국이 가질 수 있는 자신감이 이러한 양성 정책의 배경에 놓여 있다고 볼 수 있다. 바벨론은 자신감이 있었다. 이 청년들은 망해 버린 유다의 현재와 미래이기도 하면서, 유다를 비롯한 피정복민들을 완전히 장악하고 지배하려는 바벨론 당국의 현재와 미래라고도 말할 수 있을 것이다.

드디어 6-7절은 다니엘과 그의 세 친구를 소개한다. 이들이야말로 앞으로 다니엘서 내용의 중심인물들이다. 다니엘과 그의 세 친구는 바벨론에서 새로운 이름을 받게 되었다. "다니엘"이라는 이름은 '하나님이 나의 재판관'을 뜻하며, "하나냐"는 '여호와께서 은혜로우시도다', "미사엘"은

'하나님과 같은 이 누구인가', "아사랴"는 '여호와께서 도우셨다'를 각각 의미한다. "벨드사살"이라는 이름은 바벨론 신의 이름을 포함하며,4:8 그 신을 향해 외치는 '보호하소서!'의 의미를 지닌다고 볼 수 있다. 그리고 "아벳느고"라는 이름은 바벨론의 신인 '느고의 종'이라는 뜻을 지닌다. "사드락"과 "메삭" 이름의 의미는 알기 어렵지만, 앞의 두 이름과 견주어 보건대, 바벨론의 신 혹은 종교와 연관된 이름일 것이라 짐작할 수 있다. 끌려간 수많은 청년 중에 겨우 네 사람이 소개되었으나, 이들을 통해 낯선 땅 바벨론에서 하나님의 행하심이 드러나게 된다. 다니엘서는 이처럼 포로가 된 현실에서부터 시작한다.

다니엘서에서 몇 번 다니엘의 바벨론식 이름인 벨드사살이 언급되는 것을 볼 수 있다. 벨드사살이라는 이름은 그가 지금 사로잡혀 남의 땅에 끌려 온 자임을 상기시킨다. 본문에서 보면 다니엘과 그의 친구들은 이렇게 이름이 바뀌는 것에 대해 별달리 거부하거나 저항하지 않는다. 그 이름들이 우상과 연관된 이름임에도 큰 문제 삼지 않는다는 점은 이색적이다. 사실 주전 3세기경 이래 고대 중동 전 지역에 헬레니즘의 물결이 밀어닥쳤을 때, 많은 유대인이 헬라식 이름으로 이름을 고치는 일들이 발생했고, 어떤 이들은 한사코 유대식 이름을 고집하기도 했다. 신약성경에 등장하는 수많은 이들은 헬라식으로 이름이 바뀌어 있기도 하며, 헬라식으로 이름을 발음하기도 하였다. 헬레니즘의 물결이 밀어닥친 때로부터 주후 200년경까지 팔레스타인에서 가장 널리 쓰인 이름이 "시므온-시몬"이었다는 점은, 한편으로는 그리스식 이름이면서 다른 한편으로는 위대한 마카비 가문의 지도자이던 시몬에 대한 기념을 담고 있다는 점에서, 당시 사회의 내적 모순을 단적으로 보여준다.[3] 헬라어로 된 이름으로의 변화에 대해 유대인들은 그리 크게 문제 삼지는 않았다고 볼

---

3) 마틴 헹엘, 박정수 옮김, 「유대교와 헬레니즘」 1권, 나남: 2012, 241.

수 있다.[4] 이름의 변화는 변화된 세상을 단적으로 보여준다. 그들은 더이상 유대인들로 이루어진 어떤 폐쇄된 세상이 아니라 이방식으로 이름을 불러야 하는 이방 현실 가운데 살고 있다.

다니엘서의 이름 변화는 아마도 헬레니즘 시기 이름 변화를 반영하는 것일 수 있다. 이방 신의 이름이 포함된 이름으로 불리게 된 현실, 그것이 다니엘과 그의 친구들이 맞닥뜨린 현실이다. 더는 그들은 자신의 이름을 주장할 수도 없는 지경이 되었다. 오히려 다니엘서에서 문제 삼는 것은 삶의 방식이었다. 8절 이하 다니엘서 전체는 이러한 현실을 살아가는 하나님 백성의 삶의 방식, 삶의 모습을 보여준다. 앞서 언급했지만, 1:1-7은 다니엘서 전체를 위한 상황 설정, 배경 설정이라 할 수 있다.

그들의 나라는 바벨론이라는 강대국에 짓밟혀서 스스로 독립을 지키기 어려워졌고, 성전의 그릇들이 약탈당한 채, 이스라엘의 미래라고 할 수 있는 청년들까지 남의 땅에 끌려와 길러지고 있는 상황에 부닥치고 말았다. 이것이 벨드사살이라는 이름 안에 들어있고 반영된 현실이다. 우리는 어떻게 살아갈 것인가? 이렇게 끌려오게 되었으니, 더는 희망은 없는 것인가, 더는 무엇을 어떻게 해 볼 길은 없는 것인가? 멸망한 나라에서 이방 땅으로 끌려간 이들은 이제 어떻게 살아갈 것인가? 어떻게 그들은 낯선 땅에서 살아갈 것인가?

오늘 우리가 살아가는 현실은 어떠한가? 우리네 정교하게 돌아가는 세상에서, 수많은 직업으로 가득 차고 그 속에서 별달리 무엇을 할 수 있는 것이 없는 우리네 현실은 어떠한가? 기독교 신앙이 중심이 된 세상이 아니라, 세월호 사건과 잊을 만하면 일어나는 비정규직 청년 노동자들의 죽음에서 드러나듯, 탐욕과 이윤 추구가 전부가 되어 버린 세상에서, 우리가 하나님의 백성으로 살아간다는 것은 무엇을 의미하는가? 교회 다니

---

4) 이에 대해 헹엘의 「유대교와 헬레니즘」 1권, 221-241을 참고하라.

는 것이 안 다니는 것과 얼마나 차이가 있는 것일까?

다니엘이 살던 시대는 참으로 우울하고 소망이라고는 찾아볼 수 없는 시대였다. 우리는 다 각자가 살아가는 삶이 가장 힘들다 하고 남들은 이해 못 할 것이라고 말한다. 다니엘의 시대는 참으로 절망적인 시대요, 그들은 끌려가서 이름조차 바뀐 채로 살아가야 했던 시대, 벨드사살로 불리는 시대였다. 그러나 다니엘서는 그 시대를 살아가는 청년들을 보여준다. 벨드사살로 불리면서, 하나님과 연관된 이름으로 더는 불리지 못하게 된 시대 가운데서도 살아가는 청년들을 보여준다. 도무지 아무런 희망도 가질 수 없는 시대를 살면서도, 희망을 품고 꿈을 꾸는 이들을 보여준다. 그리고 그들에게 보여주시는 하나님의 꿈이 다니엘서 전체에 등장한다.

다니엘서와 같은 문학적 형태를 가리켜 "묵시"라고 부른다. 묵시는 revelation 즉, '드러남, 밝혀짐'을 의미하는 단어이다. 앞으로 이루어질 일에 대해 감추어졌던 비밀스러운 하나님의 뜻이 밝혀지고 드러남을 가리키는 이 문학적 양식은 주로 세상의 마지막 날에 이루어질 온 세상의 변화를 표현하기 위해 사용된다. 그러다 보니 상징적인 표현들이 수없이 나타나게 되고, 동물이나 사물에 빗대어 설명하는 예들도 많이 나타나게 된다.

다니엘서는 언제 이러한 묵시가 등장하게 되는지를 보여준다. 하나님께서 친히 풀어가시는 새로운 날, 끝날에 대한 꿈과 기대를 담은 묵시는, 다니엘 1장처럼 나라는 사라지고 이름조차 벨드사살로 불리는 시대, 남의 땅에 끌려가서 아무런 희망도 소망도 가질 수 없는 채, 제국 일부로 편입되어 살아가야 하는 시대에 주어진다. 도무지 아무런 꿈도 꿀 수 없는 시대야말로 묵시로 꿈을 꾸는 시대이다. 그러니 묵시는 꿈꿀 수 없는 시대에 꾸게 되는 꿈이라고나 할까. 주님, 이 삭막한 시대에, 이 절망이 가득한 시대에, 우리로 꿈을 꾸게 하소서.

놀랍게도 2절은 이 사건을 일러 "주께서 … 그의 손에 넘기시매"라고 표현한다. 세상의 신의 강함은 승리와 영광, 지배와 정복을 통해 드러날 것이건만, 다니엘서는 이스라엘의 패배를 일러 이스라엘의 하나님이 그의 백성을 이방 왕과 신의 손에 넘기신 것이라고 표현하고 있다. 유다의 패배를 바벨론의 신의 승리로 표현하지 않고 유다의 하나님이 행하신 일로 깨닫고 해석하게 되면서 바벨론 땅에 끌려간 유다 백성의 이야기는 온 땅의 주관자이시며 바벨론까지 사용하시는 하나님과 함께 걸어가는 하나님 백성의 이야기가 된다. 이스라엘은 승리와 강함으로 존재 의미가 있는 백성이 아니다. 이스라엘의 하나님은 세계를 정복하고 온 세상을 그 발아래 꿇게 하는 것으로 그분의 능력을 드러내는 분이시지 않다는 점은 구약 성경 전체에서 일관되게 증거된다. 비록 멸망하였고, 남의 땅에 포로로 끌려가지만, 하나님께서 그들을 넘기신 것이니, 하나님께서 새로운 일을 행하실 것이다.

바벨론을 굳이 "시날"로 표현한 것은 아마도 바벨탑이 세워졌던 장소 창 11:2를 떠올리게 하려는 의도일 것이다.참고. 슥 5:11 비록 바벨론에 끌려가고 약탈당하지만, 바벨론의 힘은 바벨탑과 같이 허망할 것임을 첫머리 구절들이 증언한다.

본문의 메시지

1. 설마 설마 하다가 마침내 멸망에 이르고 만다.

다윗의 후손이면서 하나님의 성전이 있던 예루살렘과 유다는 멸망하고 성전 그릇과 청년들이 바벨론에 끌려가고 말았다. 구원의 확신이 예루살렘을 견고하게 지키지 못했음을 기억하자. 하나님께 돌이켜 회개하지 않으면 성전도 약속도 허사가 되고 말 것이다.

2. 하나님께서 넘기셨음을 기억하자.

이스라엘의 패망은 군사력이나 경제력의 문제이지 않다. 하나님을 거역하니 하나님께서 넘기신 것이다. 우리 참담한 삶의 원인은 하나님을 떠나 버린 현실에 대한 하나님의 심판에서 비롯된다. 경제를 살리는 것이 필요한 것이 아니라, 하나님께 돌이켜 바르게 순종하는 삶이 필요하다.

3. 끝이 끝이 아니니 우리로 꿈꾸게 하소서.

다니엘과 세 친구가 끌려간 이들 가운데 있다. 남의 나라에 끌려가고 비참한 신세로 전락했다 해서, 삶이 모두 끝나 버린 것은 아니다. 하나님께서 넘기셨으니, 하나님이 회복하실 것이다. 이들의 사로잡힘은 단순히 나라의 힘이 없어서거나 경제가 약해서가 아니라 전적으로 주님께서 그들을 이방에게 넘기셔서 발생한 사건이다. 그러니 하나님께로 돌이키고 하나님 앞에 바르게 설 때, 언제든 그들은 회복될 수 있다. 바벨론 땅이지만 하나님의 역사가 끝이 난 것은 아니며, 그들의 미래 역시 끝난 것도 아니다. 사실 성전 그릇을 약탈하고 청년들을 끌고 온 바벨론은 그들의 미래를 짐작할 수 없었으니, 훗날 고레스가 바벨론을 멸망시키고 바벨론에 의해 끌려온 모든 나라의 포로들에게 귀환 명령을 내렸을 때, 느부갓네살에 의해 끌려왔던 유다 포로들은 느부갓네살이 약탈한 성전 그릇들을 가지고 다시 팔레스타인 땅으로 돌아가게 된다.스 1:7 그러므로 끝은 끝이 아니다. 각자의 때로 참담한 현실에서도 낙심하거나 포기하지 말고, 하나님을 구하고 믿음으로 일상을 살아가야 한다. 도무지 꿈꾸기 어려운 시대에 하나님께서 우리에게 우리 공동체에 꿈을 주시길.

02. 밥상은 걸어차고 책상은 받고

다니엘 1:8-21

다르게 살아간다는 것

나라는 망하였고, 많은 이들이 바벨론 땅에 포로로 끌려왔다. 바벨론
은 일찌감치 유다의 청년들을 바벨론으로 데려왔으며, 그들을 충성스러
운 바벨론의 신하로 삼기 위하여 그들에게 아낌없이 투자하였다. 그들에
게 왕이 먹는 음식과 왕이 마시는 포도주를 공급하였으며, 바벨론의 관
리로서 받아야 하는 교육과 훈련을 3년간 거치게 하였다. 바벨론이나 그
뒤를 이은 페르시아는 유다 청년들의 전통적 상황을 모두 제거하거나 뽑
아 버리려고 하지는 않는 것 같다. 자신들의 전통도 행할 수 있고, 자신
들의 관습도 지킬 수 있되, 다만 바벨론과 페르시아의 왕에게 충성하게
하는 것, 그 나라의 신하로 존재하게 하는 것이 목적이었다고 할 수 있
다. 그리고 그것이 여러 나라를 지배하고 다스리는 제국의 효율적인 관리
이기도 할 것이다.

이것이 다니엘과 그의 친구들, 함께 끌려온 유다 청년들이 놓인 새로
운 환경이다. 구약 성경의 곳곳에서는 바벨론 포로가 하나님의 뜻 가운
데 있음을 이야기한다. 다니엘과 그의 친구들의 태도에서 보건대 그들 역
시 바벨론으로부터 해방을 추구하고 독립을 추구하는 것이 지금 그들의
일이 아니라고 인식했다고 볼 수 있다. 그들은 이제 낯선 땅에서 살아가
야 한다. 그들은 이제 남의 땅에서 살아가는 법, 그 땅에서 하나님의 백
성으로 살아가는 법을 배워야 한다. 그런 점에서 다니엘서는 단지 사로

잡힌 이스라엘의 모습만을 보여주는 것이 아니라, 낯선 땅에서 살아가는 이스라엘을 보여준다. 곰곰이 생각해보면 언제나 하나님 백성의 삶은 낯선 땅에서 살아가기이다. 가나안 땅으로 오게 되었던 아브라함, 애굽 땅에 내려간 야곱의 후손들, 광야 길을 걸어가는 이스라엘, 그리고 오늘날 세상 가운데서 살아가는 우리에게 이르기까지, 하나님 백성의 삶은 낯선 땅에서 살아가기라고 할 수 있다. 바벨론이라는 낯선 환경에서 그들은 어떻게 살아가야 할 것인가?

결국, 하나님 백성으로 살아간다는 것은 다른 공간을 살아가는 것이 아니라, 세상 가운데서 살아가면서 다르게 살아가는 것이라고 할 수 있다. 남들과 같은 공간을 살아가되, 다른 삶을 살아간다. 그들은 어떻게 다르게 살아가야 할까? 다니엘에게 다르게 살아간다는 것은 무엇이었을까? 그들은 다니엘과 세 친구는 왕궁 관리로 키우기 위한 교육에서 제공되는 왕의 음식과 포도주를 먹고 마시지 않기로 결심하였다. 바벨론에 충성스러운 신하를 만들기 위해 이러한 음식 섭취는 필수적일 수 있지만, 다니엘은 달리 살기로 결심하였다.

뜻을 정한 다니엘 8-9절

다니엘은 왕궁에서 훈련과 교육을 받는 동안 왕의 음식과 포도주 대신 채식과 물을 취하기로 결심하였다. '뜻을 정하다'로 옮겨진 표현을 직역하자면 '다니엘이 이러이러한 것을 하겠다고 자신의 마음 위에 두었다'가 된다. 이 표현은 구약에서 종종 '무엇인가를 마음에 담아 두다', '기억하다, 유념하다' 등의 의미로도 쓰인다.아 8:6; 사 42:25; 57:1, 11; 말 2:2 왕의 음식과 왕이 마시는 포도주는 그야말로 최상품이라고 할 수 있다. 그런데 다니엘은 이것들을 먹고 마시지 않기로 결심했다.

8절에서 쓰인 '자기를 더럽히다'라는 단어는 구약의 대표적인 제사 관련 본문가령 오경이나 에스겔에서는 전혀 쓰이지 않았다. 피가 옷에 튀어 옷을 더럽게 하기도 하고,사 63:3 폭력으로 누군가를 희생시킨 것을 가리켜 피로 옷이 더러워졌다 표현하기도 한다.사 59:3; 애 4:14 그렇게 하나님을 거역한 성읍을 더러운 성읍이라 부른다.습 3:1 이러한 예를 볼 때, 이 표현은 제사와는 무관해 보인다. 그런데 합당하지 못하게 아무렇게나 하나님께 드린 제물을 가리켜 말라기서는 더러운 떡이라 규정하는 것이나,말 1:7 자신의 족보가 명확하지 않은 제사장들은 '더러운' 상태로 여겨져서 귀환 이후 제사장의 직무를 감당할 수 없었다스 2:62=느 7:64는 예는 이 표현과 제사의 연관성을 보여주기도 한다. 적어도 분명한 것은, 이 표현을 두고 무조건 제사와 연관된 제의적 용어라고 판단할 수는 없다는 점이다.

돼지고기를 비롯한 부정한 고기를 금지하는 구약 정결 규례가 다니엘의 결정에 근거가 되었다고 볼 수도 있으나, 소고기를 비롯한 정한 고기들도 왕이 하사하는 음식에 포함되었을 가능성을 생각하면, 정결 규례가 다니엘의 결심의 유일한 이유라고 보기는 어려울 것 같다. 나아가, 포도주는 구약 규례에서 전혀 금지된 것이 아님에도 다니엘이 마시지 않기로 결심하였다는 점도 이 점을 확인시켜 준다. 이를 보면 여기서 '자신을 더럽힌다'라는 것이 어떤 제사 규례와 연관하여 부정하게 한다는 것을 의미한다기보다는, 상황과 연관하여 무엇인가를 하는 것이 자신에게 도덕적으로 논리적으로 적절치 않거나 합당치 않다고 여겨지는 것을 가리킨다고 볼 수 있다. 환관장이 "같은 또래의 소년들"과 이들을 비교하는 것을 볼 때,10절 아마도 다니엘과 세 친구를 제외한 다른 유대 청년들은 이렇게 왕의 음식과 포도주를 먹는 것을 개의치 않았다고 볼 수 있다. 유대인들의 정결 규례의 중요성과 이 규례가 이방 땅의 유대인들에게서도 중요하게 지켜졌다는 점에서, 세 친구를 제외한 나머지 소년들이 왕의 음식에 개의치 않았다는 점은, 여기서 다니엘의 행동이 레위기와 연관된 어떤 부정 규례가 문제 된 것이 아님을 짐작하게 하는 또 다른 이유이다. 가령, 다니엘서 10장에 따르면 다니엘은 일정 기간 기도하기 위해 "좋은 떡을 먹지 아니하며 고기와 포도주를 입에 대지" 않기로 정한다.10:2-3 그러므로 다니엘의 결심은 제의적인 정결 규례에서 비롯된 것이 아니라, 스스로 내린 어떤 판단에 근거하여 결정한 것이라고 볼 수 있다.

그러면 다니엘이 음식과 포도주가 자신을 더럽힌다고 여긴 까닭은 무엇일까? 여기서 본문이 주는 유일한 힌트는 이들을 가리켜 반복적으로 "왕의 음식", 그리고 "그가 마시는 포도주"라고 표현한다는 점이다.1:5, 8, 13, 15 10절에서는 "그가 너희 먹을 것과 너희 마실 것을 지정하셨"다고 되어 있어서, 왕이 이들에게 먹일 음식을 정하였다는 점을 강조한다. 그들에게 부여된 음식과 포도주는 왕이 먹는 것으로, 왕은 특별히 사로잡아 온 유대 청년들에게 자신이 먹는 음식과 포도주를 먹게 지정하였다. 그러므로 이러한 음식을 먹는다는 것은 그가 왕으로부터 특혜가 부여된 자, 왕이 특별히 살피는 자, 나아가 왕과 함께 있는 자임을 보여준다. 이와 비슷한 표현으로 '왕의 상에서 먹는다'라는 말이 있다. 다윗의 평생의 친구였던 요나단의 아들 므비보셋은 다윗의 상에서 먹는 이가 되었다.삼하 9:10, 13; 19:28 이것은 므비보셋이 누리는 특권을 의미하기도 하고, 므비보셋이 왕의 감시하에 있음을 보여주는 것이기도 하다. 왕의 상에서 먹기에 그는 언제나 왕의 눈길 앞에 있게 된 것이다. 다니엘 이후에 바벨론으로 끌려온 여호야긴 왕도 얼마 후에는 바벨론 왕의 앞에서 음식을 먹는 이가 되었다.왕하 25:29 이 역시 회복을 의미하기도 하면서, 감시를 의미하기도 할 것이다. 이 표현이 쓰인 또 다른 예는 바알 선지자들에게서 볼 수 있다. 그들은 아합의 왕비 이세벨의 상에서 먹었으며,왕상 18:19 당연히 그들은 언제나 왕과 왕비가 원하는 말을 했을 것이다.

왕의 상에서 먹는다는 것은 그런 것이다. 왕의 음식을 먹는다는 것은 그저 음식을 먹는 것이지 않다. 왕의 음식을 먹은 이들은 왕과 함께 한다. 왕의 음식을 먹은 이들은 구별되었고 특별한 존재가 되었다. 바벨론은 포로로 끌고 온 유다 청년들을 협박하거나 위협하기보다 왕이 먹는 음식, 왕이 마시는 포도주를 삼 년간 먹게 하였고 이를 통해 자연스럽게 그들을 바벨론의 신하로 만들고자 하였다. 다니엘은 이러한 음식과 포도주를 거부하였다. 그런 점에서 그는 바벨론 왕실에서의 특별한 지위와 구별, 나아가 부와 특권을 거부한 것이라고 볼 수 있다.

그렇다고 다니엘이 모든 음식을 거부한 것은 아니었다. 본문에 보니 그들은 왕의 음식 대신에 채식을, 포도주 대신 물을 선택하였다. 당연히 이 채식과 물 역시 바벨론 왕실에서 지급되는 것이다. 그러므로 핵심은 바벨론의 모든 음식을 거부하는 것이 아니라, "왕의 음식"과 포도주로 대표되는 기름지고 좋은 음식을 거부하는 것, 그 대신 채식과 물을 선택하는 것이다. 여기서 "채식과 물"은 박하고 험한 음식, 그야말로 기본적인 생존만을 보장하는 음식을 상징할 것이다. 다니엘 1장에 쓰인 "왕의 음식"은 히브리말로 '파트바그'라고 하는데, 오직 1장에서만 쓰이고 그 외에는 11:26에 쓰여서 '왕의 음식'을 가리킨다. 그에 비해 10장에서 세 이레 동안 다니엘이 고기와 포도주를 금하였다는 것단 10:2-3은 어느 지역에 살건 일상적으로 먹는 고기와 포도주를 그 동안 삼갔다는 의미일 것이다. 왕궁에 거처하는 동안 왕이 주는 그 음식과 왕이 마시는 그 포도주 먹기를 거부했으되, 일상의 삶을 살면서 고기와 포도주는 그가 먹고 마셨다는 것을 알 수 있다. 그런 점에서 다니엘이 고기와 포도주 자체를 문제 삼은 것이 아니라, "왕의 음식", '왕이 마시는 포도주'가 문제가 된 것이라 볼 수 있다. 11장에 쓰인 경우도 왕의 진미를 먹은 이들이 왕을 파멸시킨다는 점에서, 완전히 자기편일 줄 알았는데 배신했다는 의미로 이해할 수 있다. 그 점에서 왕의 음식을 먹는다는 것은 그의 편이 되고, 그의 사람이 되고, 그가 주는 혜택과 부귀영화를 누린다는 것을 의미한다고 볼 수 있다.

이를 보건대 왕의 음식과 포도주를 거부한 것은, 왕실의 풍성함과 사치스러움, 풍요로움에 취하지 않겠다는 것을 선언한 것이라고 볼 수 있다. 바벨론이 유대 포로들에게만 이러한 것을 제공하지는 않았을 것이다. 바벨론으로 상징되는 대제국은 그러한 능력과 풍요를 지니고 있다. 그것이 바벨론인 것이다. 사람들은 그래서 바벨론 같은 제국을 부러워하고 눌리기도 하고 압도되기도 한다.

다니엘은 그 풍성함에 거할 줄도 알기를 선택하는 것이 아니라 그렇게 살기를 거부하였다. 바벨론에 끌려와서 살게 된 것, 그리고 바벨론 관리로 양성되는 것을 피할 수는 없지만, 바벨론의 풍요와 기름짐에 젖어 드는 삶은 거부하기로 하였다. 단순히 청렴한 삶을 살겠다고 결정한 것이라기보다는 이방 땅에 살지만, 음식과 포도주로 대표되는 바벨론 식의 삶의 방식을 거부하기로 결정한 것이라고 보아야 할 것이다. 왕의 음식을 먹고 왕의 포도주를 마시게 되는 것이 삶의 희망이고 바람이 되게 하지는 않겠다는 것이다. 달리 생각하면, 다니엘은 바벨론 왕실에 완전히 복속하고 복종하고 매이게 되는 것을 거부한 것이라고 볼 수도 있다.

8절은 다니엘이 이렇게 하기로 뜻을 정하였다고 소개한다. 그러므로 다니엘의 결심은 전적으로 그와 그의 친구들의 개인적인 결단으로 보인다. 하늘만 바라보며 이 땅의 음식과 포도주는 아무것도 아닌 것으로 여기어 아무렇게나 하는 것이 아니라, 먹지 않기로 결정한다. 이것은 단지 음식에 대한 절제나 삼가함이 아니다. 이것은 예수 믿는 사람은 술 마시면 안 된다는 것을 의미하지 않는다. 그들은 이 땅의 풍요와 기름짐에 젖어 드는 것이 아니라, 스스로 분별하고 궁리하고 모색하며 왕의 음식을 거부하기로 마음먹은 것이다. 우리네 교회는 술 안 마시는 곳이 아니다.

우리네 교회는 세상이 우리를 잡아당기고 유혹하는 그런 풍요로움과 기름짐에 젖어 들기를 거부하는 곳이다.

다니엘과 친구들의 결단이 구약 규례에서 비롯되지 않았음을 생각해 보면, 그들은 글자 규례 안에 머물러 있지 않았다고 할 수 있다. 쓰인 글로만 따지자면 굳이 다니엘과 친구들이 그것들을 안 먹기로 결단할 필요 없다. 그런데 그들은 글자 안에 머물러 있지 않고, 하나님 앞에서 살아가는 다른 삶을 선택한 것이다. 신앙은 성경의 글자를 따라 이것 안 하기, 저것 안 하기이지 않다. 성경에 나오는 이런저런 규례들은 예수 믿으니 이것도 하지 말고, 저것도 하지 말라는 것을 의미하지 않는다. 다니엘이 결심한 것은 뭐뭐 안 하겠다가 아니라, 근본적인 삶의 방식이었다.

이러한 일을 모든 소년이 그렇게 한 것이 아니라 다니엘과 세 친구만 그렇게 한 것으로 여겨진다. 다니엘과 세 친구는 자신들만의 결정이지만, 개의치 않고 중요한 결심을 하고 그렇게 살아간다. 나라가 망하고 바벨론에 끌려와 살지만, 여전히 다니엘과 세 친구, 이 소수의 청년은 믿음의 원칙을 가지고 살아간다. 그렇다면 끝이 끝이 아니다. 어떤 현실에서건, 어떤 상황에서건 하나님의 사람들에게 끝은 없다. 그저 그곳에서도 하나님 말씀을 굳게 붙잡고 믿음의 선한 싸움을 감당하는 것일 뿐이다. 겨우 네 사람이라도 함께 결단하고 걸어갈 사람들이 있다면 그것으로 충분하며 충분히 의미 있다. 우리는 자신을 결코 과소평가하지 말아야 할 것이다. 하나님 나라는 사람의 숫자의 많고 적음에 달려 있지 않기 때문이다.

열흘 동안의 시험 10-16절

다니엘과 친구들이 마음먹었지만, 환관장이 허락하지 않으면 번거로워질 수 있었다. 하나님의 도우심으로 그들은 환관장에게 은혜와 긍휼을 얻게 되었고,1:9 그들의 결정이 허락될 수 있었다. 은혜와 긍휼은 구약에서 대부분의 경우에 함께 쓰이면서 하나님의 은혜와 긍휼을 가리킨다. 하나님께서는 다니엘로 하여금 환관장에게 은혜와 긍휼을 얻게 하셨다. 하나님이 베푸시는 은혜와 긍휼이 환관장을 통하여 다니엘에게 주어졌다고 할 수 있을 것이다. 그러나 설혹 그렇게 되지 않았다 할지라도 그들은 이 결심을 진행했을 것이다. 환관장과의 친분이 그들의 결정을 가로막지는 못했을 것이다. 실제로 뒤로도, 다니엘은 왕에게 큰 호의를 입었지만 해야 할 일은 하고 있음을 볼 수 있다.

다니엘과 세 친구의 결심으로 인해 혹시라도 왕 앞에서 자신에게 불이익이 돌아올까 두려워하는 바벨론 관리들에게 이들은 열흘간 시험해 볼 것을 제안한다. 열흘이라는 길지 않은 시간 동안 네 사람은 그들이 선택한 물과 채소만을 먹었고, 나머지 소년들은 왕의 음식과 포도주를 먹었다. 과연 열흘 후, 왕의 음식을 먹은 이들보다 물과 채소만을 먹은 네 친구의 안색이 훨씬 보기 좋았고, 겉만 그런 것이 아니라 실제로 몸도 기름지고 튼튼하였다.

이 시험은 육식보다 채식을 장려하는 데 목적이 있지 않다. 이 본문에서 아무래도 채식이 좀 더 몸에 좋아 식의 결론은 이끌어낼 수 없다. 이 시험은 사람을 참으로 튼튼하고 건강하게 만드는 것이 좋은 음식이지 않음을 보여준다. 참으로 사람은 떡으로만 사는 것이 아니라 하나님의 입에서 나오는 말씀으로 산다. 바벨론의 풍요에 젖지 않겠다고 결심한 다니엘과 세 친구가 오히려 건강하다는 것은 하나님 앞에서 올바른 삶을 살겠다고 결심하는 것을 하나님께서 기뻐하신다는 것을 보여준다. 환관장은 자신이 두려워하는 왕 앞에 서 있지만, 다니엘과 친구들은 참으로 두려워할 대상인 하나님 앞에 서 있다.

아울러 이러한 결심에 다니엘 혼자만이 아니라 세 친구도 함께 참여하였다는 점도 주목할 만하다. 특별하고 뛰어난 한 사람에 의해 역사가 이루어져 간다기보다 함께 뜻을 모으고 마음을 모은 이들에 의해 하나님 기뻐하시는 일들이 진행되어 간다. 누군가가 멋진 결심, 중요한 결심을 했을 때, 혼자 하도록 내버려 두는 것이 아니라 같이 마음을 모으고 함께 결심하여 함께 걸어가는 것이 중요하다. 탁월한 개인에 의해 이끌리기보다, 평범하지만 하나님을 의지하는 공동체 가운데 한 걸음 한 걸음 나아가는 것이 하나님 나라의 역사일 것이다.

왕 앞에 서게 된 네 소년 17-21절

17절부터는 다니엘과 그의 친구들이 받아야 했던 바벨론의 교육에 관해 이야기한다. 4절에서 바벨론에 끌려온 유다 소년들을 가리켜 모든 지혜와 지식, 학문에 익숙하다고 하였다. 이들은 바벨론의 학문을 열심히 배우고 익혔을 것이며, 17절은 그들의 학문의 진보를 이야기한다고 볼 수 있다. "하나님이 이 네 소년에게 학문을 주시고 모든 서적을 깨닫게 하시고 지혜를 주셨으니 다니엘은 또 모든 환상과 꿈을 깨달아 알더라". "학문"으로 옮겨진 단어는 '지식'을 의미한다. 하나님이 솔로몬에게 주셨던 그 '지식'이다.대하 1:10, 11, 12 그리고 하나님은 그들에게 '모든 책에 대한 이해력'을 주셨다. 또한, 그들에게 '지혜'를 주셨다. 이 역시 솔로몬에게 주어졌던 것이다. 하나님께서는 이들에게 사물과 세상에 대한 지식, 삶을 살아가는 지혜, 그리고 모르는 것을 배우고 익힐 수 있도록 책들을 깨닫고 이해할 수 있게 하셨다. 그래서 다니엘은 모든 환상과 꿈을 깨달아 알 수 있었다. 이것은 다니엘 같은 이들에게 바벨론에서 주어진 직책이 꿈과 환상을 풀이하는 일이었음을 알려 준다. 다니엘은 단순한 행정 관료가 아니라, 제국을 위해 환상이나 징조를 분석하고 풀이하는 관리, 달리 말해 "박수와 술객"단 1:20으로 세워졌다. 이 집단은 달리 "박수와 술객과 점쟁이와 갈대아 술사"2:2라고도 불리며, "지혜자"2:13라고도 불린다. 훗날 다니엘은 이러한 지혜자 집단의 우두머리,2:48 혹은 "박수와 술객과 갈대아 술사와 점쟁이의 어른"5:11으로 세워지게 된다.

오늘을 살아가는 우리는 이렇게 지혜와 지식, 총명이 주어진 네 사람이 부럽다. 하나님께서 우리에게도 이렇게 부어 주시기를 기도하게 된다. 그러나 이 구절은 그저 하늘만 바라보라고 이야기하지 않는다. 이 구절은 모든 지혜와 지식, 총명의 근원이 하나님임을 이야기한다. 그래서 이 말씀을 볼 때 우리가 하는 공부가 얼마나 중요한지 깨닫게 된다. 모든 지혜와 지식의 근원은 하나님이다. 하나님이 부어주실 때 문학과 수학, 철학과 과학, 신학을 공부하고 깨닫고 이해하게 된다. 바벨론에서는 유다 소년들을 데려와서 바벨론의 음식과 바벨론의 교육으로 양성하고자 하였다. 위에서 보았듯이, 다니엘과 세 친구가 바벨론의 지혜자로 육성된다는 점에서, 그들이 배워야 했던 공부는 아마도 점성술과 같은 내용이었을 것이다. 그러나 다니엘과 친구들은 바벨론 왕의 음식은 거부하였지만, 바벨론의 교육 자체는 거부하지 않았다. 17절은 이들이 바벨론 교육을 제대로 깊이 이해하고 깨달았음을 암시한다. 왕의 음식과 포도주를 먹지 않음을 통해 자신들의 형편과 처지를 늘 기억하던 이들은 열심히 바벨론의 학문과 지식을 습득하고 공부하였다.

올바른 결심에 입각한 공부가 그들을 더욱 자라게 하고 분별하게 하였으리라. 공부는 그런 것이다. 공부는 생각을 깊게 하고 현실과 미래를 올바르게 판단하고 분별하게 한다. 이들이 하였던 공부는 꿈과 환상 풀이와 연관된 것이었겠고, 다른 이들의 눈으로 보기에 다니엘은 여러 수많은 점쟁이와 술객, 박수와 마찬가지로 여겨지겠지만, 다니엘은 하나님이 주신 지혜와 지식으로 행하는 이이다. 이방 땅에 끌려온 다니엘과 친구들은 열심히 공부하였고, 이제 앞으로 보겠지만, 이방 땅에서도 여호와 하나님을 향한 그들의 믿음을 굳게 지키며 살아간다. 이것이 그들이 익히고 배운 공부와 무관하지 않을 것이며, 그들이 깨닫게 된 "모든 서적"과도 무관하지 않을 것이다. 공부가 깊어지면 눈앞의 위험과 위협, 핍박이 닥친다고 하여도, 무엇이 옳은지 그른지 분별하는 지각이 생긴다고 할 수 있다.

다니엘과 친구들의 지식과 지혜, 학문에 대한 언급은 오늘 우리네 교회 현실을 되돌아보게 한다. 어느새 인가 우리 안에는 공부에 대한 경시, 학문과 사색을 가벼이 여기는 태도가 만연하다. "세상의 초등 학문"골 2:20이라는 말을 문맥과는 전혀 무관하게 끄집어내서 거침없이 세상의 모든 공부를 재단해 버렸다. 공부보다는 기도라는, 서로 반대될 수 없는 사항을 나란히 놓은 채, 무조건 믿고 무조건 순종할 것을 강요해왔던 경향이 없지 않다고 해야 할 것이다. 그런 점에서 오늘 우리 교회의 위기는 학문의 위기요, 그로 인한 신학 부재의 위기라고 진단하는 것도 이해할 만하다. 그리고 이 사회는 우리로 하여금 끊임없이 기술에 대한 것만을 공부하게 한다는 점도 주의해야 할 것이다. 왜 그렇게 해야 하는지가 아닌, 주어진 것을 가동하고 작동하는 것만을 가르치는 것 같다. 학문 안에는 기계 작동법도 있겠지만, 기계가 어떻게 운영되는지에 대한 탐구도 필요하다. 이방 땅을 살아가는 끌려온 청년들은 열심히 공부하고 익혔다. 그리고 그 가운데 이 청년들은 그곳에서도 하나님을 경외하며 살았다. 하나님은 열심히 공부하는 이에게 더욱 그것을 깨닫는 은혜를 부어 주셨고 이제 그들의 공부와 학문을 통해 믿음을 지켜가게 되고 수많은 이들을 살리게 될 것이다.

결국, 다니엘과 친구들은 바벨론의 풍요로운 문화를 상징하는 음식과 포도주는 거부하되, 바벨론의 학문에 대해서는 열심히 공부하였다. 쉽게 말하면 밥상은 거부하고 걷어차되 책상은 받은 것이다. 오늘 우리는 어떠한가? 오늘날 우리는 오히려 세상의 밥상은 간절히 추구하고 바라되, 학문 수련의 책상에 앉기는 거절해 버리지 않는가? 먹는 것이 가장 중요한 문제가 되어 버린 세상에서, 신앙인들 역시 먹는 것이 전부요, 책상은 현실에 쓸모 없다는 이유로 엎어 버리고 있지는 않은가? 그러나 책상이 엎어지면, 공부가 약해지면, 이제 우리의 생각과 사상이 온통 세상에 지배되고 말 것이다. 아무런 생각이 없고 공부가 없으니, 우리는 세상이 이끄는 대로 그들이 제시하는 밥상을 받아 먹으며 살아가게 될 것이다. 우리네 교회는 공부는 열심히 하지 않고 문화와 관습은 세상을 그대로 따라가고 세상의 음식과 포도주를 먹기를 흉내내고 본받는 상황이라고 말하면 지나친 표현일까. 한마디로, 다니엘은 밥상은 걷어차고 책상은 받았으되, 우리 교회는 책상은 걷어차고 밥상만 부여잡고 있지는 않은가.

시험이라는 소재가 1장에 있었다. 하나님의 사람들이 세상과 다투며 시험당하게 된다는 소재는 1장부터 시작해서 다니엘서 전체에 일관된다. 아울러 혼자가 아니라 함께 이 시험을 견디고 맞서 나가는 소재 역시 다니엘서 전체에 일관된다. 또한, 환상과 꿈을 깨닫고 풀이하는 데 능한 다니엘에 대한 언급 역시 다니엘서 전체를 이해하게 하는 매우 중요한 정보를 전달하고 있다. 그 점에서 1장은 다니엘서 전체의 내용을 담아내고 있다고 볼 수 있다.

1. 끌려온 땅에서도 믿음으로 살아가는 이들이 있다.

다니엘과 세 친구에게 사로잡힌 삶은 인생의 끝이 아니었다. 어디에서건 하나님은 그들과 함께 계시니, 어디에서건 믿음으로 살아갈 때 끝은 끝이 아니다. 어떠한 상황에서라도, 비록 죄로 인해 심판받은 때에라도 체념하거나 포기하지 말고, 믿음으로 살아가자.

2. 다르게 살아가기로 마음먹은 다니엘은 자신을 더럽히지 않기 위해 제국의 밥상을 거부하였다. 오늘의 세상 속에서 우리를 더럽히는 것들은 무엇일지 찾아보자.

다니엘은 학문은 배우되 음식과 포도주의 기름짐은 거부하였다. 자본주의 체제 안에 존재하는 오늘의 우리 교회가 거부하여야 할 풍요와 기름짐은 무엇일지 한 가지로 단언하기는 어려울 것이다. 적어도 이에 대해 고민하고 공부하고 모색하는 자세가 필요하다는 점은 분명하다. 함께 모색하고 고민하며 생각해보자. 그리고 서로의 이야기에 귀를 기울이며 함께 마음을 모을 수 있기를.

3. 학문과 지혜를 사모하자.

공부는 자신의 유익과 성공을 위한 것이지 않다. 학문이 깊어지고 책을 제대로 이해할 수 있게 되면, 다니엘처럼 낯선 땅에서도 믿음으로 설수 있게 된다. 어느 분야, 어느 직업이건, 열심히 공부하고 이치와 원리를 따져 보자. 그리고 좋은 책들을 골라서 꾸준히 독서하고 공부하고 사색하는 훈련과 습관이 교회 공동체 안에 퍼져 나가도록 기도하고 애쓰자.

03. 왕의 부당한 요구와 위기
다니엘 2:1-13

1:1에 따르면 느부갓네살은 여호야김 3년에 유다를 침공했고, 다니엘과 친구들은 그 때 바벨론으로 끌려와서 3년에 걸쳐 "갈대아 사람의 학문과 언어"단 1:4를 배웠다. "왕이 말한 대로 그들을 불러들일 기한이 찼으므로"1:18와 같은 표현은 그 3년의 교육 기간이 다 찬 것을 의미할 것이다. 이를 생각하면, 느부갓네살 2년으로 시작하는 2장은 다니엘서 1장에서 제시한 3년의 교육 기간 후에 활동하게 된 다니엘과 잘 맞지 않는다. 다시금, 다니엘서는 어떤 역사적으로 정확한 정보를 제공하는 책이 아니라, 설정된 상황을 통해 전하고자 하는 가르침 혹은 교훈을 지닌 책임을 확인하게 된다. 4절에 갈대아 술사들이 아람 말로 왕에게 말하였다는 표현이 나오는데, 그 다음부터 아람어로 진술되어 갈대아 술사들의 말과 바벨론에서의 다니엘의 현실을 아주 생생하게 만든다. 이와 비슷한 방식을 에스라서에서도 볼 수 있는데, 에스라 4:7에서 아람 문자와 아람 방언으로 진술하는 것에 대한 언급 이래 4:8-6:18까지 아람어로 기록되었으며, 아닥사스다 왕의 조서 내용을 다룬 7:12-26역시 아람어로 기록되어 있다. 다니엘서의 경우 아람어 본문은 7장까지 이어지며, 8장부터 다시 히브리어로 되어 있다. 열왕기하 18:26에 따르면 히스기야 시대 이스라엘 백성들은 아람어를 이해할 수 없었지만, 이제 다니엘서는 아람어가 일상이 된 변화된 현실을 반영한다. 참으로 그들은 낯선 땅, 새로운 환경에 있다.

꿈을 꾸고 번민하는 느부갓네살 1-3절

느부갓네살이 왕위에 오른 지 2년 되던 해에 왕은 꿈을 꾸었다. 특별한 꿈이었기에, 잠에서 깨고도 왕은 평안하지 못하였다. 그는 이 꿈으로 인해 더 이상 잠들 수 없었고, 가만히 있지 못할 정도로 괴로워했다. 왕과 왕의 나라 전체와 연관된 꿈이라고 여겨졌기에 더욱 편치 않았을 것이다. 집권 초기였고, 왕권이라는 것이 한편으로는 견고하지만, 다른 한편으로는 언제든 뒤집어질 수 있는 것이라는 점에서, 왕은 자신이 꾼 꿈으로 인해 더욱 번민하였을 것이다.

꿈으로 인한 번민은 다른 경우에서도 찾아볼 수 있다. 창세기의 요셉 이야기에 나오는 애굽의 바로 역시 특별한 꿈을 꾸고 번민했으며,창 41:8 그보다 앞서 감옥에 갇혔던 두 명의 애굽 관원 역시 꿈을 꾸고는 근심하였다.창 40:5-6 느부갓네살이 꿈으로 인해 번민하는 또 다른 모습을 4:5에서도 볼 수 있다. 이들은 모두 꿈을 꾸었으나 그 의미를 알지 못해 괴로워한다. 자신들의 꿈이 특별한 의미를 지니고 있음을 알았지만, 그들로서는 그 의미를 알 수 없었다. 하나님께서 꿈을 통해 앞으로 행하실 일을 미리 보이시지만, 사람들은 그렇게 미리 주어진 것을 보고도 어찌 할 바를 알지 못해 번민한다. 하나님께서 꿈을 꾸게 하셨다는 것은 하나님께서 그 꿈의 의미를 알리시기를 원하셨음을 의미한다. 그러므로 그 꿈의 의미를 묻고 찾는 자는 깨닫게 될 것이다. 이것은 단지 꿈에만 해당되는 것은 아닐 것이다. 우리 삶에도 이런저런 표시들이 있기도 하고 경고들이 있기도 하지만, 이를 잘 분간하지 못하는 경우들이 많다. 늘 우리는 번민하며 어쩔 줄 모르는 자들이 되곤 한다.

7장 이후 본문에 이르면 1-6장에서 그렇게 꿈을 잘 풀이하던 다니엘 역시 꿈을 꾸고 그 의미를 알고자 하여 번민한다.단 7:15; 10:8 그는 그 꿈의 의미를 알고자 구하였고, 하나님께서는 그의 천사를 통하여 꿈을 해석해 주신다. 심지어 꿈의 의미를 알고도 다니엘의 번민은 쉽게 그치지 않기도 한다.7:27; 8:27; 10:16-17; 12:8 꿈을 해석할 수 있는 것은 다니엘의 뛰어남에 있지 않고, 오직 그에게 알려 주시는 하나님께 달려 있다. 우리로 번민하게 만드는 삶의 많은 순간들이 있다. 그럴 때마다 우리는 어떤 선택을 해야 하는지 힘들어하고 이리저리 고민한다. 각자의 삶의 길로 인해 이렇게 저렇게 고민하는 경우들을 만나고 스스로도 그런 상황에 부닥치게 될 때에, 먼저 우리에게 필요한 것은 하나님께서 우리 걸음을 인도하신다는 신뢰이다. 하나님을 신뢰할 때에 우리가 내리는 선택은 어느 쪽을 선택하든 크게 문제되지 않는 경우가 많다. 심지어 우리가 본 꿈과 환상의 의미를 명료하게 모른다 할지라도. 사실, 1-6장에서 꿈과 환상의 의미를 알게 된 이방 왕들의 삶이 그리 변화되었다 보기 어렵기도 하다. 오히려 다니엘은 마지막까지도 하나님께서 보이신 것의 의미를 못 깨닫기도 한다.12:8 중요한 것은 그 의미를 모두 완전히 다 아는 것이 아니라, 인도하시는 하나님을 신뢰하며 끝까지 걸어가는 것이다.12:13 해설을 참고하라

한 가지 더 언급할 것이 있다. 1장에서 느부갓네살은 예루살렘 성전의 그릇들을 약탈해서 자신의 신들의 신전 보물 창고에 두었다. 이스라엘의 신을 제압하고 자신들이 최강임을 보였다 생각했겠지만, 간 밤에 꾼 기억도 정확히 나지 않는 꿈으로 인해 어쩔 줄 몰라 하는 것이 최강의 나라 바벨론을 다스리는 왕의 현재의 모습이다. 성전 그릇을 빼앗겼다고 낙심하거나 절망할 필요 없다. 너무 중요하고 상징적인 의미를 지닌 것이지만, 그렇다고 해서 우리의 삶이 끝나는 것도 아니고, 세상이 끝나 버린 것도 아니다. 지금 좀 인생 꼬여도, 지금 좀 내 사는 꼴이 답답하고 당장 우리의 꼴이 힘겹다 해도 그것이 모든 것을 결정하지 않는다. 다른 이들의 강하고 대단한 모습에 기죽을 필요 없겠다. 나의 약하고 초라한 모습

에 낙심할 필요 없겠다. 내가 강해지는 것이 아니라 하나님이 강한 것이니, 하나님을 의지하며 내가 있어야 할 곳에 있고, 내가 해야 할 일을 결단해서 행하는 것뿐이다.

왕과 갈대아 술사들의 대화: 부당한 요구 3-11절

왕은 꿈을 알고자 하여 박수와 술객과 점쟁이와 갈대아 술사를 불러 모았다. "박수와 술객과 점쟁이"는 고대 사회의 점치는 이들과 무당, 소환술사 등과 연관된 명칭으로 여겨진다. "박수"는 애굽과 바벨론 관련 맥락에서 모두 발견되고,창 41:8; 출 8:15 등 "점쟁이"는 애굽, 이스라엘, 바벨론 모두에서 발견되며,출 7:11; 22:17; 신 18:10; 대하 33:6; 말 3:5 "술객"은 다니엘서에서만 발견된다.단 1:20; 2:2 "갈대아 술사"라고 번역된 표현은 히브리말로는 '카스딤'인데 칠십인경에서 헬라어 '갈대아'를 사용해서 '갈대아 사람들'로 옮겼다. 기본적으로 '카스딤'은 느부갓네살이 통치하고 거느린 바벨론 백성들을 가리키는 단어로 구약에서 사용되었다. 다른 한편 꿈 해석에 능한 지혜자 집단을 가리키는 이름으로도 쓰인다.2:2, 4, 5, 10; 4:7; 5:7 개역은 2장에서 이 단어를 "갈대아 술사"라고 옮기기도 하고,2:2, 4 "갈대아인들"2:5, 10로도 옮겼다. 다니엘이 배워야 했던 "갈대아 사람의 학문과 언어"1:4 역시 '갈대아 술사로 훈련되는 학문과 언어'를 의미할 것이다.

이 때 모인 사람들을 단순히 미신적인 영역에 종사하는 이들이라고 볼 수는 없다. 다니엘과 세 친구의 지혜와 총명이 바벨론의 모든 술객과 박수보다 나았다고 전하고 있는 1장의 언급1:20은 다니엘 등이 술객과 박수 같은 존재로 바벨론 사회에 받아 들여졌음을 보여준다. 그리고 박수와 술객 등이 왕의 요청에 제대로 응답하지 못했을 때, 왕이 "지혜자들"을 다 죽이라 명령한다2:12는 점에서, 그로 인해 다니엘과 그의 친구들도 죽게 되었다는 언급2:13에서, 다니엘과 친구들은 박수와 술객 등과 동류의 사람들로 여겨졌음을 확인할 수 있다. 다니엘과 세 친구를 포함한 이들 박수와 술객 집단 전체를 달리 "지혜자"라고 불렀다. 그러므로 박수와 술객, 갈대아 술사, 지혜자는 단순히 점 치고 미신에 매여 있고, 허황된 것을 좇는 사람들이라기보다는, 당시로 치면 학문과 공부가 깊고 뛰어나며 그러한 학문에 기반해 왕에게 상담자 역할을 하고 왕국과 왕실의 미래에 대해 조언하기도 한 이들을 가리킨다고 해야 할 것이다.1:17 해설을 참고하라; 예수의 출생을 알린다는 별을 보고 "동방으로부터" 찾아온 "박사들"[마 2:1]도 이에 속하는 이들일 것이다. 참고. 왕상 4:30 아예 이들을 "갈대아인"이라고 부르기도 한다는 점은 바벨론에 이러한 미래 예측에 매우 능한 이들이 많았음을 보여주는 것이기도 하이다. 이들은 천문과 지리, 별들을 살피면서 왕들에게 시대의 흐름과 변화에 대해 조언하고 충고하는 집단이라고 할 수 있다. 그리고 보면 오늘날로 치자면 이들은 전문적인 학자 집단일 수 있다. 요즘에는 아예 미래학이라는 학문 분야도 있고, 어느 학문이든 다가올 세상에 대한 이런저런 전망을 내어 놓는 것을 볼 수 있는데, 다니엘과 세 친구가 포함된 지혜자 집단이 고대에 그러한 역할을 했을것이다.

왕은 이들을 불러 모았다. 3절부터 11절까지는 왕과 갈대아 술사들 사이에 오간 대화를 전한다. 이 길게 오가는 대화의 쟁점은 꿈의 해석이 아니라 꿈의 내용 자체였다. 왕이 꿈의 내용을 술사들에게 묻는 까닭은, 자신이 꾼 꿈을 기억하지 못하는 것일 수도 있고, 꿈을 기억하고 있지만 워낙 꿈으로 번민하였던지라 꿈의 내용 자체를 말해 줄 수 있어야 해석도 할 수 있으리라 여겼기 때문일 수도 있다. 왕이 자신이 꾼 꿈을 알고자 한다고 묻자, 술사들은 꿈의 내용을 알려 주면 그 해석을 보이겠다고 대답한다. 술사들의 요청은 상식적이고 당연하다. 애굽의 바로 역시 이상한 꿈을 꾸었으나 이를 위해 불러 모은 이들에게 자신이 꾼 꿈의 내용을 말하였다.창 41:17-24; 또한 40:9-11, 16-17 대부분의 경우에 꿈의 내용을 이야기하면서 꿈의 의미가 무엇인지를 묻는 것이 당연할 것이다. 그런 점에서 술사들의 대답은 납득할 만하다.

문제는 왕이었다. 왕은 자신이 꾼 꿈의 내용까지도 술사들을 통해 알기를 원하였다. 말이 안 되는 요구임에도 불구하고 왕은 강경하였다. 왕은 자신의 명령이 무엇을 의미하는지 확실히 한다. 5절에서 "내가 명령을 내렸나니"로 옮겨진 표현은 '내게서 나온 말이 확실하다'라고 할 수 있다. 동일한 표현이 8절에서도 반복되어 있는데, 거기서는 "나의 명령이 내렸음"이라고 옮겨져 있다. 술사들이 꿈과 해석 두 가지 모두를 말하지 않을 경우 그들의 몸을 쪼개고 그들의 집안 전체를 거름더미로 만들어 버리겠다고 왕은 선언한다.

"거름더미"는 쉽게 말하면 '똥 무더기'라고 할 수 있다. 집이 있던 곳을 완전히 폐허로 만들어 버리겠다는 것인데, 이 표현은 다니엘 3:29에서도 나오고 에스라 6:11에서도 쓰여서, 왕이 내린 명령의 추상같고 준엄함을 드러낸다. 이 용례들은 바벨론의 느부갓네살과 연관하여 두 번, 그리고 페르시아의 다리오와 연관하여 한 번 쓰인 것으로, 강력한 대제국을 다스리는 황제의 권력을 엿볼 수 있게 한다. 그들은 자신이 원하는 이를 세울 수 있고, 자신이 원치 않는 이의 집을 거름더미로 만들 힘을 스스로 지니고 있다고 여긴다. 그렇게 자신의 뜻을 따라 힘을 마음대로 발휘하고 휘두르지만, 이 강력한 왕이 신하들의 집을 거름더미로 만들겠다고 위협하는 이유가 자신이 꾼 꿈을 스스로 알 수 없어서라는 점에서 본문이 보여주는 왕의 모습은 풍자적이기도 하다. 남의 생명을 위협하지만 스스로의 꿈도 어떻게 할 수 없는 것이 사람이다. 강력한 국가를 통치하지만, 자신이 꾼 꿈으로 인해 번민하여 잠을 이루지 못한다. 그러므로 어떤 사람을 대하더라도 사람으로 인하여 두려워 말 일이다. 아무리 강해 보이는 사람이라 할지라도 살아계신 하나님 앞에서는 작고 연약하며 한 치 앞을 알 수 없는 존재일 뿐이다. 인생의 호흡은 코에 있으니 셈할 가 치가 어디 있으랴.사 2:22 상대를 무시하고 권력을 휘두르는 것으로 나 스 스로를 세울 수 있는 것이 아니되, 사람이 연약한 존재임을 늘 기억하고 사람에게 의지하거나 사람에게 좌우되지 말 일이다.

다른 한편 왕은 꿈과 해석을 모두 말할 경우 선물과 상과 큰 영광을 약속한다. 6절은 꿈과 해석을 보이라는 말이 처음과 끝에 놓이고 가운데 에 선물과 상과 큰 영광이 놓이면서, 제대로 꿈과 해석을 말할 경우 얻게 될 상을 강조한다. 그렇지만 술사들이 할 수 있는 말은 꿈을 알려달라는 말밖에 달리 없었다. 꿈을 알려 달라고 거듭 요청하는 술사들의 말은 왕 을 화나게 만들었고, 왕은 술사들이 꿈도 해석도 말할 수 없으면서 시간 을 끌어서 위기를 모면하려는 술책을 부리고 있다고 단정한다. 오직 꿈 과 해석 모두 알리라는 왕의 거센 말에 대해 술사들은 다시 한 번 아뢸 수밖에 없었다. 세상에 그 어떤 사람도 꿈의 내용이 무엇인지를 알 수 있 는 이가 없으니 아무리 권력 있고 큰 왕이라도 그런 것을 요구할 수는 없 다는 것이다.

왕이 내려주게 될 이 커다란 보상은 앞으로 다니엘이 얻고 누리게 될 영화로움을 미리 보여준다. 실제로 다니엘은 왕이 내리는 음식과 포도주 로 상징되는 바벨론의 기름짐과 풍요로움을 이미 받지 않기로 작정하였 었다는 점에서단 1:8 왕이 내리는 선물과 상과 영광이 다니엘에게 그리 큰 의미가 중요성이 없었을 것이다. 다만 이 내용은 이방 땅에서도 하나님이 다니엘과 함께 계셔서 그의 길을 인도하시고 그를 영화롭게 하신다는 것 을 보여준다고 할 수 있다. 바벨론과 제국의 왕들은 그러한 선물과 상과 영광으로 사람을 살 수 있으리라 생각하지만, 아무리 큰 상으로도 할 수 없는 것은 할 수 없는 것이고, 다니엘은 그러한 큰 상과 무관하게 할 수 있는 일, 해야 하는 일을 하는 사람이다. 선물과 상과 영광을 추구하며 살지 말라. 하나님 앞에서 도리어 결단하고 결심하고 해야 할 일을 하라. 그럴 때 하나님께서 그의 길을 이끄시고 인도하신다.

"육체와 함께 살지 아니하는 신들 외에는" 꿈의 내용을 보일 자가 없다는 술사들의 말2:11 역시 다니엘의 등장과 역할을 부각시키는 무대 설정인 셈이다. 술사들의 학문의 한계가 이 부분에서 드러나게 된 셈이다. 다니엘의 신앙, 하나님께 대한 신앙은 이 부분에서 갈대아의 학문과 구별된다. 하나님이 모든 지식의 원천이 되시니, 다니엘은 그 점을 확실히 드러내게 될 것이다. 그렇다고 이것이 갈대아의 모든 지식을 헛 것으로 만들지는 않는다. 다니엘 역시 그 집단의 한 사람으로 그 모든 학문을 배웠기 때문이다. 세상 학문을 헛된 것으로 여기는 것이 중요한 것이 아니라, 하나님을 아는 이들이 어떻게 다른지를 보이고 드러내는 것이 관건이라고 할 수 있다.

왕은 드디어 화가 폭발하고 말았다.2:12 결국 양측의 대화는 처음부터 끝까지 평행선이다. 술사들은 줄기차게 꿈을 알려 주면 해석하겠다고 하고, 왕은 한결같이 꿈과 해석 모두를 말하라고 요구한다. 왕의 세 번에 걸친 요구는 갈수록 양도 많아지고 말도 거칠어진다. 처음에는 꿈을 알게 하라 요구했고 두 번째는 상과 처벌이 함께 언급되었으나 세 번째는 시간을 끌려는 잔꾀를 버리고 당장 꿈과 해석을 말할 것을 촉구한다.

죽음의 위기에 처한 지혜자들: 위기에서 비롯된 기회 12-13절

왕과 술사들 사이의 평행선의 결과는 왕의 진노였다. 왕은 술사들을 비롯한 바벨론의 모든 지혜자들이 아무런 쓸모 없는 집단이라고 여겼고, 전부를 다 죽이라고 명령하였다. 지혜자들은 죽게 되었고, 지혜자 집단에 속한 다니엘과 세 친구들 역시 죽음의 위기에 놓이게 되었다. 다니엘은 지난 시간 동안 계속 훈련을 받아 왔으나 이제는 갑작스러운 죽음의 위협 앞에 놓이게 되었다.

해석이 아니라 꿈의 내용 자체에 대해 말하라는 왕의 요구는 어떤 권력 있는 역대 왕일지라도 요구한 적 없는 부당한 것이라는 술사들의 변명은 앞서 보았듯이 충분히 타당하다. 그런 점에서 다음에 등장하게 될 다니엘의 활동은 확연하게 이 술사들과 구분된다. 앞서 보았듯이, 술사들은 오직 육체와 함께 살지 않는 신들만이 꿈과 해석을 말할 수 있다고 진술하는데, 이러한 말은 하나님으로 말미암아 꿈을 풀이하게 될 다니엘의 영광스러움, 나아가 그가 섬기는 여호와 하나님의 영화로움을 드러내기 위한 장치라고 할 수 있다. 그런 점에서 10-11절에 있는 술사들의 고백이야말로 이 단락의 초점이다. 갈대아 술사들의 입을 통해 세상의 어떤 사람도 꿈과 해석을 같이 일러줄 이가 없음이 고백되었고, 이제 다니엘이 그것을 보여주게 될 것이기 때문이다. 육체와 함께 살지 아니하는 신 외에는 알 수 없다는 술사들의 말 역시, 이스라엘의 하나님이 어떤 분이신지를 드러내기 위한 준비이다. 그래서 왕과 술사들 사이의 어찌 보면 지나치게 상세하고 긴 대화를 다루는 이 본문은 앞으로 다니엘을 통해 드러나게 될 놀라운 일들을 위한 배경을 마련한다. 박수니 점쟁이니 술객이니 하는 사람들도 귀신을 부리고 귀신과 통하는 이들이지만, 육체와 함께 살지 않는 신들만이 꿈을 말할 수 있다는 고백은 앞으로 등장하게 될 다니엘의 하나님이 어떻게 다른 분인지를 확실히 보여주게 될 것이다.

그 점에서 느부갓네살 즉위 2년임을 밝히는 1절은 연대상으로는 어색한 정보이지만, 아직 다니엘이 3년이라는 교육 기간이 다 차지 않았음에도 갈대아의 어떤 술사들도 할 수 없던 일을 해내게 된다는 점을 강조한다고 볼 수도 있다. 우리는 그 기한이 언제인지 알지 못한다. 언제 하나님께서 우리를 사용하시게 될 지, 언제 우리가 하나님을 영화롭게 하게 될 지 알지 못한다. 사람에게 주어진 것은 그 날짜가 언제인지를 아는 것이 아니라, 그 날이 있음을 믿고 지금 해야 할 일을 행하는 것이다. 다니엘의 그 동안의 공부와 순종과 결단과 결심이 느부갓네살 2년의 상황에 그를 세우게 되었다. 그는 그저 왕궁의 한 구석에서 열심으로 살아가고 있되, 하나님께서는 그를 사용하시는 상황을 차근차근 준비하고 계셨다. 그 날을 바라고 구한다면 지금 가야 할 길을 바로 가고 바로 걸어야겠다.

그러므로 다니엘에게 닥쳐 온 갑작스러운 환난의 상황, 죽음의 위기는 그저 위기이지 않다. 자신은 아무 것도 잘못 하지 않았고 자신에게 주어진 길을 살아왔던 것이지만, 갑작스레 커다란 위기에 봉착하게 되었다. 그러나 위기는 도리어 기회가 된다. 하나님께서는 이를 통해 다니엘을 세우셔서 왕의 문제를 대응하게 하실 것이다. 무엇보다 이를 통해 다니엘이 믿고 섬기는 하나님이 얼마나 크고 놀라우신지 드러나게 될 것이다. 하나님 백성의 고난은 그저 고난이지 않다. 고난은 도리어 하나님을 증거하고 드러내는 통로이다. 이미 다니엘과 그의 친구들은 고국을 떠나 남의 땅에 끌려와서 살아가는 신세이지만, 그들의 삶도, 하나님 백성으로의 행함도 전혀 초라하지 않고 왜소하지도 않다. 그들이 처한 상황이 그들의 신앙과 삶을 결코 축소시키지 않는다. 고난은 부끄러운 것도, 수치스러운 것도 아니다. 고난은 성도를 빛나게 하며 하나님의 영광을 찬란하게 드러나게 하는 통로이다. 그렇다면 다니엘이 바벨론에 끌려와 있는 것은 단지 나라가 약해서가 아니라, 그를 통해 바벨론과 페르시아, 나아가 온 세상을 위한 하나님의 계획 가운데 이루어진 상황이라고도 볼 수 있게 된다. 어떤 상황이 되더라도 불행해하거나 절망하지 말 것이되, 그 자리에서 할 수 있는 일을 하고, 해야 할 일을 행하라. 열심으로 공부하고 열심으로 하나님을 구하라. 느부갓네살 2년, 갑작스레 하나님께서 그 백성을 부르시고 사용하시는 역사가 일어나게 될 것이다.

말도 안되는 상황은 하나님과 그 백성을 드러내고 세우게 되는 상황이다. 오늘 우리가 살아가는 이 시대의 말도 안되는 상황, 앞이 잘 보이지 않는 현실은, 하나님이 어떤 분이신지, 그리고 그의 백성이 어떻게 살아가야 하는지를 드러내고 세우게 되는 상황일 수 있다. 한편으로는 분노하고 한편으로는 우리 자신을 돌아보는 우리는 어떻게 살아갈 것인가? 하나님이 능력이심을 믿는다면 우리는 어떻게 살아갈 것인가?

본문의 메시지

1. 꿈의 의미를 알지 못하는 왕은 번민한다.

의미심장한 꿈을 꾸고도 그 의미를 알지 못하면 도리어 번민의 원인이 될 뿐이다. 우리 삶의 의미를 알지 못하고, 우리 가는 길의 뜻을 알지 못할 때, 번민과 괴로움이 임하게 된다.

2. 술사들의 학문과 지혜로 왕에게 꿈과 해석 모두를 말할 수는 없었다.

술사들은 지혜자들이었으나, 그들의 학문과 지혜가 왕의 요구를 해결할 수 없었다. 육체를 지닌 사람의 지혜가 모든 문제를 다 해결할 수는 없다. 하나님의 하나님 되심은 여기에서 드러나게 될 것이다.

3. 다니엘에게 닥쳐온 위기는 하나님의 능력이 드러나는 기회가 될 것이다.

우리에게 어려움과 곤고함이 닥쳐왔을 때, 낙심하거나 두려움에 잠기지 말아야 한다. 도리어 그를 통해 하나님이 어떤 분이신지 드러나게 될 것이며, 하나님께서 세우시는 역사를 경험하게 될 것이기 때문이다. 하나님이 주시는 영광과 은혜는 위기를 통해 더욱 분명하게 드러나게 된다. 그리고 그런 날이 갑작스레 임하게 된다는 것을 생각하면, 주님께서 인도하시는 그 곳에서 잘 준비되어야 한다.

느부갓네살의 명령으로 인해 바벨론의 지혜자는 모두 죽게 될 형편에 놓였다. 다니엘과 세 친구들 역시 이러한 지혜자 집단에 속해 있었기에, 그들 역시 죽임을 당하게 되었다. 이들을 죽이러 나가는 아리옥을 통해 저간의 사정을 알게 된 다니엘은 왕에게 잠시의 시간을 요청했다. 그야말로 다니엘과 세 친구, 모든 지혜자들의 목숨이 분초를 다투는 위기 가운데 놓였고, 다니엘은 자신을 그 상황 속에 밀어 넣었다. 그리고 오늘 다루는 본문의 마지막인 24절에서 다니엘은 다시 아리옥을 찾아갔고, 자신을 왕에게 데려가라고 이야기한다. 그러므로 14-24절은 아리옥과의 대화로 시작해서 아리옥과의 대화로 마무리되고 있으며, 그 사이에 자신을 왕 앞으로 인도하라고 용기 있게 말하는 다니엘의 모습이 놓여 있다. 다니엘은 이러한 위기의 상황을 어떻게 대처할까? 우리는 우리의 위기 상황을 어떻게 대처해야 할까?

왕에게 말미를 청하는 다니엘: 용기와 사려 깊음 14-16절

왕에게 불려갔던 지혜자 집단이 꿈의 내용을 알 수 없다고 말하자, 왕은 진노했고, 그로 인해 모든 지혜자 집단에 위기가 닥쳤다. 다니엘과 세 친구 역시 그러한 위기에 직면하였다. 아마도 다니엘을 죽이기 위해 찾아왔었을 근위대장 아리옥을 향해 다니엘은 "명철하고 슬기로운 말로" 사정을 묻는다. 이에 해당하는 단어는 '계획과 사려' 혹은 '사려와 분별' 같은 말로도 옮겨볼 수 있다. 생각 없이 무턱대고 덤벼드는 것이 아니라,

신중하고 사려 깊게 이 급박하게 돌아가는 것 같은 상황을 파악하고자 하였다고 볼 수 있다. 왕의 진노로 인해 성급하게 무지막지한 살상이 이루어지려는 상황을 생각하면, 다니엘의 명철하고 슬기로운 말은 매우 대조적이다. 흔히 청년의 상징이 무모함과 열정, 강렬함이라고 말하기도 하지만, 그리고 실제로 그렇게 열정적으로 진리를 향해 달려가는 모습을 찾기 어려워진 시대이기도 하지만, 다니엘은 신중하고도 사려 깊게 현실의 급박한 상황으로 나아간다. 열정과 헌신은 사려와 신중함과 분리되지 않는다. 진리와 가치를 추구함에 있어 열정적이고 뜨겁지만, 그를 위해 신중하고도 사려 깊게 행하는 것이 필수적이다.

그리고 사려 깊음이 현실의 실천적인 삶을 가로막지 않는다. 다니엘은 사정을 들은 후에 놀랍게도 시간을 주면 꿈의 해석을 알려 주겠다는 요청을 한다. 16절을 보면 다니엘이 직접 왕에게 들어간 것처럼 보이지만, 실제로는 아리옥 같은 이를 통해 왕에게 간청을 넣었을 것이다. 왕에게 불려 갔던 신하들이 꿈의 내용을 말해 달라고 거듭 요청하는 것에 대해 왕은 그들이 시간을 벌려고 잔꾀를 부리는 것이라고 진노했기에,2:8 다니엘의 요청은 매우 위험스러워 보인다. 그의 선택이 이것뿐이었을까? 그대로 왕궁에 조용히 묻혀 있으면 어떠했을까? 혹은 그 즉시로 도망쳐 숨었더라면 어떻게 되었을까? 알 수 없는 상상이지만, 본문에서 볼 수 있듯이 도리어 다니엘은 자기 자신을 이 문제의 한 가운데에 던져 넣는다.

이 구절에서는 명시되어 있지 않지만, 다니엘은 꿈과 꿈의 해석이 하나님께 달려 있음을 굳게 믿었기에 이와 같이 용기 있게 말미를 요청할 수 있었을 것이다. 그리고 이러한 믿음과 신뢰야말로 명철과 슬기의 원천이라 볼 수 있다. 명철한 자는 생명의 샘을 가졌으니잠 16:22 그와 다른 이의 생명을 살리게 된다. 하나님의 사람들이 그 믿음 위에 굳게 서서 담대하면 그와 많은 이들을 살릴 수 있다. 그러므로 사려 깊음은 자기에게 유리한 것을 찾고 자신의 유익을 도모하게 하지 않고, 참되고 바른 것을 위해 온 힘 다해 뛰어들게 만든다. 그래서 용기는 사려 깊음과 함께 간다. 신중하고 사려 깊게, 용기를 내어 진리를 위해 뛰어 들라. 진리를 위해, 생명을 위해 신중하고 사려 깊은 청년, 그리스도인일 수 있기를. 그러한 사려 깊음은 하나님께 대한 견고한 신뢰에서 비롯된다.

중보 기도를 요청하는 다니엘: 하늘의 하나님이여 불쌍히 여기소서
17-18절

하나님을 믿고 신뢰한 다니엘은 곧바로 집에 돌아가서 그의 세 친구 하나냐, 미사엘, 아사랴에게 기도를 부탁한다. 그가 부탁한 기도의 내용은 하늘에 계신 하나님께서 이 상황을 불쌍히 여기셔서 그와 그의 친구들이 바벨론의 다른 지혜자들과 더불어 죽임을 당하게 되지 않기를 구하자는 것이었다. 이에 대해 좀 더 생각해 보자.

먼저, "하늘의 하나님"이라는 표현이 여기에 쓰인다. 다니엘서에서는 하나님의 이름 여호와가 거의 쓰이지 않는다. 여덟 번 이 이름이 다니엘서에 쓰이지만, 민족의 죄악을 회개하는 다니엘의 기도를 다루며 명백히 유대적인 색채를 띠고 있는 9장에서만 나타날 뿐이고, 나머지 본문에서는 이 이름이 전혀 언급되지 않는다. 2장에서처럼 "하늘의 하나님"이라는 호칭이 쓰이거나 대부분의 경우 그저 "하나님"이라는 호칭이 사용된다. "하늘의 하나님"이라는 호칭은 모두 이방 나라 혹은 이방 사람과 연관되어 하나님이 언급되는 경우라고 볼 수 있다.창 24:3, 7; 참고. "하늘에 계신 하나님"으로 되어 있는 수 2:11; 시 115:3 역시 이방과 연관된 맥락이다 대부분의 경우 이 호칭은 포로 이후 시기 문헌들에서 찾아볼 수 있다.대하 36:23=스 1:2; 느 1:4, 5; 2:4, 20; 욘 1:9 동일한 호칭의 아람어 버전도 후대 문헌에서 볼 수 있다.스 5:11, 12; 6:9, 10; 7:12, 21, 23; 단 2:18, 19, 28, 37, 44 이 호칭은 이방 문화라는 상황 속에 살아가면서 이스라엘이 자신들의 하나님을 고백하고 표현하는 방식이었다고 말할 수 있다. 고대 중동 지역에 널리 사용되던 신의 이름으로 "바알 샤멤" 혹은 "바알 샤밈" 같은 이름이 있는데, 이 역시 '하늘의 주'라는 뜻을 지니고 있다. 이를 생각하면 "하늘의 하나님"이라는 이름은 어찌 보면 다른 신의 이름과 구분이 잘 되지 않는 평범한 이름이라고 할 수 있다. 그런 점에서, 다니엘서는 온 세상의 주관자이신 이스라엘의 하나님 신앙을 좀 더 일반적이고 보편적인 용어로 표현한다고 볼 수 있다. 여기에서 다니엘과 세 친구가 섬기는 하나님을 고대 중동의 이방 신들과 구별시키는 것은 이름이지 않음을 주목할 필요가 있다. 사실 '하나님'에 해당하는 히브리말 '엘로힘'은 오늘날 아랍어 구약성경에서 '알라'로 번역된다. '알라'라는 말 자체가 고대 히브리어 '엘로하'와 동일한 뿌리를 가지고 있다는 점에서 적절한 번역이라고 할 수 있다. 그리고 그 이름이야말로 이슬람권에서 최고의 신을 가리키는 이름이기도 하다.

대개의 신들이 '하늘'과 연관된 이름을 지니고 있지만, 참 하나님, 참 신은 세상 모든 것을 주관하며 그 뜻을 따라 행하시는 분이다. 다니엘서에서는 누가 참 하나님인지를 줄기차게 다룬다. 갈대아 술사들은 왕의 꿈을 말할 수 없어서 죽음을 당할 위기에 처했지만, 다니엘은 그가 부르고 고백하는 하나님께서 이를 행하실 수 있다고 굳게 믿었다. 그러므로 다니엘의 하나님을 특징짓는 것은 이름 몇 글자가 아니라, 그 하나님이 행하시고 이루시는 역사이다. 하나님을 안다는 것은 단지 그의 이름 몇 글자를 아는 것이지 않다. 하나님을 안다는 것은 그 분의 능력과 위엄, 그리고 그 분이 어떻게 온 세상을 다스리시고 주관하시는지를 아는 것이다. 다음의 예레미야 구절은 이 점을 명확하게 보여준다. "자랑하는 자는 이것으로 자랑할지니 곧 명철하여 나를 아는 것과 나 여호와는 사랑과 정의와 공의를 땅에 행하는 자인 줄 깨닫는 것이라 나는 이 일을 기뻐하노라 여호와의 말씀이니라"렘 9:24 그래서 예수를 고백하는 것은 그의 이름 몇 글자를 말하는 것이 아니라, 예수께서 선포하시고 약속하시고 성취하신 행하심을 알고 믿고 고백하는 것이다. 그렇기에 주여 주여 하는 것과 구원은 결코 연관되지 않는다.마 7:21

"불쌍히 여기사"단 2:18에 쓰인 단어는 '자비, 긍휼'을 의미하는 단어 '라하민'이다. 이 단어의 어근은 여성의 '자궁'을 의미한다. 그런 점에서 어머니가 태중의 아이를 향해 품는 마음을 표현하는 것이 긍휼이라 할 수 있다. 다니엘이 모든 지혜자를 죽이러 나가는 근위대장과 왕을 향해 말미를 청하였지만, 그와 그의 친구들이 이 절체절명의 상황에서 굳게 의지하고 붙잡는 것은 자신들의 능력도 이제까지의 공부도 다른 어떤 것도 아닌 오직 하나님의 긍휼이었다. 다시 말해, 하나님의 긍휼만이 자신들과 다른 이들을 살릴 수 있다는 것을 굳게 믿었기에 용기 있게 나섰다고 말할 수 있을 것이다. 하나님께 긍휼이 있고 능력이 있음을 믿었기에 다니엘은 이 급박한 상황에 자신을 밀어 넣었다. 가만히 한 켠으로 물러나서 상황을 지켜보며 기도하지 않고, 하나님을 참으로 신뢰하였기에 이 어려운 상황을 해결할 수 있기를 구하며 용기 있게 죽음을 각오하고 나섰다. 하나님의 긍휼만을 굳게 신뢰한다는 것은 아무 것도 하지 않고 그저 앉아 있는 것이 아니라, 모든 이들이 죽게 된 상황에서 용기 있게 벌떡 일어서는 것으로 나타난다.

"바벨론의 다른 지혜자들과 함께 죽임을 당하지 않게 하시기를"과 같은 표현은 얼핏 보면 자신들이 다른 지혜자들과 한통속으로 묶여 죽임 당하지는 않게 하시기를 구하는 것 같아 보이지만, 바벨론의 다른 지혜자들과 자신 모두 죽지 않게 해 달라고 구하는 기도이다. 다니엘의 태도는 아리옥에게 다시 나아가서 바벨론 지혜자들을 죽이지 말라고 말하는

24절에서도 볼 수 있다. 다니엘이 목숨을 걸고 이렇게 나서는 데에는 갑작스레 죽임 당하게 된 지혜자들을 살려 내는 것에도 목적이 있음을 볼 수 있다. 하나님의 사람이 등장하게 되면 같은 신앙을 가진 사람들만이 평안하게 되는 것이 아니라, 하나님을 전혀 알지 못하는 이들에게도 평안이 임하게 되고 생명이 살아나게 된다. 하나님의 복음은 그 복음을 믿는 나와 내 가족, 함께 믿는 자들만이 아니라 복음을 전혀 알지 못하며 믿지 않는 세상의 모든 이들을 위해 유익이 있다.

이것을 일러 '복음이 지닌 공적인 특징', 즉 '복음의 공공성'이라고 말할 수 있다. 요셉이 애굽의 총리가 되어 풍년과 흉년을 잘 관리하였더니, 야곱의 가족들만이 흉년에서 살아남은 것이 아니라, 애굽의 수많은 이들이 끔찍한 흉년에서 살아나게 되었다. 요셉은 그의 정책을 행함에 있어서 한 마디도 하나님과 연관하여 표현하지 않지만, 그의 정책과 행동은 애굽의 수많은 사람들을 살렸다. 참으로 그를 통해 나타난 하나님의 복음은 오직 요셉과 야곱의 가족만을 살리는, 자기와 가까운 사람만 살리는 '사사로운 것'이 아니라, 모두를 살리는 '공적인 것'이다. 바벨론의 지혜자들은 아무 것도 할 수 있는 것이 없었으며, 어쩌면 그 가운데 어떤 이들은 두려워 도망갔을 수도 있다. 그러나 다니엘이 믿음으로 용기를 내어 자신의 목숨을 걸고 나섰을 때, 그로 말미암아 세상 모든 지혜자들에게 생명이 임하게 된다. 하나님의 사람들이 위험을 감수하고 목숨을 걸고 나선다. 그랬더니 세상의 수많은 믿지 않는 이들, 하나님을 알지 못하는 이들에게 은혜의 역사가 일어나게 된다. 그리스도인은 이를 위해 부름 받은 이들이다. 그리고 그것이야말로 아브라함으로 말미암아 열방이 복을 받게 된다는 말씀창 12:1-3의 의미일 것이다. 그리스도인은 공적 사명으로 부름을 받았다. 자신의 순종과 용기를 통해 세상에 생명을 전하는 자들로 부름 받았다. 오늘 대한민국 땅에 믿는 이들이 많다는 것은 무슨 의미일까? 우리가 다니는 직장에 우리가 속하게 된 까닭은 무엇일까? 우리 하는 일들을 열심히 최선을 다해 감당하라. 살아계신 하나님을 굳게 믿고 용기를 내고 담대하라. 우리 때문에 사람들이 살게 되고, 우리 때문에 생명이 회복될 것이다. 우리는 세상에 보내어진 하나님의 사랑이요 생명이다.

다니엘과 세 친구는 함께 같은 기도제목을 두고 합심하여 기도하였다. 이것이 중보기도의 능력이다. 믿음으로 용기 있게 나서고, 그러한 지체를 위해 온 힘 다해 함께 기도한다. 그는 개인이지 않고 전체를 대변한다. 전체는 그 개인을 위해 힘써 기도한다. 이들은 공동체이다. 늘 함께 있어서 공동체인 것이 아니라, 서로의 용기 있는 행동을 듣고 서로를 위해 즉각적으로 중보하기에 그들은 공동체이다. 서로의 이익을 챙겨주고 서로 앞뒤를 살펴주어 공동체인 것이 아니라, 서로 그렇게 세상 가운데 하나님의 사람으로 용기 있게 살며 다른 사람을 살리는 일에 힘 다해 살아가도록 중보하는 공동체이다. 우리는 서로를 위해 중보하고 있는가? 서로가 각자의 삶의 현장에서 생명으로 진리로 살아가도록 중보하고 있는가?

다니엘의 찬양: 세상의 주관자이신 하나님 20-23절

오직 하나님의 긍휼을 구할 때에 하나님께서는 환상을 통해 비밀을 알게 하셨다. 그로 인해 다니엘은 하늘의 하나님을 찬양하며 그의 이름을 찬송한다. 다시 한 번, 하나님의 이름 찬양은 단지 그의 이름 몇 글자 고백하고 높이기가 아니라, 그 분이 행하신 지혜와 능력에 대한 찬양이다. 21절과 22절은 다니엘이 고백하는 하나님이 어떤 분인지 서술한다. 하나님은 때와 계절을 바꾸시는 분이시다. 여기서 "때"가 일반적인 '시간'을 의미한다면, "계절"로 번역된 단어는 정해진 시간 혹은 특정한 시간을 가리킨다고 할 수 있다. 세상 모든 시간의 변화가 그의 손에 달려 있다. 비록 이스라엘은 바벨론 땅에 포로로 끌려와 있지만, 이스라엘의 하나님께서 세상의 시간을 주관하신다.

하나님께서는 시간을 바꾸실 뿐 아니라, 세상의 왕들을 폐하고 세우시기도 한다. 하나님은 창조주이실 뿐 아니라 온 세상 질서의 주관자이시기도 하다. 그 어떤 강한 나라라 하더라도 하나님께서 세우신 뜻에 어긋나게 된다면 설 수 없다. 비록 다니엘과 이스라엘이 바벨론 땅에 살고 있지만, 그들의 진정하고도 참된 왕은 오직 한 분 하나님뿐이시다. 그들이 느부갓네살 왕실에서 섬긴다 할지라도 실제로 그들이 섬기는 분은 그 위에 계신 하나님이다. 세상을 다스리는 대단한 군주를 세우고 폐하시는 분이 하나님임을 알 때, 현실의 왕을 섬기는 것은 힘이 약해 굴복하는 굴종이 아니라, 하나님이 세우신 자에 대한 순종이요 섬김이다. 그럴 때 사람들은 권력에 대해 올바른 관계를 맺게 될 것이며, 권력의 부당함에 대해서는 순종하지 않고 저항하게 된다. 그렇지 않으면 권력 앞에 굴복하고 굽신거리게 될 것이다. 이런 측면에서의 권력에 대한 불복종 역시 다니엘서의 일관된 주제이다.

왕을 세우시는 하나님은 지혜자들에게 지혜를 주신다.단 2:21 이 점 역시 곰곰이 생각해볼 만하다. 세상의 모든 왕들을 하나님께서 세우셨듯이, 세상의 모든 지혜자들의 지혜 역시 하나님께로부터 말미암는다. 우리는 흔히 세상의 통치자와 권세는 하나님이 세우셨다 쉽게 고백하지만, 세상 학문이 제시하고 풀어가는 지혜에 대해서는 가벼이 여기고 업신여기는 경우들이 많다. 신앙과 신학이 보수적일수록 일반 세속 학문에 대한 경시는 더 커지는 경향이 있다. 그러나 왕뿐 아니라 지혜자들의 지혜 역시 하나님께로부터 말미암는다. 하나님은 지혜자에게 지혜를 주시고 총명한 자에게 지식을 주신다.

하나님은 또한 깊고 은밀한 일을 나타내시며 어두운 데 있는 것을 아시고 빛과 함께 계신다.2:22 하나님께서는 흑암이 깊음 위에 있는 세상 가운데 빛을 창조하셨다.창 1:2-3 그러니 하나님께는 감추어진 것이 없으며, 숨겨질 수 있는 것도 없다. 하나님께 대한 다니엘의 신앙고백이 그의 찬양 가운데 분명하게 담겨 있다. 이 분이 그가 믿고 구약 성경이 증언하는 하나님이다. 그래서 다니엘은 이 하나님을 일러 23절에서 "나의 조상들의 하나님"이라고 부른다. 하나님에 대한 이 호칭은 출애굽기에 네 번 쓰였고,3:13, 15, 16; 4:5 신명기와 여호수아, 사사기, 열왕기에 11회 가량 쓰였다. 여기에 쓰인 이 호칭은 대개 조상들에게 주신 약속, 혹은 조상들에게 주신 율법과 땅과 연관된다. 역대기에서는 대략 26번 가량 사용되고, 포로기 이후 제2성전기 문헌들에서도 굉장히 빈번하게 쓰인다. 이 시기 문헌들에서 이 호칭이 쓰일 때에는 이방과 연관한 환란 가운데 하나님의 도우심을 구하는 상황이라고 볼 수 있다. 아브라함과 이삭과 야곱의 하나님이 바로 지금 다니엘에게 비밀한 것을 알리신 그 하나님이다.

구약의 하나님과 고대 중동의 신들이 다 하늘과 연관된 이름으로 불리지만, 구약의 하나님, 다니엘의 하나님을 특징짓는 것은 21-22절이 보여주는 바, 그 분의 행하심이다. 그는 때를 바꾸시며 왕들을 폐하시고, 지혜와 지식을 주시는 분, 깊고 은밀한 일을 나타내시는 분이다. 다니엘은 이 하나님을 굳게 믿고, 포로이지만 하나님의 사람으로 바벨론 왕실에서 살아나간다. 왕의 꿈에 대한 비밀을 구하며 기도하였고, 그 비밀을 알게 되었으되, 다니엘의 찬양은 단지 신통하게도 무엇인가 비밀한 것을 알았다는 데에 그치지 않고 온 세상의 주권자이시며 왕들을 폐하시고 지혜와 비밀을 알리시는 하나님께 대한 찬양으로 나아간다. 개인적인 체험들이 이렇게 나라와 민족, 세상을 향한 하나님의 행하심에 대한 찬양으로 확장된다.

본문의 메시지

1. 우리가 믿는 하나님은 이름이 아니라 그 행하심과 능력, 지혜를 통해 드러난다.

다니엘서는 꽤나 보편적이고 일반적인 호칭에 해당하는 '하나님' 혹은 '하늘의 하나님'을 사용한다. 하나님께서 베푸시는 능력과 비밀한 일을 알게 하심에서 하나님의 하나님 되심이 드러난다. 하나님을 믿고 따르는 우리와 우리 교회를 통해 하나님의 능력과 긍휼, 은혜가 온전하게 드러나게 되기를 소망하고 기도한다.

2. 사람들이 당하는 곤경을 모른 체 하지 말고 하나님께 대한 믿음으로 용기를 내자.

다니엘과 세 친구에게도 죽음의 위기가 닥쳤지만, 바벨론의 모든 지혜자들에게도 위기가 닥쳤다. 하나님께서 모든 은밀한 것을 드러내시는 분이시며 긍휼을 베푸시는 분임을 굳게 믿었기에 다니엘은 용기를 내어 왕에게 말미를 청하였다. 하나님을 믿는 사람들만이 진정으로 용기를 낼 수 있다. 이웃이 당하는 곤경을 모른 체 하지 말고 용기 있게 일어서는 이들이 하나님의 자녀들이다.

공공의 유익을 위하는 삶이 되면 좋겠다. 자신과 다른 사람들을 모른 체 하지 않는 삶이 되면 좋겠다. 1980년 국민의 동의 없이 오직 군대를 힘입어 권력을 쥔 신군부 세력이 그들을 반대하던 광주의 수 천의 사람들을 무자비하게 짓밟았다. 그리고 그 때, 대부분의 교회들은 침묵하였다. 대부분의 교회들은 그렇게 집권한 전두환 군사정권을 위해 축복기도하고 좋은 대통령이 되게 해달라고 기도할 뿐이었다. 대부분의 교회들은 그렇

게 죽어간 사람들을 위해 힘을 쓴다는 것이 복음과는 상관 없다고 여겼
다. 대부분의 교회들은 복음이 믿는 자들을 위한 것이라고만 여겼고, 나
자신과 내 가족에게 복을 내려주는 것이라고만 여겼다. 그러나 세상에
그리스도인이 많아진다는 것은 부당하고 억울한 죽음을 당하는 이들이
없어지게 된다는 것이기도 하다. 우리의 존재가 세상의 기쁨이 되고, 우
리의 믿음이 세상의 생명이 될 수 있기를 기도하자.

3. 하늘의 하나님께서 세상의 시간을 정하시고 왕들을 세우고 폐하시며
   은밀한 것을 드러내신다.

어렵고 힘든 상황 속에서 비록 우리 몸이 연약하고 우리 처지가 곤고
하더라도, 하나님의 능력과 위엄은 손상되거나 축소되지 않는다. 하나님
께서 세상 질서를 주관하시고 그 뜻대로 운행하신다는 것을 굳게 신뢰해
야겠다. 우리 위에 아무리 강한 것이 있고, 세상의 모든 것이 아무리 대
단해 보여도, 이 모든 것을 주관하시는 분은 하나님임을 굳게 믿어야겠
다.

05. 다니엘을 통해 은밀한 것을 나타내시는 하나님

다니엘 2:25-30

사태의 한 가운데에 자신을 세운 다니엘, 그리고 그를 위해 기도하는 세 친구, 이들은 조금도 자신의 능력을 의지하지 않는 이들이며 참으로 담대하게 문제의 한 복판으로 치고 들어가는 이들이다. 그들에게 하나님의 능력은 무엇을 의미하는가? 바벨론 왕실이라는 상황, 사로잡혀 온 포로라는 자신들의 처지가 그들의 신앙에 어떤 영향을 주었는가? 바벨론 지혜자들이 다 죽게 된 상황이라는 것이 그들에게는 무엇으로 다가왔는가?

왕 앞으로 나아가는 다니엘 25절

다니엘은 아리옥과 대화하면서 자신이 해석을 말할 수 있다고 하였고, 이제 다시 아리옥과의 대화 가운데 자신이 해석을 말하겠다고 이른다. 24절 첫머리에 있는 "이에"는 직역하자면 '이것으로 인해' 혹은 '이것 때문에'라고 옮길 수 있다. 하나님께서 다니엘에게 은밀한 일을 알게 하셨으니, 이로 인해 다니엘은 아리옥에게 바벨론 지혜자들을 죽이지 말고 자신을 왕에게 데려다 달라고 부탁하게 된 것이다. 같은 표현이 12절에서도 쓰였다. 갈대아 술사들이 왕의 꾼 꿈의 내용을 말할 수 없다고 하자, 왕은 이것 때문에 화가 나서 모든 바벨론 지혜자들을 죽이라고 명령하게 되었다. 술사들이 꿈을 말하지 못함으로 인해 왕이 진노하여 모두를 죽이라고 명하고, 하나님이 꿈을 알리심으로 인해 다니엘은 모두를 죽이지 말라고 말한다. 하나님으로 말미암아 비밀을 알게 됨으로 인해 다니엘과 그의 친구들만이 아니라 바벨론의 모든 지혜자들이 살게 된다. 하나님의 지혜는 사람을 살게 한다. 하나님의 지혜는 독점하라고 있는 것이 아니라 다른 이를 살리기 위해 존재한다.

앞서 언급했지만, 바벨론 지혜자들을 죽이지 말라는 다니엘의 말은 특이하다. 우리네 좁은 생각으로는 바벨론의 술사니 점쟁이니 박수니 하는 이들은 우상을 섬기고 숭배하는 이들이니 어쩌면 죽어 마땅한 이들일 수 있기 때문이다. 나중에 다니엘이 이러한 술객과 박수, 점쟁이 집단의 우두머리가 된다는 점2:48; 5:11도 오늘 우리 생각이나 구약이 줄기차게 말해오는 것과 차이가 있다. 이스라엘 가운데 이렇게 우상을 섬기고 점을 치는 이들에 대해 구약은 아주 단호하지만,가령 레 19:31; 20:6, 27 이방 민족 가운데 이러한 일을 행하는 이에 대해서는 중립적이며, 다니엘에게 있어서 바벨론 지혜자들은 동료로 여겨진다. 다니엘이 이 위급한 상황에 뛰어들게 된 동기 가운데 하나는 이처럼 바벨론 지혜자들을 죽게 해서 안 된다는 생각이 있다. 그래서 25절에서 아리옥은 다니엘을 데리고 "급히" 왕 앞으로 나아간다. 서둘러 일을 진행함을 통해 혹시라도 있을 억울한 죽음을 막으려는 것이 여기에 쓰인 "급히"라는 부사의 의미일 것이다. 다니엘은 바벨론 지혜자들의 죽음을 당연한 것으로 여기지 않았다. 그 지혜자들이 모두 죽게 된 상황을 자신의 기회로 삼은 것이 아니라, 그들이 죽임 당하지 않게 해야겠다는 의도가 다니엘을 서둘러 현장으로 뛰어들게 하는 이유이기도 하였다. 다른 이들에게 일어난 참상을 통해 나를 돌아보고 나를 성장시키고 고치는 기회로만 삼는 것은 끔찍하다. 다른 종교를 가진 나라에 일어난 자연 재해로 우리의 기독교 신앙을 감사하는 것은, 세월호 참사로 억울하게 죽은 아이들을 보며 내 자식 살아만 있어도 감사하다고 생각하는 것은, 참혹하기 그지 없다. 다른 이들의 참상이 혹시라도 기회가 될 수 있다면, 우리로 하여금 나 자신의 이기심과 안일함에서 벗어나 함께 슬퍼하고 함께 살아갈 기회라는 점에서일 것이다. 진정한 기회는 남들이 겪는 참상에 대해 애통해 하고 이를 해결하기 위해 힘을 다할 때 주어지게 된다. 다른 사람들, 그들이 기독교인이건 무슬림이건 누구이건, 다른 이들의 불행을 나의 성장의 기회로 삼지 말라. 직장에서건 어디에서건 다른 이들의 연약함을 나의 앞서감의 기회로 삼지 말라. 다른 이들의 불행을 나의 행복의 기회로 삼지 말라. 우리가 할 일은 그러한 재앙에 대해 안타까워하고 나도 그 가운데 있음을 기억하고 참여하는 것이다.

이제부터 다니엘을 통해 놀라운 일들이 이루어지게 되지만, 다니엘이 현재 처해 있는 상황은 그리 편하지 않다. 25절에 있는 "사로잡혀 온 유다 자손"이라는 표현, 그리고 26절에서 왕의 앞에 나아간 다니엘을 가리켜 벨드사살이라는 이름으로 부르고 있다는 점은 다니엘의 현재의 처지를 확연하게 보여준다. '사로잡혀 온 자손'은 바벨론에 끌려 와 있는 유다 자손을 가리키는 표현으로 이 아람어 표현은 다니엘서 5:13; 6:24에서도 쓰였고 에스라 6:16에서도 쓰였으며, 아람어에 대응되는 히브리어 표현도 에스라서에 여러 번 쓰였다.4:1; 6:19, 20; 8:35; 10:7, 16 '사로잡혀 온 자손'은 포로 이후 유다 공동체의 정체성을 상징하는 표현이라고 할 수 있다. 다니엘서에서는 본토에 살지 못하고 바벨론까지 끌려온 자신들의 비참한 상태를 가리키는 표현으로 쓰였다고 할 수 있다.

그는 성전의 그릇조차 빼앗겨 버린 나라의 자손이며 남의 땅에 끌려와 이름조차 마음대로 쓸 수 없는 이, 그리고 그가 경외하는 신과는 아무 상관없는 이방 신의 이름을 따라 불려지는 존재이다. 이보다 더 비참할 수 있을까? 그러나 그러한 처지가 그로 하여금 자신의 신세를 한탄하며 비관하고 절망과 냉소에 빠지게 하지 않았다. 이러한 처지 가운데서도 다니엘은 자신을 사태의 중심에 내세운다. 그러니 우리 역시 다니엘을 기억해야겠다. 자신의 연약함만을 들여다 보며, 자신의 처지의 한심함만을 들여다 보며 자기연민에 빠지지 않아야겠다. 내 자신의 죄악을 들여다 보며 주저 앉아 울고만 있을 것이 아니라, 내 탓이오 만을 말하며 있을 것이 아니라, 하나님의 능력을 신뢰하며 일어나야겠다.

다니엘은 정신을 바짝 차리고 살아가고 있었고, 세 친구 역시 그러하였다. 그렇기에 이 엄청난 상황을 보면서 움츠러들지 않고 뛰어든다. 그들은 비록 한심한 신세이나 그들이 믿고 섬기는 하나님은 온 세상의 주관자이시다. 내가 믿는 하나님을 소리 높여 강변하는 것이 중요한 것이 아니라, 그 하나님의 능력을 끔찍한 세상 속에서 실제로 신뢰하고 의지하며 담대히 현장으로 나아가는 것이 중요하다. 다니엘은 바벨론 왕에게 하나님께서 역사하신다고 굳게 믿었다. 그렇다면 오늘 우리 역시 하나님의 능력을 교회로 국한시키지 말 일이다. 하나님의 주권을 교회로 제한시키지 말 일이다. 지금의 처지와 형편이 영원하지 않으니, 현재의 모습으로 인해 낙심하거나 낙망할 일이지는 않다. 바벨론의 술사들과 박수, 술객들이 왕의 꿈을 말할 수 없었지만, 사로잡혀 온 유다 자손 중에 있던 다니엘은 왕에게 그 해석을 알려 줄 수 있는 이였다. 그 점에서 갈대아 술사들과 사로잡혀 온 다니엘은 대조적이다. 비록 몸은 포로이지만, 하나님의 능력과 지혜는 제한될 수 없다.

하나님만이 은밀한 일을 나타내실 수 있다 26-28절

느부갓네살 왕은 자신 앞에 나아온 다니엘에게 이전 갈대아 술사들에게 물었던 것과 동일한 것을 물었다. 2장에서 아리옥과 다니엘의 대화, 그리고 아리옥이 왕에게 아뢴 말을 보면 모두 다니엘이 해석을 말할 수 있다는 점만을 언급하고 있지만, 왕은 한결같이 "꿈과 그 해석"을 알게 할 수 있는지를 묻는다.

왕이 알고 싶어 하는 꿈과 해석에 대해 다니엘은 이제 알게 되었지만, 자신의 지식이 어디에서 온 것인지, 그리고 이러한 지식은 어디에서 올 수 있는 것인지를 분명히 말한다. 다니엘은 왕이 꾼 꿈과 그 해석을 가리켜 "은밀한 일"이라고 표현한다.단 2:18, 19, 27, 28, 29, 30 그리고 느부갓네살 역시 마지막에는 이를 일러 동일하게 "은밀한 일"이라고 표현한다.2:47; 또한 4:9 "은밀한 일"이라고 두 어절로 번역되었지만, 실제로는 '비밀'을 의미하는 한 단어가 쓰였다. 왕이 꾼 꿈과 그 의미는 비밀이다. 다른 사람에게 들은 꿈의 의미에 대해서 나름대로 이렇게 저렇게 말할 수는 있지만, 왕이 꾸었던 꿈 자체가 무엇인지 그 감추어진 비밀을 알 수 있는 존재는 없으며 그 꿈의 진정한 의미라는 비밀 역시 풀 수 있는 이가 없다. 다니엘은 오직 하늘에 계신 하나님만이 그것을 알 수 있음을 분명히 이야기한다. 이에 대해서는 이미 갈대아 술사들을 통해서도 고백되었다.2:11 육체를 지니지 않은 신들이 아니라면 그러한 것을 알 길이 없을 것인데, 다니엘은 그러한 은밀한 비밀을 알 수 있는 분이 바로 하늘의 하나님임을 분명히 한 것이다. 여기서도 하나님의 이름은 '하늘의 하나님'으로 소개된다. 평범하고 보편적인 이름이지만, 이 평범하게 불리는 하나님이야말로 은밀한 일을 드러내는 분이시다. 오직 하나님만이 아신다는 점에서 그것은 비밀이다. 다니엘이 사용하는 이 표현은 그렇게 감추어진 것, 숨겨진 것이 보여지고 드러나게 된다는 점과 대조를 이루고 있다. 그런 점에서 다니엘이 사용하는 "은밀한 일"이라는 표현은 그것을 드러내시는 하나님을 강조한다고 볼 수 있다. 이것은 우연도 아니고 요행도 아니다. 하나님께서 뜻하시고 의도하신 일이다.

왕이 물은 것이 꿈과 해석에 대해 다니엘이 알려 줄 수 있는가 였는데, 그는 "지혜자나 술객이나 박수나 점쟁이가 능히 왕께 보일 수 없다" 하였다.2:27 여기에서 다니엘이 언급하고 있는 네 부류의 집단 가운데

"술객"과 "박수"는 2절과 10절에서도 언급되었다. 박수와 술객, 갈대아 술사, 점쟁이가 함께 쓰이기도 하고,4:7 술객과 갈대아 술사, 점쟁이가 같이 쓰이기도 하며,5:7 지혜자와 술객이 함께 쓰이기도 했다.5:15 지혜자는 이러한 집단 전체를 가리키는 이름으로 2장에서 여러 번 쓰였다.2:12, 13, 14, 18, 24, 48 다니엘은 훗날 이러한 집단 전체의 우두머리로 임명되기도 한다.2:48; 5:11 이를 생각해 볼 때, 다니엘의 말이 바벨론의 지혜자들을 업신여기고 낮게 평가하는 것을 의미하지는 않음을 유의해야 한다. 다니엘 역시 이러한 지혜자 집단의 한 사람이며, 다니엘 역시 그 꿈과 해석이라는 비밀을 스스로 알게 된 것이 아니기 때문이다. 이 점은 30절에서 다니엘이 "내 지혜가 모든 사람보다 낫기 때문이 아니라"2:30 분명히 말하는 데서도 볼 수 있다.

세상을 가벼이 평가하고 세상에서 함께 살아가는 사람들과 그들의 지혜를 업신여기는 것이 하나님 능력의 지극히 큼을 드러내지 않는다. 우리 역시 세상 사람들에 비해 아는 것이 많지 않으며 지혜도 결코 크지 않다. 다만 하나님의 능력과 하나님의 지혜, 그리고 하나님의 깊고 놀라우신 뜻이 부족하고 연약한 우리를 통해 드러날 뿐이다. 믿는다 하여 잘난 체 하지 말고, 믿는다 하여 세상 것을 함부로 말하지 않아야 할 것이다. 세상 위에 군림하는 교회가 아니라 자신의 한계를 잘 알고 있으며, 오직 하나님께서 필요에 따라 행하시는 것을 기억하는 교회와 그리스도인이 되면 좋겠다. 그것이 베드로가 권면하는 대로, 그리스도인들이 가진 소망의 이유를 묻는 이들에게 대답할 때 갖추어야 할 "온유와 두려움"의 의미일 것이다.벧전 3:15 세상과 나를 너무 쉽게 단절하고 끊어버리지 말고, 세상 가운데서 함께 살아가고 함께 동료로서 걸어가면 좋겠다. 다만 우리를 통해 비밀을 드러내시는 하나님의 역사가 있을 수 있도록 자신을 문제와 사태의 중심부에 세우고, 다들 하지 않으려는 곳에 우리 스스로를 세워가는 것이 필요하다. 하나님의 사람이기에, 하나님께 모든 비밀의 지혜가 있기에, 그 하나님을 신뢰함으로 위험한 곳으로 나아가고 쉽지 않은 짐을 자원해서 진다. 우리의 다름은 우리의 교만과 세력에 있는 것이 아니라 함께 살아가는 겸손함 가운데 스스로 위험을 자원하고 스스로 공동의 운명을 하나님의 능력 가운데 해결해 나가는 데에 있다. 그리고 다들 당연한 것으로 여기고 사모하고 누리는 왕의 음식과 왕의 포도주에 조금도 매이지 않는 데에서 드러난다.

꿈과 비밀을 말할 수 있는 분이 하나님뿐임을 증언하는 다니엘의 모습은 애굽에 있던 요셉의 모습과도 겹쳐진다.창 40:8; 41:15-16 요셉은 애굽에 팔려온 종이었고, 누명을 뒤집어쓰고 옥에 갇힌 죄수이기도 했다는 점 역시 요셉과 다니엘이 겹쳐지는 부분이기도 하다. 그런 점에서 요셉 본문과 다니엘 본문은 꽤 많은 공통점을 지닌다. 두 이야기 모두 이방 땅에 살면서, 포로 혹은 종으로 살면서 어떻게 하나님을 신뢰하며 살아갈 것인지, 어떻게 하나님을 경외하며 살아갈 것인지를 보여준다. 겉으로 보기에는 종이고 사로잡혀 온 자에 불과하지만, 실제로 그들은 하늘에 계신 하나님, 온 세상을 주관하시고 왕들을 세우고 폐하시는 유일하신 하나님의 종이요 세움 받은 이다. 결국 요셉도 애굽의 총리가 되고 다니엘 역시 바벨론과 페르시아의 총리가 된다는 점 역시 두 본문의 공통점이다. 그로 인해 하나님께 순종하여 복을 받은 사람의 예로 곧잘 요셉과 다니엘이 언급되고, 이렇게 잘 되어 하나님 영광을 드러내게 된 사례로 이들이 언급되곤 한다. 그러나 하나님 백성의 존귀함은 그들이 놓여 있는 화려하고 높은 지위에 있는 것이 결코 아닐 것이다. 이들이 총리가 되기 전, 그저 끌려온 청년 혹은 소년에 불과했으며, 그들에게 맡겨진, 참으로 하찮을 수 있고 의미 없을 수 있는 세상 일들 속에서 이들은 하나님의 능력을 신뢰하며 열심으로 그 일을 감당하고 공부하고 배웠다. 어떤 상황 어떤 처지에 놓였든지, 하나님을 신뢰하고 하나님의 사람으로 살아가며 수많은 사람들을 살린다는 데에 요셉과 다니엘의 공통점이 있다. 요셉과 다니엘 이야기를 보고, 하나님을 신뢰하면 성공하고 출세하고 영향력 있는 위치에 오른다고 말하는 것은 전혀 부당한 풀이다. 2장에서 다니엘은 겨우 사로잡혀 온 자의 자손에 불과하지만 왕 앞에 섰고, 그로 인해 무수한 바벨론 지혜자들의 생명을 구할 수 있었기 때문이다. 차라리 '영향력 있는 자리' 같은 것은 없다고 해야한다. 다만 '영향력 있는 사람'이 있을 뿐이다. 하나님을 신뢰하는 이야말로 영향력 있는 사람이며, 그는 종이든 포로이든 죄수이든, 하나님의 크고 놀라운 일을 드러내게 될 것이며, 많은 사람의 생명을 건지게 될 것이다. 성공은 높은 자리를 의미하는 것이 아니고, 하나님이 어떤 분인지를 드러내게 되고, 다른 수많은 이들을 살리는 삶이다.

하나님께서 장래 일을 왕에게 알게 하려고 꿈을 꾸게 하셨다 28-30절

다니엘은 왕이 꾼 꿈의 의미를 일러, 하나님께서 왕에게 "후일에 될 일"을 알게 하신 것이라고 하였다. 여기에서 "후일에"로 번역된 표현은 구약에서 빈번히 등장하는 표현이다.창 49:1; 민 24:14; 신 4:30; 31:29; 사 2:2; 렘 23:20; 30:24; 48:47; 겔 38:16; 호 3:5; 미 4:1; 단 10:14 기본적으로 일정한 시간이 지난 뒤를 의미한다는 점에서 '훗날에'로 옮길 수 있다. 예언서에서 이 표현은 하나님의 행하심과 더불어 임하게 될 새로운 미래를 가리키는 표현으로 널리 쓰인다. 칠십인경은 이 표현을 "끝날에"로 옮기고 있어 종말론적 의미를 부여하는 듯 하다. 그러나 이것이 세상의 종말만을 가리키는 것이지는 않다. 이제 곧 임하게 될 미래와 장차 모든 세상의 훗날에 임하게 될 일 모두를 포함하고 있다고 볼 수 있다. 세상의 끝과 같은 미래는 당장 임하게 될 미래와 그리 분리되어 있는 것이지 않기 때문이다.

하나님께서 왕에게 이것을 알게 하신 것과 왕이 침상에서 장래 일을 생각한 것이 서로 결합되어 있다.단 2:29 현재의 삶만을 생각하는 것이 아니라, 이 다음에 무엇이 임하게 될 지를 왕이 궁금해 하고 생각할 때 하나님께서는 왕으로 꿈을 통해 장래 일을 나타내셨다. 미래에 대해 생각한다는 것은 단순히 현재만을 살아가는 태도와는 거리가 멀다. 현재 강력하고 위엄 있는 왕으로 통치하고 있지만, 느부갓네살은 자신의 통치가 어떤 의미를 지니고 있으며, 앞으로 그의 통치와 그의 나라가 어떻게 될 지 궁금했을 것이다. 그저 현재의 모습에 만족하고 살아가는 것이 아니라, 다음이 어떻게 되며 훗날이 어떻게 될지 찾고 구하는 모습에 대해 하나님께서는 장래 일을 꿈으로 알리시고 이제 다니엘을 통해 그 해석을 알리려 하신다. 하나님께서는 다니엘을 통해 왕에게 보이신 것의 의미를 알려 주신다. 여기에서도 역시 세상에 대해 함부로 말하고 함부로 평가해서는 안된다는 것을 발견하게 된다. 느부갓네살 왕의 모습에서도 우리는 배우게 된다. 무엇인가를 알고자 하고 찾고자 하는 것은 바람직한 자세이다. 주어진 삶에 만족하고 살아갈 뿐 아니라, 인생과 나라에 대해 그리고 자신의 처지와 삶의 의미에 대해 고민하는 것은 사람에게 꼭 필요한 자세라고 할 수 있다. 먹는 것과 마시는 것으로 만족할 수 없는 것이 사람이라 할 것이다.

1. 어떤 처지에 있더라도 하나님을 신뢰하며 믿음으로 살아가라.

　영향력 있는 위치에 오르게 될 날을 꿈꾸고 기다리며 살아갈 것이 아니라, 어떤 처지 어떤 형편에 있든지 하나님을 굳게 신뢰하며 믿음으로 살아가야 한다. 우리나 우리의 지위, 우리의 지혜에서 영향력이 나오는 것이 아니라, 오직 하나님께로부터 영향력이 나오기 때문이다.

2. 하나님을 경외하는 이라면 다른 이의 참상과 곤경을 아파하고 함께 참여하며 살아야 한다.

　다니엘은 하나님께서 은밀한 것을 깨닫게 하자, 곧바로 아리옥을 찾아가 바벨론 지혜자들을 죽이지 말라고 이야기한다. 비록 사로잡혀 온 자에 불과하지만, 그의 믿음과 깨달음으로 인해 수많은 사람들을 살리게 된 것이다. 우리 자신을 과소평가하지 말고, 우리 믿음을 나 자신의 유익을 위한 것으로만 생각하는 것이 아니라, 할 수 있는 대로 사람을 돕고 살리는 일로 나아가야겠다.

3. 하나님만이 하실 수 있는 것을 내가 할 수 있는 것처럼 말하지 말자.

　본문에서 다니엘은 자신이 은밀한 것을 알거나 지혜가 뛰어난 것이 아님을 두 번이나 말한다. 하나님께서 우리를 사용해서 행하시는 일을 은근히 나 자신의 뛰어남이나 능력으로 표현해서는 안될 것이다. 하나님께서 바벨론 지혜자와 바벨론 모두를 사랑하시고 뜻대로 주관하시며 이를 따라 필요한 대로 하나님의 사람들을 사용하는 것이니, 마치 능력이 우리에게, 지혜가 우리에게 있는 것처럼 말하고 행동해서는 안될 것이다.

오직 하나님만이 영광과 찬양을 받으시기에 합당하다. 교회가 영광 받지 말고, 교회는 도리어 세상 가운데서 겸손해야 한다.

06. 손대지 아니한 돌

다니엘 2:31-49

느부갓네살 왕이 꾼 꿈의 중심 소재는 큰 신상이다. 이 신상은 다섯 개의 서로 다른 재료로 구성되어 있고, 각각은 다섯 개의 서로 다른 시대 혹은 왕국을 상징한다. 다섯 번째의 시대는 네 번째에 등장한 쇠와 흙이 섞인 시대라는 점에서, 네 번째 시대의 연장 혹은 확장이라 볼 수 있다. 그 점에서 2장은 네 개의 시대로 역사를 구분한다고 볼 수 있다. 마지막에 등장하는 돌 역시 또 다른 시대를 나타낸다. 다니엘서와 같은 묵시 문학의 중요한 특징의 하나는 온 세상의 시기가 미리 구분되어 있고 이미 정해져 있다는 '역사결정론'이다. 꿈에 나타난 큰 신상은 이렇게 미리 결정되어 있는 세상 질서를 상징한다.

왕이 꾼 꿈의 내용 31-35절

31절 첫머리는 왕을 부르는 '당신은'으로 시작한다. 첫머리를 직역하면, '당신, 왕이시여, 당신이 보고 있나이다 보소서 …'라고 할 수 있다. 왕을 불러 내면서 왕이 목격한 것이 무엇인지를 강조해서 풀어간다. 마치 자신이 눈 앞에서 보고 있는 것처럼 다니엘은 왕이 본 것을 생생하게 들려준다. 그 꿈은 왕의 앞에 서 있는 신상에 대한 것이었다. 31절에 따르면 이 신상은 크기가 매우 컸고, 광채가 매우 찬란했으며, 모양이 심히 두려웠다. 크다는 점이 두 번이나 강조되었고, 광채나 모양은 두려움을 불러 일으킬 정도로 대단하고 눈부셨다. 이 구절이 묘사하는 신상은 보는 이를 압도할 만한 대단하고 위엄있는 크기와 모습을 지녔다. 매우 큰 규모의 조각상이나 신상, 조각물 등은 고대 중동 지역에서 종종 볼 수 있었다. 이러한 커다랗고 대단한 신상이 다른 어디도 아닌 왕의 앞에 솟아 있었다.

왕이 꿈에서 본 신상은 모두 다섯 가지의 재료로 구성되어 있었다. 머리는 순금으로 되었고, 가슴과 두 팔은 은으로, 배와 넓적다리는 놋으로 되어 있었으며, 종아리는 쇠로 되어 있었다. 마지막으로 발 부분은 일부는 쇠로, 일부는 흙으로 되어 있었다. 전체가 하나의 재료로 되어 있지 않고 여러 재료로 되어 있다는 점도 이 신상으로 인한 두려움의 원인이었을 것이다. 이렇게 커다란 신상인데도 불구하고, "손대지 아니한 돌"이 떠오르더니 이 신상의 발을 쳐서 산산이 부수어 버렸다. 그리고 그 돌은 커다란 산이 되어 온 세상을 가득 채우게 되었다. 결국에는 그 대단하던 신상은 바람에 날려 버린 겨와 같이 사라지고 신상을 친 돌이 온 세상을 가득 채웠다.

꿈의 해석 1: 금으로 된 머리에 해당하는 느부갓네살의 나라 36-38절

36절부터는 왕의 꿈에 대한 해석이 제시된다. 다니엘은 금으로 된 머리가 느부갓네살을 가리킨다고 풀이한다. 그리고 금으로 상징되는 느부갓네살의 나라 다음에 은으로 상징되는 나라가 등장하는데 이를 가리켜 "왕보다 못한 다른 나라"라고 한다는 점에서, 금과 은, 놋으로 내려가는 순서가 점점 더 못해지는 순서라고 볼 수 있다. 제시되어 있는 내용을 볼 때, 다니엘에 의해 제시되는 해석은 첫 번째 금으로 된 나라37-38와 네 번째 쇠로 된 나라,40 그리고 이 나라가 갈라져서 형성된 쇠와 흙으로 된 나라41-43를 강조한다고 볼 수 있다. 쇠로 된 나라가 쇠와 진흙이 섞인 나라가 된다는 점에서 네 번째 나라의 변화가 이 꿈의 초점이라 볼 수 있다. 아울러 이 모든 해석의 궁극적인 결론이자 강조점은 마지막에 제시된

바,44-45 하나님이 세우신 영원한 나라라고 할 수 있을 것이다.

첫 번째 금으로 된 머리가 의미하는 것은 느부갓네살과 그의 왕국이었다. 이 꿈에 따르면 느부갓네살은 왕 중의 왕이라고 할 수 있는 존재이며, 그로 인해 그와 그의 나라는 금으로 표현되었다. 또한 다니엘은 하늘의 하나님께서 그에게 나라와 권세와 능력, 영광을 주셨다고 선언한다. 하나님께서 그에게 권세를 주셨으니, 그는 사람들과 들짐승, 공중의 새들을 비롯한 모든 것을 다스리게 되었다. 다니엘의 풀이는 느부갓네살의 나라와 권세가 어디에서 온 것인지 분명히 한다. 다니엘서는 느부갓네살을 크게 높이고 존귀하게 표현하고 있으면서도, 동시에 그의 모든 권력과 권한이 하늘의 하나님께로부터 온 것임을 명확히 표현한다.

> "여호와여 위대하심과 권능과 영광과 승리와 위엄이 다 주께 속하였사오니 천지에 있는 것이 다 주의 것이로소이다 여호와여 주권도 주께 속하였사오니 주는 높으사 만물의 머리이심이니이다 부와 귀가 주께로 말미암고 또 주는 만물의 주재가 되사 손에 권세와 능력이 있사오니 모든 사람을 크게 하심과 강하게 하심이 주의 손에 있나이다"대상 29:11-12

권능과 천지와 주권이 모두 하나님께 속하였다는 것이야말로 이스라엘의 핵심적인 신앙고백이다. 모든 사람을 크게 하심과 강하게 하심도 모두 주의 손에 있다. 그러므로 다니엘의 말은 금과 같은 나라가 어떻게 가능한지를 보여주면서, 동시에 그의 나라가 어떻게 제한적인지도 명확하게 드러낸다.

세상 나라의 모든 권세는 하나님께로부터 온 것이다. 느부갓네살같이 대단한 왕이든, 아니면 그렇지 아니한 작은 나라의 왕이든, 모든 권세는 하나님께로부터 온 것이다. 사람들이 권세를 존중하는 것은, 권세의 크고 작음에 달려 있지 않고 오직 모든 권세의 출처가 하나님께로부터 나오기 때문임을 기억해야 한다. 모든 권세가 하나님께로부터 온다는 말은 세상의 모든 권세를 신격화시키는 것이 아니라 도리어 비신격화시킨다. 신격화된 존재는 오류도 잘못도 없이 모든 것이 정당화되는 존재로되, 오직 하나님이 세우셨기에 그 권위가 인정되는 왕은 신이 아닌 사람임이 분명해 진다. 그 어떤 왕도 신이나 신적인 존재가 아니되, 하나님이 세우신 존재에 불과하다. 그는 능력과 권위, 영광을 지니고 있으나, 이 모든 것을 허락하신 하나님을 떠나면 그에게는 아무 것도 남는 것이 없기 때문이다.

하나님에 의해 왕권이 주어졌으나 하나님의 뜻을 떠나 하나님의 심판을 받게 되는 왕의 모습은 다니엘서 4장에서 볼 수 있다. 느부갓네살 같은 이방 왕뿐 아니라, 이스라엘의 수많은 왕들 역시 하나님에 의해 권위와 권세가 주어졌으나, 하나님을 떠남으로 인해 모두 쫓겨나고 심판 받게 되었다. 그리고 그 심판은 대부분 그 나라에서 일어난 쿠데타의 형식을 띠고 있는 것을 볼 수 있다. 아합이 속한 오므리 왕가가 하나님께서 세우셔서 여러 대에 걸쳐서 이스라엘을 지배했지만, 하나님을 떠나 악을 행하였다. 엘리야는 이 왕의 죄악을 드러내면서 그에게 임할 심판을 선포하였고, 아합과 그의 부인 이세벨은 엘리야를 박해하였다. 결국 예후에 의해 쿠데타가 진행되었고, 아합이 속한 오므리 왕조는 멸망하고 그 왕가에 속한 수많은 이들이 모두 죽임을 당하게 되었다. 이렇게 하나님의 뜻을 떠난 왕에 대해 호세아 예언자는 매우 단호하게 선포한다.

"이스라엘이 이미 선을 버렸으니 원수가 그를 따를 것이라 그들이 왕들을 세웠으나 내게서 난 것이 아니며 그들이 지도자들을 세웠으나 내가 모르는 바이며 그들이 또 그 은, 금으로 자기를 위하여 우상을 만들었나니 결국은 파괴되고 말리라"호 8:3-4

모든 권세는 하나님께로부터 말미암는다는 점에서, 북왕국의 지도자들 역시 하나님께로부터 권위가 부여되지만, 그들이 하나님을 버리니 하나님께서도 그들을 모른다 선언하신다. 특히 이 구절은 이스라엘이 행한 죄악을 가리켜 그들이 "선을 버렸으니"라고 표현한다. 선을 버리고 떠난다면, 그들의 왕권은 하나님과 무관하다.

그러므로 모든 권세가 하나님께로부터 왔다는 표현이 왕권을 신격화시키는 것이 아니라 오히려 비신격화시킨다는 점을 주목해야 한다. 권세의 모든 출처는 하나님이니, 하나님을 떠난 권세는 더 이상 하나님과 상관없다. 그리고 하나님을 따른다는 것은 무엇보다도 '선을 행하고 따르는 것'이다.

꿈의 해석 2: 뒤를 잇는 나라들 39-43절

느부갓네살의 나라 다음에 이어지는 것은 은과 놋, 쇠로 상징되는 나라들, 느부갓네살의 나라보다 훨씬 위세나 권세가 떨어지는 나라들이다. 금속의 속성에 대한 일반적인 인식으로는 금보다 은이, 은보다 놋이 가치가 떨어진다고 할 수 있다. 그런데 이러한 금속들에 대한 다른 시각의 언급을 다른 제2성전기 문헌에서 볼 수 있다.[5] "땅에게 말하라 '너는 금과 은과 놋, 그리고 쇠와 납, 진흙을 만들어 낸다. 그러나 은은 금보다 풍부하고, 놋은 은보다, 쇠는 놋보다, 납은 쇠보다, 진흙은 납보다 더 풍부하다'. 그러니 어느 것이 가치 있고 바랄 만한 것인지 판단하라. 풍부한 것

---

5) D.L. Smith-Christopher, "Daniel", *New Interpreter's Bible. A Commentary in Twelve Volumes*, vol VII (Abingdon Press, 1996), 54

이냐, 드문 것이냐?"에스드라 2서 7:55-57 이러한 질문에 선뜻 답하기가 어렵다. 금의 나라가 대단한 나라인 것은 분명하지만 실제로는 진흙과 쇠로 된 나라가 더 광범위하고 포괄적인 권세를 지닌 나라라고 말할 수도 있다.

어느 쪽으로 이해하건, 왕의 꿈에 등장하는 신상을 이루는 각각의 금속은 각각의 나라들을 가리킨다. 먼저, 이러한 변화는 순금으로 표현된 느부갓네살의 나라가 결코 영원하지 않다는 점을 확실히 보여주고 있다. 그의 나라는 순금처럼 찬란하지만 순금처럼 오래 갈 수는 없고, 결국에는 무너지고 사라지고 말 것이며, 다른 나라가 그 자리를 대신할 것이다. 다니엘서는 세상 나라가 결코 영원하지 못함을 분명히 선언한다. 그런 점에서, 왕을 향해 이러한 말을 이야기하는 다니엘의 용기도 남다르다고 볼 수 있다. 다니엘은 왕에 대해 칭송하지만, 그의 권세가 하나님께로부터 온 것이기에 칭송하는 것이며, 그렇기에 그의 나라가 오래 가지 못할 것임도 확실하게 선언한다.

은과 놋의 나라가 사라진 자리를 차지하는 것은 쇠의 나라이다. 넷째 나라에 대한 상세한 묘사는 이 나라가 모든 것을 부수어 버리는 쇠처럼 매우 강력하며, 다른 나라들을 밟고 정복하는 나라임을 알게 한다. 순금이 그 찬란함으로 빛난다면, 쇠는 여기에서 견고함과 모든 것을 부수어 버리는 강력함으로 두드러진다.

신상을 이루고 있는 나라들에 대한 묘사에서 가장 많은 분량을 차지하는 것은 네 번째 나라이다. 쇠의 나라는 곧 둘로 나뉘어져서 쇠와 진흙이 섞인 나라가 된다. 이 단락은 '쇠와 진흙이 함께 있다'는 의미의 표현을 여러 번 반복하며, 이 두 가지가 결코 함께 합쳐질 수 없다는 점도 강조한다. 쇠 같은 든든함과 강력함이 있지만, 진흙 같은 약하고 부서지는 특징도 있다. 여러 세력이 함께 모여 있는 통에, 한편으로는 강력하지만,

다른 한편으로는 결코 오래 가기 어려운 상황을 표현한다고 볼 수 있다. 쇠로 상징되는 강력한 나라가 나중에 여러 나라로 갈라져서 도무지 다시 합칠 수 없게 된 상황을 이 같이 표현한다고 이해할 수 있다. 그런 점에서 이렇게 쇠와 흙이 뒤섞인 나라는 이 땅에 등장하는 대부분의 나라의 특징을 반영한다고 볼 수 있고, 그로 인해 가장 마지막 단계의 나라의 특징으로 제시되었다고도 볼 수 있다.

이렇게 변화되어 가는 나라들이 무엇을 가리키는지 꽤 많은 주장들이 있다. 바벨론금 – 페르시아은 – 알렉산더의 헬라 제국놋 – 알렉산더 이후의 헬라 제국들쇠와 진흙로 보는 견해, 바벨론 – 메대 – 페르시아 – 헬라 제국으로 보는 견해, 바벨론 – 메대와 페르시아 – 헬라제국 – 로마제국으로 보는 견해 등이 제시되었다. 2장의 네 왕국에 대한 이해는 7장에 나오는 환상과도 결부하여 이해할 필요가 있다. 기본적으로, 다니엘서는 바벨론-메대-페르시아-헬라로 이어지는 틀을 지닌다는 점을 첫머리에 언급하였다. 그러나 신상 하나 안에 여러 나라들이 들어 있다는 점에서, 특정한 나라를 가리킨다기보다는 인간이 만든 나라들의 변천 전체를 하나의 신상으로 담아 내는 것이라고 볼 수도 있다. 숫자 4로 온 천하, 온 세상을 표현하곤 한다는 점에서,가령, 슥 2:18-21 네 나라는 세상 모든 나라를 가리킨다고 볼 수도 있다. 그렇다면 특정한 시대를 가리킨다고 하기보다는 역사 안에 나타난 인간의 문화 전반에 대한 묘사와 평가로 이해할 수 있다. 아무리 강하고 대단하고 연합된 나라라 할지라도 반드시 사라지고 부서지고 뒤바뀌어진다. 참으로 그 어떤 권세라도 영원하지 않다.

꿈의 해석 3: 하늘의 하나님께서 세운 영원한 나라 44-45절

44절은 하늘의 하나님께서 세우시는 나라를 이야기한다. 이스라엘과 유다는 결국 망하고 말았지만, 이 나라는 결코 망하지 않는 나라이다. 유다와 이스라엘은 그 왕권이 무너지고 다른 나라에 의해 지배되는 신세가 되고 말았지만, 하나님이 세우시는 나라는 그 왕권이 다른 어떤 백성에게로 넘어가지 않는 나라이다. 도리어 하나님이 세우시는 나라가 온 세상의 모든 나라를 쳐서 멸망시키고 영원히 서게 될 것이다. 느부갓네살 왕이 꾸었던 꿈은 이 세상에 세워지게 될 궁극적인 나라, 하나님의 나라를 이야기한다. 그 나라가 승리할 것이며, 그 나라가 영원할 것이다.

이러한 하나님의 나라의 시작은 손대지 아니한 돌이다. 크고 찬란한 신상으로 대표되는 인간의 나라는 사람의 손으로 하지 않은 돌에 의해 산산이 부서지고 만다. 손대지 않았다는 것은 잘라지긴 했으되, 사람의 손으로 깍거나 자르거나 하지 않은 돌을 의미한다. 이 부분은 광야 시대 이래의 제단을 연상시킨다.

> "네가 내게 돌로 제단을 쌓거든 다듬은 돌로 쌓지 말라 네가 정으로 그것을 쪼면 부정하게 함이니라"출 20:25; "또 거기서 네 하나님 여호와를 위하여 제단 곧 돌단을 쌓되 그것에 쇠 연장을 대지 말지니라 너는 다듬지 않은 돌로 네 하나님 여호와의 제단을 쌓고 그 위에 네 하나님 여호와께 번제를 드릴 것이며"신 27:5-6; 참고. 수 8:31

이스라엘이 하나님께 제사하기 위하여 돌 제단을 만들 때에는 정과 같은 쇠 연장으로 쪼지 말고 다듬지 않은 돌로 만들어야 한다. 쇠로 된 연장으로 돌을 쪼개고 다듬어야 울퉁불퉁한 돌들이 함께 쓰일 수가 있을텐데, 하나님께서는 그렇게 손질하지 말고 그 있는 그대로의 모습으로 제단을 만들 것을 명령하신다. 손대지 않았다는 것은 이 돌에 아무런 치장이나 조작이 가해지지 않았다는 것을 의미한다. 그리고 아무런 인위적인 첨가가 없었다는 것을 말한다. 그러므로 이것은 하나님께 나아갈 때, 꾸미거나 화장하지 말고 있는 그대로의 삶을 들고 나올 것을 이르시는 말씀이라고 생각할 수 있다. 에녹1서 8:1-2에 보면 고대적에 타락한 천사들이 사람에게 쥐어준 것에 대해 소개하는데, 남자에게는 무기를 여자에게는 화장법을 주었다고 한다. 그리고 이로 인해 세상에 죄악이 가득하게 되었다는 것이다. 여기서 무기와 화장법은 원래의 자신을 꾸미고 치장하여 확장하고 위장한다는 점에서 공통된다.

그런데 다니엘서는 이렇게 사람의 손질이 가해지지 않은 돌이 커다란 신상을 부수게 된다고 이야기한다. 크고 대단하고 화려한 것에 의해서가 아니라, 가공과 손질이 더해지지 않은 것에 의해 세상의 대단하고 놀라운 나라가 무너지는 역사가 일어난다는 것이다. 그러므로 있는 모습 그대로 하나님께 나아갈 때 하나님께서 쓰신다는 것을 다시금 주목하게 된다. 당연히 누구라도 자신을 변화시키고 순종하며 다스려 가야 하지만, 근본적으로 그 모습 그대로를 하나님께서 받으심을 기억할 일이다. 다른 사람에 비해 우리의 능력과 실력이 강해져서 대단한 일이 일어나는 것이 아니라, 있는 모습 그대로의 돌이 하나님께 드려질 때 놀라운 역사가 일어난다. 사람의 능력이 아니라 하나님의 능력이 담긴 돌이 그 커다란 신상을 부순다는 것을 믿는다면, 오늘 우리에게 필요한 것은 하나님을 향해 꿈을 꾸고 그 꿈을 믿고 겨자씨 한 알 같이 드려진 존재이다.

사람에 의해서가 아닌데 베어진 돌이 떠오르더니 크고 화려한 신상을 완전히 산산조각내었다. 순금으로부터 시작하여 은, 동, 철, 흙에 이르는 재료들과 돌은 대조적이다. 그렇게 대단하지만 절로 베어진 돌에 의해 산산이 부서진다. 대단한 신상이 부수어지니 그저 타작 마당의 겨와 같아서, 바람이 부니 흔적도 없이 사라져 버린다. 첫머리에서 그렇게 대단하고 찬란한 모습을 가지고 있었던 신상이지만, 사람의 손 타지 않은 돌에 의해 부수어진다는 점에서 아주 강한 대조를 보여준다. 타작 마당은 심판을 상징한다고 볼 수 있다. 그리고 겨는 시편 1편 같은 곳에서 세상을 가득 채우는 악인을 가리키는 표현이기도 하다. 그에 비해 사람의 손으로 하지 아니한 돌이 큰 산을 이루어 온 세상을 가득 채운다. 신상은 흔적도 없지만, 돌은 세상을 채운다. 사람의 능이 아닌 것으로 온 세상을 가득 채우게 되는 역사가 일어난다. 사람의 능으로 할 수 없되, 하나님께서 행하시면 역사가 일어나게 된다.

이 돌은 하나님께서 세우신 영원히 망하지 않는 나라를 가리킨다. 인간의 힘과 권력에 기반한 나라는 대단한 광채와 크기의 신상으로 표현되지만, 이것을 부수어 버리는 하나님의 능력은 하나의 돌멩이로 표현된다는 점에서 매우 대조적이다. 크고 강함에 대한 추구는 인류의 오랜 습관이며 큰 신상으로 반영되어 있다. 그러나 이 모든 것이 흔적도 없이 무너지게 될 것이다. 그러므로 마침내는 인간의 모든 영광과 권세의 나라들이 사라지고, 하늘의 하나님께서 세우실 영원한 나라가 임할 것이다. 사로잡혀 와서 남의 땅에서 살아가고 있지만, 다니엘은 마침내 임할 영원한 하나님의 나라를 선포하고 기다리고 증언한다. 참으로 하나님의 사람은 그 무엇으로도 묶을 수 없다.

역사가 결정되어 있다

금과 은, 놋, 쇠와 흙으로 표현한다는 것은 각 나라의 성격이 명확하게 규정되고 결정되어 있다는 것을 전제한다. 그리고 금의 나라 뒤에는 무조건 은의 나라가 등장한다는 점도 역사가 이미 모두 정해져 있다는 것을 전제하고 있다. 이러한 사고를 일러 '역사 결정론'이라고 부를 수 있다. 이러한 사고방식은 다니엘서와 요한계시록 같은 글들에서 찾아볼 수 있다. 이것은, 모든 것이 이미 다 정해져 있으니 우리가 바꿀 수 있는 것은 아무 것도 없음을 말하는 것이지 않다. 인간의 운명은 모두 미리 정해져 있다는 숙명론적 관점이 다니엘서가 전하고 싶은 것이지도 않다. 도리어 이와 같은 사고방식은 현재를 훨씬 더 적극적이고 능동적으로 살아내게 한다.

다니엘서처럼, 마지막 날에 될 일에 관한 비밀을 드러내는 문학 양식을 가리켜 '묵시 문학'이라고 부른다. 다가올 미래를 다루지만 묵시문학의 관심은 철저하게 현재에 있다. 묵시문학이, 역사가 여러 단계에 따라 정해져 있으며 그 정해진 시간표대로 진행될 것임을 강력하게 이야기하지만, 이러한 강조의 모든 목적은 현재를 바르게 살아내는 것에 있다. 그리고 대부분의 경우에 미리 정해진 시간표에서 현재는 마지막에 있을 종말 직전의 상황이다. 이제까지 된 일은 불행하게 일어났거나 우연하게 일어난 것이 아니라, 하나님께서 이미 정하신 시간표에 따라 일어난 것이니, 앞으로 일어날 영광스러운 미래 역시 반드시 우리 앞에 닥쳐오게 될 것이다. 그러므로 현재를 살아가는 이들은 낙심하거나 절망하지 말고 끝까지 견디고 이겨내야 한다는 데에, 묵시문학의 모든 강조가 있다.

앞에서 언급했듯이, 신상에 대한 설명이 궁극적으로 강조하고 싶은 것은 마지막에 일어날 돌로 인해 세상 왕국이 산산이 부서지게 되고 영원한 하나님의 나라가 서게 된다는 것이다. 아울러 신상의 부분들에 대한 설명에서 가장 자세한 설명과 풀이는 마지막 다섯 번째 쇠와 흙으로 이루어진 나라임도 보았다. 결국 다니엘서 말씀은 마지막 시대, 쇠와 흙이 뒤섞인 시대를 진단하면서 이 나라가 오래 가지 못할 것이며, 궁극적으로 망하게 될 것임을 선언한다. 이 나라가 망하게 되면 영원한 하나님의 나라가 임하게 된다. 이를 통해 다니엘서는 지금 사는 시대의 혼란 속에서도 낙심하지 말고 체념하거나 절망하지 말 것을 강력하게 증언하고 권면한다.

왕이 다니엘을 존귀케 함 46-49절

다니엘의 풀이를 들은 왕은 그에게 엎드려 절하며 칭송하였다. 왕은 다니엘의 하나님을 일러 "모든 신들의 신이시요 모든 왕의 주재시로다" 찬양한다. "네 하나님은 또 은밀한 것을 나타내시는 이시로다"라고 풀어서 번역한 부분은 직역하면 '비밀을 드러내시는 분'라고 할 수 있으며, 그 앞에 있는 "모든 신들의 신", "모든 왕의 주재"와 나란히 놓여 하나님이 어떤 분이신지를 표현하는 말이다. 그의 나라가 영원하지 않음을 들은 왕은 다니엘을 높여 모든 지혜자의 어른을 삼고, 그의 세 친구 역시 등용하여 바벨론 지방을 다스리게 하였다. 결국 왕이 꾼 꿈으로 시작된 이번 상황은 이방 왕으로 하여금 다니엘의 하나님을 온 세상의 하나님으로 칭송하며 찬양하게 하는 것으로 마무리되었다. 하나님께서는 이방 땅에 끌려와 사는 다니엘과 그의 친구들을 지키고 보호하시며, 어디에 있든지 하나님의 사람으로 존재하게 하시고, 그들을 통해 하나님의 크고 놀라운 뜻을 세상 가운데 드러내신다. 2장 마지막 부분에 있는 다니엘과 친구들의 존귀케 됨은 그 자체에 초점이 있지 않다. 왜냐하면 이들의 존귀함은 금세 위기에 처하게 되기 때문이다. 훨씬 더 중요한 것은 이들이 낯선 땅에서도 하나님의 주권을 확고하게 붙잡고 살아가고 있다는 것이며, 자신들의 처지와 상관없이 하나님의 하나님 되심을 확실히 증언한다는 점이다. 이방 문화를 멸시하거나 이방 왕을 멸시하지 않되, 그의 나라와 왕권이 얼마나 제한적인지 분명하게 드러내고 선포한다. 참으로 이들은 사로잡혀온 자로되, 자유한 자들이다.

1. 모든 권세는 하나님께로부터 말미암는다.

느부갓네살의 나라와 그를 잇는 나라의 모든 권세는 하나님께로부터 말미암는다. 그러니 비록 포로의 신분이라 할지라도 온 세상을 주관하시는 하나님을 굳게 신뢰해야 한다. 하나님이 주신 권세이니 하나님의 뜻을 어긋나면 결국에는 돌멩이에 의해 산산이 부서지고 말 것이다.

2. 사람의 손으로 하지 않은 돌이 커다란 신상을 산산이 부수어 버린다.

하나님께서 행하시는 일은 그 규모가 크고 광대해서 놀라운 일이지 않다. 겨우 작은 돌멩이 하나이지만, 웅장한 신상을 부수고 산을 이루게 된다. 겨자씨 한 알의 믿음이면 산을 움직인다. 오늘 우리가 구하고 찾는 것은 크고 화려한 건물과 위용이 아니라, 하나님께로부터 힘입은 작은 순종과 결단이다.

3. 하나님께서는 다니엘을 높이 세우셨다.

이방 땅에 살고 있지만, 오직 다니엘은 하나님 한 분을 굳게 신뢰하며 하나님께서 친히 세우실 영원한 나라를 선포하고 증언한다. 이 과정에서 바벨론 모든 지혜자의 어른이 되고 귀한 예물을 받게 되지만, 그것이 다니엘의 높음을 의미하지 않는다. 그의 높음은 그의 하나님 경외와 신뢰에 있다.

다니엘과 세 친구는 바벨론에서 높이 세워졌다. 왕에게 인정을 받은 것이지만, 포로로 끌려 왔던 이들이 이렇게 중용된다는 것을 시기하고 질투하는 사람들이 있었다. 2장이 지혜자들 가운데 있는 다니엘을 다루었다면, 여러 관직을 열거하는 3장은 세 친구와 바벨론의 다른 관원들과의 갈등을 다룬다. 이들 가운데 몇몇의 모함으로 인해 세 친구들은 위기에 처하게 된다. 그들은 어떻게 자신들의 믿음을 지켜낼 수 있을까?

느부갓네살이 두라 평지에 금 신상을 세우다 1절

칠십인경 다니엘서에서는 이 장의 배경을 느부갓네살 18년이라고 적고 있는데, 이 경우 본문의 배경은 시드기야 10년 되던 해이다.렘 32:1 이 해에 느부갓네살은 예루살렘을 공격하기 시작했고, 이듬해 마침내 함락시켰다. 다니엘서의 연대 언급이 구약의 다른 부분과 일치되지 않는 부분이 있기에, 칠십인경의 언급에 대해 무엇이라 단정하기 어렵다. 칠십인경의 연대 언급은 느부갓네살의 예루살렘 함락과 그로 인한 그의 교만함, 그리고 그에 대한 세 친구의 결연한 거부를 연결시킨 신학적 진술일 수 있다.

느부갓네살 왕이 높이가 거의 30미터에 달하는 금으로 된 신상을 세웠다. "규빗"으로 번역된 단어는 히브리어 혹은 아람어로 '암마'이다. 60 암마는 대략 27미터 가량 된다. 그렇다면 이 신상은 높이 27미터, 폭이 2.7미터 정도 된 매우 길쭉한 기둥 같은 신상이라고 할 수 있다. 에스라

6:3에 따르면 스룹바벨에 의해 지어진 두 번째 성전의 높이가 60암마이다. 크기로 보건대 기둥에 가까운 모양이지만, 아마도 사람의 모습 같은 것으로 만들어진 기둥이었을 것이다. 2장에서 느부갓네살의 꿈에 커다란 신상이 있었고, 신상의 금으로 된 머리 부분이 느부갓네살의 나라를 상징했었다. 2장에 이어지는 3장에서 그가 만든 금 신상을 다루고 있다는 것은 우연이 아닐 것이다. 왜 그가 이러한 신상을 짓겠다고 마음 먹었는지 모르겠지만, 우리 가진 본문은 2장에 이어 3장을 놓고 있다는 점에서 2장 꿈 풀이와 연관지어 그의 금 신상 건립을 이해하게끔 한다고 볼 수 있다. 그의 행동은 다니엘이 풀어준 꿈에서 자극이 되었을 수 있다. 그렇다면 느부갓네살은 자신의 시대가 자랑스러워졌고, 자신의 통치와 자신의 나라를 기념하기 위해 이렇게 커다란 금 신상을 세울 마음을 먹었는지도 모르겠다. 자신이 만든 신상에 절하지 않는 것이 마치 자신에게 거역한 것이기라도 한 것처럼 왕이 분노하는 것을 볼 때,단3:13-14 이 금 신상은 느부갓네살 자신을 상징한다고 할 수 있을 것이다. 왕이 꿈에서 보았던 신상의 크기가 엄청났다는 점2:31에서, 느부갓네살이 지은 20미터가 훌쩍 넘는 신상 역시 꿈에서 본 신상을 흉내낸 것일 수 있다. 적어도, 나란히 놓인 2-3장은 2장의 신상과 3장의 신상을 연결시키도록 이끈다.

3장의 신상과 비슷한 것으로 오벨리스크obelisk를 들 수 있다. 고대 애굽에 세워졌던 오벨리스크를 흉내내거나 옮겨가기도 하여, 오늘날에도 애굽의 헬리오폴리스, 로마, 이스탄불, 워싱턴에 이르기까지 세계 곳곳에 우뚝 세워진 오벨리스크를 볼 수 있다. 대체로 이러한 오벨리스크의 높이가 20-30미터 가량이었다는 점에서도 3장의 금신상과 비슷하다. 언제나 그렇듯이, 사람들은 크고 높고 대단하고 웅장한 것을 추구하고 선호한다. 그 높음과 크기 앞에서 압도당하고 두려움을 느끼고, 그러한 이유로 사람들은 크고 높은 곳에 있으면서 아래를 내려다 보고자 한다. 느부갓네살 역시 그토록 우뚝 솟은 금 신상을 만들고서는 그 앞에 사람들을 엎드리게 하려 하였다. 땅 중앙에 높이 솟아 땅 끝에서도 볼 수 있는 나무에 대한 4장의 환상 역시 이와 직접적으로 연결된다. 느부갓네살의 꿈은 그의 오만함, 제국의 오만함, 크기와 높이를 숭배하는 사람들의 오만함을 단적으로 보여준다. 교회마저 그토록 크고 높게 건물을 짓기를 갈망한다는 점에서, 느부갓네살과 한 치도 다르지 않다. 그들의 신앙고백이 그들이 누구인가를 말해주지 않고 그들의 행태가 그들이 누구인지를 말해준다. 크고 높이 솟은 교회는 느부갓네살의 뒤를 따르는 우상숭배에 한 치도 다르지 않다.

하나님께서 보여주신 꿈이라고 할 수 있겠지만, 그것이 그로 하여금 자신을 상징하는 금 신상을 지으라는 의미는 아닐 것이다. 2장의 꿈은 그의 나라의 찬란함이 하늘의 하나님께로부터 온 것임을 분명히 말하며, 그러한 금의 머리 역시 마침내는 전부 뜨인 돌 하나에 의해 무너지게 된다는 것을 선언한다. 세상 모든 나라가 영원하지 않으며, 왕권은 오직 하나님께로부터 온다는 것을 증언하지만, 느부갓네살은 이 꿈에 근거해서 자신과 자신의 나라를 높이는 금 신상을 세운다. 하나님께서 꿈을 주시지만 사람들은 그 꿈을 자신의 욕망의 성취의 수단으로 삼아 버린다. 흔히 꿈을 꾸라고도 말하고 꿈을 꾸자 라고도 말하지만, 오늘날 우리가 구하는 꿈이라는 것의 대부분은 개인적이며 집단적인 욕심인 경우가 허다하다. 느부갓네살의 금 머리는 하나님께서 주신 것이지만, 그에 근거하여 금 신상으로 기념하는 것은 하나님과 아무 상관 없다. 그런데 우리는 하나님께서 주신 꿈에 근거해서 자신의 개인적인 욕심과 야망을 그럴 듯하게 미화하고 꾸미기 일쑤이다. 하나님이 주신 것과 자신의 욕심이 섞이게 될 때, 바르고 참된 것을 분별하기 어려워진다.

하나님께서 높이시면 높아진다. 그런데 스스로 자신을 금 신상에 비견하기 시작하면 그것은 하나님을 거역하는 것이고 착각하는 것이다. 왕권은 오직 하나님께로부터 나오지만, 스스로 높이고 스스로 영광을 돌리면 결코 온전할 수 없다. 이어지는 4장에서 느부갓네살의 추락을 다루는 것도 이러한 흐름에서 자연스럽다. 하나님께서 자신에게 주신 왕권을 인정하고 기억할 때, 자신의 왕권의 한계를 분명히 기억하고 인식할 때, 그는 참으로 강하다. 그러나 스스로 강하다 할 때, 그의 왕권은 참혹한 상황을 초래하고 비극을 초래하며 몰락을 앞당긴다. 이 땅의 수많은 독재 정권과 그 말로는 이 점을 명확하게 증언한다. 참으로, 약할 때 강함 된다.

금은 동서고금을 막론하고 최고의 가치를 지닌 것이다. 금이라면 무엇이든 살 수 있고, 금이라면 무엇이든 거의 움직일 수 있다. 그래서 금은 최고의 화폐가치, 번성, 부귀 영화 등을 상징한다. 왕이 신상을 금으로 만든 것은 그의 나라의 부국 강병을 상징하기도 할 것이다. 송아지 형상으로 하나님을 표현하되 금으로 된 송아지를 만든 것도 동일한 심리라고 볼 수 있다. 참으로, 하나님을 대신하고 하나님과 경쟁하는 유일한 것은 바로 이 금, 금으로 대표되는 맘몬이다.마 6:24 여러 우상이 있다 하지만, 우상의 본질은 황금에 대한 숭배, 물질과 부귀와 영화에 대한 숭배라고 말할 수 있다. 모든 점에서, 느부갓네살이 세운 금 신상은 참으로 유일하신 하나님을 대적하는 것이다.

바벨론의 모든 사람은 왕이 세운 금 신상에 절해야 한다 2-7절

3장에서는 바벨론의 여러 관리들의 직책이 반복해서 언급된다. 2절에서부터 바벨론의 다양한 행정 관료들이 열거된다. 여기에는 페르시아 제국의 관료 명칭도 여럿 쓰이고 있는 것으로 여겨진다.가령, "총독", "모사", "재판관" 등 2,3절에서 이러한 여러 직책이 반복되어 표현되었는가 하면, 4절부터는 "백성들과 나라들과 각 언어로 말하는 자들"이 언급되면서 4,7

절에서 반복된다. 이를 통해 광대한 나라 바벨론에 속한 모든 관원과 모든 백성 전체를 표현한다. 2장에 왕의 꿈을 둘러싸고 다니엘과 갈대아 술사들 사이의 비교가 있었다면, 3장은 왕의 명령을 둘러싸고 다니엘과 왕의 관리들, 왕의 통치를 받는 모든 백성과의 대조를 제시한다. 2절에서 왕은 사람을 보내어 모든 관리들로 신상의 낙성식에 참여하라고 명령을 내렸고, 3절은 그렇게 모든 이들이 참석했다는 점을 거의 동일한 표현을 반복해서 전달한다.

3장에서 볼 수 있는 또 다른 반복은 낙성식과 연관한 악기들의 이름이다. 3:5, 7, 15 "생황"으로 번역된 단어는 '숨포네야'로, 그리스어 '숨포니아'에서 빌려온 단어라고 여겨지는데 영역 성경들은 bag-pipe라고 옮기기도 한다. 피리처럼 가난한 이들이 일상에서 사용하는 악기삿 5:16에서부터 조금 더 값비싼 수금, 그리고 그리스인들과 연결되어 있는 삼현금과 생황까지 다양한 계층이 선호하는 악기들이 모두 언급되었다.[6] 여러 직책의 관직 언급, 여러 백성에 대한 언급, 그리고 연주되는 악기 언급 등의 반복은, 왕의 명령이 매우 지엄했다는 것 그리고 그 명령이 모든 사람들에 의해 철저하고도 장엄하게 지켜졌다는 것을 강조한다.

이러한 반복은 주로 출애굽기나 레위기 같은 책에서 쉽게 찾아볼 수 있는 표현 방식이다. 출애굽기의 경우 25장부터 31장까지 성막과 성막에 필요한 물건들을 이렇게 저렇게 만들라는 매우 긴 명령이 나오는가 하면, 35장부터 39장까지는 모세가 그러한 명령을 따라 모든 물건들을 만들었다는 내용을 길게 되풀이한다. 또한 레위기 8장 같은 곳에서는 최초의 대제사장이 세워지는 예식이 이루어지는데, 이 장에서 단락마다 반복되는 표현은 "여호와께서 모세에게 명령하신 것과 같았더라"는 표현이

---

6) D.L. Smith-Christopher, "Daniel", *New Interpreter's Bible. A Commentary in Twelve Volumes*, vol VII (Abindgon Press, 1996), 63.

다. 레 8:9, 13, 17, 21, 29, 36 오늘 우리가 보기에 지루할 수 있는 반복이지만, 성경은 하나님 명령이 지엄하고도 철저하게 준행되는 것을 이러한 반복을 통해 강조한다. 그리고 이러한 강조가 다니엘서 3장에서 발견된다는 점에서, 다니엘서 본문이 마치 스스로 하나님인 것처럼 느부갓네살이 자신에게 있는 신적인 권력과 권한을 휘두르는 것으로 표현하고 있음을 알 수 있다. 그는 지금 하나님 흉내를 내고 있다. 하나님이 주신 권세이지만, 금방 우리는 그 권세에 익숙해져서 하나님 흉내를 내게 된다. 그런 점에서 권세자들이야말로 언제든 하나님 흉내 내며 악을 행할 수 있는 존재임을 늘 기억하고 유념해야 한다. 세속 권력이든지 혹은 교회의 목회자나 장로이든지 마찬가지이다. 이를 위해 서로 견제하고 깨우치는 것이 늘 필요하다.

"낙성식"이라고 번역된 표현은 '봉헌'을 뜻하는 단어이다. 금 신상을 봉헌하는 날에 여러 다채로운 악기로 연주되는 음악이 나올 때마다 바벨론의 모든 이들은 왕이 세운 금 신상에게 절해야 한다. 이것을 어기는 자는 뜨거운 풀무불에 던져지게 될 것이라고 선포되었다. 그리고 이 날 여기 모인 모든 이들은 음악 연주 소리와 함께 금으로 된 신상에 절하였다. 왕은 자신의 위엄과 영광에 스스로 취했던 것 같다. 하나님께로부터 자신이 금 머리임을 듣자, 자신이야말로 세상의 중심이요 영광이라 스스로 여기게 되면서, 그가 다스리는 온 천하의 백성들로 하여금 철저하게 자신에게 복종하게 했고, 그것을 자신이 세운 금 신상에 복종하는 것으로 드러나게 했다. 다니엘에게 꿈의 의미를 듣던 왕과 이 왕이 동일 인물이라고 믿기 어려울 정도로 그는 자신의 영광과 권세에 취해 버렸다. 권세와 영광이라는 것은 그렇게 사람을 취하게 만들어서 무분별하게 하고, 주위의 모든 사람으로 자신에게 엎드리고 절하게 만든다. 왕권 앞에서 사람들은 금으로 된 신상에 절하는 것에 별 문제의식을 느끼지 못하기도 하고, 왕권이 두렵기도 하여, 다들 그 앞에 엎드려 절한다.

다니엘서 본문은 여러 바벨론의 직책들의 이름을 통해, 그리고 백성과 나라와 각 언어를 말하는 자들이라는 표현을 통해, 그야말로 바벨론의 모든 이들이 금으로 된 신상 앞에 절하였음을 전하고 있다. 신상은 사람이 아니다. 신상은 생명체가 아니다. 그러나 사람들은 이 신상 앞에 절한다. 왕은 이 신상 앞에 절하지 않으면 풀무불에 던져 넣겠다고 위협한다. 자신을 거역하는 것도 아닌데, 신상에 절하라는 명령을 어긴다는 이유로 생명을 끊어 버리겠다고 위협하는 것이다. 그리고 사람들은 그 위협 앞에서 커다란 금덩어리에 절을 한다. 금덩어리가 가져다 주는 평화와 번영과 부귀에 절을 하는 것일 수도 있겠다. 3장에서 직책의 이름이 반복되고 연주되는 악기 이름이 반복되며, 악기 연주에 따라 그 사회 최상위 직책 가진 이들이 일제히 엎드려 금신상에 절하는 것에 대한 언급이 반복된다는 점은 그 자체로 통렬한 풍자임을 깨닫게 된다. 이런 행태가 말이 되는 일인가? 장엄한 오케스트라의 연주 가운데 살아 있는 사람들이 금덩어리 기둥에 엎드려 절하는 것이 살아있는 사람으로 과연 할 짓인가? 이를 분간치 못하는 저 수많은 고위층 사람들은 대체 누구인가?

왕의 권력이 무소불위한 듯 보이고, 자신을 상징하는 것에 음악이 나올 때마다 살아있는 사람들로 세워진 금덩어리 신상에 모두 엎드려 절하게 만든다는 것은 이 시대가 그야말로 비이성과 광기의 시대임을 보여준다. 이러한 광기는 바벨론의 자신감과 패기, 강력함에서 비롯된 것이기도 하다. 광기는 위태롭고 아슬아슬하며 무너져 가는 시대에 등장하기도 하지만, 이처럼 강력하고 자신감 넘치는 시대의 산물이기도 하다. 강력한 군주는 스스로의 위세와 위엄에 처한 나머지, 그에 어울리지 않거나 적합하지 않은 이들을 강력한 힘으로 제거해 버리고 한 가지 색으로 전부를 칠해 버리려고 한다. 그리고 그 앞에서 수많은 사람들은 그저 침묵하며 음악에 맞추어 어릿광대 짓을 한다. 저항해야 할 지 아니면 침묵하며 굴복해야 할 지 첨예하게 드러난다는 점에서, 광기의 시대는 옳고 그름이 확연하게 구분되는 시기라고 할 것이다.

어떤 갈대아 사람들이 세 친구들을 참소하다 8-12절

다니엘과 세 친구들이 유대 포로임에도 바벨론의 중요한 직책에 오르게 된 것을 시기하는 무리가 있었고, 언제나 그렇듯이 이러한 무리에게 광기의 시대는 최상의 기회였다. 이들을 가리켜 8절에서는 "어떤 갈대아 사람들"이라고 했는데, 단순히 몇몇 바벨론 사람들을 가리키는 표현이라 여길 수도 있겠다. 그러나 2장에서 바벨론 술사 집단을 가리켜 "갈대아 술사"2:2 혹은 "갈대아인들"2:4,5,10로 부르고 있고 3장에 이어지는 4장에서도 그들을 "갈대아 술사"4:7라고 부르고 있다는 점에서, 3:8 역시 그런 바벨론 술사 집단의 일부를 가리킨다고 볼 수 있다. 그렇다면 3장에서의 참소 사건은 자신들과 같은 집단에 속하였던 세 친구가 일약 중요한 위치에 부각된 것에 대한 시기, 질투에서 비롯된 것이라고 볼 수 있다. 다니엘과 세 친구들은 바벨론 동료들을 구하기 위해 자신들을 위험한 곳에 밀어 넣었으되, 그들 가운데 어떤 이들은 다니엘과 세 친구에게 주어진 영광만을 바라보며 질투하고 괴로워하고 모함하기까지 이른다. 참으로 마음이 지옥이 되어 버렸다. 함께 공부하던 이들이었을 수도 있고, 이들을 가르쳤던 이들일 수도 있겠지만, 질투하고 시기하는 마음이 그들의 삶을 온통 지옥으로 만들어 버렸을 것이다.

'참소하다'로 번역된 표현을 직역하면 '그들의 조각들을 먹어버리다'이다. 여기서 '그들'은 세 친구를 가리킨다. 참소한다는 것은 다른 사람의 조각을 내가 먹어 치워버리는 것이다. 다른 이의 것을 시기하고 분내 하며, 그가 가져야 할 것을 내가 대신 차지하고 먹어 치워버린다. 같은 표현이 6:25에서도 다니엘을 참소하는 사람들과 연관하여 쓰였다. 내 것과 남의 것을 구분하는 까닭은 내 것은 절대로 나만 써야 하고 나만 가져야 한다는 것을 강조하기 위한 것이 아니라, 다른 이가 지닌 것을 시기하거나 질투하지 말라는 것을 강조하는 것이라 할 수 있다.

두라 평지에 신상이 있다 보니 왕궁에 있던 다니엘보다 바벨론 지방 행정관이었던 세 친구들이 신상 숭배에 좀 더 노출되었을 수 있다. 만일 세 친구들이 이렇게 관직에 있지 않았다면 다른 사람들로부터 모함을 당하거나 신상 숭배에 노출될 가능성이 훨씬 적었을 것이다. 그러므로 세 친구들이 바벨론에서 높은 관리가 되었다는 것은 단순히 믿는 사람이 잘되었다는 것을 말하는 것이 아니라, 그들의 믿음이 무엇인지 더더욱 다루어지게 되었음을 의미한다고 볼 수 있다. 그저 조용히 있으면 문제가 있는 것 자체가 잘 드러나지 않되, 움직이고 활동함을 통해 문제가 대두되게 되고, 그를 통해 변화되고 성장하는 새로운 상황이 나타나게 된다. 높은 자리냐 아니냐는 전혀 관건이지 않되, 가만히 머물러 있지 말고, 믿음으로 행동하는 것이 필요하다. 사회적인 지위가 변하거나 직장에서의 지위가 바뀌게 되었을 때에, 단지 그로 인해 기뻐하고 축복받았다 말할 것이 아니라, 하나님께서 주신 새로운 믿음의 성장과 성숙, 시련과 변화의 기회가 될 것임을 기대하고 소망한다.

세 친구들은 신상에 엎드려 절하지 않았고, 그들을 노리던 이들은 기회를 포착하였으며, 즉시 왕에게 고해 바쳤다. 10-11절에서 보듯, 왕의 명령에 대한 길다란 반복은 왕의 명령의 지엄함을 강조하고 이를 거부한 세 친구들의 죄질을 더욱 중하게 여기게 만든다. 그리고 이렇게 모함하는 이들은 신상에 절하기를 거부한 이들을 가리켜 "왕을 높이지 아니하며 왕의 신들을 섬기지 아니하며 왕이 세우신 금 신상에게 절하지 아니하나이다"라고 고소한다. 죄목 가운데 마지막 세 번째가 왕의 명령과 연관될 뿐인데, 이들은 교묘하게 이들의 행동이 왕을 높이지 않은 것이며, 왕의 신들을 섬기지 않은 것이라고 엮어 넣는다.

이러한 일들은 언제나 일어난다. 「변호인」이라는 영화는 1981년 부산 지역의 어떤 이들이 함께 사회과학 독서모임을 가졌던 것을, 쿠데타로 집권한 세력과 그에 영합한 검찰이 반국가 단체를 구성하여 북한을 이롭게 한 공산주의 운동이라고 규정해서 처벌하였던 이른바 부림 사건을 배경으로 한다. 이러한 과장과 확대는, 조금이라도 권력에 반하거나 다른 생각을 품고 움직이는 것을 용납하지 않으려는 그릇된 권력 의지, 그리고 그러한 탐욕스럽고 어리석은 권력의 광기를 이용하여 자신의 욕망과 출세를 이루려는 못된 지식인들의 욕심에서 비롯된다. 다니엘서 본문에서도 자신이 마치 금으로 된 신상이라고 여기는 권력의 오만함과 이를 이용하여 시기질투하는 상대를 제거하고 없애 버리려는 이들의 개인적 욕망이 세 친구에 대한 모함과 고발로 이어지고 있다. 완전히 근거가 없지는 않다. 부림 사건 역시 당시 쿠데타로 권력을 장악한 전두환 일당들에 대해 반대하고 옳은 것이 무엇인지를 알고 싶은 뜻이 있었을 것이며, 세 친구 역시 아무리 하나님이 세우신 왕의 명령이라지만 금으로 된 신상 따위에 절하는 것은 말도 안 되는 짓임을 분명하고도 똑똑히 알고 절하지 않았던 행동이 있었기 때문이다. 이들에게 있던 올바름이 질투하고 참소하는 무리에게는 그들을 제거할 아주 좋은 구실이 되었다.

그렇게 하지 아니하실지라도 13-18절

모함하는 이들의 고발을 들은 왕은 크게 진노하였고, 당장 세 친구들을 잡아 들이게 하였다. 여기에서 세 친구의 이름은 바벨론식 이름으로 불려진다. 바벨론식 이름은 이들의 신세가 포로민의 신세요, 사로잡힌 자의 자손임을 보여준다. 그들은 꽤 높은 위치에 올랐지만 남의 땅에 끌려와 사는 자들에 불과하다. 그들은 무엇을 할 수 있을까?

　왕은 이제라도 음악이 나올 때에 자신이 세운 금 신상에 절할 것을 명령하였다. 그렇지만 세 친구는 이를 단호히 거부하였다. 왕은 금 신상을 가리켜 반복적으로 '내가 만든 신상'이라고 표현하면서, 신상과 자신을 은연중에 동일시한다. 신상에 절하는 것과 왕에게 순종하는 것이 다르지 않음을 말한다. 아울러 신상에 절하지 않으면 풀무불에 던져 넣을 것인데, 너희를 건져낼 신이 누구냐 라는 말에서 보듯, 왕은 자신의 권세가 그 어떤 신의 권세보다 더 강함을 내세우면서, 세 친구의 신앙 전체에 문제를 제기한다고도 볼 수 있다. 왕의 요구는 결국 신을 믿더라도 왕의 명령에 순종하는 한도 내에서 믿어야 한다는 것이고, 신이 세운 존재로서 자신의 명령에 먼저 따를 것을 요구하고 있는 것이다. 이러한 요구는 동서고금의 모든 권력과 독재자들에게 공통되게 볼 수 있는 사항이다. 그들은 자신들이 신에 의해 세워진 존재라고 주장하며, 사람들로 하여금 자신과 자신의 권력에 굴복할 것을 요구한다. 그리고 신이라 할지라도 자신의 힘과 노여움을 견뎌낼 수 없다고 큰소리치기까지 한다. 종교를 얼마든지 장려하고 후원하되, 어디까지나 권력이 허용하는 한도 내에서, 권력을 하늘이 내린 것으로 인정하고 순종하는 한도 내에서 지지하고 보호하고 후원한다.

　세 친구는 결연하게 왕의 명령을 거부한다. 왕이 주는 음식으로 상징되는 바벨론의 부귀 영화와 권세의 이익을 거부한 이들은 이제 금으로 상징되는 왕권의 오만과 교만에 정면으로 대항한다. 17절에 있는 '섬기다'라는 동사는 이 사건의 쟁점을 확실히 보여준다. 왕과 왕의 신을 섬길 것인가, 아니면 하나님을 섬길 것인가? 그들에게 있어서 금 신상에 절하는 것과 하나님을 섬기는 것은 공존할 수 없는 행동이었다. 그래서 그들은 하나님이 주신 권세를 지닌 왕의 명령을 거부하고 금으로 된 신상에 절하지 않기로 결정하였다.

　왕이 풀무불에 던져 넣는다 하더라도 하나님께서 능히 건져 내실 것이라고 세 친구는 굳게 믿었다. 그들이 믿고 섬기는 하나님은 왕보다 왕이 세운 금 신상보다 크고 강한 하나님이시다. 또한 이들은 하나님께서 그렇게 하지 아니하실지라도 금 신상에게 절하지 않겠다고 거부한다. 이것은 불신앙이나 의심이 아니라, 하나님께서 달리 뜻을 두고 행하실 것을 인정하고 고백하는 것이라고 하겠다. 하나님의 깊으신 뜻 가운데 비록 그들을 건지지 않으실지라도 그들은 결코 금으로 된 신상 따위에게 절하지 않겠다는 것이다. 그들의 믿음은 신앙이나 종교 때문에 이루어질 기적적인 건지심에 근거하지 않았다. 비록 생명을 잃게 되더라도, 틀린 것은 틀린 것이고, 하지 말아야 할 것은 하지 말아야 한다.

　뜻밖에도 세 친구는 이렇게 죽더라도 죽음 이후에는 부활이 있고 영생이 있을 것에 대해 전혀 언급하지 않는다. 기독교 신앙에서 그토록 중요한 것이 부활과 내세에 대한 믿음임을 생각한다면, 이 결정적인 순간에 내세와 부활에 대해 고백하지 않는 세 친구의 모습은 놀랍기까지 하다. 그런 점에서 이들은 그리고 1-6장은 내세의 부활에 대해 전혀 모르고 있다고 결론을 내리게 된다. 그러나 구약과 신약이 서로 다른 책이 아니라 동일하신 하나님을 증언하는 책임을 기억하고 굳게 붙잡을 때, 우리는 진정한 부활 신앙이 무엇인지 다시 생각해보게 된다. 부활신앙은 단순히 예수 믿고 죽으면 내세의 영생을 누리게 될 것을 믿는 것이 아니다. 진정한 부활 신앙은 하나님을 믿는 이들에게 그 어떤 것도 끝이 끝이 아님을 믿는 것이다. 부활 신앙은 내세를 믿는 것이 아니라, 비록 죽음이 그들을 기다리더라도 아닌 것은 아닌 것으로, 틀린 것은 틀린 것이라 선언하고 그에 따라 살아가는 신앙이다.

　세 친구와 바벨론 지혜자들의 차이는 무엇인가? 그들이 다른 것을 배우는 데 있지 않다. 그들이 배운 학문에 따라 살아가되, 금으로 된 신상에게 살아있는 사람이 절하는 어리석은 일을 결연하게 거부하는가 여부에 따라 달라진다. 신상에게 절하는 것이 어리석은 짓임을 세 친구만이 알아 채지는 않았을 것이지만, 오직 세 친구들만 이 어리석은 권력의 광기에 저항한다. 목숨이 걸려 있는 위협적인 상황 속에서 그들로 끝까지 이 어리석은 일을 거부하게 만드는 힘이 바로 그들이 지닌 하나님께 대한 신앙이었다.

본문의 메시지

1. 권력에 취한 이들은 자신을 숭배하게 하고 그 앞에 엎드리게 한다.

권력을 쥐게 되면 어느새 스스로를 대단하게 여기고, 사람들로 그 앞에 굽신거리게 만들며 거기에 취하게 된다. 느부갓네살이 그러하고, 짧은 우리 현대사 가운데 등장했던 독재자들이 그러하다. 우리에게 힘이 주어지게 될 때, 자신을 지켜 하나님 앞에 겸손하게 서는 이들을 찾아보기 드물다. 나와 우리의 모습은 어떠한가?

2. 광기의 시대는 악을 위한 최상의 기회이며, 선을 위한 최상의 기회이기도 하다.

절대 권력이 자신 앞에 모든 이들을 엎드리게 하는 광기의 시대에는 악인과 아첨하는 이들이 횡행하며 판을 치게 된다. 동시에 거기에 엎드려 절하지 않는 이들에게는 고난과 고통의 시대가 되기도 한다. 그러나 그러한 고통과 고난은 하나님의 사람들을 연단하고 견고케 하는 시기이기도 할 것이다.

3. 그렇게 하지 아니하실지라도.

부활을 믿는다는 것은 단순히 죽음 이후에 영원한 생명을 믿는 것이 아니다. 부활을 믿는다는 것은 지금 당하는 고난에도 불구하고 틀린 것은 틀리다, 맞는 것은 맞다고 끝까지 선언하는 것이다. 세 친구들이 자신들에게 주어진 영광스러운 자리를 박차고 고난과 죽음으로 나아가는 것은 살아계신 하나님께 대한 신뢰, 그리고 금으로 된 신상에게 절할 수 없다는 간결한 믿음일 것이다.

08. 풀무불 속의 네 사람

다니엘 3:19-30

세 친구를 질시하던 이들의 고발이 사건을 촉발시켰지만, 권력의 광기와 그 광기에 굴복하지 않는 신앙은 필연적으로 충돌한다. 우리 삶과 역사에서 허다하게 볼 수 있는 이러한 장면에서 다니엘서는 무엇을 말하고 있는가?

왕의 진노 19-23절

왕은 자신이 중용한 사람들이 자신의 면전에서 신상에 절하기를 거부한 것을 용납할 수 없었다. 왕의 권위가 땅에 떨어진 것 같은 현실 앞에, 그리고 왕의 지엄한 명령과 위협에도 굴하지 않는 세 사람을 볼 때, 왕은 더욱 분노하였다. 이 세 사람이 왕을 무시하는 것도 아니고 왕에게 거역하겠다는 것도 아니었으되, 다만 왕의 신들을 섬기지 않고 왕이 세운 신상에 절하지 않겠다는 것이었지만, 왕으로서는 이를 참을 수 없었다. 모든 사람 앞에서 왕의 체신과 권위가 엉망이 되어 버렸다고 여겼을 것이다. 세 사람을 향하여 왕의 얼굴빛이 바뀌었다. 여기서 '얼굴빛'이라고 옮겨진 표현을 직역하면 '얼굴의 모양'인데, 여기서 '모양'에 해당하는 단어가 이전 절에서는 '신상'으로 번역된 단어이다. 세 사람이 왕이 세운 상에 절하지 않겠다고 하자, 왕의 얼굴의 상이 변하였다. 금 신상에 절하기를 거부한 것이 실제로는 왕에게 거부한 것과 동일한 것임이 이를 통해 분명해진다.

권력과 힘을 지닌 이들은 자신들에게 완전히 굴복하지 않는 이들을 결코 용납할 수 없다. 자신에게 굴복하지 않는 이들을 처벌하기 위해 그는 자신이 지닌 모든 권세를 사용한다. 그는 풀무불을 평소보다 일곱 배나 더 뜨겁게 하라 명령하였다. 일곱 배나 뜨겁게 한다는 것은 최대한으로 뜨겁게 하라를 의미할 것이다. 이렇게 뜨겁게 된 풀무불이 20절에서는 "극렬히 타는 풀무불"이라고 표현되었고, 동일한 표현이 3장 나머지 곳에서는 "맹렬히 타는 풀무불"3:6, 11, 15, 17, 23, 26로 번역되었다. 그리고 세 사람을 풀무불에 던져 넣기 위해 왕은 그가 거느린 군대 가운데 용맹한 이들을 동원하였다. 왕이 군대의 용사들을 동원했다는 점에서 이 본문은 일종의 전투를 연상시킨다. 세 사람으로 대표되는 하나님의 사람과 용사들로 대표되는 바벨론 군대가 여기에서 대조되고 있다. 이미 왕은 어떤 신이 너희를 내 손에서 건져낼 수 있겠느냐 위협하기도 했다3:15는 점에서, 느부갓네살은 자신의 군대와 왕권으로 세 사람의 신앙의 대상과 전쟁을 벌인 것이라고 볼 수 있다. 그야말로 왕은 자신의 모든 힘을 동원하여 세 사람을 단호하고도 확고하게 처벌하려고 한다. 왕의 명령에 거역하고 왕의 체제에 거역하는 이들이 어떤 일을 겪게 되는지를 모두의 눈앞에서 명백하게 보여주려는 것이다. 이런 일은 언제나 동서고금을 막론하고 절대 권력을 주장하는 이들이 저지르고 감행하는 짓거리이기도 하다. 최근의 역사 속에서 독립을 주장하는 이들을 박해하는 일본 제국주의에서, 민주주의와 인권을 주장하는 이들을 고문과 억압으로 짓밟는 독재 정권에서, 인간다운 삶을 주장하며 요구하는 노동자들을 경찰과 법을 동원해 무참히 핍박하는 불의한 기업가들과 그에 결탁한 국가 권력에서 이 같은 권력의 본질을 여실히 볼 수 있다.

왕의 단호하고 강력한 명령이 내려졌다. 그러자 즉각적으로 왕의 용사들은 겉옷과 속옷과 모자와 다른 옷을 입은 채인 세 사람을 묶었다. 세 친구들이 입고 있는 옷에 대한 설명은 이 사람들이 아무런 다른 준비도 없는 채 왕 앞에 불려 왔던 그대로 손쓸 겨를도 없이 순식간에 풀무불에 던져졌음을 강조한다. 그리고 이들을 결박한 것은 풀무불에 던져지는 순간부터 풀무불 속에서 아무런 저항도 도망도 할 수 없게 만들려는 조치였을 것이다. 풀무불이 얼마나 뜨거웠던지, 그들을 묶은 채 끌고 가서 풀무불에 던져 넣었던 용맹하다는 군사들까지 불이 옮겨 붙어 태워버릴 정도였다. 그들은 꽁꽁 묶인 채로, 용사들까지 태워버린 뜨거운 풀무불 속에 던져졌다. 이러한 내용은 세 사람에게 닥쳐 온 상황이 얼마나 절망적이고 피할 길 없는 것인지를 극적으로 보여준다. 그 자리에서 던져진 지라, 달리 도움을 청할 길도 없었고, 마음의 준비를 할 겨를도 없었으며, 단단히 묶이기까지 했으니 그야말로 속수무책으로 아무 것도 할 수 있는 것이 없었다.

위협은 현실이었다. 왕의 명령을 거역하지만 그래도 크게 별 일이 없는 것이 아니라, 왕이 했던 명령은 그대로 현실이었다. 말만 그렇지 실제로는 큰 문제 없이 지나가는 것이 아니었고, 세 친구는 그야말로 맹렬히 타오르는 불길 속에 옷 입은 채 산채로 던져지게 되었다. 그들은 바벨론의 유력한 지방 관리가 되었으나 그로 인해 왕의 신상에 절해야 하는 엄중한 상황에 놓이게 되었고, 자신들에게 주어진 현실을 어떻게 대처할 것인지 기로에 놓이게 되었다. 주어진 좋은 기회를 살리기 위해 일단은 고개를 숙이고 따르는 척을 해야 하는 것인지, 아니면 하나님께서 여기에 인도하신 것은 이러한 상황에서 굳게 믿음으로 서라는 뜻으로 여겨 저항할 것인지 결정해야 했다. 그리고 세 친구는 믿음으로 맞서기로 결정하고 자신들에게 주어진 모든 좋은 기회들을 단호하게 내려 놓기로 결정하였다. 이제 그들에게 닥친 환란은 말이나 비유가 아니라 현실이었다. 믿음으로 살아갈 때 우리 앞에 닥쳐오는 것은 말이 아니라 현실이다. 믿음으로 살아간다는 것은 실제로 대가를 치러야 한다. 맹렬히 타오르는 풀무불처럼 믿음으로 살아갈 때 현실은 일곱 배나 더 지독하다.

풀무불 속의 네 사람 24-28절

세 사람은 하나님께서 그들을 지키시고 건지실 것을 굳게 믿었다. 그리고 설령 자신들이 그저 풀무불에 타 죽게 되더라도, 왕의 신들을 섬길 수도 왕이 세운 신상에 절할 수도 없었다. 그들은 하나님을 굳게 믿는 믿음과 함께 풀무불 속으로 던져졌다. 당연히 던져지자마자 풀무불에 활활 불탔어야 하는데, 그런 일은 일어나지 않았다. 도리어 느부갓네살 왕이 본 것은 풀무불 속에 있는 네 사람이었다. 네 사람 모두 결박되지 않은 상태였고 불 가운데서 걸어 다니고 있었으며, 아무런 상한 흔적을 발견할 수 없었다. 그야말로 불 가운데서도 멀쩡한 네 사람의 모습을 본 것이었다.

네 번째 사람의 모양은 "신들의 아들"과 같았다. "신들의 아들"아람어로 '바르 엘라힌'과 비슷한 히브리말 표현으로는 '하나님의 아들'히. '브네 엘로힘'을 들 수 있다. 창세기 6:2; 욥 1:6 등에서 이 표현은 천상의 존재로서 하나님 앞에 시립해 있는 천사들을 가리킨다고 여겨진다. 이렇게 표현된다는 것은, 네 번째 존재의 모양이 일반 사람과는 구별되는 어떤 다른 모습이었음을 의미한다고 여겨진다. 아마도 당시 사람들이 생각하기에 천상의 어떤 존재를 떠올리게 하는 모양이었을 것이며, 하늘 영역의 천사라고 이해할 수 있다. 가령, 이사야는 환상 속에 천상 존재인 스랍을 보았는데 그들은 등에 세 쌍의 날개를 지니고 있었다.사 6:2

결국 세 사람은 뜨겁게 타오르는 풀무불 속에서도 조금도 상하지 않았고 다치지 않았다. 그리고 본문이 명확하게 말하고 있지는 않지만, 그들이 무사히 지켜진 까닭은 그들과 함께 불 가운데 있는 네 번째 존재 때문일 것이다. 그런 점에서 이 네 번째 존재는 하나님께서 세 친구들의 믿음

대로 그들을 지키고 보호하기 위해 보내신 존재임을 알 수 있다. 하나님
께서 그의 사자를 보내어 하나님의 백성을 지키신다는 것은 구약의 곳곳
에서 약속된다.

> "여호와의 천사가 주를 경외하는 자를 둘러 진치고 그들을 건지시
> 는도다"시 34:7; "화가 네게 미치지 못하며 재앙이 네 장막에 가까이
> 오지 못하리니 그가 너를 위하여 그의 천사들을 명령하사 네 모든
> 길에서 너를 지키게 하심이라"시 91:10-11

참으로 하나님께서는 그를 신뢰하며 위험을 감수하는 백성들에게 그
의 사자를 보내서 둘러 진치셨고 그들의 모든 길에서 지키셨다. 그들
은 하나님의 말씀을 신뢰하였고, 그 말씀을 경험하였다. 그런데 우리가
기억할 것은 이렇게 세 친구처럼 털끝 하나 다친 것 없이 살아나는 이가
있는가 하면 예수 그리스도와 스데반처럼 그저 외인들에게 무참하게 죽
임 당하는 이들도 있다는 점이다. 실제로 앞에서 인용한 시편 91편 구절
은 거룩한 성 꼭대기에 예수를 세운 마귀가 뛰어 내려도 다치지 않을 것
이라며 인용한 말씀이기도 하다. 높은 데서 뛰어 내려도 다치지 않는 것
으로 하나님의 능력을 시험할 수는 없다. 세 사람이 풀무불에서 건지실
하나님을 고백한 것은 하나님의 능력에 대한 확신이었다. 그렇기에 그들
은 비록 죽더라도 그것이 하나님의 능력의 약함이 아님을 굳게 믿었다.
하나님의 능력은 사람들의 필요에 따라 좌우될 수 있는 것이 아니라, 하
나님을 진심으로 섬기며 살아가는 이들을 참된 삶과 진정한 생명으로 이
끄시는 것으로 나타난다. 생명은 단지 육체가 살아 있다고 해서 입증되
는 것이지 않다. 살아도 죽은 것 같으며 죽어도 살아 있는 경우가 많다.
살아 있지만 금덩어리 기둥에 절하는 이들이 있는가 하면, 죽음을 각오

하고 절하기를 거부하며 하나님만을 섬기는 이들도 있다. 그러므로 이미 하나님의 크고 놀라운 능력이 이 세 사람에게 임하였음을 깨닫게 된다. 그리고 그것이 풀무불 가운데 함께 있는 네 번째 존재로 나타난다 싶다.

왕이 풀무불 아귀 가까이 가서 세 사람을 불렀다. "아귀"라고 번역된 단어는 '입구'를 의미한다. 풀무불 쪽으로 출입하는 입구가 있었다고 여겨진다. 왕이 세 친구들을 불 속에서 불러 낼 때, 이 네 번째 존재는 함께 나가는 것이 언급되지 않는다는 점에서, 이 존재는 오직 불 속에서만 존재하며 그 안에서 세 친구를 지키고 보호하였을 것임을 알 수 있다. 이 네 번째 존재는 뜨거운 풀무불 속에 존재하지만 세 사람과 왕이 살아가는 일상에서는 존재하지 않는 셈이다. 아니 보이지 않는 셈이라고 해야 할 것이다. 네 번째 존재는 매일 살아가는 삶에서 보이지 않는다. 금으로 된 신상에 절하라는, 권력을 앞세운 무지막지한 명령이 내려지는 현실에서 네 번째 존재는 보이지 않는다. **그러나 이 네 번째 존재는 폭압적이고 야만적인 광기가 지배하는 시대에 자신의 믿음을 지켜 굴복하지 않은 이들이 던져진 풀무불 가운데 존재한다**. 이 존재는 오직 풀무불 속에 던져질 때에야 보이는 존재인 셈이다. 극심한 고난 가운데 처한다 할지라도 믿음을 저버리지 않을 때에 이 네 번째 존재가 보인다.

하나님께서는 풀무불 가운데서 이들을 지키고 보호하며 무엇 하나 상한 것 없게 하신다. 세상 그 무엇으로도 하나님의 사람을 상하게 할 수 없다는 선언은 단지 육체적인 것만을 가리키지 않는다. 하나님께서는 그 백성을 상하지 않게 지키고 보호하신다. 때로 상처와 고통, 죽음을 불사하더라도, 참으로 하나님께서는 그 백성을 상하지 않게 보호하실 것이다. 이를 위해 하나님께서는 네 번째 존재처럼 세 사람이 던져진 풀무불 가운데에 계신다. 달리 표현하자면, 하나님은 그 가장 극심한 고난의 한 가운데에 함께 거하신다. 본문처럼 그들을 지켜 내기도 하시고, 때로 그

냥 죽임 당하게 되기도 하지만, 하나님께서는 그 고난 가운데 함께 계신다고 말할 수 있다. 너무 고통스러운 상황에서 하나님께서 어디 계신지 묻게 되지만, 하나님은 그 가운데 같이 계신다. 세 사람처럼 털끝 하나 상함 없이 불 가운데 살게 하시기도 하고 예수님과 스데반처럼 죽기까지 이르게도 하심을 볼 때, 하나님께서는 고난 당하고 죽임 당한 사람들의 그 고난과 삶, 죽음의 현장에 함께 하신다 할 수 있으며, 함께 고난 당하시고 죽임 당하신다 말할 수도 있을 것이다.

그 뜨거운 풀무불 속에서 그들이 결박이 풀린 채 아무 상함 없이 자유로이 다니는 것을 볼 때, 왕은 그들을 그가 있는 곳으로 다시 불러 낼 수밖에 없었을 것이다. 그 불로 그들을 태울 수 없었다. 불에서 세 사람이 나왔을 때, 총독과 지사와 행정관과 왕의 모사들이 세 친구를 확인한다. 그들이 본 결과 세 사람은 아무런 해함이 없었고, 머리털도 그을리지 않았고, 그들이 입었던 어떤 옷도 그 빛이 변하지 않았으며, 불 탄 냄새도 전혀 없었다. 3장 첫머리부터 등장하던 수많은 바벨론의 관리들의 역할은 그 뜨거운 풀무불 속에서도 하나도 상하지 않은 세 사람을 확인시켜 주는 증인이었던 셈이다. 왕이 얼마나 분노하였던지 여러 벌의 옷을 전부 입은 채 풀무불에 던져져야 했지만, 그들이 입고 있던 겹겹의 옷은 그 뜨거운 불이 한 올의 실도 태울 수 없었음을 보여주는 증거가 되었다. 특히 풀무불이 평소보다 일곱 배나 더 뜨겁게 가열되었고, "맹렬히 타는 풀무불"이라는 표현은 3장에서 모두 일곱 번 쓰였는데, 이 역시 풀무불의 맹렬함을 보여주는 문학적 장치일 것이다. 그러나 이렇게 반복된 풀무불에 대한 언급은 세 사람이 어떻게 그 속에서도 아무런 상함 없이 살아났는지를 보여주는 강력한 증거로 쓰이고 있을 뿐이다. 옷조차도 태울 수 없고, 피부 한 부분조차도 영향을 미칠 수 없는 것이 일곱 배나 더 뜨겁게 달구어진 풀무불이었던 셈이다.

결국 왕의 명령의 지엄함과 그가 가진 권력의 절대성, 그의 단호하고도 확고한 처벌 의지, 서둘러 신속히 집행된 처벌, 이 모든 것들이 세 사람에게 임한 하나님의 놀랍고도 풍성하신 은혜를 생생히 증거하는 수단이 되었다. 아울러 이 사건의 경과는 왕이 가진 절대적인 권력이 근본적으로 어떤 것인지에 대한 깊은 풍자를 던져주고 있기도 하다. 왕의 권력이 강할수록 하나님의 능력이 어떻게 크신지 드러날 뿐이다. 왕은 자신의 명령이 거부되는 현실 때문에 분노하였지만 자신의 분노와 권세에도 불구하고 아무 것도 바꿀 수 없었다. 그에게 소중하였을 왕의 군대의 용사들만 애꿎게 죽었을 뿐, 왕은 그 모든 권세로도 세 사람의 털끝 하나옷깃 하나를 어떻게 할 수 없었다.

다시 한번 기억할 것은 이 같은 기적이 언제나 일어나지는 않는다는 점이다. 그러나 이 말씀이 이렇게 다니엘서에 기록되고, 다니엘서가 하나님 말씀으로 오늘까지 고백된다는 것은, 이 같은 기적이 일어나든 일어나지 않든, 세상 권력으로는 하나님 백성의 털끝 하나도, 하나님 백성의 생생한 기상의 털끝 하나도 건드릴 수 없다는 점을 단호하게 믿고 신뢰해야 함을 증언한다. 이방 땅에서 살아가야 하고, 이방 왕의 호의가 아니면 존재 자체가 힘겹게 될 흩어진 이스라엘 백성을 향해, 다니엘서는 하나님만이 능력이시고, 하나님만이 열방의 모든 권세의 진정한 출처임을 확실히 선언한다. 그리고 흩어진 온 백성을 향해 오직 하나님을 굳게 신뢰하되, 권력을 두려워하거나 그에 좌우되지 말 것을 촉구한다.

풀무불이 뜨거울수록, 풀무불에 던져진다는 위협이 가혹하고 엄정할수록, 이를 거부한 세 친구의 결단이 빛나며, 그들을 지키시고 보호하신 하나님의 능력과 은혜가 빛난다. 현실의 고난은 가혹할수록 하나님의 돌보심과 은혜가 큼을 깨닫게 한다.

세 친구의 하나님을 찬양하는 왕 28-30절

느부갓네살은 세 친구의 하나님을 찬양한다. 그의 고백은 이방인이 하는 것이라고는 믿기 어려울만큼 구약 신앙의 핵심적인 부분을 다룬다. 심지어 그는 자신의 명령을 거역한 점에 대해서도 세 친구를 크게 칭찬한다. 느부갓네살이 말했다기보다는 하나님께서 느부갓네살을 사용하셔서 찬양 받으신 것이라고 말할 수 있을 것이다. 정작 자신은 풀무불에 던져 넣겠다는 위협을 하면서 어떤 신이 너희를 건져낼 수 있겠느냐 큰소리쳤지만, 결국 왕은 스스로 세 사람의 하나님을 가리켜 "지극히 높으신 하나님"이며, 그 백성을 건지시는 분임을 인정할 수 밖에 없었다.

사드락, 메삭, 아벳느고는 이름조차 바벨론식으로 바뀌어 불리는 신세였고 놀랍도록 기적적으로 바벨론의 지방 관리까지 되었지만, 왕의 명령을 정면으로 거역하였다. 3장에서 언급되고 있는 여러 직급의 신하들은 모두 장엄하고 웅장하고 다양한 음악이 연주될 때에 모두 말 못하는 금 신상에게 엎드려 절하였지만, 세 사람은 이를 거부하였다. 신상에 절하라는 명령을 거부하는 것은 왕의 신을 거부하는 것이고, 근본적으로 왕에 대한 거부로 여겨진다. 그런데도 세 사람은 왕명을 정면으로 거역한 것이다. 금으로 신상을 만들었다는 것은 느부갓네살의 부귀와 재력을 상징하는 것이라고 볼 수 있다. 그런 점에서 엄청난 크기의 금 신상은 강력하고 부강한 왕권을 상징하고 있다. 세 사람은 여기에 대해 정면으로 맞선 것이다. 자신들의 나라도 아니고 남의 땅에 포로로 끌려와 있는 신세이지만, 이들은 부와 권력을 내세운 금 신상에 절하기를 거부하였다.

금 신상에 엎드려 절한다는 것은 명백히 왕권의 남용이요, 교만이라고 할 수 있다. 그럼에도 3장에서 몇 번이나 반복하여 언급된 바벨론의 여러 직급의 신하들 누구도 이에 대해 문제제기 하지 않으며 그저 엎드려 굴복할 뿐이다. 이런 저런 생각이 있었겠지만, 그들은 '맹렬히 타오르는 풀무불'이라는 권력의 위협 앞에 달리 반대하거나 거부하지 않고 그저 엎드렸다. 이것은 별 것 아니라고 생각했을 것이다. 왕이 강하니 일단은 그 앞에서 피하자 생각했을 수 있다. 강력한 왕권은 어느새 사람들을 길들여서 굴복과 순종을 당연한 것으로 여기게 만든다. 사람이 기다랗게 삐쭉솟은 금 기둥에 절하는 것이 참으로 우스꽝스러운 모습이지만, 이제 살아있는 사람들은 거기에 절하는 것을 당연하게 여긴다. 복종과 굴복은 사람을 점점 노예로 만들어 버리고 저항할 줄 모르게 만들며 권력의 위협 앞에 벌벌 떠는 순한 양으로 만들어 버린다. 세 친구의 거부는 그러한 순한 양이기를 거부한 것이다. 왕은 신적인 존재로서 신의 뜻을 대신한다는 것이 당시의 일반적인 이데올로기였지만, 세 사람은 왕의 명령이 신의 뜻이 아니라 그저 오만하고 교만한 사람의 뜻에 불과함을 확실히 드러내었다. 그러므로 여기에는 권위의 문제, 그리고 당시의 일반적인 생각과 사고의 흐름, 달리 말해 '이데올로기'의 문제가 있다. 세 친구는 단순히 종교적 신념을 지켰다기보다 당시에 상식이고 기본이던 제왕 이데올로기에 정면으로 맞선 것이라 볼 수 있다. 우리는 권위와 대세에 기대어 굴복하며 묻어서 살아가려고 한다. 그러나 현실에 대한 '쉬운 대답에 대한 거부'는 그렇게 손쉽게 권위에 기대지 않고, 우리 스스로 고민하고 직면하고 나 자신을 돌아보는 것을 요구한다.

금으로 된 신상에의 굴복은 오늘날의 현실과도 겹쳐진다. 황금만능주의는 이미 우리 나라의 대세이며 흐름이 되었다. 유전무죄, 무전유죄라는 말이 전혀 낯설지 않다. 돈 있는 재벌이면 어지간한 죄를 지어도 '국가 경제를 위한 공'이라는 도무지 근거를 알 수 없는 표현과 더불어 처벌이 경감되거나 처벌되더라도 금방 사면받는 경우가 허다하다. 가난한 노동자들의 파업에 대해서는 매우 가혹하게 끝까지 처벌하면서 재벌의 횡포에 대해서는 국가가 제대로 대응하여 처벌하지 않는 경우가 허다하다.

그러므로 금으로 된 신상에 절하기를 거부한다는 것은 하나님 아닌 그 어떤 권력의 횡포와 오만에 굴복하지 않는 것으로 이해할 수 있다. 모든 권세는 하나님이 세우신 것이지만, 권세가 하나님의 세우신 뜻을 어긋나면 더 이상 그는 하나님의 권세이지 않다. 그는 불의한 세력, 사단의 앞잡이일 뿐이다.

왕은 이제 각 백성과 각 나라와 각 언어를 말하는 이들에게 조서를 내린다. 이 표현은 왕이 금 신상에 절하라는 명령에 따라야 하는 대상으로 4절과 7절에서 언급되던 이들을 가리켰는데, 이제 왕 자신에 의해 세 친구의 하나님께 마땅한 예의를 표해야 한다는 취지로 선포되는 명령의 대상을 가리키게 되었다. 그야말로 전세의 역전이 일어났다. 그들의 하나님에 대해 경솔히 말하는 이는 그 몸이 쪼개지고 그 집이 거름터가 된다 하였는데, 실제로는 왕 자신이야말로 몸이 쪼개지고 집이 거름터가 되어야 함을 독자들은 알고 있다. 그런 점에서 3장이 그려주고 있는 왕의 모습은 자신이 하는 말이 무엇을 의미하는지 스스로도 알지 못하는 존재이며, 자신이 한 말로 자신을 판단하게 되는 존재이다. 3장은 평면적으로는 왕에 대해 노골적으로 부정적이지 않지만, 실제로는 왕권에 대한 지독하고도 통렬한 풍자를 깔고 있다.

드디어 왕은 세 친구를 더욱 높였다. 개역성경에서 본 절과 13절에서 "드디어"로 번역된 단어는 3장에서 여러 번 쓰였는데, "이에"3:3, "그러자"3:21로 반영되기도 했고, 달리 번역에 반영이 안 되기도 했다.3:13, 19, 26 세 친구가 바벨론 지방에서 더욱 높아졌지만, 당연히 이들의 높아짐이 이 이야기의 결론이지 않을 것이다. 왕이 이들을 높인다 할지라도 왕은 언제건 자신의 권력과 권위를 위해 엉뚱한 일을 진행할 여지가 여전하다. 좋은 음식을 풍성히 제공하고 높은 자리에 세워주지만, 그것이 전부일 수는 없다. 허황되게 고집을 부리고 권세를 휘두르다가 금방 돌아서

서 다니엘과 세 사람을 높이 세우는 왕의 모습 역시 풍자적이다. 다니엘
과 세 사람은 이러한 현실 속에서 흔들림 없이 살아간다. 목숨을 걸고서
라도 아닌 것은 아니라고 외치는 것, 그렇게 아니하실지라도, 황금을 내
세우는 권력에 굴복하지 않는 것, 그것이 하나님을 경외하는 세 친구, 낯
선 땅을 살아가는 하나님의 사람들이다.

1. 느부갓네살은 자신의 힘과 권위를 금 신상 숭배로 표현한다.

권력과 부에 기반한 권력은 자신을 내세우고 자신 앞에 엎드리고 경배하게 만든다. 그러므로 부와 결탁한 권력은 실제로는 하나님을 대적하고 거역하는 악의 세력이라고 할 수 있다. 오늘날에 금 신상을 내세우고 그 앞에 절하게 하는 이들은 누구일까?

2. 고난이 극심할수록 하나님의 베푸시는 은혜는 찬란하게 빛난다.

세 친구가 입고 있던 옷도, 맹렬히 타오르는 풀무불도, 수많은 바벨론의 관리들의 눈도, 세 친구에게 베풀어진 놀라운 하나님 은혜의 재료가 될 뿐이다. 우리 삶에 가혹한 고난이 닥쳐올 때, 견디기 쉽지 않지만, 우리의 고난을 은혜의 재료가 되게 하시는 하나님을 굳게 신뢰하자.

3. 왕의 불의한 명령을 거부한 세 사람처럼, 오늘날에도 틀린 것을 틀리다 하자.

하나님께서 느부갓네살을 세우셨고 왕권을 주셨다는 것이 2장에서 꿈을 통해 선포되었다. 그것이 느부갓네살이 하는 모든 일을 정당하게 만들지 않는다. 금으로 된 신상에 사람이 절하게 하는 어리석은 명령이 내렸을 때, 하나님이 주신 왕권이라 할지라도 세 사람은 거역하였다. 불의한 권력의 명령을 거역하고, 불법한 세력의 명령에 거역하는 것은 오늘날에도 여전히 필요하다. 불의에 순종하는 것은 불의를 조장하고 확장시킬 뿐이다. 권위에 길들여지거나 무심코 생각 없이 기대어 살아가게 되는 모습은 없는지 돌아보아야 한다.

09. 높이 솟은 나무에 관한 꿈

다니엘 4:1-18

3장과 같은 놀라운 경험이라 할지라도 절대 권력을 근본적으로 변화 시키지는 못한다. 4장은 이 점을 명확히 보여준다. 그래서 다니엘과 세 친구 이야기는 낯선 땅에서의 성공담 이야기가 아니다. 다니엘서의 이야기는 낯선 땅에서, 권력의 본질적인 오만과 횡포 앞에서 어떻게 한결같이 여호와 신앙의 가치를 지켜갈 것인가를 다룬다. 4장 본문의 맥락 역시 이와 동일하다.

왕의 조서 1-3절

"조서를 내리노라"는 부분은 한글 번역으로 인해 추가된 부분이다. 1절을 직역하면 '느부갓네살 왕이 이러이러한 사람들에게'라고 할 수 있어서, 글을 보내는 자와 수신인을 분명하게 표시한다. 쿰란 동굴에서 발견된 "나보니두스의 기도"4QPrayer of Nabonidus는 다음에서 보듯 다니엘서 4장의 주제와 꽤 비슷해 보인다.

> 바벨론 왕 [위대한] 왕 나보니두스가 테이마에 있는 신의 명령으로 몹쓸 질병을 [앓고 있었을 때에] 기도했던 기[도]의 말들이다. [나, 몹쓸 병에 걸린 나보니두스는] 칠 년 동안 병을 앓았고 신이 [그의 얼굴을 내게] 향하신 이후로 [그가 나를 고치셨고] 내 죄에 대해서는 그가 용서하셨다. [포로들 중] 한 유대인이었던 [점쟁이가 나에게 와서 말했다]. ['지극히 높으신 하나님]의 이름에 영예를 높이고 찬

[양하]도록 선[포]하고 글을 내리시오.' [그래서 나는 다음과 같이 썼다]. '나는 [지극히 높으신 신의 명령으로] 테마에서 몹[쓸] 병을 앓았다. 칠 년 동안 [나는] 은과 금, [동, 놋], 나무, 돌, 흙으로 만든 신들[에게] 기도했다. [그것들]이 신들[이라고] 생[각]했기 때문이다.[7]

7년간 병에 걸려 고생한다는 것, 유대인을 통해 하나님의 구원을 경험하게 된다는 것 등이 다니엘서 4장의 내용과 겹친다. 이러한 공통점은 "나보니두스의 기도"라는 문헌과 다니엘서 4장 사이의 어떤 밀접한 연관을 짐작하게 한다. 나보니두스는 역사적으로는 5장의 주인공인 벨사살의 아버지로 알려져 있다. "나보니두스의 기도"나 다니엘 4장은 모두 이방 땅에 살아가면서도 이방 왕에게 결정적인 도움을 주는 존재로서의 유대인을 보여주고 있고, 그를 통해 어디에서나 유대인의 하나님, 이스라엘의 하나님이야말로 온 세상의 참된 신임을 드러낸다. 이러한 내용은 포로기를 살아가던 유대인들의 전형적인 관심사라고 할 수 있다. 비록 포로로 살지만 유대인 공동체는 이러한 문헌에 담긴 내용을 통해 자신들의 존재의 의미와 이유를 발견하고 나누고 서로를 권면했을 것이다. 이러한 문헌들에 따르면, 유대인들은 포로 신세이되 그렇게도 강력하고 대단한 이방 왕은 언제나 이스라엘의 하나님을 찬양한다.

다니엘 4:1-3은 이방 왕의 찬양이다. 히브리어 성경과 몇몇 번역 성경에서는 이 단락을 3장 마지막에 놓고 있다. 1절에서 왕의 명령이 향하는 대상으로 "모든 백성들과 나라들과 각 언어를 말하는 자들"이 거론되는데, 이 표현은 3장에서 금신상에 절하라는 왕의 명령이 향하던 대상이었다는 점에서, 4:1-3을 3장 사건의 결론으로 보는 것도 나름 일리가 있다고 여겨진다. 또한 3:29에서는 왕이 이들을 향해 세 친구의 하나님께 경

---

7) 어니스트 루카스 지음, 김대웅 옮김, 「다니엘」 (부흥과개혁사, 2017), 142-143.

솔히 말하지 말 것을 명령하였다는 점에서도, 4:1–3은 3장과 연결된다. 왕은 자신의 뜻에 어긋나는 이들을 풀무불에 던져 넣겠다고 큰소리치고 어떤 신이라도 자신의 손에서 풀무불에 던져진 이를 살려 낼 수 없다 큰소리쳤지만, 살아계신 하나님, 세 친구의 하나님은 왕의 손에서 그들을 건져 내셨다. 3:29에서 온 백성을 향해 세 친구의 하나님을 함부로 말하지 말라고 왕이 경고한 것이라면, 4:1–3은 왕 스스로 세 친구의 하나님을 높이고 찬양하는 내용이라고 할 수 있다.

　왕의 찬양의 핵심은 하나님의 나라와 하나님의 통치가 영원하며 대대에 이른다는 것이었다. 나라와 통치는 권세와 권위, 권력과 연관된다. 느부갓네살은 자신이야말로 권세이고 권위이며 권력이라 여겼지만, 금 신상을 둘러싼 사건을 겪으면서, 자신의 권세보다 더 큰 권세가 지극히 높으신 하나님의 권세임을 깨달았다. 다니엘서 본문은 살아난 세 친구에게 초점을 두기보다 이 사건으로 인한 왕의 반응에 더 큰 초점을 둔다. 풀무불에서 무사히 살아나온 사건이 다니엘서에서 세 친구가 등장하는 마지막 부분이되, 이 사건의 결과는 온 나라 백성들을 향한 왕의 명령, 그리고 왕 스스로 드린 하나님의 통치에 대한 고백이라고 할 수 있다. 그런 점에서 놀랍고도 기이한 이적의 중요한 뜻과 의도는 사람의 변화, 교만하여 자신의 힘을 자랑하던 이의 변화에 있음을 발견하게 된다. 느부갓네살은 자신이야말로 왕이고 자신이야말로 온 세상의 주권자라고 여겼으되, 그는 풀무불에 던져진 이의 옷깃 하나 건드릴 수 없었고, 참된 권세가 하나님임을 깨닫게 되었다.

　이적은 그 자체로 중요하지 않다. 하나님께서 행하시는 놀라운 일과 이적은 사람들로 하여금 자신의 권세가 제한적이고 인간의 나라가 영원하지 않으며, 인간의 통치가 대대에 미칠 수 없음을 깨닫게 하는 데 목적이 있다. 이적과 기사를 통해 우리가 깨닫는 것은 하나님이야말로 온 세상을 다스리시는 분이라는 점이다. 우리 하나님을 믿고 따르는 신앙은 이적과 기사를 날마다 경험하는 데 초점이 있는 것이 아니라, 하나님이야 말로 세상의 통치자시요 진정한 왕이심을 깨닫는데 초점이 있다. 살면서 이렇게 저렇게 하나님께서 우리 기도를 들으시는 것을 경험하게 된다. 참 작은 일 가운데 하나님의 도우심을 경험하기도 하고, 때로 큰 병에 걸렸 다가 낫는 것 같은 놀라운 일을 통해 하나님의 도우심을 경험하기도 한 다. 작은 일상의 일이거나 큰 병에 걸렸다가 낫게 되었거나가 중요한 것 이 아니라, 어떤 경우이든 환경이나 다른 사람이 아니라 하나님만이 우리 의 왕이시고 하나님만이 나와 우리와 온 세상을 주관하심을 깨닫고 고백 하는 것이 중요하다. 한 두 가지의 경험을 통해 하나님을 굳게 신뢰하고 이제 그 하나님 앞에서 용기 있고 담대하게 살아가야겠다. 세상에서 살 아가고 세상의 규칙을 따르고 지키되, 우리를 참으로 주관하시는 하나님 을 고백하고 그 분의 뜻을 구하고 따르는 것, 그것이 세상 가운데 살아가 는 그리스도인의 삶일 것이다.

왕이 지극히 높으신 하나님의 권세를 모든 이들 앞에서 고백하였지만, 이것이 그를 완전히 바꾸지는 못한다. 4:4 이하에서는 그로 인해 다시금 커다란 사건을 경험하며 하나님의 참된 왕권을 고백하는 왕의 변화를 다 루고 있다. 4:1-3의 주제가 하나님의 영원한 나라, 대대에 이르는 통치 였고, 4장을 마무리하는 부분에 놓인 왕의 찬양에도 이 같은 주제가 반 복된다.4:34 그런 점에서 4:1-3은 3장 사건을 마무리지으면서 4장에서의 사건을 미리 암시하고 그 주제를 연결시키는 이중적인 역할을 한다고 볼 수 있다. 왕이 고백하는 바, "지극히 높으신 하나님" 이름은 다니엘서의 아람어 본문에서 매우 빈번하게 사용되는 하나님 호칭이다.3:26; 4:2, 17, 24, 25, 32, 34; 5:18, 21; 7:18, 22, 25, 27 그리고 "나라"라는 아람어 단어는 구 약의 아람어 본문 가운데 57회 나오지만, 다니엘서에서만 53회 쓰였다.

"통치"라는 단어 역시 아람어 본문에서는 다니엘서에서만 14번 쓰이는 단어이다. 이러한 표현과 단어들의 빈번한 반복은 다니엘서의 중요한 주제가 '나라와 통치'임을 보여준다. 누가 나라를 주관하시는가? 누가 대대에 미칠 통치를 행하는가? 다니엘서는 바벨론 땅에 포로로 끌려 왔던 청년들의 사건을 통해, 비록 나라가 망하여 포로가 된 신세에도 불구하고, 나라와 통치가 하나님께 있음을 강력하게 선언한다.

왕이 꾼 꿈과 그 해석을 알리지 못하는 술사들 4-9절

4절부터는 왕의 입으로 그에게 일어난 일을 이야기한다. "나"라는 1인칭 대명사는 4장에서 네 번 쓰인다.4, 18, 34, 37절 왕이 일인칭으로 자신의 꿈 이야기를 풀어가는 것이 4-18절에 있고, 19-27절은 다니엘의 이야기이다. 28절부터 개역 성경은 "나 느부갓네살" 혹은 "나 왕"이라고 되어 있지만, 아람어로는 "나"로 옮긴 부분이 없다. 왕이 다시 일인칭으로 등장하는 것은 34절부터이다. 그런 점에서 4:4 이하는 왕의 말—다니엘의 말—왕에게 일어난 사건 설명—왕의 말 순서로 배열되어 있다고 할 수 있으며, 3인칭으로 설명된 부분을 통해 왕의 꿈과 다니엘의 풀이가 정확했음을 보여준다.

왕이 고민스러운 꿈을 꾼 것은 그가 자신의 왕궁에서 평안히 거하며 번성할 때였다. 나중에 알려지지만, 그 꿈이 결국 왕의 교만함과 연관되어 있다는 점에서, 평안하고 번성하다는 것이 언제나 사람으로 하여금 교만하게 만드는 원인일 수 있음을 보게 된다. 평안과 번성은 하나님이 사람에게 주신 은혜로되, 사람들은 곧잘 그것이 자신에게서 비롯되며 자신의 것이라 여겨 자랑하고 교만하게 된다. 번성이 은혜가 되는 것이 아니라, 도리어 넘어짐의 출발이 되어 버리는 역설이 생겨난다. 왕은 그의 생각을 어지럽게 하는 꿈을 꾸었고, 2장에서도 그러했듯이 이전처럼 그로 인해 번민하다가 바벨론의 모든 지혜자들을 불러 문의하였다. 2장에서는 꿈의 내용과 해석을 모두 말하라고 지혜자들에게 요구하였고, 그들은 신이 아니고는 그것을 알 수 없다고 대답하였다. 이제 4장에서는 왕이 그들에게 꿈을 알려주고 그 해석을 말하라 하지만, 그들은 그 해석 역시 말할 수 없었다. 2장에서는 꿈을 알기만 하면 바벨론 지혜자들도 해석을 말할 수 있을 것 같았지만, 정작 꿈을 안다 하여도 그 해석을 말할 수 없었음이 4장에서 드러난다. 다니엘은 바벨론 지혜자들보다 늦게 등장하였다. 그 이유는 알 수 없지만, 그의 등장은 바벨론 지혜자들의 무능함으로 인해 더욱 극적인 장면이 되었다. 다니엘의 직책은 "박수장"이었다. 이 직책은 박수와 술객, 점쟁이, 갈대아 술사 전체의 우두머리를 가리킨다.2:48; 5:11

8절과 9절에 두 번이나 반복되어 있는 "거룩한 신들의 영"에 대한 언급은 다니엘의 존재를 특별하게 만든다. 여기서 "거룩한 신들"이 의미하는 것은 '거룩한 하나님'이라고 해야 할 것이다.여호수아서에서도 하나님을 가리켜 이렇게 부르는 경우가 있다: 수 24:19; 참고. 삼상 6:20 이러한 말을 하는 이는 다니엘 자신이 아니라 느부갓네살 왕이다. 이방 왕의 입을 통해 다니엘의 존재가 부각된다. 왕의 이러한 말을 보면, 왜 처음부터 왕이 다니엘에게 이에 대해 묻지 않는지 이해하기 어렵다. 그렇지만 이렇게 지혜자들에게 묻는 과정이 선행함을 통해 다니엘의 특별함이 돋보이게 된다. 2장과 동일한 사건이 다루어지고, 동일하게 바벨론의 지혜자들이 동원되면서, 다니엘과 다니엘의 하나님이 두드러지게 부각된다.

하늘에까지 닿는 나무 10-12절

왕의 꿈은 높다란 나무에 관한 것이었다. 이 나무는 땅의 중앙에 솟은 나무로, 계속해서 자라더니 하늘에 닿을 정도로까지 자랐고, 땅 끝에서도 보일 정도였다. 땅 중앙에 있는 나무가 땅 끝에서도 보였다는 것은 꽤 상징적이다. 땅 한 가운데 있지만, 이 나무의 영향이 세상 끝까지 미치게 되는 것이라고 볼 수 있다. 3장에서 느부갓네살 왕은 굉장히 높은 신상을 세웠다. 그리고 왕의 꿈에는 하늘에까지 닿는 나무가 나온다. 이러한 것들은 왕이 높고 크고 대단한 것에 대한 야망 혹은 집착을 상당히 품고 있음을 반영한다. 특히 하늘까지 닿는 높이에 대한 언급은 창세기에 있는 바벨탑 사건을 연상시킨다.창 11:1-9 역청과 벽돌을 만들어 낼 수 있는 경제력과 발달한 문화, 그리고 이를 위해 수많은 사람을 노동에 동원할 수 있는 제국의 힘이 바벨탑 건설의 배경이라고 할 수 있으며, 이와 동일한 상황이 느부갓네살의 상황이라고 할 수 있다. 강력한 힘과 수많은 노예들, 그리고 이에 수반된 경제력을 지닌 이들은 하늘에까지 닿고자 한다. 자신의 힘과 부를 이용하여 가능한 크고 웅장하고 웅대하게 만들고 짓는다. 하늘에까지 닿게 하는 근본적인 동기는 신적인 존재, 하나님 같은 존재에 이르려는 야망이라고 할 수 있다. 칠십인경에 따르면 이 때는 3장과 마찬가지로 느부갓네살 18년이라고 되어 있다. 그렇다면 예루살렘을 무너뜨리고 그 성전을 불태웠던 것과 연관하여 하늘에까지 닿는 높은 나무라는 이미지가 좀 더 이해된다.

이 높이 솟은 나무의 잎사귀는 아름답고 열매는 많아서 만민의 먹을 것이 될 만하였다. 그리고 짐승과 새들을 비롯한 동물들도 이 나무에 깃들며 먹을 것을 얻을 수 있었다고 하니, 이 나무는 참으로 온 세상을 지탱할 정도의 나무였던 것으로 표현되고 있다. 이 나무야말로 세상의 중심이고 세상의 근원이고 세상을 지탱하고 존재케 하는 힘인 것처럼 보인다.

순찰자의 명령 13-16절

왕의 꿈을 이루는 한 요소가 온 세상을 지탱하는 것 같은 나무라면 또 다른 요소는 순찰자히, '이르'였다. "순찰자"는 누군가를 깨우는 역할을 감당하는 존재로, 달리 감시자라고 옮길 수도 있다. 이어지는 내용에서는 "순찰자"를 '하늘에서 내려온 거룩한 자'로 부른다는 점에서, 어떤 신적인 존재임을 알 수 있다. 칠십인경에서는 이를 "천사"로 옮겼다. 위경 가운데 하나인 에녹1서에서는 하늘의 천사였다가 사람의 딸과 결혼한 타락한 천사를 가리켜 '순찰자'watcher라고 부른다.

하늘에서 내려온 순찰자가 크게 소리질렀다. 그는 그 나무를 베고 그 가지를 자르며 그 잎사귀와 그 열매를 모두 떨어 헤쳐 버리라 외쳤다. 그리고 나무에 모인 짐승과 새들도 모두 떠나게 하라 외쳤다. 순찰자의 외침은 이 나무의 풍성함과 세상의 근원과 중심, 지탱이 되는 특징을 완전히 뒤엎어 버릴 것을 명령하는 것이었다. 그럼에도 그루터기는 땅에 남겨 두고 쇠와 놋줄로 묶어서 들판에 그냥 버려 두어 하늘 이슬에 젖고 땅의 풀 가운데 있게 하라고 추가적으로 명령되었다. 16절은 애매하지만, 베어진 나무의 그루터기에 관한 말이라고 생각할 수 있을 것이다. 개역의 경우, "그 뿌리의 그루터기"가 15절에서는 "그것"으로, 16절에서는 "그 마음"의 "그"로 옮겨졌다. 그러므로 16절의 "그 마음"은 '그 그루터기의 마음'이라고 할 수 있다. 나무의 그루터기에 관한 내용이 "그 마음"이나 "사람의 마음 같지 아니하고 짐승의 마음을 받아"라는 내용으로 이어진다는 점에서, 나무는 나무를 말하는 것이 아니라 사람을 비유하는 것임이 이미 암시되어 있다. 이에 따르면 높이 솟은 나무로 상징되는 어떤 존재가 완전히 베어지고 모든 풍성함이 사라져버린 채, 들판의 이슬에 젖게 되는 날이 일곱 때 동안 계속될 것이다. 그루터기만 남았다는 것은 요즘 말로 하자면 그야말로 '바닥을 쳤음'을 의미할 것이다.참고. 사 6:13

순찰자는 나무를 베어낸 후, 짐승들과 새들을 피하게 하라고 명령하였다. 개역성경에서 '떠나게 하다'와 '쫓아내다'라는 두 개의 서로 다른 동사가 쓰였지만 아람어 본문에서는 '도망치다, 피하다'를 의미하는 동사가 한 번 쓰였다. 보다 정확히 옮기자면, '짐승들로 그 아래에서, 새들로 그 가지로부터 피하게 하라'라고 할 수 있다. 이것은 무엇을 의미하는가? 얼핏 세상을 지탱케 하던 나무가 사라지니 짐승과 새들이 거처를 잃어버린 것처럼 생각될 수 있지만, 그것은 철저하게 나무의 입장에서 생각한 것일 수 있다. 높고 높은 나무가 있으니 짐승과 새가 거한다지만, 순찰자가 나무를 넘어뜨린 후 새들과 짐승으로 '피신하게' 한다는 점에서, 이 나무가 주는 평화는 나무 중심의 시각으로 본 것일 수 있음을 깨닫게 된다. 나무가 주는 평화는 실제로는 강제적인, 무력에 의한 평화였다고 볼 수 있다. 강한 군사력과 제국의 힘으로 인한 평화는 그에 의해 지배당하고 죽임 당한 이들을 생각하면 매우 기만적인 용어이다. '로마의 평화'Pax Romana는 로마인들에게 평화일 수 있으나, 훨씬 더 많은 피지배민족과 노예들에게는 피눈물나는 억압과 압제의 시기였다. 다니엘은 느부갓네살이 금 머리 같은 존재라고 전하기도 하였고, 여기서도 높이 솟은 나무와 느부갓네살이 연관되지만, 느부갓네살에 의한 평화를 그저 모든 이들이 바라고 갈망하는 평화로 보기는 어렵다 할 것이다. 바벨론 포로들에 의해 불려진 시편이라고 할 수 있는 시편 137편은 바벨론에 끌려온 이들이 무엇을 느끼고 생각하였는지를 보여준다.

"우리가 바벨론의 여러 강변 거기에 앉아서 시온을 기억하며 울었도다
그 중의 버드나무에 우리가 우리의 수금을 걸었나니
이는 우리를 사로잡은 자가 거기서 우리에게 노래를 청하며 우리를

황폐하게 한 자가 기쁨을 청하고 자기들을 위하여 시온의 노래 중
하나를 노래하라 함이로다
우리가 이방 땅에서 어찌 여호와의 노래를 부를까
예루살렘아 내가 너를 잊을진대 내 오른손이 그의 재주를 잊을지로
다
내가 예루살렘을 기억하지 아니하거나 내가 가장 즐거워하는 것보
다 더 즐거워하지 아니할진대 내 혀가 내 입천장에 붙을지로다
여호와여 예루살렘이 멸망하던 날을 기억하시고 에돔 자손을 치소
서 그들의 말이 헐어 버리라 헐어 버리라 그 기초까지 헐어 버리라
하였나이다
멸망할 딸 바벨론아 네가 우리에게 행한 대로 네게 갚는 자가 복이
있으리로다
네 어린 것들을 바위에 메어치는 자는 복이 있으리로다"시 137:1-9

바벨론은 스스로를 세상의 평화의 근원이라 여길 수 있겠으나, 도리어
바벨론의 무너짐이 세상의 평화일 수 있다. 바벨론이 무너지니 유다 포로
들이 귀환할 수 있는 조건이 형성되었던 것처럼, 큰 나무의 넘어짐은 오
히려 세상의 진정한 평화일 수 있다.

아울러 하늘에서 내려온 순찰자들의 존재는 하늘에까지 닿는 나무와
대조를 이루면서, 이 나무의 한계를 명확히 보여준다. 나무가 전부인 것
같았지만, 이 나무를 감시하고 살피고 판정하는 순찰자, 파수꾼이 있었
다. 이러한 내용은 바벨론 땅에서 포로로 살아가며 바벨론 당국의 감시
하에 있었을 유대인들에게는 매우 인상적이며 희망적인 소식이었을 것이
다. 바벨론이 강하지만, 더 강한 분이 계시고 그 분의 순찰자가 바벨론을
주관한다. 일곱 때라는 표현은 순찰자를 보내신 이의 뜻이 충분히 이루

어지는 시간을 가리킬 것이다.

지극히 높으신 이가 뜻대로 행하심 17-18절

17절은 "지극히 높으신 이가 사람의 나라를 다스리시며 자기의 뜻대로 그것을 누구에게든지 주시며 또 지극히 천한 자를 그 위에 세우시는 줄을 사람들이 알게 하려 함이라"는 내용까지 왕이 꿈에 들은 것이라고 이야기한다. 이를 생각하면 왕의 꿈이 근본적으로 의미하는 내용은 어렵지 않고 꽤나 분명하다고 분명하다고 할 수 있는데, 뜻밖에도 바벨론의 "모든 지혜자"들은 능히 그 꿈의 해석을 왕에게 알게 할 수 없었다.단 4:18 왜 바벨론 지혜자들은 이 꿈을 해석할 수 없었을까?

두 가지로 생각해볼 수 있다. 첫 번째로, 무척이나 자명한 진리라서 도리어 그 지혜자들이 깨닫지 못한 것이라 생각할 수 있다. 진리는 사실 매우 자명한 것이되 욕심이나 탐욕, 두려움 같은 것으로 눈이 어두워진 이들에게는 보이지 않는다. 이 땅에 예수께서 오셨을 때 베드로와 안드레와 수많은 어부, 막달라 마리아 같은 여인들은 주님을 따랐으되, 바리새인과 제사장들은 주님을 따르지 않았다. 그들은 주님을 알아보지 못하였다. 눈 앞에 하나님의 아들이 다니건만 그들은 알아보지 못하였다. 하나님의 진리는 지혜롭다 하는 이들에게는 감추어진 것이고 어린 아이에게는 환히 열려진 것이다. 지혜자들이 이 자명한 꿈의 내용을 그리도 몰랐다는 것은 어쩌면 그들의 모든 상상력과 생각이 절대 권력인 왕에 의해 제한되어 버린 까닭일 수도 있다. 누가 들어도 권력에 반대되는 내용이었을 이런 식의 꿈은 바벨론 지혜자들에게는 감히 생각조차 할 수 없었던 것일 수 있다. 그렇기에 그들은 3장에서 보듯 왕이 만든 신상에 음악 소리가 날 때마다 넙죽넙죽 절하는 이 말도 안되는 상황을 문제 제기하지도 못했을 것이다.

두 번째로, 바벨론 지혜자들이 이 꿈의 의미를 알았으되 말하지 않은 것이라 생각해볼 수도 있다. 19절에 보면 다니엘이 이 꿈에 대해 듣고 "한동안 놀라며 번민"하였으며, 이 꿈이 왕의 대적에게 응하기를 원한다고 말하였다. 듣는 순간, 다니엘은 이 꿈이 왕에게 임할 심판임을 알아차렸다. 그리고 오늘 우리라 할지라도 이 꿈의 높이 솟은 나무가 왕을 가리킬 것이라는 짐작을 할 수 있다는 점에서, 바벨론 지혜자들 역시 이 꿈을 알았을 것이라 생각해볼 수 있다. 그런데 왜 말하지 않았을까? 왜냐하면 이 꿈은 절대 권력의 몰락을 말하는 것이기 때문이다. 땅 중앙에 높이 솟아 땅 끝에서도 볼 수 있을 정도의 엄청난 권력이 한 순간에 몰락하게 될 것을 예고하고 있기에, 바벨론 지혜자들은 그 의미를 알았어도 왕에게 말하지 않았다. 말하는 순간, 그들에게 어떤 일이 일어날 지 누가 감히 장담할 수 있을까. 아무리 권력의 총애를 받는다 하더라도 한 순간에 나락으로 떨어지는 일은 절대 권력이 존재하는 세상이라면 흔하게 일어나는 현실이지 않은가. 심지어 요즘처럼 국민에 의해 대통령이 선출되는 세상에서도 대통령의 뜻에 반한다는 이유로 배척해 버리는 일이 허다하다. 권력은 결코 자신들에 대한 비판을 용납하지 않는다. 그러므로 **지혜자들은 그 해석을 알 수 없었던 것이 아니라 알고 싶지 않았던 것이라 볼 수 있다. 아마 그들이 몰랐다면 이 꿈을 절대 권력에게 유리한 방향으로 어떻게 해석해야 할 지를 몰랐다고 볼 수 있을 것이다.**

다니엘은 바벨론 지혜자들과 달랐다. 다니엘은 이 꿈이 담고 있는 의미가 무엇인지 바로 깨달았다. 지혜자들은 그 지혜를 자랑한다지만, 정작 권력을 향한 이 명료한 꿈의 의미를 해석할 수 없었다. 그러나 다니엘은 그 의미를 알았고 곧바로 왕에게 이야기한다. 권력이 가장 싫어할 소리를 할 수 있는 것이 다니엘이다. 이것이 가능한 까닭은 다니엘이 특별히 용기가 남다른 사람이어서가 아닐 것이다. 하나님이야말로 진정한 왕이요 통치자라는 신앙이 다니엘로 하여금 꿈을 정확하게 제대로 해석하게 했다. 사실 4장은 하나님의 통치에 대한 찬양으로 시작해서4:3 하나님의 영원한 나라에 대한 찬양으로 끝맺는다.4:34

중요한 것은 꿈을 해석하는 특별한 능력이 아니라, 하나님만이 온 땅을 다스리시는 분이심을 알고 믿는 것이다. 온 땅의 하나님, 온 세상의 진정한 통치자이신 하나님을 믿는 믿음은 절대 권력 앞에서도 분명하게 말할 수 있는 모습으로 드러난다. 다니엘은 권력에게 좋은 말을 하고 축복하는 말을 하고 비판적인 말은 가능한 삼가서 그 대가로 종교의 자유를 얻어내는 사람이지 않다. 군사 쿠데타로 집권한 세력에게 아첨하고 축복하며 기독교 전파의 자유를 얻어내는 것을 두고 단번에 싸잡아 모두 나쁘다 말하기 쉽지 않겠지만, 적어도 다니엘의 모습과는 거리가 멀다.

17절은 이 사건의 의미가 무엇인지 풀이한다. 사람의 나라를 다스리는 것은 세상의 군왕이 아니라 지극히 높으신 이이시다. 지극히 높으신 분의 뜻에 따라 누군가가 세워지고 누군가가 넘어진다. 지극히 높으신 분이 뜻하시면 지극히 천한 자가 세워지게 된다. 그러므로 4장의 근본적인 주제는 나라와 주권이라고 할 수 있으며, 그 점에서 1-3절에 있는 왕의 찬양과 일맥상통한다. 바벨론이 다스리고 느부갓네살이 통치하지만, 실제로 이 세상을 다스리고 통치하시는 분은 지극히 높으신 하나님, 그분이시다. 이방에 살지만, 실제로 온 세상을 주관하시는 분은 하나님이심이 강력한 이방 왕의 입술을 통해 선포되고 있다. 아울러 느부갓네살은 거룩한 하나님의 영이 있는 다니엘이야말로 그의 꿈의 해석을 말할 수 있다 말하기도 한다. 이방 왕이 다니엘과 그의 하나님을 드러내고 증거하는 통로가 되고 있는 셈이다. 다니엘이 꿈을 해석할 수 있되, 그의 능력은 자신에게 있는 것이 아니라 그와 함께 하는 하나님의 영으로 말미암는 것이다.

제 아무리 높이 솟은 나무와 같은 힘이 있다 할지라도, 그리고 그것이 하늘에까지 닿을 정도로 대단하고 신통하고 무엇인가 있어 보여도, 하늘에서 내려온 순찰자는 따로 있으며, 그의 명령에 의해 그 나무는 베어지고 만다. 그리고 그 나무가 베어질 때 참으로 짐승과 새들이 피할 수 있게 된다. 참된 권세는 하나님이시다. 참된 주권자는 하나님이시다. 그러니 세상의 솟은 나무를 의지하거나 기대지 말되, 오직 하나님의 영을 구하고 동행하라.

본문의 메시지

1. 느부갓네살이 본 나무는 하늘에까지 닿을 정도로 높았다.

　힘과 부를 지닌 이들은 높은 것을 숭배하고 높아지는 것을 추앙하며, 크고 화려하고 웅장한 것을 추구한다. 땅 끝에서까지 볼 수 있을 정도로, 온 세상에 소문날 정도로 기념비적인 일을 행하고자 하지만, 그 높은 나무가 하루 아침에 다 베어져 버리고 만다. 세상 왕은 높고 웅장한 것을 구하지만, 참 하나님이신 예수 그리스도는 낮고 천한 사람의 몸으로 이 땅에 오셨다. 주님을 따른다는 것은 근본적으로 크고 화려하고 웅장한 것에 미혹되지 않는 것이며, 돌 하나도 돌 위에 남지 않게 무너질 것임을 명심하는 것이다.

2. 하늘에서 내려온 거룩한 순찰자가 있다.

　이방 땅에서 포로로 살아가는 유대인들에게 느부갓네살 같은 왕은 엄청나게 두렵고 큰 왕이었겠지만, 하늘에서 내려온 순찰자는 하늘에 닿는 나무를 단번에 베어 넘어뜨리게 하는 존재들이다. 느부갓네살의 존재는 하나님 안에서만 가능할 뿐이다. 하나님이 세우시면 서는 것이고, 하나님이 폐하시면 넘어지게 된다. 남의 땅에 살지만 세상에 굴복하고 살아가는 것이 아니라, 온 세상의 참된 주권자이신 하나님을 굳게 신뢰하고 살아가자.

3. 다니엘이 꿈을 해석할 수 있는 것은 그에게 하나님의 영이 있기 때문이다.

　하나님의 사람은 어디에서든 감당할 몫이 있다. 개인의 능력이 뛰어나서가 아니라, 하나님의 거룩한 영이 그 안에 있기 때문이며, 하나님이 그와 함께 하시기 때문이다. 몸은 포로이나, 하나님의 사람은 그 어떤 것에도 매일 수 없다.

10. 교만한 자를 낮추시는 하나님
다니엘 4:19-37

웬만한 것을 갖추었다 싶을 때 우리는 다른 이의 충고에 귀 기울이기 어렵다. 하물며 느부갓네살같이 절대적인 권력을 지니게 되었을 때, 그를 경고하는 소리를 듣기는 쉽지 않다. 그가 꾸었던 꿈을 다니엘이 풀이했는데, 그것은 느부갓네살이 하나님의 주권을 깨닫기까지 몰락할 것을 예고하는 내용이었다. 절대적인 왕권의 몰락을 예고하는 소리를 들었을 때에 권력은 이에 어떻게 응답할 것인가? 쉽게 예상할 수 있듯이, 최고의 권력을 누리고 있던 왕은 아무런 반성도 고침도 없었고, 하나님의 예고된 심판은 그대로 응하고 말았다. 그렇게 몰락하고 낮아지고 나서야 왕은 깨닫게 된다.

다니엘의 번민 19절

왕의 꿈을 들었을 때, 다니엘은 그 의미를 깨달을 수 있었고 그로 말미암아 놀랐다. 19절에서는 다니엘이 꿈으로 인해 번민하였다고 소개하고 있다. 처음에 왕이 꿈을 꾸었을 때, 그 의미를 알지 못하였으나 번민하였고,4:5 이제 다니엘은 그 꿈을 듣고 그 의미를 알고 나서 번민한다. 왕의 번민은 꿈의 의미를 알지 못함에서 나온 불안이었다면, 다니엘의 번민은 절대적인 권력을 향해 꿈이 의미하는 바를 그대로 말해야 한다는 것과 연관된 번민이었으리라. 아무리 왕이 자신에게 호의적이라 하여도, 이제부터 자신이 하려는 말은 왕의 쫓겨남에 대한 것이며, 어떤 왕도 이러한 말을 들을 때에 좋아할 이가 없다는 점에서, 권력 앞에 이러한 말을 한다는 것은 결코 쉬운 일이 아니었을 것이다. 이스라엘의 왕들 가운데 예언자를 통한 책망의 말을 듣고 회개한 왕은 손꼽는다. 오늘날에도 그 누가 권력 앞에서 그가 권좌에서 쫓겨나리라고 말할 수 있을까. 지난 날 독재 권력이 기승을 부릴 때 대부분의 한국 교회 목회자들이 취했던 태도를 조금만 떠올려봐도 이 점은 쉽게 이해될 수 있다. 사실 당시 대부분의 교회는 쿠데타로 집권한 독재 권력을 축복하기까지 했다. 이 점은 일제 강점기 이래 우리네 교회의 변하지 않는 전통이기도 하다.

다니엘이 왕의 꿈을 해석함 20-26절

다니엘은 왕의 꿈 내용을 요약하면서 고스란히 다시 이야기한다. 꿈에 등장하는 높이 솟은 나무가 바로 왕을 가리킨다고 이야기해준다. 이 부분의 아람어를 직역하면 '왕이여, 자라서 견고해진 것은 바로 당신입니다 또한 당신의 위대함이 더 자라서 하늘에까지 당신의 통치는 땅 끝까지 닿았습니다'라고 할 수 있다. 심겨진 나무가 자라듯이, 느부갓네살 왕도 계속해서 자라고 견고해지고 강해졌다. 마침내 그의 위대함과 통치는 하늘에 닿고 땅 끝까지 미칠 만큼 되었다. 그러나 23절에 보면 곧바로 순찰자가 등장해서 왕을 상징하는 나무를 베어 없애버리라 명령한다. 순찰자에 대해서 본문은 전혀 설명하지 않지만, 순찰자의 등장과 명령은 지극히 높으신 이의 뜻과 명령을 나타낸다는 것을 알 수 있다. 왕으로 상징되는 하늘에까지 닿는 나무가 있지만, 지극히 높으신 이의 뜻에 따라 그 나무가 베어지듯이, 왕이 사람에게서 쫓겨나 들짐승과 함께 거하며 일곱 때를 지나게 될 것이다. 이 사건의 핵심은 이를 통해 왕이 지극히 높으신 이가 사람의 나라를 다스리며 자기 뜻대로 그것을 누구에게든지 주신다는 것을 깨닫게 되리라는 것이다. 7년이 아니라 일곱 때라고 표현한 것은 이것이 단순히 기계적인 시간에 달린 것임을 아님을 보여준다. 구약에서 숫자 7이 하나님의 행하심과 완전하심을 상징한다고 볼 때, 가령, 7일 창조, 여리고 성을 일곱 바퀴 돈 것, 나아만이 요단 강물에 일곱 번 몸을 씻은 것 등 일곱 때 즉 그 충만한 때가 차고서야 왕은 주권이 누구에게 있는지를 깨닫게 될 것이다. 그것이 34절에 있는 "그 기한이 차매"의 의미이다. 왕이 이것을 깨달을 때에야 왕의 나라가 견고해진다. 누구도 왕권을 자신의 것이라 할 수 없다. 유다와 이스라엘의 왕들도 이 점에서 줄기차게 실패했고 결국 나라가 망하고 말았다. 역설적이게도, 왕권이 그에게 있는 것이 아님을 깨달을 때에 왕권이 그에게 돌아오게 되며 견고해진다.

26절에서 개역성경은 "하나님이 다스리시는 줄을"이라고 옮겼지만, 아람어 본문대로 하자면, '하늘이 다스리시는 줄'이다. 당연히 여기서 '하늘'은 하나님을 상징한다. 굳이 '하나님'으로 표현하지 않고 어느 문화권이건 지닌 '하늘'이라는 표현을 사용함을 통해, 이스라엘의 하나님을 보편적으로 설명하고 있다고 말할 수 있다. **기독교의 하나님의 고유한 이름을 사용하기보다 어느 종교에서나 있을 것 같은 평범하고 보편적인 이름을 사용하지만, 다니엘의 말은 모든 사람으로 살아계신 하나님, 온 세상의 주권자를 직면하게 한다. 하나님의 이름 몇 글자가 중요한 것이 아니라, 하나님의 통치, 하나님의 속성 자체를 세상 가운데 드러내는 것이 훨씬 더 중요함을 여기에서 볼 수 있다.**

이와 연관해, 다니엘의 왕에 대한 태도가 그저 우호적이라고만 말할 수 없다는 점도 유념할 만하다. 왕을 상징하는 나무는 하늘에까지 즉 하나님에게까지 닿을 높이였다.4:11, 22 하늘에까지 닿아 보려는 사람의 시도의 대표적인 예가 바벨탑이라는 점에서, 다니엘서 본문은 한도 끝도 없이 높아지려는 왕권에 대해 근본적으로 문제 제기한다. 특이하게도 왕이 꾼 꿈의 내용과 해석에서 이 나무가 왜 베어지는지 이유를 설명하지 않는다. 이 부분에 대해 생각해 보는 것은 중요하다. 왜 이 큰 나무는 베어지게 되는가? 일단 왕의 꿈이나 그 꿈을 다시 말하는 다니엘의 풀이에서나 하늘에까지 닿고 땅 끝까지 이르는 나무 자체를 순찰자가 곧바로 베어 버리라 한다는 점에서, **그렇게 커져 버린 나무 자체가 문제가 되는 것이라고 볼 수 있다.** 왕이 꾸었던 꿈에서나 다니엘의 풀이에서나 이렇게 나무가 베어지게 됨을 통해 지극히 높으신 분이 세상 나라를 뜻대로 다스리신다는 것이 드러나게 된다. 높이 솟은 나무는 하나님의 주권과 통치를 잊게 만들고 사람의 힘과 사람의 영광을 노래하게 만든다. 2장에서 보았던 커다란 신상 역시 시간의 진전과 더불어 사람의 손으로 하지 아니한 돌이 날아오자 산산이 부서지고 말았다. **그 점에서 다니엘서는 크고 강력하고 거대하며 대단한 세상의 영광과 권세에 대해 반드시 무너지게 될 것을 선포한다고 볼 수 있다. 크고 놀라운 것이 하나님의 영광을 드러내는 것이 아니라, 그 크고 놀라운 것이 무너짐을 통해 하나님의 영광이 드러나게 된다는 점에서 다니엘서는 우리의 생각과 욕심을 뒤집는다.** 크고 높지만 괜찮은 것이 있다는 식으로 이야기하는 것이 아니라 큰 것 자체를 문제시한다는 점을 주목할 필요가 있다. 오늘 우리와 비교해 보자면, 강력한 국가라는 표현 자체가 하나님 앞에서는 어불성설일 수 있다는 것이며, '대형 교회'라는 존재 자체가 문제라고 보게 한다. 이를 생각하면, '괜찮은 대형 교회'라는 말은 그 자체로 형용모순이기 쉽다.

다니엘은 왕을 상징하는 권세가 깨어지고 낮아져서 하나님의 통치를 알고 난 뒤에야 왕의 나라가 견고할 것이라 이야기한다. 여기에서 '견고함'에 대해 생각해 볼 필요가 있다. 왕권이 누구도 넘볼 수 없을 정도로 강력하고 위세가 대단한 것을 가리켜 우리는 견고하다라고 생각할 수 있다. 그러나 **높이 솟은 나무, 하늘에까지 닿을 것 같은 나무가 넘어지고 베어진 다음에야 진정한 견고함이 무엇인지 드러나게 된다.** 11절과 20절에서 '견고하다'로 번역된 아람어 동사는 '강해지다'라는 기본적인 의미를 지닌다. 그런데 동일한 단어가 5:20에서 쓰였는데, 그 곳에서 개역은 '완악하다'로 이 동사를 옮긴다. 영역 성경들도 'harden'이라는 단어로 옮긴다. 그러므로 **나무가 엄청나게 자라서 대단히 강해졌다는 것은 달리 보면 매우 완고해지고 완악해져서 다른 누구의 말도 통하지 않는 상태가 되어 버린 것을 의미한다고 볼 수 있다.** 자신만이 힘이고 자신만이 중심이 되어 버린 상태를 가리킬 수 있다는 것이다.

왕권이 전부가 아니라 왕권 위에 하나님께서 세상을 주관하시는 줄을 깨닫게 될 때에야 자신의 왕권이 진정으로 견고해진다. 자신의 부족함과 모자람을 발견하고 인정할 때에야 진정으로 강함이 있고 든든함이 있다. 참으로, 약할 때 강하다. 기독교 신앙은 입술의 고백으로 결정되는 것이 아니라, 약함이 강함인 줄 고백하고 믿으며 살아가는 것으로 드러난다. 세상에서 크고 강함을 숭상한다 해서 강해지는 것이 아니라, 자신의 약함을 깨달으며 하나님의 크심을 깨달을 때 참으로 강해진다. 이삭은 점점 더 자라갔고 마침내 크게 자랐다.창 26:13 **이러한 이삭의 성장은 끊임없이 우물 있는 땅을 떠나고 새로운 더 험난한 땅으로 찾아 들어가면서 이루어졌다. 이를 보면 이삭은 결코 '완악'하지 않은 존재임을 알 수 있다.** 그의 삶은 스스로의 터를 단단히 견고케 하지 않고 언제든 옮겨 가는 삶이었으되, 오직 하나님으로 말미암아 견고하다. 교회의 성장은, 교회의 견고함은, 단단한 조직과 튼튼한 구성원으로 이루어지지 않는다. 하나님만이 주권자이심을 고백하는 것이 견고함의 출발이며, 이를 위해서 교회는 낮아짐이 필요하다. 그러면 **어떻게 낮아질 것인가? 낮아진다는 것은 무엇을 의미하는가?**

다니엘의 권면 27절

꿈을 풀이한 다니엘은 꿈에 근거하여 왕에게 조언한다. 이 부분은 특이하다. 만일 하나님께서 왕에게 꾸게 하신 꿈처럼 하신다면 이미 바꿀 수도 피할 수도 없는 일일 것 같은데, 다니엘은 왕에게 조언을 한다. 이러한 조언은 하나님께서 이미 정하시고 행하시는 미래에 어떤 영향을 미치는 것일까? 아니, 영향을 미칠 수는 있는 것일까? 이 점은 하나님의 행하심의 중요한 특징이라고 할 수 있다. 하나님이 무엇을 선포하신다 하여, 이제 더 할 것이 없으니 손 놓고 기다리자 할 것이 아니라, 마지막까지라도 할 수 있는 것은 하고 고칠 것은 고쳐야 한다는 것이다. 왕이 꾼 꿈에서 선포된 미래는 현실에서 바꿀 수 있다. 혹시라도 바뀌어질 수 있다. 그러니 고칠 수 있는 것은 고쳐야 한다. 고치면 바뀔 수 있다. 예정된 것이지 않다. **바꿀 수 없어 운명이 되는 것은 삶과 현실을 고치지 않으려는 우리의 완악함에 기인한다.** 이대로 살고 이대로 고집한다면 예언은 고스란히 이루어지고 말 것이다. 심판 혹은 구원이라는 하나님의 선포는 끝이 아니라 시작이며, 그 때부터 사람의 반응이 수반되고 합당하게 대응되어야 한다. 이 점은 에스겔 33:1-20에 잘 드러난다

다니엘의 권면은 공의를 행하고 가난한 자를 긍휼히 여기라는 것이었다. "공의"로 번역된 아람어는 '찌드카'로, 히브리어 '쩨다카'와 같은 단어이다. 개역 성경은 이 단어를 대체로 "공의"로 일관되게 번역하였으나, 때로 "의" 혹은 "정의"라고도 번역하였다. '죄를 사하다'로 옮겨진 단어는 '찢다, 부수어 버리다'를 의미한다. 앞 문장과 여기에서 "죄"와 "죄악"이라고 번역된 표현은 각각 직역하면 '당신의 죄'와 '당신의 불의'이다. 여기에 '찢다'라는 동사가 한 번 쓰여서 두 개의 문장 모두를 포괄한다. 이 두 문장을 직역하면, '공의로 당신의 죄악을 부수어 버리소서, 가난한 자에게 긍휼을 베풂으로 당신의 불의를 부수어 버리소서'라고 할 수 있다.

다니엘의 권면은 공의를 행하고 가난한 자를 긍휼히 여기라는 것이었다. "공의"로 번역된 히브리말 단어는 구약 성경 전체에서 그 백성에게

줄기차게 명령된다. 하나님께서 온 세상을 공의로 다스리시니,시 97:2 하나님은 그 백성 역시 공의를 행할 것을 명령하신다.창 18:19 이스라엘이 공의의 열매를 맺지 않자, 하나님께서는 이스라엘이라는 포도원을 엎어버리신다.사 5:1-7 이스라엘의 왕에게 필요한 가장 중요한 것은 공의이며, 공의를 행할 때 그 나라에 부강과 평안이 임하게 된다.시 72편 다윗의 후예로 오는 이의 가장 중요한 특징은 그가 공의로 세상을 다스릴 것이라는 점이다.사 9:7; 렘 23:5 이제 다니엘은 이러한 공의 행함의 핵심적인 측면이 바로 가난한 자를 긍휼히 여기는 것이라 표현한다. **놀라운 것은, 이러한 공의의 삶은 하나님 백성 이스라엘에게 요구되는 것인데 다니엘이 이방 왕을 향해 조언한다는 점이다.** 구약의 규례들이 흔히 이미 믿음을 가진 백성들에게 주어진 규례라고 생각하는 경향이 많은데, 다니엘은 하나님 백성의 규례를 이방 왕의 통치에 고스란히 적용시킨다. 다니엘은 이방 나라에서의 삶과 이스라엘 땅에서의 삶을 구분시키지 않고 통합한다. 그런 점에서 다니엘의 권면은 구약 신앙의 핵심을 일상과 세속에 적용한다고 볼 수 있다.

다니엘이 왕에게 가난한 자 긍휼히 여길 것을 조언했다는 것은 이제까지 왕의 통치가 그러하지 않았음을 의미할 것이다. 개역 성경은 '사하다'로 번역했지만, '부수다, 찢다'를 의미하는 동사가 사용되었다. 사람의 행동이 죄 사함을 가져온다는 것을 주장하는 것이 이 구절의 의미이지 않되, 이제부터라도 공의로운 행동을 통해 이전에 행했던 어리석고 불의한 행동을 바로 잡아 나가라는 의미라고 볼 수 있다. 이 구절은 죄 사함의 방법이나 비결을 말한다기보다, 왕이 어떤 통치를 해야 하는지를 말한다.가령, 이사야 1:18-20 역시 정의로운 삶이야말로 무수한 죄가 사함 받는 길임을 선언한다 그런 점에서 이 구절은 왕을 향한 강력한 명령이다. 왕은 가난한 자보다는 하늘에까지 닿는 나무로 상징되는 크고 강력하고 화려하고 군림하는 나라를 추구했을 것이다. 하나님이 행하실 두려운 미래 앞에서 이제라도 왕은 위를 바라볼 것이 아니라, 더 높고 강한 것을 세울 것이 아니라, 가난한 자를 긍휼히 여기며 땅을 바라보아야 한다는 것이 다니엘의 권면이다.

왕을 상징하는 높이 솟은 나무에 세상의 모든 짐승과 만민이 깃들었다 하지만, 순찰자에 의해 나무가 베어지자 새와 짐승들이 피하게 되었다는 구절도 이와 연관된다고 볼 수 있다. 왕의 통치는 강력하고 위세가 대단하였지만, 왕의 진정한 권세는 그런 것으로 나타나지 않는다. 다니엘은 왕이 해야 할 가장 중요한 일이 공의 실천 그리고 가난한 자 긍휼히 여기기임을 분명히 한다. 권세는 공의로, 가난한 자 살피기로 드러나야 한다. 그렇지 않은 권세는 결국 가난한 자 약한 이들을 실제로는 짓밟고 구속하면서도 제국이 주는 평화랍시고 그 가운데 강제로 붙잡아 두는 것과 마찬가지일 것이다.

교만으로 인해 왕좌에서 쫓겨난 왕 28-33절

다니엘의 조언에도 불구하고 왕은 그렇게 하지 않은 것 같다. 왕궁 지붕에서 거닐 때 왕의 눈에 바벨론 왕국과 그 영광이 눈에 들어왔을 것이고, 그로 인해 교만해졌다. 30절에서 "이 큰 바벨론은 내가 능력과 권세로 건설하여 나의 도성으로 삼고 이것으로 내 위엄의 영광을 나타낸 것이 아니냐"라는 왕의 자랑을 볼 수 있다. 아람어와 히브리어는 문장에서 쓰이는 동사 안에 이미 주어를 내포한다. 그런 점에서 주어를 가리키는 인칭 대명사를 굳이 또 쓴다면 이것은 그 주어를 강조하는 용법이 된다. 이 절에서도 '내가 건설하다'는 의미의 동사가 쓰이되, 그 앞에 '내가'라는 일인칭 대명사가 또 쓰였다는 점에서, '바로 내가 건설하였다'는 식으로 일인칭의 주어를 강조한다. 그 외에도 "나의"라는 일인칭 소유격이 두 번이나 쓰여서, "나의 도성", "내 위엄" 이 구절이 일인칭의 '나'인 느부갓네살 왕의 자랑과 교만을 부각시키고 있음을 잘 보여준다.

지붕에서 거닐 때 자랑하고 교만한 마음이 솟는다. 다윗도 부하 장수들이 전쟁하러 나간 사이에 지붕에 올랐다가 범죄하게 되었다. 자신이 이룬 것을 되돌아보고 자신의 성취와 업적에 취하게 될 때가 온다. 마귀는 예수님을 천하 만국을 한 눈에 내려다 볼 수 있는 높은 곳에 데려가고 유혹한다. 지붕에 올라가지 말라. 지붕은 기도하러 가는 곳이지, 전체를 내려다 보러 가는 곳이지 않다. 전체를 내려다 보는 높은 곳에 올라가게 될 때, 헛된 교만이 솟게 되고, 패망으로 나아가게 된다. **높은 곳에 올라가는 까닭은 낮은 곳 구석 구석을 살피기 위한 목적일 때뿐이다.** 그런 목적이 아니라면 높은 곳으로 가지 말고, 낮은 곳으로, 가난한 자를 긍휼히 여기는 자리로 내려 가라. 권세는 높은 곳에서 생기는 것이 아니라 공의로 나타나야 한다.

결국 자신이 이룬 성취를 자랑하던 왕은 당시에 일어났을 반란에 의해 한 순간에 왕위에서 쫓겨나고 말았다. 31절에서 "나라의 왕위"라고 번역되었지만, 실제로는 '왕권'을 의미하는 한 단어가 쓰였다. 이 단어는 다니엘서 전체에서 대개 "나라"라고 번역되었다. 가령, 32절 그는 하나님이 예고하신 그대로 들짐승과 함께 살며 이슬에 젖고 독수리와 새처럼 지내게 되었다. 그를 상징하는 나무에 짐승과 새들이 깃들었는데, 이제는 그가 들짐승과 새처럼 되었다. **나무가 베어지면서 짐승과 새들이 피하게 되었고, 이제 왕 스스로 짐승과 새처럼 되었으니, 그는 자신이 누구이며 권력이 누구에게 있는 것인가를 깨닫기까지 자신의 권력에 희생당한 사람들과 같은 처지가 되었다고 할 수 있다.**

27절의 조언에 나란히 놓여 있는 것이 28-30절에서 언급하는 왕의 행동이며, 이로 인해 왕은 왕위에서 쫓겨나게 된다. 4장 전체에서 왕이 왜 쫓겨나게 되는지를 설명하는 유일한 본문이 이 단락이다. 그리고 이에 대해 마지막 37절에서 왕 스스로의 입으로 고백되는 "교만하게 행하는 자를 그가 능히 낮추심이라"는 표현이 바로 이 단락을 가리킨다고 볼 수 있을 것이다. 그러므로 28-30절은 내가 이 모든 크고 대단한 것을 이루었다는 교만함이야말로 왕의 패망의 원인임을 분명히 보여준다. 5장에서 벨사살을 향해 느부갓네살에 대해 설명하는 본문에서도 교만을 그의 쫓겨남의 원인으로 설명하고 있기도 하다.단 5:20

　그런데 여기서 유의할 것은 27절의 권면과 28-30절 본문이 나란히 놓여 있다는 점이다. 다니엘이 왕에게 권한 것은 공의를 행하는 삶이었다. 그런데 왕은 그것을 행하지 않았고, 그는 교만한 자를 낮추시는 하나님을 경험하게 되었다. 그런 점에서 왕의 교만은 공의를 행하는 삶의 정 반대를 의미하는 것임을 알 수 있다. **교만은 공의를 행하지 않는 것으로 드러난다.** 교만하다는 것은 단순히 성품에 관한 것이지 않다. 교만은 단순히 자신의 위세를 자랑하고 떠벌리는 것이지도 않다. 살면서 자신이 행한 것에 대해 자랑하고 싶은 마음이 들기도 하고, 남들이 알아주고 칭찬해 주었으면 하는 마음도 들 수 있다. 그것이 그를 패망케 하는 것이지 않다. 그것을 교만이라 여겨 지나치게 괴로워할 일이 아니다. 정말 문제가 되는 교만은 자신의 마음이 너무 높아져서 다른 이들이 보이지 않게 되는 것이며, 그렇게 가난한 자 긍휼히 여길 일을 하기에 자신을 너무 높다 생각하게 되어 버린 것이다. 교만을 자신의 마음 속 수련으로 만들지 말고, 성품 수련으로 만들지 말라. **교만은 공의의 부재이며, 가난한 이웃을 돌아보지 않는 삶을 의미한다.** 교만은 남을 돌아보고 나누기에 너무 높은 자신이다. 교만한 이들은 가난한 자들을 훈계하며 자기처럼 살아야 한다고 꼰대짓을 일삼는다. 그러므로 교만을 버린다는 것은 남을 돌아보는 것을 의미해야 한다. 그렇지 않으면 교만에 대한 회개가 한 없이 자신을 낮춤에만 집중될 수 있다. **자신의 인격 수련이 목표가 아니라, 다른 이를 섬기고 나누는 삶으로의 변화가 우리 신앙의 초점이다.**

하늘의 왕을 찬양하는 느부갓네살 34-37절

납작 낮추어져서 자신에게 있는 것이 아무 것도 아님을 깨닫게 되었을 때, 느부갓네살에게 총명이 돌아왔다. 총명은 똑똑함이나 영리함이 아니라, 지극히 높으신 이를 인정하고 그 분을 고백하고 찬송하는 것이다. 참으로 여호와를 경외하는 것이 모든 지식과 지혜의 근본이다. 느부갓네살은 지극히 높으신 이를 깨닫고 영원토록 존재하시는 그 분을 경배하며 그에게 권세와 나라가 대대로 있음을 고백하였다. 아무리 강한 왕이라 할지라도 권세와 통치는 자신의 것이 아니라, 지극히 높으신 분의 것이다. 고대 바벨론의 왕권이 그러하였다면, 하물며 지금 이 나라의 왕권과 세상 모든 나라의 왕권도 마찬가지일 것이다. 여기에 쓰인 하나님 호칭은 원체 일반적인 호칭이라 왕이 이스라엘의 하나님을 얼마나 알고 이해하였는지 말하기 쉽지 않다. 사실, 이 본문은 하나님에 대해 명확히 말한다기보다 사람이 아니라 하늘에 참된 권세가 있음을 말하는 본문이라 할 수 있다. 중요한 것은 하나님의 이름을 정확히 아는 것이 아니라 하늘에 계신 하나님께 모든 권세가 있음을 인정하고 고백하는 것이다. 자신의 것이 자신의 것이 아님을 깨달을 때, 참으로 견고함이 있고 회복이 있다. 참된 왕은 그가 낮아지고 나서 알게 되고, 자신이 아니라 하나님께 권력이 있음을 알 때에 가능해진다는 것을 본문이 선포한다.

이 모든 상황으로 인한 왕의 고백의 결론은 "그의 일이 다 진실하고 그의 행하심이 의로우시므로 교만하게 행하는 자를 그가 능히 낮추심이라" 였다. 하나님의 진실하심과 의로우심은 높이 솟은 나무를 베어 버리시어 짐승과 새들을 피하게 함으로 나타나고, 절대 권력을 지닌 왕으로 하여금 자신 위에 계신 하나님을 인정하고 깨닫게 하심을 통해 나타난다. 4장은 바벨론 왕으로 하여금 그의 모든 삶을 주관하시는 분이 하나님임을 분명히 드러낸다. 그리고 겸손한 왕, 하나님을 인정하는 왕의 통치의 핵심은 공의를 행함이라는 점이 4장의 중심을 이루고 있다. 겸손과 교만을 성품이나 종교 안에 머물러 있게 하지 말고 일상의 말로 바꾸어 가자. 하나님의 주권과 통치에 대한 인정이 의미하는 것이 무엇인지 일상의 말로 표현하며 살아가자.

결론

1. 하늘에까지 닿으려 할 것이 아니라 낮은 곳으로 내려가라

하늘에까지 닿는 나무를 하나님께서 베어내신다. 하늘에까지 닿아 짐승과 새가 깃들이게 되는 것이 하나님의 방법이 아니라, 아래를 바라보고 가난한 이를 긍휼히 여기는 것이 하나님께서 기뻐하시는 길이다. 한국의 교회는, 우리의 신앙 공동체는 아직도 위로 위로 높이 높이 쌓으려고 하고 있지는 않은가? 높은 교회당을 지어놓고 하나님이 하셨다고 착각하고 있지 않은가?

2. 언제든 회개할 수 있을 때, 할 수 있는 것을 하라

하나님께서 나무를 베어 내기로 정하셨지만, 다니엘은 왕에게 지금 해야 할 일이 무엇인지 권면한다. 이미 정하셨다 하더라도, 지금 우리가 해야 하는 일은 하고 고칠 것은 고쳐라. 혹시라도 하나님께서 긍휼을 베푸실 수 있다. 어떤 지경에서도, 어떤 상황에서도 결코 포기하지 말고, 하나님의 선하신 뜻을 추구하고 순종하고 달려가는 것, 그것이 하나님께서 우리에게 찾으시는 것이다.

3. 교만하지 않는 삶은 공의를 행하는 삶으로 드러나며, 교만하지 않고 공의를 행하는 것은 세속 정치에도 적용되어야 한다.

다니엘이 이스라엘의 삶의 원리를 이방 왕에게 적용하였듯이, 오늘 성경이 우리에게 명령하는 삶의 원칙은 세속 국가 안에서도 적용될 수 있다. 대한민국은 공의를 행하고 가난한 자를 긍휼히 여기고 있는가? 우리가 대통령과 국회의원 같은 대표자를 뽑을 때 기준이 무엇인가? 누가 공의를 행하여 가난한 자를 긍휼히 여길 자일지만이 대표자를 뽑는 기준일 것이다. 경제를 살릴 사람을 뽑는 것이 아니라, 가난한 자 긍휼히 여기기를 중시하는 이를 세워야 한다.

II. 벽에 쓰인 글자

다니엘 5:1-16

5장은 느부갓네살의 아들 벨사살 왕단 5:2, 11, 13, 18, 22의 시대를 배경으로 한다. 역사적으로는 벨사살이 느부갓네살의 아들이 아니라 느부갓네살의 아들인 나보니두스의 아들로 여겨진다. 나보니두스가 테이마에 거주할 때 바벨론을 아들 벨사살에게 맡긴 것으로 보이는데, 고대 기록들에 따르면 벨사살은 완전하게 왕으로 인정되지는 못했던 것 같다. 금으로 된 머리로 상징되는 느부갓네살의 시대가 있는가 하면, 그렇게 대단하던 아버지 시대의 영광에 못 미치면서 이래저래 왕권과 제국의 힘이 약화된 벨사살 같은 왕의 시대가 있기도 하다. 주전 539년 고레스가 바벨론을 장악했을 때, 바벨론의 마지막 왕은 나보니두스인 것으로 기록되어 있다. 5장은 고레스에 의해 바벨론이 함락되던 그 마지막 날을 배경으로 한다. 바벨론이 기울어가던 시기에 이방 왕실에서 다니엘은 어떻게 존재하는가? 하나님을 믿고 살아가는 삶은 어떤 것일까?

잔치를 벌이며 우상을 찬양하는 벨사살 왕 1-4절

본문은 이전 장들과 어떤 연결 고리 등에 대한 언급 없이 갑작스럽게 시작하지만, 5장과 4장, 그리고 5장과 1-3장을 연결하는 것은 바벨론 땅에서 겪게 되는 다양한 상황이라고 할 수 있다. 다니엘서는 정확한 시대 속에 본문을 배치하는 것보다는 이방 땅을 살아가면서 겪게 될 여러 상황을 차례로 열거하면서, 하나님의 주권에 대해 강력하게 선포하는 것을 목적으로 한다고 말할 수 있다. 5장 역시 스스로 어떻게 할 수 없는 상황에 부닥친 이방 왕, 그리고 그 상황에 대한 하나님의 사람의 역할이라는 공통 요소를 통해 하나님과 하나님 백성을 드러낸다. 2-3장이 금과 신상이라는 공통점을 추가로 지니고 있다면, 4-5장은 왕의 교만이라는 공통점을 함께 지니고 있다.

5장의 배경은 벨사살 왕이 베푼 잔치이다. 이 잔치에 참여한 이들의 수가 천 명이었고, 2절에 보면 귀족들 외에 왕후들과 후궁들까지 모두 모였다는 점에서 그야말로 대규모의 연회였다고 말할 수 있다. 천1000이라는 숫자가 두 번이나 반복되면서1절 잔치의 규모와 성대함을 강조한다. "큰 잔치"라는 표현도 함께 겹쳐지면서, 1절은 왕이 벌인 잔치가 얼마나 크고 성대하고 대단했는지를 잘 보여준다. 이렇게 커다란 연회는 한편으로는 왕국의 위세와 힘, 부귀를 드러내고 자랑하는 수단이면서, 다른 한편으로는 퇴폐적이고 감각적일 수밖에 없다. 이렇게 내세우고 자랑하며 이루어지는 성대한 잔치의 핵심으로 포도주가 1절에서 언급된다는 점에서, 다니엘과 세 친구가 왕의 음식과 왕이 마시는 포도주를 거부했던 것을 다시 떠올리게 된다. 다니엘이 거부한 것은 단순히 음식 자체가 아니다. 왕의 음식과 그가 마시는 포도주로 대표되는 바벨론의 풍요로움과 위세, 자랑, 교만, 무질서, 나아가 퇴폐에 대한 거부이다.

왕은 천 명이 넘는 이들 앞에서 술을 마신다. 2절에 있는 "예루살렘 성전", 3절의 "예루살렘 하나님의 전 성소"와 같은 언급을 통해, 본문은 이들의 행동이 예루살렘 하나님을 대적한 것임을 암시한다. 이들은 예루살렘에 대해 승리했고, 그 승리의 결과 빼앗아온 그릇으로 이제 술을 마신다. 술에 취한 이들은 그들이 약탈해 온 예루살렘 성전 그릇을 사용하며, 이스라엘의 하나님을 비웃었을 것이고, 자신들의 나라에 가득한 금과 은, 구리, 쇠, 나무, 돌로 만든 신들을 찬양하였다. 자신들이 믿는 신은 금이나 은, 나무와 돌로 표현되어 눈으로 볼 수 있지만, 이스라엘의 하나님은 형상화되어 있지 않으니 보이지 않는 신이고, 보이지 않는 신은 보이는 금으로 표현된 신을 이길 수 없다고 그들이 생각했을런지도 모르겠다. 보이지 않으면서 세상을 주관한다는 신을 비웃으며, 보이는 금은 목석의 신들이 가져다준 승리를 찬양했다. 그들에게 신의 존재의 기준은 오로지 승리와 영광이었을 것이다. 그들을 비롯한 사람들은 무엇인가로 형상화되고 표현된 신을 찾는다. 신을 찾는 이유가 마음의 위안이고 의지하고 기댈 무엇인가이다 보니 그래도 눈으로 볼 수 있고 느낄 수 있는 무엇인가를 찾는 것 같다. 그래서 사람들은 줄기차게 금과 은, 심지어는 쇠와 흙으로 신을 만든다. 이러한 재료들은 2장에서 세상에 존재하는 제국을 가리키는 데에 쓰이기도 하였다. 흙과 쇠가 섞인 나라뿐 아니라 금으로 된 나라 역시 사람의 손으로 하지 아니한 돌에 의해 모두 무너지고 만다. 금의 나라라 할지라도 오래 가지 못하며, 결코 영원하지 않다. 영원하신 하나님 여호와는 금으로 표현될 수 없는, 보이지 않는 분이시다.

1-2절은 왕의 행동이 지나치게 흐트러지고 과장되어 있음을 암시한다. 바벨론 연대기를 따르자면 벨사살은 매우 힘이 약했던 군주였다. 이를 고려하면, 다니엘서에서 볼 수 있는 대규모 연회와 예루살렘 성전 그릇에 대한 모독은, 한편으로는 그의 허세의 결과요 다른 한편으로는 그의 두려움과 그로 인한 회피의 결과라고도 말할 수 있다. 그러한 과장과 허세는 술김에 떠올랐을 생각으로 확장된다. 예루살렘 성전에서 가져온 금, 은 그릇으로 술을 먹는다는 것은 그러한 허세와 방탕의 극치라고 할 것이다.

허세와 방탕은 많은 경우 두려움과 회피에서 비롯된다. 불안한 자신의 모습과 불안한 현실이 오늘 우리 앞에도 있다. 그것 때문에 허세 부릴 것이 아니라, 오히려 그러한 우리 모습을 직면하고 인정하는 것이 필요하다. 우리는 강하고 대단해서 쓰임 받는 것이 아니라, 하나님의 능력이 크고 놀라우며 거기에 응하여 우리를 열 때 쓰임 받게 된다. 대단한 사람이 세상을 위해 일하는 것이 아니라, 순종하며 믿음으로 응답하는 이들이 세상에 유익을 끼친다. 기업은 세상을 먹여 살린다며 유능한 이를 구하지만, 하나님께서는 세상을 살릴 겸손한 이들을 찾으신다. 겸손이라는 것이 '나는 쓸모 없어'가 아니다. 하나님만이 내 삶의 중심이요 전부임을 인정하고 고백하는 것이 겸손이다. 그럴 때 우리는 우리 모습 그대로 존귀하고 존엄하다. 우리가 무엇을 가졌건, 어느 정도의 능력을 지녔건, 우리의 존귀함은 우리 모습 그대로에 있다. 그럴 때 다른 사람을 바라볼 때도 그 있는 모습 그대로 존귀하게 여기고 존중하게 된다. 내가 조금 능력이 생긴다 싶을 때 우리는 다른 이를 쉽게 판단하고 우습게 여기기 쉽다. 나의 존귀함은 나의 실력에 있지 않다는 점을 늘 기억해야 할 것이다. 하나님께서 행하심을 믿을 때, 우리의 강함이 아니라 하나님의 강하심이야말로 우리의 능력임을 믿을 때, 우리가 해야 할 일은 할 수 있는 것을 감당하는 것이다. 다니엘처럼 밥상을 거부하되 책상은 받으면서 할 수 있는 것을 하고 자신을 돌아보고 실력을 키워 가는 것이다. 그럴 때 언제든 하나님의 쓰임을 받게 된다.

강력하고 힘센 나라에서 이루어지는 질펀한 잔치 자리가 이 본문에서 다루어진다. 예나 지금이나 강자들은 자신들의 힘을 자랑하며 잔치를 벌인다. 그러나 그 잔치의 질펀함과 오만함은 결코 오래 가지 못한다.

벽에 쓰인 글씨 5-9절

흥청망청하며 우상을 찬양하는 잔치 중에 갑작스레 사람의 손가락들이 나타났고, 그 손가락은 왕궁 촛대 맞은편 벽에 글자를 쓰기 시작했다. 기절초풍할 상황이 벌어진 것이고, 잔치의 여흥은 완전히 깨져 버렸다. 글자를 쓰는 손가락을 발견한 왕은 얼굴빛이 변하였고, 번민이 가득하였으며, 온몸의 마디가 녹는 듯하고, 무릎은 덜덜 떨리기까지 했다. 여기에서 '번민하다'로 쓰인 동사는 다니엘서 전체에서 여러 번 쓰이면서,4:5, 19; 5:6, 9, 10; 7:15, 28 떨림과 두려움, 괴로움을 표현하였다. 그의 얼굴에 가득하던 광채는 완전히 사라져 버렸고, 그의 생각은 어지럽게 흩어져 버렸으며, 더는 자신의 몸을 지탱하기 어려울 정도로 무너져 내렸으니, 무릎은 덜덜 떨리게 되고 말았다. 한 마디로 자신의 얼굴과 생각과 몸을 더는 지탱하고 버틸 힘이 없어져 버린 상황을 6절이 표현한다. 모든 허세와 과장이 무너져 버렸다.

강자의 힘을 만끽하며 마음껏 약소국 성전의 그릇으로 술을 퍼마셨지만, 갑자기 나타난 손가락과 글씨 앞에 강력한 제국의 왕은 자신을 지탱하거나 버티지 못한 채 덜덜 떨고 있다. 다니엘서는 반복적으로 번민에 사로잡힌 왕을 보여준다. 느부갓네살은 두 번이나 꿈 때문에 어쩔 줄 몰라 하였고,2:3; 4:5 이제 벨사살 역시 벽에 쓰인 글씨로 인해 번민한다. 그뿐 아니라 느부갓네살은 자신의 명령에 굴복하지 않는 세 사람 때문에 분노하였으나 그들을 조금도 상하게 할 수 없었다.3:24-27 느부갓네살도 벨사살도 왕이지만, 사로잡혀 온 유다 포로들 앞에서 자신들의 권위도 명령도 잘 통하지 않았다. 5장 본문 역시 두려움과 공포에 사로잡혀 어쩔 줄 모르는 왕을 보여준다. **끌려 온 포로들이 두려워하는 것이 아니라, 끌고 온 왕이 두려워한다.** 이러한 장면은 바벨론 땅에 살고 있을 수많은 유다 포로들에게 특별한 의미가 있었을 것이다. 이와 같은 본문은, 비록 남의 땅에 끌려와 살지만 참으로 이 땅을 통치하는 분이 누구인지를 확실히 보여준다.

왕은 미친 듯이 모든 지혜자들에게 글씨의 의미를 물으면서 큰 상을 약속하였다. 강력한 이방 왕은 언제나 징조의 의미를 알지 못해 지혜자들을 찾기 바쁘다. 그들의 평안은 이렇게도 허약했다. 왕의 약속 가운데 자주색 옷은 존귀함의 상징이며, 금사슬도 그러할 것이다. 모르드개는 마침내 자주색 옷을 입게 되었고,에 8:15 바로의 꿈을 해석한 요셉은 금사슬을 목에 걸게 되었다.창 41:42 그러나 언제나 그랬듯이 바벨론 지혜자들은 글씨를 읽지도 해석하지도 못했다. 왕국의 힘이 벽에 쓰인 글씨를 해석하는 데에는 아무런 힘도 도움도 안 된다. 2장과 4장에서도 그러했지만, 바벨론의 지혜자들은 그들의 무기력함과 다니엘의 특별함을 부각하는 역할을 할 뿐이다. 다니엘이 이 지혜자들 집단에 속해 있으며 그들을 살리려고 했다는 점을 생각하면, 이러한 상황을 일러 다니엘서가 지혜자들을 조롱하고 비웃는다고 볼 수는 없다. 본문은, 이해하기 쉽지 않은 세상 속에서 올바로 길을 가게 하는 이가 다름 아닌 포로로 끌려간 다니엘임을 보여준다. 세상에서 함께 살아가는 이들을 비웃고 조롱함을 통해 하나님의 강하심이 드러나는 것이 아니라, 기회 있는 대로 그들을 살리는 역할을 감당할 때 하나님의 강하심이 드러난다. 어디에서건 하나님께서 그들을 사용하시며 그들을 통해 세상을 하나님께서 주관하심을 드러내신다. 우리의 처지가 어떠하든 하나님께서는 크고 놀라우셔서 하나님의 일을 행하신다.

왕비의 추천으로 왕 앞에 서게 된 다니엘 10-16절

잔치 자리에 벨사살의 아내들이 모두 있었다는 점, 그리고 왕을 향해 선대 왕의 일을 이야기할 수 있다는 점에서, 10절에 등장하는 "왕비"는 '대비', 즉 왕의 모친 혹은 조모였을 것이라고 여겨진다. 그리스 역사가 헤로도투스의 글에는 느부갓네살의 왕비의 힘에 대한 전설이 실려 있기도 하다.8) 그 외에도 고대 중동 문헌에는 왕의 어머니의 막대한 역할에

---

8) D.L. Smith–Christopher, "Daniel", *New Interpreter's Bible. A Commentary in Twelve Volumes*, vol VII (Abingdon Press, 1996), 82.

관한 이런저런 전설들이 많다. 아마도 이 왕비는 느부갓네살의 부인이었을 것이다.

왕비는 두려움과 공포에 사로잡힌 왕에게 다니엘의 존재를 알린다. 왕비는 다니엘을 일러 "거룩한 신들의 영이 있는 사람"이라고 소개한다. 이러한 소개는 4장에서 느부갓네살에 의해 다니엘에게 붙여진 표현이기도 하다.단 4:8, 18 다니엘에 대한 왕비의 소개는 여기에서 그치지 않는다. 왕비는 다니엘을 명철과 총명과 지혜가 신들의 지혜와 같은 자라고 소개한다. 또한 그의 마음이 민첩하다고 소개되는데, 이것은 그가 탁월한 존재임을 표현한 것이라고 볼 수 있다.6:3에서도 이러한 평가를 볼 수 있다 또한 다니엘은 지식과 총명을 지닌 이이기에 능히 꿈을 해석할 수 있고, 은밀한 것을 밝히며, 매듭을 풀듯이 의문을 풀 수 있는 존재로 소개된다. 다니엘서가 계속 그러하듯이, 이방의 왕이나 왕비가 다니엘과 세 친구를 칭찬하고 드높이는 모습이 여기에서도 나타난다. 강력한 힘을 가진 이방 왕 혹은 왕비가 다니엘을 이렇게도 높이고 칭찬하며 그의 지혜를 자세히 열거하는 부분은 낯선 땅을 살아가는 유다 포로들을 향한 격려와 권면의 기능을 했을 것이다.

다니엘에게 주어지는 평가 가운데 계속해서 거룩한 신들의 영에 대한 언급이 있는 것을 볼 때, 이러한 본문은 낯선 땅에서 살면서 신앙을 버릴 것이 아니라 도리어 하나님을 굳게 붙잡을 것을 권면한다. 바벨론의 지혜자들이 도무지 풀지 못하는 것을 다니엘이 풀어내는 것을 통해, 이러한 본문들은 하나님이야말로 모든 지혜와 총명의 근원임을 분명히 보여준다. 그래서 바벨론 땅에 살면서 그 나라의 문화와 신앙에 동화되지 말되, 하나님 의뢰하며 경외하기를 소홀히 하지 말 것을 강력하게 촉구한다고 볼 수 있다. 하나님을 경외할 때, 이방 고관의 목소리로 하나님 백성을 높이는 것을 경험하게 된다. 이방 문화를 존중하며 그들과 함께 살아가되, 하나님 경외하는 삶을 굳게 붙잡으라.

항상 왕의 초조한 물음 앞에 바벨론의 수많은 지혜자들이 동원되지만, 왕의 의문을 조금도 해결해줄 수 없었다. 그들은 꿈의 내용을 말할 수 없었고, 꿈의 내용을 알아도 해석을 말할 수 없었으며, 이제는 벽에 쓰인 글씨도 도무지 해석할 수 없었다. 마침내 다니엘이 가장 늦게 등장한다. 2-4장의 반복되는 패턴은 다니엘의 극적인 등장을 계속해서 보여준다. 다니엘을 향해 묻는 벨사살의 말은 다니엘의 현재의 처지를 분명히 보여준다. 그는 느부갓네살에 의해 유다에서 사로잡혀 온 유다 자손 중의 한 사람이다. 느부갓네살과 다니엘의 만남에서도 다니엘의 이름이 벨드사살이라는 점이 반복적으로 언급되었고, 2:28; 4:8, 19 왕비 역시 그의 이름을 벨드사살이라 소개한다는 점5:12도 다니엘의 신세를 보여준다. 그렇게 다니엘은 사로잡혀 온 유다 자손의 한 사람이며, 자신의 원래 이름이 아닌 바벨론 식의 이름을 써야 하는 처지였다. 아무리 다니엘이 뛰어나고 특별하다 하더라도 이 처지는 바뀌지 않는다. 그가 지혜자 집단의 수장이었다고 하는데도 이렇게 모든 지혜자가 소환될 때 왕에게 나아온 이들 가운데 다니엘이 있지 않았다는 것은 다니엘이 실제 누린 사회적 지위와 지혜자의 수장이라는 표현이 거리가 있음을 짐작하게 한다. 왕비가 왕에게 다니엘을 불러들이라고 이야기하는 부분 역시 다니엘은 그러한 소환이 없으면 왕에게 나아올 수 없었던 존재였을 것이라고 짐작하게 하며, 13절에서 다니엘에게 말을 거는 왕의 말을 보아도 다니엘의 존재가 꽤 미미했음을 알 수 있다. 이를 생각하면 다니엘을 일러 단순히 이방 나라에서 대단히 성공한 사람이라고만 풀이할 수는 없다.

다니엘이 마침내 왕 앞에 서게 되었고, 왕의 모든 의문과 두려움을 해결해주는 이로 등장하였다. 비록 그의 처지는 포로이지만, 그야말로 왕국 위에 드리운 검은 구름의 의미를 풀어줄 수 있는 존재이다. 다니엘의 이름 변화와 더불어, 그가 사로잡혀 온 사람임을 반복해서 언급한다는 점2:25; 5:13은 바벨론 땅에 사는 유다 자손들이 자신들의 처지를 잊거나 버리지 말 것을 촉구하는 의도도 내포한다고 볼 수 있다. 유다 자손임을 잊거나 내팽개쳐 버리지 말고, 어떤 상황에서든 사로잡혀 온 유다 자손임을 잊지 말고 살아갈 때, 도리어 하나님의 인도하심과 영화롭게 하심이 있을 것을 권면한다고 볼 수 있다. 그들을 빛나게 하는 것은 바벨론에서 그들의 성공이 아니다. 그들을 빛나게 하는 것은 어디에서건 하나님의 사람으로 살아가며 하나님의 지혜가 그 안에 있는 사람이라는 점이다.

1. 과장과 허세는 허황하고 무익한 우상에 대한 찬양으로 이어진다.

벨사살은 수많은 귀족을 모아두고 잔치를 벌이며 술을 마셨다. 사람들 앞에서 자신의 위세를 자랑하는 허세를 부리기 시작할 때, 우리의 행동은 점점 더 과장되고, 스스로 감당치 못할 행동을 하게 된다. 세례 요한의 목을 베게 만든 헤롯의 어리석음막 6:21-28도 이와 연관될 것이다.

2. 하나님을 경외하는 것이 모든 지혜의 근본이다.

다니엘은 오직 하나님을 섬기는 이였으나, 바벨론의 왕과 왕비는 그의 지혜를 높이고 경탄한다. 바벨론에 무수한 지혜자들이 있지만, 참된 지혜는 하나님을 경외하는 다니엘에게 있었다. 세상에 살면서 더 지혜로워 보이는 무수한 이들에 현혹되고 미혹될 것이 아니라, 오직 여호와를 경외하며 살아가자. 온 세상의 참된 주권자이신 하나님을 신뢰하며 살아갈 때, 세상이 알지 못하는 지혜가 부어지게 될 것이다.

3. 다니엘은 사로잡혀 온 유다 자손의 한 사람으로 반복되어 언급된다.

사로잡혀 온 유다 자손이라는 신분은 수치스러운 것도, 어서 빨리 버려야 하는 것도 아니다. 그러한 신분은 이방 땅 바벨론에서 살아가는 다니엘이 누구인지, 그리고 하나님과 어떻게 연관된 백성인지를 보여준다. 그리스도인이라는 신분은 세상을 살아가는 신앙인들의 존엄한 신분이다. 낯선 땅에서도 하나님의 사람은 두드러진다. 그러므로 그리스도인의 명분을 버리고 세상에 굴복하거나 타협하지 말라.

12. 제국의 패망: 메네 메네 데겔 우바르신

다니엘 5:17-31

다니엘은 느부갓네살의 예를 들면서 벨사살의 교만을 책망하였고, 하나님께서 그의 나라를 무너뜨리실 것을 선포하였으니, 그날 밤에 벨사살은 죽임당하고 말았다. 31절은 벨사살을 죽인 세력이 메대 사람 다리오라 소개하는데, 히브리어 성경과 칠십인경은 31절부터 6장이 시작하는 것으로 배열하였다.또한 NJB; NLB; 가톨릭 성경 다니엘서를 제외하고는 "메대 사람 다리오"의 존재가 어디에도 언급되지 않는다. 그래서 이 사람을 페르시아의 왕이었던 고레스 혹은 고레스 시기를 좀 지나서 등장한 다리우스 1세 등과 일치시키려는 이런저런 노력이 있다. 다니엘서가 9장에서 예레미야의 예언을 활용한다는 점에서 다니엘서의 저자가 예레미야서와 같은 이전 자료를 참고했을 것을 짐작할 수 있다. 이를 생각하면, 5장 마지막에 벨사살이 메대 사람에 의해 제거된다는 다니엘서의 설명은 메대에 의한 바벨론 멸망을 예고한 예레미야 51:11에서 비롯된 것일 수 있다.[9] 예레미야 본문에 따르면 메대에 의한 바벨론 멸망은 "여호와께서 보복하시는 것 곧 그의 성전을 위하여 보복하시는 것"이라 풀이되는데, 이는 다니엘서 5장에 묘사된 대로 벨사살이 예루살렘 성전에서 가져온 기물을 모욕한 사건을 생각하면 잘 어울린다. 실제로 바벨론을 무너뜨린 것은 페르시아였다. 고레스의 페르시아는 주전 550년경 메대 왕국을 복속시켰고, 주전 538년에는 마침내 바벨론을 무너뜨리고 고대 중동지역 전체를 장악하게 된다. 다니엘서는 역사를 소재로 해서 유대 백성들

---

9) P.R. 데이비스 지음, 심정훈 옮김, 「다니엘 연구 입문」 (기독교문서선교회, 2017), 44.

을 향해 힘겹고 어려운 시대를 어떻게 살아나갈지 교훈하고 있다.

왕의 예물을 사양하는 다니엘 17절

다니엘은 다시 왕 앞에 서게 되었다. 왕이 막대한 선물을 주겠다 약속하지만, 왕이 주는 선물에 대해서 다니엘은 조금 무례하다 싶을 정도로 사양한다. 왕을 향해 예물은 왕이 가지고 왕이 약속한 셋째 통치자 자리라는 상급은 다른 사람에게 주라고 말하는 부분은 권력에 대한 어떤 거부감과 적대감까지 느끼게 한다. 다니엘은 왕이 주는 예물과 약속에 아무런 관심이 없다. 그렇지만 마지막에 다니엘은 왕이 준 상을 다 받는다는 점29절에서 특이하기도 하다. 왕에 대한 일종의 적대적 자세로 보이는 이러한 태도는 유독 벨사살에게만 해당하는 것이라고 볼 수 없다. 이미 느부갓네살이 그 교만으로 인해 왕위에서 쫓겨나게 될 것을 선포하기도 했다는 점에서, 벨사살에 대한 다니엘의 태도는 그렇게 특별한 것이 아니라고 할 수 있다. 그런데도 왕의 예물에 대한 다니엘의 태도가 매우 객관적이며 거리를 두고 있다는 인상을 주는 것만은 분명해 보인다. 그 점에서 다니엘은 5장에서 한결 안정적으로 보인다고 말할 수 있다. 왕의 음식과 왕의 포도주를 받지 않기로 한 이들의 바벨론 살이 첫 결정과 이러한 객관적 태도는 연관되어 있을 것이다. 다니엘은 바벨론 왕실이 주는 혜택에 좌우되지 않으며 그것들을 구걸하지도 않고 그것들에 매이지도 않기로 결심하였고, 그렇게 살아가고 있다. 그리고 그동안 바벨론에서의 시간을 통해 다니엘은 점점 더 자신의 선택과 삶의 방식이 옳다고 생각하게 되었을 것이고, 하나님께서 인도하신다 여겼을 것이다. 그 점에서 5장의 다니엘은 좀 더 견고하고 초연하며 담대하다. 왕이 내린 상을 다 받지만, 다니엘은 그러한 영광이 하루아침에 없어질 수 있는 것임을 충분히 알고 있다. 그리고 이어지는 6장은 그렇게도 덧없는 영광을 곧바로 보여준다.

우리도 다니엘과 세 친구처럼 좋은 생각, 멋진 결단을 할 때가 있다. 우리에게 참 좋은 마음이 생기기도 하고, 귀하고 값진 은혜를 경험하기도 한다. 그런데 우리가 늘 그렇게 좋거나 늘 그렇게 마음이 바르고 은혜를 값지게 여기지도 않는다. 올바르고 좋은 결단과 마음을 오래 가게 하는 것, 달리 말해 지속적이게 하는 것이 필요하고, 5장의 다니엘에게서 그 점을 엿볼 수 있다. 이러한 좋은 마음을 지속적이게 만드는 것이 훈련과 경험이다. 다니엘서 본문에서 그들이 어떻게 훈련 받았는지 구체적으로 알 수는 없지만, 여러 사건과 상황을 통해 다니엘이 변화되어 가고 성장해 간다고 볼 수 있다. 그는 여러 경험을 통해 하나님을 신뢰하게 되었고, 요동하지 않은 채 왕을 향해 담대하고 차분하게 권면한다. 기적적이라고 할 수 있는 도우심을 경험하고, 다음에는 일상을 단단히 신뢰하며 살아간다. 이것이 훈련의 힘이라고 말할 수 있을 것이다. 그들은 물과 채식만 먹지만 그로 말미암아 더 강하고 더 튼튼하다. **사람의 힘은 음식에서만 나오지 않고 경건의 훈련을 통해 더욱 강해진다.**딤전 4:8 오늘 우리에게 필요한 것도 이러한 훈련이다. 그러한 훈련은 기도와 말씀에만 국한되지 않는다. 직장에서나 학교에서 이런저런 선택을 할 때 믿음으로 선택하고 결정하는 훈련이 필요하다. 그리고 당연히 꾸준하게 기도하고 꾸준하게 말씀에 힘쓰는 훈련이 필요하다. 이러한 훈련이 막상 상황에 닥쳤을 때 우리로 올바른 결정을 내리게 하기도 할 것이다.

이 글씨를 해독하고 난 마지막에 벨사살이 내리는 상급을 다니엘이 별다른 표현 없이 그대로 다 받는다는 점은 조금 이색적이다. 이렇게 이방 왕에 의해 많은 선물을 받게 되는 장면들이 구약 성경에 빈번하게 등장하는데,가령, 창 12:16; 20:14; 41:42 등 이러한 본문들은 이방 땅에서도 하나님께서 그 백성을 지키시며 이방 왕으로부터 존귀하고 영광스러운 대접을 받게 하신다는 것을 증언하는 데에 목적이 있다고 할 수 있다.

벨사살 왕의 교만을 책망하는 다니엘 18-23절

벨사살에 대한 다니엘의 선포는 느부갓네살의 치세에 대한 언급으로 시작한다. 얼핏 느부갓네살에 대해서는 우호적이고 벨사살에 대해서는 적대적이라고 볼 수 있으나, 다니엘의 선포는 왕권의 근본적인 문제를 다루고 있다. 그 점에서 다니엘서 곳곳에 구약 예언자들의 선포와 기상이 느껴진다. 18-19절에서 다니엘은 느부갓네살의 나라와 권세가 지극히 높으신 하나님께서 주신 것임을 분명히 한다. 예언자들의 왕권에 대한 시각의 근본은 여기에 있다. 모든 권력은 하나님께서 주신 것이다. 고대 중동의 나라들은 이에 기반하여 왕권을 더욱 강화하고 왕권의 절대성과 신성을 극도로 강조하며, 오늘날에도 기독교 신앙에 기반한 이들은 권력의 절대성과 신성을 중요시한다. 그러나 예언자들에게 있어서 왕권이 하나님께로부터 왔다는 것은 언제든지 그 왕권이 거두어질 수 있음을 의미한다. 지극히 높으신 하나님께서 왕을 세우셨음을 말한 다니엘의 설명은 느부갓네살의 권력 행사에 대한 묘사로 이어진다. 그에 따르면 느부갓네살은 그가 원하면 사람을 죽이고, 그가 원하면 사람을 살리며, 그가 원하며 높이기도 하고 낮추기도 하였다. 이러한 표현은 그에게 주어진 왕권의 절대성을 보여준다. 하나님이 주신 권력이니 마음대로 할 수 있다지만, 이어지는 표현은 왕의 마음이 높아지며 뜻이 완악하고 교만을 행하였다는 것에 대한 고발로 이어진다. 결국, 느부갓네살은 하나님께서 주신 권세를 자기 뜻대로 사용하였고 그것이 20절에서 마음이 높아지고 뜻이 완악해지고 교만해졌다는 말로 평가되어 있다.

여기서 '완악하다'로 옮겨진 단어는 기본적으로 '강해지다'를 의미하는 동사로, 4장에서 '견고하다'로 옮겨져서 느부갓네살을 상징하는 높이 솟은 나무의 상태를 가리키는 데에 쓰였던 단어이다.4:11, 20 4장에서도 언급했듯이, 나무가 자라서 강해진다는 것은 달리 보면 완악해지는 것이다. 그렇게 대단한 성취를 이루고 그렇게 엄청난 업적을 거두니 그는 '견고하다.' 달리 말해 그 무엇으로도 그를 설득할 수 없고, 그는 다른 누구의 말에도 귀 기울이지 않게 되었다. 세상에서 나름 어느 정도 성취하고 성공했다는 사람들에게서 발견되는 견고함 역시 '완악함'과 그야말로 종이 한 장 차이이다. 에스겔은 이스라엘 회복의 날에 하나님께서 새 영과 새 마음을 주시되, "굳은 마음을 제거하고 부드러운 마음"을 주실 것이라 선포한다.겔 36:26 그런데 여기서 "굳은 마음"으로 옮겨진 히브리말을 직역하면 '돌의 마음'이며, "부드러운 마음"은 '살 혹은 고기의 마음'이다. 서로 대조되는 것은 돌과 같은 단단함과 살 혹은 고기로 대표되는 부드러움이다. 여기서 돌의 마음이 완고함, 완악함의 상징이라면, 살의 마음, 부드러운 마음은 완고하지 않고 고집스럽지 않고 언제건 귀 기울이며 변화되는 마음을 나타낸다고 할 수 있다. 많은 세월을 겪고 많은 경험과 성취가 우리 마음을 완고하고 고집스럽게 만들지만, 변화는 부드러운 마음에서 비롯된다.

4장에서 느부갓네살로 상징되는 나무에 여러 짐승과 새들이 깃들였다고 되어 있는데, 본문에서는 왕이 자신이 원하는 대로 죽이고 낮추고 했다고 되어 있다는 점에서, 왕의 평화는 전적으로 왕의 임의에 따른 평화임을 짐작할 수 있다. 마치 느부갓네살의 나무에 모든 새와 짐승이 행복하게 깃들여 있었던 것 같지만, 사실은 왕의 "임의"에 좌우되는 깃들임이고, 자신이 세상의 중심이라는 왕의 그 견고함 내지는 완악함에 동의할 때에야 가능한 깃들임이다.4:19 왕에게 흡족하면 살리고 왕에게 흡족하지 않으면 죽인다. 그렇다면 그의 흡족함 가운데 누릴 수 있는 평화라는 것은 사실 평화라고 말할 수 없을 것이다. 당장 3장에서 왕은 금으로 된 신상을 만들고는 음악 소리가 들리면 누구나 절하라고 명령하지 않았던가. 바벨론에 수많은 신하가 있어도 다들 이 말도 안 되는 명령에 순복하여 엎드려 절하였으되, 절하지 않은 세 친구는 풀무불 속에 던져져 죽임당할 뻔하였다. 그러므로 느부갓네살의 나무에 깃든 짐승과 새는 참된 평화를 의미하는 것일 수 없다. 그 나무가 하늘에까지 닿을 정도였다는 것 역시 왕의 위세와 그에 따른 교만을 상징한다고 보아야 한다. '그의 원대로 죽이고 살린다'라는 표현만큼이나 절대 권력의 변덕스러움과 임의로움을 더 잘 고발하기는 어려울 것이다.

그 뜻대로 높이고 낮춘다는 진술은 사실 하나님과 연관하여 성경에 종종 쓰인다. 하나님은 그 뜻대로 세울 자를 세우시고 낮출 자를 낮추신다.욥 5:11-14 그런데 하나님은 이를 통해 "가난한 자를 강한 자의 칼과 그 입에서 또한 그들의 손에서 구출하여" 주시고 그로 인해 "가난한 자가 희망이 있고 악행이 스스로 입을" 다물게 하신다.욥 5:15-16 그는 권세 있는 자를 내리치시고 마음의 생각이 교만한 자를 흩으시며 부자는 빈손으로 보내시되, 비천한 자를 높이셨고 주리는 자는 좋은 것으로 배불리셨다.눅 1:51-53 그러므로 하나님께서 세우신 왕의 권세는 하나님을 대신하여 높은 것은 낮추고 낮은 것은 높이는 일을 해야 한다. 왕은 말 못 하는 자와 모든 고독한 자의 송사를 위하여 입을 열어야 한다.잠 31:8 그런데 느부갓네살은 자기 뜻을 따라 높이고 낮추고 하였으니, 이것이 바로 교만이고 완악이다. 그렇기에 다니엘은 느부갓네살을 향해 가난한 자를 긍휼히 여기는 공의를 행할 것을 권면하였다. 그러나 왕은 그렇게 하지 않았다. 느부갓네살을 비롯한 모든 권력은 하나님이 세우셨기에, 하나님의 뜻을 거스르는 권력들을 하나님께서 반드시 낮추실 것이다. 그래서 느부갓네살 왕은 새와 들나귀와 함께 살고 소처럼 풀을 먹는 삶을 살기까지 했다.

그렇기에 다니엘은 벨사살을 향해서도 마음을 낮출 것을 권면한다.5:22 여기서 '낮추다'로 쓰인 단어는 19절에 쓰인 '낮추다'는 단어와 같다. **정말 높이고 낮추어야 할 것은 다른 사람들이 아니다. 자기 자신을 하나님 앞에 낮추는 것이 필요하다. 그리고 왕의 마음이 낮추어진다는 것은 세상의 낮추어진 이들, 낮은 자들과 마음을 같이 하는 것을 의미한다.** 이 역시 구약이 줄기차게 촉구하는 사항이며, 다니엘이 느부갓네살에게 권면했던 대로, 가난한 자를 긍휼히 여기는 공의를 행하라는 권면의 의미이기도 할 것이다. 그러나 세상의 어떤 왕이 자신의 존재 이유를 낮은 자들과 마음을 같이 하는 일에 둘 것인가? 세상의 왕권은 오로지 군림하고 지배하고 정복하고 좌지우지하는 데에 그 목적이 있지 않던가? 다니엘서는 왕권에 대해 일관되게 매우 비판적인 시각을 지니고 있다. 왕은 높음으로 부름 받은 자이지 않고, 낮은 자와 마음을 같이 하도록 부름받은 자이다. 그럴 때 왕의 존재 이유가 있다.

하나님께서 높은 곳에 세우신 왕이 그 마음을 낮추어 낮은 자와 함께할 때 그의 왕권이 견고해진다. 그렇지만 마음이 높아져 버린 왕은 자신을 하나님보다 더 높게 여기게 되었고, 하나님의 전에 있던 그릇을 가지고 와서는 수많은 사람을 모아 위세를 부리며, 보지도 듣지도 알지도 못하는 금, 은, 구리, 쇠, 돌, 나무로 만든 신상을 찬양한다. 우상 숭배는 높아진 마음과 분리되지 않는다. 낮은 자와 마음을 같이 하고, 가난한 자를 긍휼히 여기는 데에 힘쓰는 것이 아니라, 마음이 높아진 이들은 자신의 권세와 위세를 자랑하고, 임의대로 사람을 죽이고 살리며, 우상을 찬양하기에 이른다. 우상 숭배는 이렇듯 언제나 높은 마음, 권력의 임의적 행사와 밀접히 결부된다. 낮은 자와 마음을 같이 하지 않으면 반드시 교만하여 하나님을 대적하게 된다. 하나님과의 관계의 파괴는 낮은 자와의 관계의 파괴로 드러난다.

왕이 참으로 영광을 돌려야 하는 대상은 하나님이다. 23절은 이 하나님을 가리켜 왕의 호흡을 주장하시고 왕의 모든 길을 작정하시는 분이라고 표현한다. 이 표현을 직역하면, '당신의 호흡이 그의 손안에 있고, 당신의 모든 길이 그의 것인 하나님'이라고 할 수 있다. 사람의 호흡은 하나님의 수중에 있으며, 우리가 걸어가는 모든 길은 하나님께 속한다. 우리 가는 길의 끝이 하나님께 있다.

하나님의 손가락, 죽임당한 벨사살 24-31절

왕의 호흡이 하나님의 손안에 있으나 왕은 그것을 알지 못하였다. 24절에서 "손가락"이라고 번역되었지만, 5:5와는 달리 여기서는 '손'이라는 단어가 쓰였다. 23절에서 왕의 호흡이 하나님의 손안에 있다 하였고, 이제 24절에서는 그 손이 글을 기록하였다고 이어간다. 하나님의 손이 나와서 벽에 글씨를 기록했고, 그 내용에 따라 왕은 죽게 되고 말았으니, 참으로 왕의 호흡은 하나님의 손에 있었다.

벽에 쓰인 글씨는 "메네 메네 데겔 우바르신"이었다.단 5:25 "메네"는 화폐 혹은 무게 단위인 '미나'를 가리킨다. "테켈" 역시 무게 단위의 일종이다.참고. 히브리어 '쉐켈' "파르신"은 '미나의 절반'을 의미한다. 기본적으로 이 표현은 화폐 단위 혹은 무게 단위에 쓰이는 명사들을 열거한 것이다. 그런데 "메네"라는 단어와 연관하여 '무엇무엇을 세다'는 의미의 동사 '메나', "데겔"과 비슷한 발음으로 '무게를 재다'는 뜻을 가진 동사 '테칼', "바르신"과 비슷한 발음이면서 '둘로 쪼개지다'는 의미를 지닌 '페라스' 동사 등을 사용하여, 다니엘은 그 글씨의 의미가 벨사살의 나라를 하나님이 저울로 재셨고, 모자람이 발견되어 이제 둘로 쪼개져서 메대와 바사에게 넘어가게 될 것을 의미한다고 풀이하였다.26-28절

메네와 테겔, 페레스는 모두 화폐 단위 혹은 무게 단위라는 점에서, 시장통에서 유통되는 화폐 혹은 물질과 연관된 용어들이 벽에 쓰인 글에

사용되고 있음을 알 수 있다. 바벨론으로 대표되는 커다란 제국의 가장 강력한 힘이 막대한 부에 기반한 권세였을 것이며, 그것은 왕이 벌인 잔치와 금과 은으로 만든 그릇, 그리고 이전에 등장했던 금으로 만든 신에서도 찾아볼 수 있다. 그렇다면 화폐 단위가 언급된 글씨는 제국의 강력한 부에 대한 심판 선고라고 이해할 여지도 있게 된다. 다니엘은 바벨론 제국의 화폐 단위를 언급하면서 그와 비슷한 동사들을 사용하여 제국의 멸망을 선포한다. 바벨론이 자랑하고 내세우는 부의 단위들이 그들의 멸망을 말한다. 낮은 자와 같게 마음을 낮추지 않고, 하나님보다 마음을 높였더니, 하나님은 그 나라를 둘로 쪼개어 버리신다.

그 아무리 강한 나라라도 하나님께서 행하시면 단번에 무너지고 말 것이다. 제국의 힘이 그들을 지키지 못한다. 모든 권세는 하나님께로부터 온 것이기에 하나님을 떠난 권세, 하나님께서 맡기신 그 사명을 제대로 감당하지 않는 권세는 반드시 신속하게 멸망하고 말 것이다. 느부갓네살이 이러한 위기 가운데 거의 망할 뻔하였고, 이제 벨사살에게도 같은 위기가 닥쳐왔다. 다니엘은 느부갓네살을 향해서도 교만하지 말고 겸손하되 공의를 행할 것을 권면하였고, 이제 벨사살을 향해 교만하지 말 것을 촉구하였다. 그러나 느부갓네살도 벨사살도 이를 듣지 않고, 마침내 그 멸망의 날이 임하였다. 강한 제국이라 하여도 하나님을 떠나게 될 때 무너지고 패망한다. 제국의 안녕은 그들의 우상 숭배로 지켜낼 수 없으며 그들이 지닌 군대와 부귀로도 지켜낼 수 없었다.

그들의 부와 권력으로 할 수 있는 것은 무엇인가? 29절에 보니 벨사살은 다니엘에게 약속한 대로 자주색 옷을 입히고 금 사슬을 목에 걸어주며 다니엘을 나라의 셋째 통치자로 세운다. 이것이 그가 할 수 있는 일이며, 그가 한 일이다. 그러나 그는 나라의 멸망을 막을 수는 없었다. 참으로 그가 해야 할 일은 왕권을 휘두르고 누군가에게 상을 주는 일이 아니라, 겸손하게 공의를 행하는 것이었다. 그를 행하지 않은 왕은 그날 밤에 죽임을 당하였고, 강력하던 바벨론의 시대는 이것으로 끝이었다.

오늘 우리가 살아가는 나라는 어떠한가? 지금의 권력 역시 하나님께서 세우신 권력이다. 그렇다면 그들은 하나님께서 세우신 뜻을 감당하고 있는가? 지금의 권력은 공의를 행함으로 가난한 자를 긍휼히 여기고 있는가? 만일 권력이 있어 고통 가운데 죽어간 가난한 아이들의 억울함을 풀어주지 않는다면, 하나님께서는 이 권력을 어떻게 다루실까? 성경은 우리에게 하나님께서 반드시 그 권력을 제거하시고 그 나라를 없애실 것이라고 알려주고 있다. 제국주의 세력과 독재 정권의 비참한 말로는 이 점을 확실히 보여준다.

이것은 단지 하나님을 거역하는 권력에게만 해당하는 내용이 아닐것이다. 우리는 어떠한가? 우리는 우리를 부르시고 세우신 하나님의 뜻을 행하고 있는가? 우리는 부귀영화를 노래하고 금 그릇과 은그릇에 술을 담아 마시며 주위를 돌아보지 않은 채 살고 있지는 않은가? 우리 교회는 그렇게 하고 있지 않은가?

결 론

1. 하나님께서 나라와 권세를 주셨기에, 권력은 그 세우신 뜻을 제대로 감당해야 한다.

모든 권세를 하나님이 세운 것이라는 말이 이제까지 교회가 권력에 순종하게 했지만, 이 말씀의 참된 의미는 어떤 권력도 하나님의 뜻을 어긋나면 존립할 수 없다는 것이다. 그리고 하나님의 뜻은 세워진 권력이 마음을 낮추어 행하는 것이다. 낮은 자를 살피고, 어려움에 부닥친 이의 삶을 돌아보고, 가난한 자를 긍휼히 여기는 데에 권력의 존재 이유가 있고, 이것을 어기는 권력은 결코 오래가지 못한다.

2. 마음을 높게 할 때 우상 숭배가 발생한다.

사람의 손으로 만든 우상을 섬기게 되는 것과 교만한 마음은 서로 연결되어 있다. 우상 숭배는 단지 다른 종교를 섬기고 다른 신앙을 가졌다는 것만을 의미하는 것이 아니다. 마음이 높아지고, 낮고 어려운 이들이 눈에 보이지 않게 되면, 그는 하나님을 도전하고 하나님보다 자신을 더 높이게 된다. 그리고 마음을 낮춘다는 것은 마음 수련이 아니라 함께 살아가는 사람들을 돌아보는 것이다.

3. 우리의 호흡과 모든 길이 주님께 있다.

바벨론에 포로로 끌려와 살지만, 다니엘의 호흡과 가는 길이 하나님께 있으니, 하나님이 살리시고 인도하실 것이다. 바벨론의 왕이라 하지만, 그의 호흡과 가는 길이 하나님께 있으니, 그가 교만하여 엉뚱한 데 영광을 돌릴 때, 하나님이 그를 치실 것이다. 어디에서건 어떤 환경에서건 다만 하나님을 경배하고 그분께 영광을 돌리자.

4. 하나님 앞에서 살아가는 삶의 지속을 위해 우리에게는 훈련이 필요하
   다.

13. 하나님께 기도하는 다니엘

다니엘 6:1-15

아마도 6장에서 언급되는 다리오는 페르시아의 세 번째 왕인 다리우스 1세를 가리킬 것이다. 그는 주전 522-486년까지 페르시아를 다스렸으며, 페르시아 제국을 여러 지방관이 다스리는 행정구역으로 나누었다고 전해진다. 다리오와 메대와의 연관성은 아직 알려진 것이 없다. 다니엘서는 페르시아를 메대 이후의 나라로 제시하여, 바벨론-메대-페르시아로 이어진 것으로 서술한다. 아마도 이러한 패러다임 때문에 다니엘서에서 다리오와 메대가 연결되었을 것이다. 이 땅에 끌려온 지 참으로 긴 세월이 지났지만, 다니엘이 여전히 사로잡혀 온 유다 자손이라 불린다는 점6:13은 낯선 땅을 살아가는 다니엘의 모습을 또렷이 드러낸다. 이제까지도 그랬지만, 6장 역시, 오래 존재하였던 다리오의 통치 시대를 배경으로 해서 이방 땅을 살아가는 유대인과 하나님의 신실하심을 굳게 붙잡고 살아가는 그들의 모습, 그리고 그들을 향한 하나님의 도우심에 대해 선명하게 제시하고자 한다.

다리오의 통치 1-2절

1절에서 "다리오가 자기 뜻대로" 무엇을 하였다고 되어 있는데 이를 직역하자면 '무엇 무엇을 하는 것이 다리오에게 흡족하게 여겨졌다'라고 할 수 있다. 그는 나라 전역에 120명의 고관을 세우기를 흡족히 여겼다. 이것은 페르시아 곳곳마다 왕이 보낸 관리가 존재하는 강력한 중앙집권적 국가의 확립을 보여준다. 에스더 1:1은 페르시아 시대 127개의 지방 행정 구역을 언급하고, 요세푸스 역시 페르시아 다리오 시대 127개의 지역을 말한다.「유대 고대사」 11:33 다리오는 이 120명의 지방관을 세 명의 총리들이 관할하게 하였다. 이를 통해 조직과 관리의 효율성도 꾀하고, 지방 조직에 대한 통제가 한 사람에게 집중되는 것을 막는 효과도 의도했을 것이다. 아마도 세 명의 총리들이 40명가량의 지방관을 관리하게 함을 통해, 총리들 사이에 경쟁도 되었을 것이며, 서로서로 견제하는 가운데 효과적으로 중앙집권적 체제가 이루어지게 하였을 것이다. 중앙집권적 국가는 왕권이 극도로 강화되어 정치적으로 안정된다. 다른 한편, 이렇게 왕권이 강화된 체제는 왕에 대한 최고의 추앙과 신격화로 이어질 여지가 언제나 열려 있다. 그것이 6장에서 묘사하는 상황이다.

다니엘을 시기하여 허물을 찾는 총리들과 고관들 3-5절

왕이 세운 세 명의 총리 가운데는 다니엘도 있었다. 처음부터 다니엘은 학문과 지혜를 통해 환상과 꿈을 풀이하는 일을 맡았고, 박수와 술객과 더불어 지혜자 집단에 속하였다.단 1:17-20; 2:12-13 왕의 꿈을 해석함에 따라 다니엘은 지혜자 집단의 수장이 되기도 하였다.2:48; 4:9; 5:11 그런데 벨사살 시대에 벽에 쓰인 글씨를 해석하면서 다니엘은 나라의 셋째 통치자의 자리에 오르게 된다.5:29 다니엘이 어떻게 다리오 시대에 고위직에 오르게 되었는지 아무런 설명이 없지만, 셋째 통치자로 올랐다는 내용 다음에 곧바로 다리오 시대 이야기가 이어진다는 점에서, 본문 자체는 다니엘이 벨사살과 다리오의 고위 관리가 되었음을 전하고 있다. 5장까지는 주로 다니엘이 어떻게 왕의 인정과 대접을 받게 되었는지를 다룬다면, 6장은 고위직에 오른 다니엘이 어떻게 자기 일을 제대로 감당하는지를 다룬다고 할 수 있다.

관리로서의 다니엘은 특별하였다. 그를 표현하는 '민첩하다'는 다니엘서의 다른 곳에서 '특별히, 극히' 같은 부사어로 쓰이기도 하고,3:22; 7:7, 19 '특별하다'라는 형용사로 쓰이기도 하였다.2:31; 4:36 3절에서도 이렇게 형용사로 쓰여서, 다니엘의 마음 혹은 속 사람이 남다른 것을 표현했다. 5:12에서도 다니엘을 가리켜 마음이 민첩하다 평가했다. 다니엘의 마음가짐 같은 것이 남달랐음을 의미한다고 볼 수 있겠다. 그를 일컬어 총리들과 고관들 위에 뛰어나다 하였는데, 여기서 '뛰어나다'로 옮겨진 단어는 '인도하다', '이끌다'라는 단어와 연관되어 있다는 점에서, 다니엘의 지도력, 달리 말해 그의 리더십을 가리키는 표현이라 할 수 있을 것이다. 그렇다면 3절은 다니엘의 마음가짐이 남달랐고, 이것이 그가 다른 총리들이나 고관들보다 특별한 리더십을 발휘하게 하였다고 생각해볼 수 있다.

다니엘의 마음가짐은 어떻게 달랐을까? 그는 낯선 땅에서도 체념하거나 포기하지 않고 하나님의 사람으로 살았다. 누구나 바라고 선호할 왕의 음식과 왕의 포도주를 거부하였고, 바벨론의 학문에 충실하였으며, 왕의 앞이라 하여도 해야 할 말을 하고 왕의 호의에 기대거나 의지하지 않았다. 이러한 행동들이야말로 그가 어떻게 남과 다른지를 보여주는 근거라고 할 수 있다. 지도력이라고 하면 카리스마적인 어떤 리더십을 생각하게 되지만, 다니엘서에서 그러한 지도력을 찾아보기는 어렵다. 다니엘은 바벨론 지혜자들의 수장이라고 되어 있지만, 5장에서 살펴본 대로 실제로는 만만치 않았을 것이라고 여겨진다. 그런 점에서 다니엘의 리더십은 아래 사람을 장악해서 이끌고 가는 그런 타입은 아니었다.

4절에서는 다니엘을 가리켜 충성된 사람이라 표현한다. 다니엘의 대적들은 다니엘에게서 그릇됨과 허물을 찾았으나 찾을 수 없었다. '그릇됨'이 소홀함이나 태만을 가리킨다면, '허물'은 부패를 의미한다. '충성되다'라고 번역된 단어는 '신실한, 한결같은, 믿을만한'을 의미한다. 우리가 잘 알고 있는 '아멘'이라는 말과 같은 어근을 가진 단어이기도 하다. 다른 총리들에 비해 다니엘에게 왕의 신임이 컸고, 이것은 언제나 그렇듯이 다른 이들의 시기와 질투를 유발시켰다. 어떻게 해서든지 다니엘의 흠을 찾아내려던 이들은 아무것도 발견할 수 없었다. 다니엘은 자신이 맡은 일에 충성되었다. 다니엘은 사람이 있건 없건 총리로서 자기 일을 감당했고 사람들은 아무런 태만과 게으름을 그에게서 발견할 수 없었다. 다니엘에게서 어떤 부패의 흔적도 찾아볼 수 없었다. 당연히 다니엘의 이러한 충성스러움은 그의 하나님 신앙과 연관될 것이다. 신앙은 단지 종교적인 의식이나 관습만으로 구별되지 않는다. 하나님께 충성되기에 그는 맡은 일을 한결같이 수행한다. 여기에서 하나님 신앙은 정직하고 진실한 직무 수행으로 나타난다.

그렇기에 페르시아의 관리들은 다니엘을 제거하기 위한 유일한 길이 그의 신앙 자체임을 깨달았다. 5절에 쓰인 "하나님의 율법"은 다니엘을 비롯한 유대인들이 믿고 의지하였던 율법을 가리키는 전형적인 표현이다. 스 7:12, 14, 21, 25, 26; 단 6:6; 7:25

왕에게 구하는 것이 아니라면 기도를 금지하는 금령이 세워짐 6-9절

다니엘의 모든 삶의 근본이 그의 하나님의 율법에 대한 충성, 그의 하나님께 대한 충성임을 깨달은 이들은 그의 신앙이야말로 그를 함정에 빠뜨릴 수 있는 유일한 길임을 깨달았다. 하나님께 대한 신실함이 다니엘의 약점이 되어 버린 셈이다. 하나님 한 분만을 의지하고 구하는 삶은 세상 사람들이 보기에 함정에 빠뜨리기 좋고 이용하기 좋은 약점이 된다. 약점 없는 삶이 아니라, 약점 있는 삶일 수밖에 없다. 사랑이 더 큰 자가 약자가 되듯이, 하나님 한 분인 이들이 약자가 된다.

그들은 왕에게 구하는 것이 아니라면 그 어떤 신이나 사람에게 무엇을 구하는 것 자체를 30일간 금지하자는 규정을 만들 것을 왕에게 제안했다. 이를 어기면 누구든 사자 굴에 던져진다는 처벌 규정까지 함께 제시되었다. 이러한 규정은 왕에게는 달콤한 제안이었다. 중앙집권적 국가는 권력에 대한 숭배와 신격화의 함정을 늘 지닌다. 신에게 무엇을 구하는 것은 어디에서나 너무 당연한 일일 텐데, 왕에게 구하는 것이 아니라면 신에게 구하는 것을 금지한다는 금령은 당연히 왕과 신을 동일시하게 만든다. 신에게 무엇을 구할 것이라면 왕에게 구하라는 이러한 규례는 신의 대행자, 나아가 신을 대행하는 자로서의 강력하고 신성화된 왕을 증언한다. 전국을 장악한 다리오 왕에게 이 제안은 달콤하고 매력적이었으며, 왕은 여기에 서명했다. 절대 권력은 본질적으로 광적이다.

금령에도 불구하고 기도하는 다니엘 10절

다니엘은 이 사태를 알았다. 아마도 자신을 함정에 빠뜨려 제거하려는 목적이 있다는 것도 알아차렸을 것이다. 그는 어떻게 해야 할까? 다니엘은 이전에 하던 대로 예루살렘으로 향한 창문을 열고 하루에 세 번 그의 하나님께 기도하였다. 이것이야말로 앞에서도 언급하였던, 다니엘의 충성스러움일 것이다. 그의 충성스러움은 이익과 유익에 기반하지 않는다. 이미 1장에서 왕의 음식을 거절한 것, 세 친구가 풀무불에 던져지는 것을 개의치 않은 것에서도 드러났지만, 다니엘서는 불이익과 위협 앞에서 한결같이 변치 않는 신앙을 증언한다. 신앙은 유익 때문이 아니라, 하나님이 살아계시기 때문에 성립한다. 하나님께서 이곳까지 인도하셨고 함께 하셨음을 믿는다면, 자신에게 어떤 불리함이나 불이익이 온다고 하여 하나님 섬기기를 바꾸거나 모른 체할 수는 없다. 그런 점에서 다니엘서는 낯선 땅에 살아가면서 어떻게 하나님을 섬길지를 가르치는 책이라고 할 수 있다.

이를 생각하면 믿는 자는 죽은 다음에 내세를 누리게 된다는 생각은 신앙이라기보다 오히려 투자요 대가라고 여겨지기도 한다. 사자 굴과 풀무불은 믿음으로 인해 얻게 되는 것이 없으며 도리어 믿음으로 인해 더 참혹하고 끔찍한 결과를 초래할 수 있음을 확연하게 보여주기 때문이다. 물론 세 친구도 다니엘도 결국 생명을 얻게 되지만, 현실 속에서 훨씬 더 많은 다른 이들은 생명을 잃게 되었다는 점에서, 풀무불과 사자 굴은 믿음이 무엇을 의미하는지를 적나라하게 보여주는 상징이다. 믿음으로 인해 실제로 불이익이 발생하고 어려움이 생겨나지만, 다니엘서는 그러한 현실을 사는 청중과 독자를 향해 믿음을 굳게 지킬 것을 권면한다. 이러한 경우에 종종 우리는 뱀과 같은 지혜를 떠올리곤 한다. 믿음을 지키며 살다가 때로 지혜롭게 처신해야 할 필요가 있을 때, 뱀의 지혜를 운운하는 것이다. 그러나 그렇게 뱀의 지혜를 말하는 이들은 마치 비둘기의 순결을 이미 간직한 것처럼 생각하지만, 오히려 그저 뱀과 다를 바 없는 경우가 대부분이다. 뱀의 지혜를 말하는 마태복음 10장의 본문은 믿음으로 인하여 핍박받는 제자들의 모습을 보여준다.마 10:17-23 그러므로 뱀의 지혜는 핍박을 면하고 위기를 슬쩍 피하는 것과는 무관하다. 주께서 말씀하시는 뱀의 지혜는 십자가가 진리임을 믿는 것이다. 여호와를 경외하는 것이 지혜의 근본임을 알고 불이익이 있더라도 하나님을 부인하지 않고 그 믿음에 충성되이 살아가기로 결정하는 것, 그것이 지혜이다.

5절에 있는 "하나님의 율법"이라는 어구에서 "율법"에 해당하는 단어가 8절과 12절, 15절에서는 "규례"로 번역되었다. 그렇다면 다니엘이 처한 상황은 하나님의 규례와 "메대와 바사의 고치지 아니하는 규례" 사이의 대결과 갈등인 셈이다. 여기에서 다니엘은 메대 바사의 고치지 아니하는 규례라는 거창한 것을 단번에 거부해 버린 셈이다. 왕명으로 내려진 고치지 못할 규례이지만, 다니엘에게는 하늘에 계신 하나님의 규례가 훨씬 더 중하고 큰 규례였다. 그 어떤 제국의 법으로도 다니엘의 하나님 규례 순종을 막을 수 없었다.

한나 아렌트가 쓴 "예루살렘의 아이히만"은 나찌 치하에서 유대인 학살을 집행한 독일 관리 아돌프 아이히만의 재판 기록을 중심 내용으로 다룬 책이다. 아이히만은 자신에게 맡겨진 일을 참으로 성실하고 부지런하게 감당한 관리였다. 그러나 그의 성실함이 나찌 정부에서는 유대인들의 대량 학살로 나타나고 말았다. 부지런함과 성실함이 신앙인의 덕목의 핵심일 수는 없다. 어느 사회, 어느 종교에서건 부지런하고 성실한 것을 중요시하고 그러한 사람이 성공하고 출세할 가능성이 크다. 세상은 그렇게 자신들의 규칙과 자신들의 규례에 충성스러운 사람을 찾는다. 그러나 성실함이 클수록 죽어가는 사람의 양도 막대하게 확장되어 버리는 이 현실을 어떻게 할 것인가? 그런 점에서 다니엘은 대조적이다. 그는 메대와 바사의 고치지 못하는 규례를 단번에 거부해 버린다. 그의 충성스러움은 말도 안 되는 법령에 대한 순종과 성실과는 거리가 멀었다. 그의 충성스러움은 하나님을 향한 것이지, 세상의 왕을 향한 것, 세상의 조직과 규례를 위한 것이 아니다.

13절에서 다니엘을 노리는 신하들은 그의 행동을 가리켜 그가 "왕과 왕의 도장이 찍힌 금령을 존중하지 아니하"였다고 표현한다. 이들의 말은 분명 사실이다. 근본적으로 다니엘의 행동은 왕을 존중하지 않는 것이며, 국법을 존중하지 않는 것이다. 왕의 명령에 순종하는 다니엘이지만, 명령도 명령 나름이다. 다니엘이 의지하고 신뢰하며 기도하는 대상은 오직 하나님 한 분이시다. 왕은 그 부분에 개입할 수 없고, 자신을 그러한 자리에 내세울 수도 없다. 왕이 그것을 넘어서는 순간, 다니엘에게 왕명은 왕명이지 않다.

다니엘이 이렇게 왕명에도 불구하고 믿음을 지키게 했던 것은 아마도 처음부터 그가 행하였을 하루 세 번의 기도였을 것이다. 그의 기도는 그에게 자기 삶의 참된 왕이요 주가 누구인지를 분명히 깨닫고 확신하게 하였을 것이다. 예루살렘을 향한 기도는 그에게 그의 나라와 그의 민족을 향한 하나님의 뜻을 늘 기억하게 하였으리라. 낯선 땅에서 망한 나라의 백성으로 살아가지만, 다니엘은 이스라엘을 향하신 하나님의 뜻을 포기하거나 버리지 않았다. 그렇기에 그는 예루살렘을 향하여 기도한다. 하나님께서 행하실 날과 그 뜻이 임하게 될 날을 기대하고 소망한다. 그런 점에서 **그의 기도는 단순히 개인의 경건한 신앙생활을 보여주는 것이 아니라, 하나님이 행하시는 역사에 대한 기대, 그의 뜻이 이루어지는 세상에 대한 소망과 믿음을 보여준다.** 바벨론과 페르시아에 끌려와 포로로 살고 있지만 그를 주관하고 역사와 세상을 주관하시는 분이 하나님임을 굳게 믿고 선언하고 증거하는 것이 그의 기도 생활의 의미다. 그는 하나님 백성이다.

다니엘을 살리려 하지만 살릴 수 없는 왕 11-15절

무리는 예상했던 결과 앞에 기뻐했을 것이며, 당장 왕에게 달려가 다니엘의 거역을 고했다. 그들이 보기에 다니엘은 명백히 왕의 명령을 거부한 자이다. 왕은 그제야 자신이 내린 명령이 얼마나 어리석은 명령인지 깨달았을 것이며, 자신이 신하들이 추켜세우는 말에 넘어가서 감당도 못 할 명령을 내렸음을 알아차렸을 것이다. 14절에서 '근심하다'로 옮겨진 단어는 '악하다, 기분 나쁘다'를 의미한다. 직역하자면, '왕이 그로 말미암아 매우 언짢아졌다'라고 할 수 있다. 자신을 신과 같은 자리에 두었지만, 정작 이 왕은 자신이 어떻게든 살리고 싶은 다니엘을 살릴 수 없었다. 자신이 내린 규례에 자신이 묶여서 온종일 무척 애를 썼지만, 결국 다니엘을 살릴 수 없었다. 그런 점에서 이 본문은 매우 풍자적이다. 큰소리를 쳤지만 자기 뜻을 펼칠 수 없는 왕, 무기력하고 무능한 왕을 보여준다.

또한, 14절에 있는 '마음을 쓰다'라는 표현을 직역하면, '마음을 정하다, 마음먹다'이다. 이 표현은 1:8에서 다니엘이 왕의 음식과 왕의 포도주로 자신을 더럽히지 않겠다고 마음을 정하였다에 쓰인 표현과 거의 같다. 그렇다면 다니엘은 마음을 정하고 실천하지만, 왕은 그가 마음 정한 것을 할 수가 없었다고 비교해 볼 수 있다. 다리오 왕은 다니엘에 대해 매우 우호적이고 선한 뜻을 지니고 있다. 그러나 그는 그가 확인하고 세웠던 법으로 인해 그토록 아끼던 다니엘을 죽게 할 수밖에 없었다. 권력을 지니고 법을 임의대로 세울 수 있지만, 그가 원하는 사람을 살릴 수 없는 것이 다리오 왕의 모습이다. 왕이 세운 신하에 불과하지만, 거침없이 왕명을 거역하고 하나님의 규례를 따르는 다니엘, 그리고 왕이지만 생각 없이 세운 규례에 매여 멀쩡한 사람을 죽이게 되고 불의를 행하게 된 것을 결심해도 바꿀 수 없는 다리오의 모습은 확연히 대조적이다. 누가 참으로 힘 있는 자인가? 누가 참으로 자유로운 자인가?

이 지역에 다니엘이 끌려 온 지 수십 년의 세월이 지났지만, 여전히 다니엘은 "사로잡혀 온 유다 자손"이라 불린다.단 6:13 바벨론 시대에도, 그리고 페르시아의 시대에도 다니엘은 고위 관리였다고 할 수 있으니, 이곳에서의 생활이 매우 익숙해졌고 편안했을 수도 있지만, 다니엘은 여전히 낯선 땅을 살고 있다. 그곳에서 익숙해져서 그 땅 사람이기라도 한 것처럼 살아가는 것이 아니라, 하나님만을 바라고 의지하고 구하며 살아간다. 자신이 누리고 얻게 된 높은 지위와 풍요로울 수 있는 삶에도 불구하고, 다니엘은 하나님만을 구하며 언제든 기도한다. 그로 인해 자신이 얻고 누리는 전부가 사라질 수 있음에도 다니엘은 오직 하나님을 구하고 찾는다. 우리가 누리는 것에 너무 익숙해지지 말고, 우리가 지닌 것을 너무 내 것이라 여기지 않는 것이 중요하겠다. 언제든 일어설 준비를 하며 산다. 다니엘의 기도가 따라야 할 본보기이지만, 기도 자체가 중요하지 않다. 그의 기도는 언제든 떠날 준비가 되어 있음을 보여준다. 그의 기도는 오직 하나님만이 자신의 힘임을 고백하는 증언이다. 왕명이 아니라, 왕실의 풍요로움이 아니라, 오직 하나님만이 힘이고 소망임을 보이는 증언이다. 기도가 강조되기보다, 하나님 한 분 구하며 세상 것을 너무 움켜쥐지 않는 삶이 강조되어야 한다.

1. 충성

다니엘이 지닌 신앙과 그가 살아가는 삶은 일치한다. 하나님께 충성된 그는 맡겨진 일에서도 충성된다. 그는 태만하지 않으며 권력을 이용하여 부패하지도 않았다. 오늘날 예수 믿는 신앙은 예배당 안에서만이 아니라 우리의 일상의 현장에서도 나타나야 한다. 권력과 지위를 이용하여 부패를 행한다면 그는 예수께 충성되다고 말할 수 없다.

2. 다니엘은 왕의 법을 거부하고 하나님의 법을 따랐다.

다니엘은 하나님께 충성된 자이기에, 왕의 법이 하나님의 법에 어긋나면 왕의 법을 거부하였다. 그로 인해 어떤 불이익이 오더라도 다니엘의 왕은 오직 하나님이었다. 모든 권세가 하나님께로부터 온 것이되, 권력이 하나님의 뜻을 어긴다면 우리는 다니엘처럼 거역해야 한다.

3. 다니엘처럼 하나님께 기도하자.

다니엘은 포로 생활 중에도 늘 하루 세 번 기도하였다. 그의 기도 생활이 그가 맡은 일 충성하되 죽음의 위협도 굴하지 않게 했을 것이다. 기도가 신앙생활의 핵심이지 않지만, 기도할 때 끝까지 믿음을 지킬 수 있다.

14. 자기의 하나님을 믿은 다니엘

다니엘 6:16-28

다리오 왕은 다니엘에 대해 매우 우호적이고 선한 뜻을 품었으나, 권력의 욕망을 파고든 계략으로 인해 결국 자신이 좋아하는 다니엘을 죽일 수밖에 없었다. 권력은 이처럼 우스꽝스럽다. 그러나 하나님께서는 그 백성에게 신실하시다.

왕이 다니엘을 사자 굴에 던져 넣음 16-18절

다니엘은 명백히 유죄였다. 그는 왕이 세운 법을 어겼고, 다니엘도 왕도 이 점을 확실히 알고 있었다. 다니엘서의 상황은 법을 어기는 것을 명백히 알면서도 법을 어긴 경우를 다룬다는 점에서, 오늘날에도 시사하는 바가 있다. 그리스도인들은 세상 법을 반드시 지켜야 하는가? 법에 불복종한다면 어떤 경우에 그러한 불복종이 가능할 것인가? 정말 '악법도 법' 인가?

왕은 스스로 세운 법으로 인하여 다니엘을 사자 굴에 던져 넣을 수밖에 없었다. 다니엘이 사자 굴에서 살아 나온 후에 왕이 그의 대적들을 바로 처벌한 것을 볼 때, 왕은 자신이 세운 법이 다니엘을 제거하려는 자들의 계획이었음을 깨달았을 것이다. 왕권을 신격화시키자는 취지의 신하들의 말에 취하여 자신이 도장을 찍었지만, 아마도 그제야 자신의 어리석음을 절실히 깨달았을 수 있다. 그저 법을 따라 다니엘을 사자 굴에 던질 수밖에 없었고, 다만 그를 향한 왕의 안타까운 마음이 "네가 항상 섬기는 너의 하나님이 너를 구원하시리라"단 6:16라는 말로 표현되었다. 왕 외에는 그 누구에게도 기도를 드리게 하지 말자는 법을 통해 왕이야말로 모든 것을 이룰 수 있고 마음대로 행할 수 있는 자임을 선포했지만, 이 순간 왕은 할 수 있는 것이 없다. 도리어 다니엘이 늘 섬기던 하나님이 그를 구원해 주시기를 바라는 수밖에 없는 것이다. **왕에게만 구하라 했지만 정작 왕은 이제 다니엘의 하나님이 행하시기를 구한다.**

다니엘이 던져진 사자 굴 입구는 왕과 신하의 도장으로 봉해졌다. "도장"이라고 번역한 단어는 '인장 반지'를 가리킨다. 왕의 인장 반지는 왕의 손가락에 끼고 있는 것으로, 왕의 인장 반지가 주어진 이는 왕의 권위를 대신할 수 있는 존귀한 자를 의미하였다.창 41:42; 에 3:10 명령이나 조서의 최종적인 권위가 왕에게 있음을 나타낼 때 그렇게 왕의 인장 반지를 찍었고,에 3:12 왕의 인장 반지가 찍혀 있는 것은 결코 고칠 수 없음을 상징했다.에 8:8 다니엘이 던져진 사자 굴을 왕의 도장과 신하들의 도장으로 봉하였으니, 그 누구라도 다니엘을 살려낼 수 없음을 확인한 것이라고 볼 수 있다. 도장으로 인친 굴은 마치 운명하신 예수께서 안치되었던 인친 무덤을 떠올리게 한다. 외부의 누구도 도움을 줄 수 없다는 점에서, 다니엘이 살아날 길이 없고, 무덤의 예수 그리스도 역시 살아날 길이 없었다.

왕은 오락을 그치며 금식하였다. 여기서 "오락"으로 번역된 아람어 단어의 의미는 불분명하다. 번역에 따라 악기의 일종으로 옮기기도 하고,K-JV 유흥NASB, NIV 혹은 오락,ESV, Tanakh 음식NRSV 등으로 번역하기도 하였다. '후궁'을 가리키는 단어라고 보는 견해가 있기도 하다. 어찌 되건 왕은 이러한 오락을 그쳤고 금식하였으며 잠자기를 마다하였다. 달리 말하면, '그의 잠이 그로부터 달아나 버렸다'라고 할 수 있다. 밤새도록 금식하고 모든 오락이나 유흥을 멀리하는 왕의 모습은 마치 금식하며 하나님의 도우심을 구하는 이스라엘의 모습을 떠올리게 한다. 그래서 **기도를 금지한 왕이 도리어 절대자의 도움을 구하며 금식하는 듯이 그려지는 이**

본문은 매우 역설적이다.

다니엘이 사자 굴에서 살아 나옴 19-23절

밤새 잠들 수 없었던 왕은 날이 밝자마자 곧바로 사자 굴로 달려갔다. 개역성경에서는 "이튿날에"라는 표현이 있지만, 아람어 본문으로는 '새벽'에 해당하는 단어와 '날이 밝음, 햇빛'에 해당하는 단어가 놓여 있다. 새벽에 동이 터 오르자마자 왕이 사자 굴로 찾아간 것을 표현한다고 볼 수 있다. 고통스러운 목소리로 다니엘의 안위를 묻는 왕의 모습이 매우 인상적이다. 이뿐 아니라, 다니엘의 하나님을 가리켜 "살아 계시는 하나님"이라고 부르는 것도 매우 특이하다.단 6:20 "지극히 높으신 하나님"이라는 호칭이 다니엘서에서 일반적으로 널리 쓰인다는 점에서도, 이 구절의 하나님 호칭은 특별하다. 이 구절은 왕을 하나님을 고백하는 신앙인으로 표현하는 셈이다. 천하의 왕이라 할지라도 이 순간은 오직 다니엘의 하나님, "살아 계시는 하나님"을 제외하고는 의지할 데가 없다.

다니엘의 하나님이 그를 건지셨는지를 고통스럽게 애타게 묻고 있는 왕에게 놀랍게도 다니엘의 소리가 들려온다. 왕을 향한 다니엘의 대답은 임금을 만날 때 바벨론과 페르시아의 신하들이 늘 아뢰던 표현인 '왕이여 만수무강하옵소서'라는 인사로 시작하였다. 왕 앞에 설 때 바벨론의 신하들은 언제나 '만수무강하소서' 같은 인사를 해야 했지만,2:4; 3:9; 5:10; 6:6 다니엘서에서 다니엘과 그의 친구들의 입으로 이러한 말이 표현된 유일한 경우가 이 부분이라는 점은 의미 있어 보인다. 결국, 왕이 세운 법과 왕이 내린 결정에 따라 다니엘이 사자 굴에 던져졌지만, 그는 왕을 원망하거나 적대시하는 것이 아니라, 왕을 축복하는 말로 왕을 대면한다. 개역은 이 부분에서만 "원하건대"라는 말을 더 적어두고 있다는 점에서 특이하다.

왕에 대한 우호적인 태도는 22절에서도 볼 수 있다. 다니엘은 자신이 하나님께 무죄할 뿐 아니라 왕에게도 해를 끼치지 않았음을 강하게 이야기한다. 자신이 비록 왕명을 어겼지만, 왕에 대해 해를 끼치거나 적대하려는 의도에서 비롯된 것이 아님을 분명히 한다. 다니엘의 이러한 대답은 이방 땅을 살아가는 유대인들의 이방 권력에 대한 일반적인 태도를 보여준다. 이방 권력과 갈등 관계인 채로 그들이 이방 땅을 살아갈 수는 없었다. 이방 권력의 적대 세력이 되는 순간, 그들은 생존 자체가 불가능해지고 말 것이기 때문이다. 그래서 이방 땅을 살아가는 유대인들은 기본적으로 집권자들과 우호적인 관계를 유지한다. 그들의 신앙의 본질을 훼손하는 사항들에 대해서 그들은 결연하게 고난과 죽음을 선택하지만, 그것이 왕에 대한 거부나 반대로 비춰지지 않게 하려고 애쓴다. 이것은 비겁하거나 타협적인 것이 아니라, 신앙을 굳게 지키면서도 이방 땅을 살아가려는 노력이라고 해야 할 것이다. 그리고 이것은 그 땅에서의 삶을 너무 쉽게 포기하거나 체념하지 않게 하는 것이기도 하다. 그런 점에서 '어떻게 낯선 땅에서 여호와 하나님을 찬양하며 살아갈 것인가' 라는 근본적인 질문에 대한 해결책을 이렇게 모색하였다고 볼 수 있다. 비슷한 시기를 배경으로 하는 에스더서 역시 이방 권력과의 갈등을 가능한 피하면서도 신앙을 결연히 지키는 유대인들의 모습을 그린다. 이것은 이미 창세기의 요셉 이야기에서 충분히 드러나는 상황이기도 하다. 그런 점에서 **구약성경은 낯선 땅에서 어떻게 신앙을 지킬 것인지, 달리 표현해서 나그네로 살면서 어떻게 신앙을 지킬 것인지를 보여준다.** 왕에 대한 우호적인 자세와 더불어, 다니엘서가 줄기차게 무기력하고 스스로 어떻게 할 수 없는 왕권의 모습을 드러낸다는 점도 함께 유념해야 할 것이다. 왕을 향해 "만수무강하소서"6:21라고 다니엘이 말하는 유일한 본문이 여기라는 점은 이러한 흐름을 생각하면 일종의 풍자일 수도 있다.

다니엘은 일절 왕을 원망하지 않되, 하나님께서 그 천사들을 보내셔서 사자의 입을 막으셨다고 증언한다. 실제로 무슨 일이 일어났는지 알 길이 없지만, 분명한 것은 하나님의 어떤 놀라운 도우심이 그 밤에 다니엘과 그가 있던 사자 굴에 있었다는 점이다. 왕이 다니엘을 다시 올라오게 했을 때, 다니엘은 조금도 상하지 않은 상태였다. 참으로 하나님께서는 다니엘을 지키셨다. 23절은 다니엘이 이렇게 무사할 수 있었던 까닭이 그가 그의 하나님을 믿었기 때문이라고 간결하게 풀이한다. 그는 낯선 땅을 살지만, 그의 하나님을 믿었다. 그의 하나님을 믿었다는 것의 의미는 무엇인가? 믿는다는 것이 무엇인가? 믿음은 고백에 달려 있지 않다. 믿음은 종교적 습관 자체에 달려 있지 않다. 기독교이건 불교나 이슬람이건 종교들은 매우 엄숙하고 종교적인 관행들을 행한다. 그리고 이러한 관행을 통해 종교적 경험과 감정을 불러일으킨다. 물론 다니엘도 하루 세 번 예루살렘을 향하여 기도하였다. 그러나 이것이 다니엘서의 초점이지 않다. 하루 세 번 기도하는 것이 다니엘을 구별시키는 것이 아니라, 그의 하나님을 믿는 것이 그를 구별시킨다. 그의 기도는 하나님께 대한 그의 믿음을 드러내고 보여준다. 기도 가운데 다니엘은 그 하나님이야말로 온 세상을 다스리시는 주권자이시며 그 하나님의 뜻대로 살아가는 것만이 참된 삶의 길임을 믿었다. 바벨론과 메대, 페르시아가 아무리 강하다 하더라도, 나라는 하나님의 것이다. 그 하나님이 다니엘을 지키고 건지신다. 핵심은 믿음이다. 하나님을 믿는다는 것이 이렇게 그들의 삶을 다르게 만들었다.

다니엘서가 제시하는 믿음은 구체적인 현실을 변화시키는 믿음이었다. 이 믿음으로 인해 다니엘은 왕명에도 불구하고 하나님께 기도하였고, 이 믿음으로 인해 사자 굴에서도 털끝 하나 상하지 않고 살아날 수 있었다. 다니엘뿐 아니라 세 친구 역시 풀무불 속에서도 옷깃 하나 불타지 않고 살아날 수 있었다. 다니엘서는 믿음의 능력을 강력하게 증언하면서, 그렇게 믿음으로 살아갈 것을 당시의 유대 백성들을 향해 권면한다. 그런 점에서 이 이야기의 사자 굴은 3장의 풀무불과 마찬가지로 유대 백성들의 유배 현실을 상징한다고 볼 수 있다. 유배 가운데 낯선 땅을 살아가는 가장 중요한 방편은 그들의 하나님을 믿는 것이다. **여호와 하나님께 대한 신앙은 단지 마음을 평안하게 하고, 주어진 일을 최선을 다해 감당하게 하는 종교나 윤리 정도인 것이 아니라, 낯선 땅에서도 굴복하거나 좌절하지 않고 사람답게 존엄하게 살아가게 하는 진리이다.** 그리고 이러한 모습이야말로 하나님의 백성으로 살아가는 삶이다. 다니엘서는 목숨이 두렵고 살아가는 것이 두려워 하나님을 버리거나 이방 풍속에 압도되어 버리지 말고, 끝까지 하나님을 신뢰하는 것만이 그들의 살길임을 증언한다. 왕을 원망하고 자신들을 모함하는 이들을 원망하며, 별수 없이 타협하고 별수 없이 굴복할 것이 아니라, 하나님을 믿고 믿음을 지킬 때, 하나님께서 보호하시고 건지시고 때로 사자의 입을 막으실 것이다. 다니엘에게 있어서 온 세상의 주관자이신 하나님께 대한 신앙고백과 개인의 삶을 지키시는 하나님께 대한 고백이 견고하게 결합되어 있다.

다니엘의 원수들이 사자 굴에 던져짐 24절

원수들은 다니엘의 신앙을 이용해서 그를 제거하려고 했지만, 도리어 그들이 제거되고 만다. 구약이 줄기차게 증언하는바, 악을 행하는 자는 그 악에 자신이 빠지고 말게 될 것이다. 원수 갚는 것이 하나님께 있으니, 하나님께서 행하셨다. 다니엘을 참소한 이들의 가족까지 사자 굴에 던져졌고, 그들은 모두 사자들에 의해 죽임당하고 말았다. 이 구절은 신구약 성경에 줄기차게 증언되는 '전세의 역전'을 보여준다. 죽이려는 이들은 죽임당하였다. 이러한 역전은 에스더서에서 볼 수 있기도 하며, 헬레니즘 시기를 배경으로 한 수많은 유대 문헌들에 빈번하게 등장하는 주제이기도 하다. 그리고 이러한 역전은 이 시기를 약자로 살아가며 소수자로 살아가던 이들을 지키시고 보호하시는 하나님을 증언한다. 아무리 어렵고 힘든 처지일지라도 하나님을 의지하며 진리를 따를 때, 하나님께서는 도리어 그들을 괴롭히는 이들을 벌하시며 '원수의 목전에서 상을 베풀어 주신다.'시 23:5 그러므로 사람들에게 스스로 복수하지 말고 세상을 원망하여 포기하지 말고, 우리 하나님을 신뢰하며 살아갈 일이다.

이 구절에는 이해하기 어려운 부분도 있다. 참소한 이들의 가족의 죽음은 지나쳐 보일 수 있기 때문이다. 다니엘서 본문이 이 문제를 다루기 위한 글이 아니라, 전세의 역전, 하나님의 백성을 해치려는 이들을 심판하시는 하나님을 드러내기 위한 글임을 이해할 때, 이 본문에서 가족들의 죽음이라는 소재에 대한 지나친 논의는 적절치 않아 보인다. 여호수아 시대에 진멸 당한 여리고의 무수한 어린아이의 죽음에 대한 상상과 논의 역시 본문의 논점에서 벗어난 논의이듯이 말이다.

다니엘의 하나님을 찬양하는 왕 25-27절

왕은 온 나라에 조서를 내려 다니엘의 하나님을 찬양하였다. 다니엘의 하나님은 살아 계시는 분이시며 영원히 변치 않으신다. 그는 조각된 우상 안에 갇혀 있는 존재가 아니라 살아 있으며, 조석 간에 그 뜻을 바꾸시는 분이 아니다. 그 하나님이야말로 사람을 구원하고 건져 내시는 분이시니 그 하나님이 다니엘을 사자의 입에서 구원하셨다. 이 조서의 핵심적인 내용은 그의 나라와 그의 권세가 무궁할 것이라는 점이다. 애초에 왕에게만 기도하고 부탁하게 하자는 취지로 상황이 시작되었지만, 결국 하나님만이 나라와 권세의 주관자임이 명백하게 선포되었다. 그리고 나라와 권세가 하나님께 있다는 것이야말로 다니엘서가 줄기차게 증언하는 주제이기도 하다. 26절에서 왕은 "내 나라 관할 아래에 있는 사람들"이라고 표현한다. 여기서 "관할"이라고 번역된 단어는 다니엘서의 다른 곳에서 "권세" 혹은 "통치"라고 번역되던 단어인데, 단 4:3, 22, 34; 6:26; 7:6, 12, 14, 26, 27 26절 끝부분에서도 그런 의미로 쓰였다. **'내 나라의 권세' 아래에 모든 사람이 있다 여겼지만, '하나님의 권세'야말로 다함이 없다.** 왕의 나라와 하나님의 나라가 이렇게 대조된다.

2:47에서 느부갓네살은 다니엘의 하나님을 가리켜 "모든 신들의 신 모든 왕의 주"라 말하였고, 3:28에서는 세 친구의 하나님을 찬송할지로다 말하기도 한다. 이제 6:25에서는 다리오 왕이 다니엘의 하나님을 찬양한다. 이방 왕의 이러한 찬양은 다니엘서의 일관된 특징이기도 하다. 다니엘서는 권세가 누구에게 있는지, 나라가 누구에게 있는지를 강조한다. 이방 땅에 살지만, 참된 권세는 하나님께 있다.

형통한 다니엘 28절

다리오의 시대와 고레스의 시대에 다니엘은 형통하였다. 낯선 땅에서 오직 하나님을 굳게 믿으며 살아갔을 때 하나님께서는 다니엘을 형통케 하셨다. 이것은 하나님을 믿는 믿음으로 살아가는 길이 삶의 진정한 형통의 길임을 우리에게 알려준다. 그 믿음으로 인해 오히려 풀무불에 처하게 되고 사자 굴에 던져지는 일을 겪지만, 하나님께서는 다니엘과 그 친구들을 형통케 하셨다. 때로 높은 지위에 오르게 되기도 하고, 때로 사자 굴에 던져지기도 하지만, 하나님께서는 그들을 지키시며 살리시고 형통케 하신다. 그러니 낯선 땅에서도 굴복하지 말라. 체념하지 말라.

본문의 메시지

1. 믿음으로 살아가라

이방 땅에 살지라도 세상의 주권자는 하나님 한 분이시다. 세속의 권력이 있고, 그 나라의 통치자가 있지만, 하나님께서 다스리신다. 그렇다면 어디에서건 하나님을 굳게 믿고, 틀린 것은 틀렸다 하고, 옳은 것은 옳다 하며 살아가야겠다. 세상의 권력을 존중하되 하나님의 법이 우선이 되어, 어려움이 있더라도 믿음으로 살아가자.

2. 하나님이 행하신다.

원수 갚는 것은 하나님께 있다. 개인적으로 억울한 누명을 쓰기도 하고 분한 일을 겪게 되기도 하지만, 원수는 하나님께서 갚아 주실 것이다. 우리 스스로 힘을 모아서 복수하거나, 다른 사람을 동원하여 갚지 말아야 한다. 하나님께서 반드시 죄와 악을 벌하시는 분임을 깨달을 때, 우리는 하나님의 진노 가운데 있는 이웃을 불쌍히 여길 수밖에 없다.

3. 하나님께서는 그 백성을 형통하게 하신다.

때로 풀무불과 사자 굴의 현실이 있고 때로 지극히 높은 곳에 있게 되는 때도 있지만, 어느 경우에서든 하나님께서 그 백성을 형통케 하실 것이다. 진정으로 형통한 삶의 길을 걸어가자.

15. 네 짐승의 환상

다니엘 7:1-14

느부갓네살의 시대로부터 시작해서단 1-4장 벨사살의 시대5:1를 거쳐 메대 사람 다리오,5:31; 6:1 페르시아 사람 고레스 시대6:28까지 이르렀던 다니엘서는 7장에서 다시 바벨론 벨사살 왕의 시대로 돌아가면서 시간에 따른 전개가 깨어진다. 7-12장 역시 바벨론7:1; 8:1-메대9:1-페르시아10:1 의 순서로 배열된다는 점에서 1-6장과는 독자적이라 할 수 있다. 1-6장 과 7-12장은 여러 가지 점에서 서로 구별된다. 1-6장이 모두 다니엘과 세 친구, 이방 왕 사이에 일어난 사건을 다룬 이야기라면, 7-12장은 사건이나 에피소드는 거의 찾아볼 수 없고 대부분 다니엘이 본 환상과 그에 대한 설명이다. 꿈과 환상은 두 부분 모두에서 공통적으로 빈번히 나타나지만, 1-6장의 다니엘은 모든 꿈과 환상을 이해하고 설명하되 7-12장 의 다니엘은 그가 경험하는 환상을 이해하지 못하는데 마지막 환상까지도 듣고도 깨닫지 못한다12:8는 점에서 서로 차이난다. 1-6장이 디아스포라로 살아가는 유대인들을 배경으로 한다면, 7-12장은 여전히 바벨론을 배경으로 하고 있지만 실제로는 예루살렘과 그 성전에서 일어나는 일에 초점이 있다.

7-12장은 대부분 환상으로 이루어지며, 주전 2세기 중반까지의 역사를 상징적으로 표현한다. 특히 2세기 중반의 역사의 매우 세밀한 부분까지 상징적으로 표현하기 때문에, 1-6장과는 확연히 다르고 이해하기도 어렵다. 이해하기 어려운 주된 까닭은 2세기 중반의 역사 자체가 오늘의 독자들에게 매우 낯설기 때문일 것이다. 아마도 다니엘서는 처음부터

1-6장과 7-12장이 따로 존재했을 가능성이 크다. 앞서도 언급했듯이, 1-6장에 나오는 다니엘은 환상을 풀이하는 존재이지만, 7-12장의 다니엘은 그가 보는 환상의 의미를 거의 이해하지 못하며 심지어 해석자 천사가 풀이한 후에도 제대로 납득하지 못한 듯해 보이기도 한다. 본문이 언제 쓰였든지간에 본문이 초점을 두고 있는 배경만으로 보자면, 1-6장은 주전 6세기 바벨론을 배경으로 하고 7-12장은 주전 2세기 중반의 팔레스타인을 주된 배경으로 한다. 아마도 1-6장이 처음부터 대중을 대상으로 한 작품이었다면, 7-12장은 좀 더 전문적이고 학식 있는 사람을 배경으로 한 작품이었을 수 있다.[10]

서로 확연히 구별되는 두 부분이지만 1-6장과 7-12장은 서로 긴밀히 연결되어 있기도 하다. 2장은 네 종류의 금속을 통해 네 왕국을 다루는데, 7장 역시 네 짐승으로 상징되는 네 왕국을 다룬다. 풀무불에 던져진 세 친구를 다룬 3장과 사자굴에 던져진 다니엘을 다룬 6장은 신실하게 믿음을 지키려다 어려움을 겪는 이들을 다룬다는 점에서 서로 대응되며, 땅 중앙에 높이 솟은 나무로 표현된 왕을 다룬 4장과 예루살렘 성전 그릇으로 술을 마시는 이방 왕을 보여준 5장은 이방 왕의 교만이라는 공통 주제를 다룬다는 점에서 서로 대응된다. 이를 다음과 같이 간결하게 표현할 수 있다.

네 왕국 환상2장

　　믿음의 시련3장

　　　　이방 왕의 교만과 심판4장

　　　　이방 왕의 교만과 심판5장

　　믿음의 시련6장

네 왕국 환상7장

---

10) P.R. 데이비스 지음, 심정훈 옮김, 「다니엘 연구 입문」 (기독교문서선교회, 2017), 17.

이처럼 2장과 7장, 3장과 6장, 4장과 5장은 서로 맞물려 교차배열되어 있다. 새로운 단락을 시작하는 7장이 2–6장과 이렇게 연결된 짜임새는 1–6장과 7장을 분리시켜 읽지 말 것을 촉구한다고 볼 수 있다. 다니엘서의 아람어 파트가 7장까지라는 점도 7장을 6장까지와 분리하지 말 것을 알리는 표지라고 볼 수 있다. 7–12장에서 다루는 다가올 궁극적인 미래에 대한 환상을 고려치 않고 1–6장을 읽으면 자칫 신앙인의 성공 간증으로 오해될 여지가 발생한다. 사실, 대개 이런 식의 다니엘서 이해가 우리네 교회에서 다니엘서가 소비되는 전형적인 방식이기도 하다. 그러나 7–12장은 마지막에 견디기 쉽지 않은 혹독한 핍박이 기다리고 있으며, 하나님께서 이루실 궁극적인 미래가 있음을 선언하고 약속한다. 이 땅에서 잠시 누리는 것 같은 성공은 영속적이거나 오래 가지 못하며 온 세상은 근본적인 변화에 직면하게 될 것이다. 그래서 **이와 같은 짜임새는 이 땅에서의 삶을**(1–6장) **장차 임할 궁극적 변화라는 기대와 전망**(7–12장) **안에 이해하게 한다.** 그럴 때, 1–6장은 단순한 성공 이야기가 아니라 낯선 땅에서 그 날을 사모하며 살아가는 하나님 백성 이야기가 된다. 7–12장에서 제시되는 다가올 날들에 대한 환상은 1–6장에서 제시된 낯선 땅에서 살아가기의 틀을 형성한다. 특히 7장은 6장까지를 받으면서 7–12장에 이르는 완전히 새로운 내용의 첫머리를 시작하는 역할을 한다는 점에서, 다니엘서 전체의 중심이라고 할 수 있다.

오늘날 우리네 교회에서 1–6장은 널리 읽히고 나누어지지만, 7장 이후는 좀처럼 나누어지거나 다루어지지 않는다. 그렇지만 우리가 지닌 다니엘서는 1–6장만이 아니라 1–12장으로 이루어졌다. 앞서 설명한 대로, 2–7장이 서로 긴밀하게 맞물려 있기도 하다. 그러므로 1–6장은 반드시 7–12장과 연관하여 읽혀야 한다. 그렇지 않으면, 다니엘서는 거의 대부분 '성공 간증', 처음에는 힘들었으나 하나님 의지하고 살았더니 성공해서 영광돌렸더라 식의 흔해 빠지며 진부하기 짝이 없는 이야기, 결국에는 자신에 대한 열등감만 더 커지게 하는 이야기가 되기 쉽다. 이제껏 우리네 교회가 이런 식으로 성공 간증 삼으며 사회에서 높은 자리에 올라간 이들을 거론하기도 했으나, 실제로 우리와 우리 형제자매 그리스도인들의 대부분은 그런 성공한 자리와는 거리가 먼, 하루와 일년을 어떻게 살아갈 지 고민하는 일상을 살아간다는 점에서, 그런 성공 간증은 근본적으로 무익하다. 다니엘서 역시 현재 우리가 지닌 그 전체의 모습에서 성공 간증을 전하는 책이지 않다. 이미 1–6장에서도 다니엘의 삶은 언제나 벼랑에 있기도 했다. 그리고 7–12장은 벼랑에 선 하나님 백성을 향해 다가올 근본적인 변화를 기대하며 현실의 강력한 세력에 굴복하지 말도록 격려하고 권면한다.

벨사살 왕 원년에 다니엘이 본 환상 1절

"머리 속으로 환상을 받고"로 번역된 부분을 직역하면 '그의 머리의 환상'이라고 옮길 수 있다. 다니엘서는 환상을 보는 자리가 사람의 신체 중 머리라고 여겨 '머리의 환상'이라는 표현을 즐겨 쓴다.2:28; 4:5,10,13; 7:1,15 "대략"이라고 번역된 아람어 단어는 같은 절에서 '머리'로 번역되었던 단어이기도 하다. 달리 '핵심' 혹은 '요약'이라고 표현할 수도 있겠다. 실제 바벨론 역사에서 벨사살은 제국 전역을 통치하는 실질적인 왕으로 집권한 적이 없었던 것 같지만, 다니엘서에서는 여러 차례 그의 시대와 연관한 내용이 진술된다. 앞서 언급했지만, 다니엘은 구체적인 역사라는 틀 안에서 온 세상을 향한 하나님의 뜻을 풀어나간다고 이해할 수 있다.

하늘의 네 바람이 큰 바다로 몰려 불다. 2절

7장 첫머리는 다니엘을 3인칭으로 언급하지만, 2절부터는 다니엘이

직접 말하는 형식으로 바뀌면서 그가 일인칭으로 등장한다. 마지막 12
장까지 계속해서 "나 다니엘"이라는 표현들이 쓰이면서,7:15; 8:1,15; 9:2;
10:2; 12:5 7-12장 전체가 다니엘이 직접 말하는 것으로 제시된다. 이전 6
장까지에서는 다니엘이 항상 삼인칭으로 언급되었다는 점에서, 다니엘의
일인칭 역시 1-6장과 7-12장을 구분하는 표지라고 볼 수 있다. 후반부
에서 제시되고 풀이되는 환상은 이방 왕이 본 환상을 다룬 1-6장과는 달
리 모두 다니엘이 본 환상이라는 점에서도 전반부와 구분된다. 한글 번
역에서는 반영되지 않았지만, "하늘의 네 바람이"로 시작되는 앞에 '보
라!'라는 외침이 놓여 있다. 이러한 '보라'는 7장에서 여러 번 쓰인다.7:2,
5, 6, 7, 13 이를 통해 등장하게 될 것에 주의를 환기시킨다. 2,5,6,7절에
있는 '보라'가 환상 속의 네 짐승을 주목하게 한 것이라면, 13절에 쓰인
'보라'는 이 끔찍한 현실에 대한 하나님의 행하심으로서 "인자 같은 이"의
출현에 주목하게 한다.

하늘의 네 바람이 큰 바다위로 몰아쳤다. 바람은 구약에서 종종 하나
님이 사용하시는 도구로 표현되곤 한다.욥 26:13 또한 "바다"는 아주 많은
경우 하나님을 대적하는 세력의 상징으로 쓰여서 하나님께서 바다를 무
찌르신다는 선언들도 구약에서 빈번하게 볼 수 있다.가령, 시 74:13; 89:9; 사
51:10 바다에서부터 짐승 넷이 나왔다는 점에서 바다는 하늘을 대적하는
세력, 하늘과 반대편에 선 세력이라고 할 수 있을 것이다. 그렇다면 2절
말씀은 하나님의 거처인 하늘에서 내려온 바람과 큰 바다의 싸움을 다룬
다고 볼 수 있다.참고. 창 1:2

네 짐승의 잇따른 출현 3-8절

바다에서 올라온 첫 번째 짐승은 사자와 같이 생겼으면서 독수리의 날
개를 가졌다. 사자의 용맹함과 강함에 더하여 독수리의 날개까지 가졌으

니 매우 강력하고 신속한 이미지를 첫 번째 짐승이 지니고 있다. 그런데 지켜보는 사이에 그 날개가 뽑혔다는 점은 사자로 상징되는 존재에게 닥친 기동성의 상실, 세력의 약화를 나타낸다고 볼 수 있다. 그러면서도 사람처럼 두 발로 서게 되었다는 것은 이 존재가 여전히 막강한 능력을 지니고 있음을 보여준다. 사람처럼 서고 사람의 마음을 지녔다는 표현에서, 이 존재에 대한 어떤 우호적인 인상을 반영한다고도 볼 수 있다.

두 번째 짐승은 곰과 같았다. 이 짐승은 몸의 한 쪽을 들고 있었는데, 이것은 이제 막 움직이려고 하는 상황 혹은 움직이고 있는 상황을 나타낸다고 볼 수 있겠다. 그 입의 잇사이에 세 갈빗대가 있다는 표현 역시 이제 막 이 곰이 무엇인가를 덮쳐서 물어 뜯고 있음을 보여준다. 이 곰을 향해 일어나서 많은 고기를 먹으라고 말하는 자들이 누구를 가리키는지 확실히 말하기는 어렵다. 적어도 이 소리가 여럿이라는 점에서, 하늘에서 난 소리로 보기는 어려울 것이다. 많은 고기를 먹는다는 것은 더 많은 살육과 사냥이 닥쳐올 것임을 보여준다는 점에서, 힘과 권력, 무력으로 세상을 짓밟고 정복하는 세력의 이면에 있는 존재 같은 것으로 이 소리들을 이해할 수 있지 않을까? 이들은 쉽게 만족하는 이들이 아니며 더 많은 고기 더 많은 살륙을 구하는 이들이다.

세 번째 짐승은 표범 모양이었으며, 등에는 새의 날개가 있고 머리가 넷이 있었다. 이러한 이미지 역시 이 존재의 강력함과 빠름을 반영하며, 이 짐승에게 권세가 주어져 있다는 설명 역시 이 짐승의 강력함을 보여준다. 앞에서 보았듯이, 두 번째 짐승부터 '보라'라는 말이 붙어 있다는 점에서, 두 번째에서부터 네 번째까지의 짐승은 이 땅에 임하는 크고 강하고 거칠고 사나운 세력을 상징한다고 볼 수 있다. 17절은 환상 속의 짐승이 세상에 일어날 왕이라고 설명한다. 그렇다면 네 짐승 환상은 세상에 일어날 왕 혹은 왕국의 본질과 속성을 단적으로 표현한 것이라 이해할 수 있다.

앞의 세 짐승들과는 달리 7절에 소개되는 넷째 짐승은 무엇과 닮았으며 어떤 모양을 하고 있는지 제시되지 않는다. 앞의 세 짐승이 구체적인 동물에 비교된 데 비해, 네 번째 짐승의 정체는 알려지지 않는다. 다만 무섭고 놀라우며 매우 강한 존재임을 서술하면서, 이제까지 등장했던 세 짐승보다 훨씬 강하고 두려운 존재임을 알린다고 볼 수 있다. 그에게는 쇠로 된 이가 있어서 모든 것을 먹고 부서뜨렸다. 특정한 동물 이름을 부치기보다 이처럼 여러 형용사와 동사로 표현하면서, 넷째 짐승이야말로 가장 강력하고 두려운 존재임을 부각시킨다고 볼 수 있다. 7:19,23에도 언급되는 넷째 짐승의 강력함에 대한 묘사는 아마도 알렉산더로 대표되는 강력한 헬라 제국의 군대를 염두에 둔 것이라고 볼 수 있다.[11] 이 짐승에게 열 뿔이 있었는데, 그 사이에 또 다른 작은 뿔이 생겨나더니 먼저 있던 뿔들 가운데 세 개가 뿌리까지 뽑혀 버렸다. 작은 뿔에는 사람의 눈과 입 같은 것이 있었으며, 그 입으로 굉장한 일들을 이야기하였다.8절 눈과 입 같은 것이 뿔에 있다는 점에서, 이 뿔은 뿔 자체가 아니라 매우 상징적인 표현이라고 할 수 있다.

명시적으로 표현되지는 않았지만, 작은 뿔로 인해 먼저 있던 뿔이 뽑힌 것이라고 볼 수 있다. 이 작은 뿔에는 사람의 눈 같은 눈들이 있고, 입이 있어 큰 말을 하였다. 큰 말이라는 것은, 그 내용에 있어서 온 세상과 연관된 말, 온 세상의 지배와 정복, 좌우함에 관한 말 혹은 세상을 다스리는 하나님을 대적하고 맞서는 말 같은 것을 생각해볼 수 있다. 하나님께서 선포하시는 말씀도 크고 놀라운 말씀이지만, 이에 맞서려고 하는 짐승의 말 역시 큰 말이었다. 광야의 예수님을 유혹하던 마귀 역시 온 나

---

11) 마르틴 헹엘 지음, 박정수 옮김, 「유대교와 헬레니즘」 1권 (나남, 2012), 93-94; 렘 50:16
에 있는 "압박하는 칼"이 칠십인경에서는 '헬라인들의 칼'로 옮겨진 것도 이와 연관될 것이
다. 같은 책, 94.

라의 권세를 이야기하고 있다. 언제나 짐승과 마귀는 큰 것, 온 세상, 강력한 권세와 제국을 이야기하며, 그 점에서 끝없이 웅장하고 대형을 추구하며 하늘을 찌를 것 같은 높은 탑을 쌓아오던 우리네 교회의 어떤 측면을 떠올리게 한다.

2장의 네 금속 재료와 더불어, 여기에 등장하는 네 짐승으로 상징되는 왕 혹은 나라는 누구 혹은 어느 나라를 가리키는 것일까? 네 짐승이 한꺼번에 등장하는 것이 아니라 차례차례 등장한다는 점에서, 이 넷은 왕국의 흥망성쇠를 표현한다고 볼 수 있으며, 이 왕국들은 당연히 하나님 백성 이스라엘과 연관된 네 나라일 것이다. 짐승에 대한 묘사가 부분 부분 꽤나 세밀하고 자세하다는 점에서, 이 본문이 기록될 당시에 각각의 짐승으로 묘사하고 표현하고자 한 특정한 나라 혹은 민족이 있었으리라는 점은 분명해 보인다. 1-6장과 7-12장 모두 바벨론-메대-페르시아로 이어지는 시대 구분을 지니고 있다는 점, 그리고 마지막 네 번째 짐승의 강력함과 분할은 알렉산더가 일으킨 광대한 제국과 그의 사후 네 나라로의 분열과 일치한다는 점 등을 고려할 때, 2장과 7장의 네 나라는 바벨론-메대-페르시아-헬라제국으로 이해할 수 있다.

네 나라의 정체가 무엇인지에 대해 수많은 의견들이 제시되었다. 중세의 유대인들은 네 번째 짐승을 로마로 대표되는 기독교 세력이라고 본 반면, 루터와 같은 이들은 당시에 유럽 세계를 위협하던 이슬람의 투르크 제국이라 보기도 하였다.[12] 이 점은, 다니엘 본문이 현재 자신들의 처지를 위협하는 강력한 상대방을 정죄하고 배척하는 도구로 여러 진영의 사람들에 의해 자신들에게 유익한 방향으로 해석될 수 있음을 보여준다. 근본적으로 7장과 같은 본문이 매우 상징적이고 암시적인 표현으로 쓰였다는 점에서 특정한 민족과 곧바로 일치시키는 것은 무리가 있다. 그리

---

[12] 존 E. 골딩게이, 채천석 옮김, 「다니엘」, WBC 30; 솔로몬, 2008, 40-43.

고 이 상징들이 특정한 나라들에 대응이 되어 버리면 그 특정한 네 나라의 시대가 지나간 이후의 사람들에게는 이러한 표현의 의미가 약화될 것이라는 점에서도, 본문에 나오는 네 짐승을 특정한 나라에 곧바로 대응시키는 것은 적절치 않다고 할 수 있다. 본문 스스로도 명시적 언급보다는 상징적 언급을 하고 있다.

분명히 네 짐승은 이 땅에 존재하는 세력을 표현한다. '하늘의 네 바람' 같은 표현이 천지 사방을 가리키듯이, 숫자 4는 모든 것 혹은 온 세상을 가리킨다고 볼 수 있으며, 네 짐승은 온 세상을 네 왕국으로 표현한 것이라고 볼 수 있다. 다니엘의 시대이건, 그 이후 헬라의 셀류커스 왕가 시절 안티오커스 에피파네스에 의해 유대 땅이 짓밟히던 시대이건, 혹은 로마 시대, 혹은 오늘날의 시대이건, 본문의 짐승은 인류 가운데 등장한 강력하고 힘 있는 제국을 상징한다. 세상에 등장하는 강력한 세력들은 이처럼 서로가 서로를 대적하고, 서로가 서로를 먹어 치워버리며, 매우 강한 나라가 등장했나 싶은데 또 다른 강력한 나라가 등장해서는 이전에 있던 나라들을 없애 버린다. 그리고 자신이야말로 온 세상의 주인이기라도 한 것처럼 큰 소리를 치고 세상을 좌우할 것처럼 큰 말을 한다. 이것이 짐승의 특징이다. 짐승은 힘을 상징하고 무법하고 잔인하며 교만하고 짓밟는다. 그들에게 약자들은 오직 짓밟히고 먹히게 되는 먹이일 뿐이다. 그렇게 짓밟는 것을 통해 그들은 자신의 힘을 과시한다. 땅 위의 짐승은 어느 정도 먹으면 더 먹지 않고 배고프지 않으면 사냥하지 않지만, 7장의 짐승, 사람 사는 세상의 제국은 먹어도 먹어도 만족함을 모른 체 아직 입 속에 먹던 뼈가 남았는데도 더 먹을 준비가 되어 있다. 이것은 오늘날에도 세계를 지배한다고 하며 약소국을 짓밟고 좌우하는 강대국들의 실상이며, 끝없이 이윤을 추구하는 자본주의의 실상이기도 하다.

보좌에 앉으신 옛적부터 계신 이 9-10절

네 짐승의 세상이 있는가 하면 또 다른 여러 보좌들이 있는 세상도 있다. 이 보좌 가운데 하나에는 "옛적부터 계신 이"가 좌정하셨다. 개역은 "왕좌"라고 옮겼지만, 아람어 복수형 명사가 쓰였으니 '왕좌들'이다. 그런 점에서 구약 성경에서 곧잘 볼 수 있는 바, 하나님 앞에서의 천상 회의 같은 것가령, 왕상 22:19-23; 사 6:1-8을 생각해볼 수 있다. 아마도 가운데 있는 왕좌에 옛적부터 항상 계신 이가 좌정하셨다. "옛적부터 항상 계신 이"에 해당하는 부분을 직역하면 '날들이 오래된 이'Ancient of Days 정도로 옮길 수 있다. 눈 같이 흰 옷과 양털 같은 머리를 가진 권위 있는 존재에 대한 언급은 에녹1서 14:20에서도 볼 수 있다. 옛적부터 계신 이가 보좌에 앉으셨다는 것은, 그가 왕으로 좌정하셨으되 최근 혹은 얼마 전부터가 아니라 오래 전부터 그가 이미 통치하고 계셨음을 의미한다. 짐승들이 등장하고 그토록 강력해 보이지만, 실제로는 옛적부터 계신 이가 이미 오래 전에 그 보좌에 좌정하셨다.

그러므로 9절부터는 바다에서 나온 짐승이 장악한 땅과는 구별되게 하늘에서 이루어지는 참된 역사를 보여준다. 그의 앞에는 불이 강처럼 흐르고, 무수히 많은 존재들이 모여 서 있다. 벨사살 왕이 천 명의 사람들을 모았다고 하지만,단 5:1 옛적부터 계신 이 앞에 훨씬 더 많은 존재들이 서 있다. 짐승들의 기세가 대단하고 위협적이지만, 옛적부터 계신 이와 그 앞에 모셔 선 존재들이 장차 행할 것이다. 그가 세상을 심판할 것이며, 그의 앞에 펼쳐져 있는 책은 이러한 심판과 연관될 것이다. 이사야서 4장은 만군의 여호와께서 구름과 연기, 화염의 빛을 만드신다 선포하며, 기록된 것에 따라 세상을 심판하실 것임을 선언한다.사 4:2-6 책에 기록된 대로 심판이 이루어진다는 것은 그의 행하심이 우연적이거나 갑작스러운 것이 아니라 오래 전에 계획된 대로 이루어지며 변치 않고 반드시 이루어질 것을 의미한다.가령, 출 32:32, 33; 시 69:28; 139:16; 사 4:3; 단 12:1; 말 3:16 다니엘서의 여러 환상이 공통적으로 닥쳐올 역사가 이미 하나님의 경륜 가운데 정해져 있음을 이야기하고 있거니와, 이를 뒷받침하는 것 가운데 하나가 책에 대한 언급이다.단 7:10; 12:1,4

짐승의 운명 11-12절

11절에서는 3절 이하에서 언급된 짐승 환상과 9절 이하에서 언급된 옛적부터 계신 이에 관한 환상이 결합된다. 세상을 차지한 작은 뿔이 큰 소리를 치고 말하였다는 것은 자신의 힘을 드러내고 과시하고 오만불손하게 행하였음을 의미한다. 그로 인해 보좌에 앉으신 옛적부터 계신 이와의 충돌이 예상되는데, 주목하여 보니 그 싸움은 뜻밖에도 순식간에 끝나 버렸다. 신속히 짐승이 죽임을 당하고 타오르는 불 속에 던져졌다. 이러한 환상은 보좌에 앉으신 이의 권능이 얼마나 크며, 세상 제국들의 힘이라는 것이 얼마나 초라한 지를 단적으로 보여준다. 세상 나라들은 그 힘을 과시하지만, 실상 하나님의 행하심 앞에서는 하루 밤의 꿈이며,시 73:18-20 바람에 나는 겨와 같다.시 1:4 아직 짐승들이 존재하지만, 그것은 이미 권세를 빼앗긴 채 최종적인 심판의 시기까지 기다리게 한 것에 불과하다는 12절의 진술은 이 땅에 존재하는 모든 강력한 제국들을 상대적으로 인식하게 한다. 그들의 강함과 지배는 다만 그 심판의 날까지 살려두신 것에 불과하다. 그러므로 다니엘서의 환상은 현재 존재하는 짐승 같은 제국과 권력의 본질을 일시적인 것이라고 강력하게 선언한다. 비록 그들이 강해 보이지만, 더 큰 권세이신 존재에 의해 한시적으로 명맥을 잇고 있을 뿐이며 그 정한 시기가 이제 곧 오게 될 것이다.

인자 같은 이 13-14절

그 보좌 앞에 "인자 같은 이"가 인도된다. 이 표현이 복음서에 인용되면서 예수 그리스도를 가리키는 구절로 인용되었지만, 막 13:26; 눅 22:69; 요 13:31; 행 7:56; 계 1:13 등 다니엘서에서의 인자 같은 이가 의미하는 것은 눈에 보이는 모습과 형상에 대한 것임을 유의해야 한다. 가령 풀무불 속에 있던 네 번째 존재는 "신들의 아들"과 같게 생겼다.단 3:25 이것은 그 존재가 사람과는 다른 어떤 형상을 하고 있었음을 짐작하게 한다.가령, 사 6:2에 따르면 하나님 앞에 있는 스랍은 세 쌍의 날개를 지녔다 그리고 본문에서 '사람의 아들 같은 이'가 의미하는 것은 사람과 동일한 모습을 지닌 존재임을 의미한다고 볼 수 있다. 하늘 구름과 함께 등장하였다는 점에서 천상의 존재인 것으로 여겨지는데 뜻밖에도 그는 "신들의 아들"이 아닌 "인자 같은 이", 즉 사람이더라는 것이다. 그런 점에서, **이 구절은 이 존재가 하늘로부터 준비되고 보호되고 이끌려지는 존재이며 동시에 사람이라는 점을 강조한다고 볼 수 있다.** 다니엘서에서 천상의 존재가 등장할 때 그의 외형적인 모습이 사람일 경우 이처럼 '사람 같은 이'로 표현하는 예들을 볼 수 있다는 점에서,단 10:16, 18; 참고. 9:21; 10:5, 10 "인자 같은 이"가 의미하는 것이 미가엘 같은 천상의 존재일 수도 있다. 이 점은 7:15 이하의 본문에서 다시 다룰 것이다. 먼저 짚어 둘 것은, 그럼에도 다니엘 본문은 하늘로부터 오는 이 존재가 '사람'이라는 점을 강조하고 두드러지게 한다는 점이다.

사람 같은 이가 옛적부터 계신 이 앞으로 나아오게 되고, 그에게 권세와 영광과 나라가 주어졌으며, 세상 모든 백성들이 그를 섬긴다. 강력한 모양의 짐승들에 비해 사람 같은 모양의 존재가 훨씬 미약해 보이지만, 바로 이 존재에게 권세와 영광과 나라가 주어지게 되니 그의 권세는 소멸되지 않고 그의 나라는 영원하다. 1-6장까지 줄기차게 되풀이되는 주제가 나라와 권세가 누구에게 있는가 라는 질문이었는데, 7장에서는 옛적부터 계신 이 앞에 인도된 사람, 그에게 영원한 나라와 권세가 주어지게 된다고 증언한다. 그 점에서 7장은 1–6장을 이으면서 확장한다. 거의 비슷한 표현이 6:26에서는 다니엘의 하나님에게 적용되었다는 점에서, 7장에 등장하는 "인자 같은 이"는 하나님의 권세가 주어진 존재임을 알 수 있다.

이렇게 볼 때, 다니엘서 본문은 짐승과 사람을 대조시킨다고 볼 수 있다. 앞에서 '보라'라는 말이 여러 번 반복되어 있다 했는데, 바다에서 나온 네 짐승, 그리고 두 번째, 세 번째, 네 번째 짐승의 등장에 대해 이 표현이 있었고, 13절 인자 같은 이의 등장 앞에도 이 표현이 붙어 있어서, 네 짐승과 인자 같은 이의 대조를 확인시켜준다. 짐승은 사람이 도저히 살 수 없는 황무한 광야에 거한다.사 13:21; 34:14 사람을 해칠 수 있는 존재이며,출 23:29 특히 가난한 자와 하나님 백성을 삼키는 존재를 상징한다.시 74:19; 79:2 아담과 하와를 유혹하며 하나님 말씀을 거역한 뱀도 그러한 짐승을 대표한다고 할 수 있다. 기본적으로 짐승은 하나님께서 지으신 피조물이지만, 짐승에 대한 몇몇 군데의 묘사들은 짐승의 강함과 잔인함, 무도함, 간악함 등을 표현한다. 다니엘의 환상에서 열방의 강력한 나라들을 짐승으로 표현하는 것 역시 이러한 맥락에서 이해할 수 있다. 다니엘의 환상에 나오는 짐승은 하나같이 강하고 두려우며 사나운 존재이다. 이러한 짐승의 이미지야말로 요한계시록에 빈번히 등장하는 짐승 상징의 본질일 것이다.계 11:7 특히 요한계시록 13장에서 묘사하는 짐승은 다니엘서와 흡사하다.

"내가 보니 바다에서 한 짐승이 나오는데 뿔이 열이요 머리가 일곱이라 그 뿔에는 열 왕관이 있고 그 머리들에게는 신성 모독하는 이

름들이 있더라 내가 본 짐승은 표범과 비슷하고 그 발은 곰의 발 같
고 그 입은 사자의 입 같은데 용이 자기의 능력과 보좌와 큰 권세를
그에게 주었더라"계 13:1-2

이 존재는 말을 하기도 한다.계 13:11 그에 비해 사람은 훨씬 연약한 존
재이다. 시편의 구절들은 짐승과 대조된 하나님 백성의 모습을 잘 보여
준다.

"주의 멧비둘기의 생명을 들짐승에게 주지 마시며 주의 가난한 자의
목숨을 영원히 잊지 마소서"시 74:19

"하나님이여 이방 나라들이 주의 기업의 땅에 들어와서 주의 성전을
더럽히고 예루살렘 돌무더기가 되게 하였나이다 그들이 주의 종들
의 시체를 공중의 새에게 밥으로, 주의 성도들의 육체를 땅의 짐승
에게 주며"시 79:1-2

요한계시록에서도 짐승과 반대편에 있는 이들은 어린 양과 그를 따르
는 사람들이다.계 14:1-4 하나님을 대적하는 이는 짐승으로 그려지지만,
하나님의 편에 선 이들은 어린 양과 사람들로 그려진다. 다니엘서와 요
한계시록은 짐승에 대해 어린 양과 사람의 승리, 영원한 승리를 말한다
고 볼 수 있다.

짐승이 강하지만 승리하는 것은 사람이다. 짐승의 시대에 짐승을 이기
기 위해 더 센 짐승, 더 강한 존재, '슈퍼맨'과 '울트라맨'이 되고 싶지만,
성경은 짐승을 이기는 궁극적인 승리가 사람에게 있다고 증언한다. 교회
까지도 대단히 크고 웅장한 형태를 이루어 세상을 압도하려 하지만, 그

것은 짐승 흉내를 내는 것일 따름이다. 하나님의 영이 임하여 다른 사람들에 비할 수 없는 대단한 능력과 권세를 행할 것을 사모하기도 하지만, 그러한 갈망은 어쩌면 '짐승'에 대한 갈망일 수 있다. 그러므로 짐승이 되지 말고 사람이 되라. 이성을 잃지 말고 양심과 이성을 지키라. 그것이 도리어 영원하며 그것이 도리어 소멸되지 않는다. 사람 같아 보이는 연약한 모습이지만 그의 권세는 소멸되지 않는다. 사람은 곧 죽을 것 같은 연약한 모습이어도 그의 권세는 영원하다. 참으로 살아서 하나님을 믿는 자는 영원히 죽지 않으며 죽어도 살 것이다.요 11:25-26 정말 중요한 것은 우리의 힘이나 능력이 아니라, 하나님의 힘이요 능력이다. 사람이 강할 수는 없는 법이며, 우리가 약해서 이러한 문제가 생긴 것이라고 말할 수도 없다. 더 크고 더 강한 힘이 있어야 해결되는 것이 아니라, 하나님으로 말미암아 승리가 온다. 하나님을 의지하며 신뢰하라. 그래서 짐승의 시대에 사람으로 살아가라.

다음에 다룰 내용이지만, 다니엘은 번민한다단 7:15, 28. 그런 점에서 사람의 특징은 번민하고 고민하는 것이라 할 수 있다. 궁극적 승리에 대한 말씀을 듣지만 그의 감정, 그의 느낌은 여전히 혼란스럽고 번민한다. 사람답다는 것은 그러한 혼란한 감정을 그대로 인정하고 인식하는 것이라 할 수 있다. 어쩌면 우리는 감정 없는 존재가 될 것을 요구받는 세상을 살고 있지는 않을까. 감정을 표현하면 미성숙하며 심지어 '여자아이'라는 말을 듣기도 한다. 그러나 예수께서 성전을 정화하신 사건은, 눈물과 간구로 기도하신 것은, 예루살렘을 보며 우신 것은, 그야말로 감정적이라 해야 할 것이다. 사람으로 사는 것은 자신의 상태를 제대로 정확하고 풍성하게 느끼는 것이라 할 수 있다. 그럴 때 그 사람은 다른 사람의 감정과 마음에 대해서도 제대로 느끼고 공감할 수 있다. 감정이 사라지는 시대야말로 짐승의 시대이다.

그런 점에서 7:14의 인자 같은 이가 예수를 가리킨다면, 그것은 예수님이야말로 참 이스라엘, 참 사람이기 때문이라고 할 수 있다. 로마의 시대, 사람들이 표적과 이적을 구하던 시대에 예수께서는 사람으로서 사람의 길을 걸어가셨다. 수 세기 전에 일어났던 마카비 혁명 같은 힘과 권력을 쟁취하는 싸움이 있고 그러한 승리에 대한 기대가 예수께 주어졌지만, 예수께서는 철저하게 사람으로 사셨고 사람으로 십자가에 달려 죽으셨다. 공생애 내내 메시야되심을 일체 말하지 못하게 하셨던 예수께서는 사로잡혀 재판에 회부되었고 무기력하게 죽음에 넘겨지게 될 순간에 대제사장과 그를 죽이려는 세상을 향해 다음과 같이 이르셨다.[13]

"예수께서 이르시되 내가 그니라 인자가 권능자의 우편에 앉은 것과 하늘 구름을 타고 오는 것을 너희가 보리라"막 14:62

놀라운 기적과 능력을 드러내는 자리가 아닌, 이제 권력을 마음껏 휘두르며 사람을 위협하는 세력 앞에서 예수께서는 "내가 그니라" 이르신다. "저 모든 생각에 권력을 추구하는 인간의 어떤 흔적도 남아 있지 않을 때, 우리는 비로소 '나는 나다'라는 하느님의 목소리를 들을 수 있습니다".[14] 여기에서 예수께서는 명확히 다니엘서 7:13-14을 인용하시며 스스로 다니엘서가 증언하는 인자이심을 선언하셨다. 죽임 당하는 사람이 권능자 우편에 앉는 자, 즉 나라와 권세가 주어지는 이이다. 이제 사로잡혀 권력 앞에 넘겨진 이가 장차 하늘 구름을 타고 오실 이이다. 참으로 예수는 '인자', 사람이셨다.

대단한 위세를 자랑하며 흉폭함과 힘을 자랑하던 짐승은 눈깜짝할 사

---

13) 로완 윌리암스, 민경찬·손승우 옮김, 「심판대에 선 그리스도: 우리의 판단을 뒤흔드는 복음에 관하여」 (비아, 2018), 34-37.

14) 윌리암스, 「심판대에 선 그리스도」, 36.

이에 죽임 당하게 된다. 그래서 이 본문은 소멸하지 않는 권세를 지닌 사람과 삽시간에 죽임 당하는 강력한 짐승 사이의 대조를 담고 있다. 이를 통해 하나님의 권세와 세상의 권세가 대조된다. 이러한 대조는 요한계시록에서도 찾아볼 수 있다. 하나님을 대적하는 세력은 붉은 용, 옛 뱀으로 표현된다.

현실은 죽임 당하게 되는 짐승의 세상일 것이다. 그래서 인자의 승리, 소멸하지 않는 권세에 관한 내용은 환상으로 주어진다. 환상은 그렇게 현실 아닌 현실이다. 다니엘에게 보인 환상이요, 다른 사람들은 볼 수 없는 것이었다. 그러나 다니엘의 이름을 통해 이 환상이 전해졌고, 기독교 교회 역시 다니엘의 환상을 하나님의 말씀으로 고백하였다. 이제 다니엘의 환상은 우리의 환상이 되었다. 하나님을 믿는다는 것은 이 환상을 고백하고 신뢰하고 확신하는 것이다. 지금 눈 앞에 보이는 현실은 짐승의 세상이지만, 하나님께서 행하실 영광의 날이 있다는 것, 그리고 짐승은 사라지되 소멸하지 않는 권세가 있다는 것을 믿는 것이다. 환상을 믿는다는 것이 현실을 부정하는 것이지 않다. 다니엘 1–6장은 그들이 살고 있는 지독한 현실을 보여준다. 그들은 몇 십 년이 지나도 여전히 사로잡혀온 자의 자손으로 불리며, 이방의 왕은 아무리 사이가 좋더라도 언제건 말도 안 되는 이유로 이스라엘을 풀무불과 사자굴에 던져 넣는 존재이다. 유대인들은 다른 지혜자들을 살리려 하지만, 그들은 유대인들을 언제건 참소한다. 이것이 현실이며, 현실은 직시해야 한다. 동시에 환상은 이러한 현실 이면에 있는 진정한 현실을 보여준다. 이방 왕이 권력을 쥐고 있고, 그렇게 다른 왕국으로 권력이 바뀌지만, 참으로 영원한 권력은 우리 하나님이시다. 그 영원하고 소멸되지 않는 권세를 직시하는 것 역시 현실에 대한 직시일 것이다. 골리앗이 등장하여 이스라엘 전체를 모욕할 때 다들 그 앞에서 벌벌 떨었지만, 다윗은 돌 몇 개를 들고 그 앞에 나선다. 다윗은 만군의 하나님 여호와의 이름이 모욕되는 현실을 보며, 만군의 하나님을 의지하여 골리앗에게 덤벼든 것이다. 그 순간 현실을 가장 제대로 직시한 사람은 다른 누구도 아닌, 바로 다윗이다.15)

---

15) 유진 피터슨 지음, 이종태 옮김, 「다윗: 현실에 뿌리박은 영성」 (개정판; IVP, 2009), 68-70.

본문의 메시지

1. 짐승들의 기세가 거세지만 오래 가지 못한다.

바다에서 등장한 네 짐승의 이미지는 매우 강력하고 거셌다. 그렇기에 보좌에 계신 분의 등장과 더불어 대단한 싸움이 벌어질 것 같았지만, 싸움에 대한 묘사는 거의 찾아볼 수 없었다. 힘과 능력, 정복을 의지한 짐승들은 결코 오래 가지 못한다. 그들이 아무리 서슬퍼렇다 할지라도, 세상을 지배하는 왕국과 제국들의 기세가 아무리 등등하다 해도, 하나님께서는 그들을 단번에 제거하실 것이다.

2. 보좌에 앉으신 옛적부터 계신 이가 통치하신다.

보좌에 앉으신 옛적부터 계신 이야말로 온 세상의 심판을 베푸시는 분이시다. 최종적인 판단과 권세가 그 분께 있으니, 그 앞에서 짐승들은 그 권세를 빼앗기고 말 것이다.

3. 인자 같은 이의 이미지는 짐승의 이미지와 대조적이다.

네 짐승의 매우 강력하고 사나운 이미지에 비해, 사람처럼 생긴 이의 이미지는 훨씬 약해 보인다. 그러나 이렇게 인자 같은 이가 보좌에 계신 분에게 인도되매, 그에게 권세와 영광이 주어졌다. 이처럼 하나님께서 행하시는 역사는 겉보기에 크고 화려하고 거센 것이지 않고, 약하고 작고 평범해 보이되, 영원히 소멸되지 않는 역사이다.

16. 넷째 짐승 그리고 성도들의 나라

다니엘 7:15-28

앞에서 주어졌던 네 짐승을 둘러싼 환상에 대한 풀이가 이 단락에서 제시된다. 단계별로 이루어진 역사의 진전, 그리고 세상의 종말과 하나님 백성의 궁극적 승리를 말한다는 점에서, 이 단락에서 다니엘서의 묵시적 성격이 확연하게 드러난다. 이러한 묵시적 성격의 글이 주어진다는 것은 그만큼 청중과 독자가 살아가는 삶의 현장이 고통스러웠음을 반영하는 것이라고 볼 수 있으며, 여기에 묵시의 기능과 역할이 있다.

환상의 의미를 묻는 다니엘 15-16절

다니엘은 그가 본 환상으로 인하여 근심하고 번민하였다. 하나님께서 보여주신 놀라운 환상이라는 점에서 오히려 기쁘고 복될 것 같지만, 다니엘의 반응은 뜻밖이었다. '번민하게 하다'로 쓰인 동사로 보자면, 4장에서 환상을 본 느부갓네살의 상태를 가리키는 데에도 쓰였고,4:5 그 꿈의 의미를 알게 된 다니엘의 당혹스러움을 가리키는 데에도 쓰였다.4:19 같은 표현이 7장 마지막인 28절에서도 쓰였다. 꿈의 의미를 알기 전에도, 꿈의 의미를 알고 난 후에도 다니엘은 번민했다고 말할 수 있다. 이 번민의 의미는 무엇일까?

15절에서 "중심에 근심"하였다고 옮겨진 표현에서 "중심"은 직역하자면 '내 덮개 가운데에서'라고 할 수 있다. 여기에서 '덮개'는 칼집처럼 어떤 물건을 담아 두는 것을 가리킨다. 본문의 맥락에서 '덮개'는 사람의 영을 감싸고 있는 육체, 몸을 가리킨다고 볼 수 있다. 다니엘의 영이 눌리고 괴로웠는데, 자신으로 보자면 자신은 몸 가운데 있는 처지였다는 식으로 이 부분을 풀이할 수 있다. 놀라운 환상을 보았는데 자신은 여전히 육체 안에 있고 생생하게 살아 있는 채였다. 바울이 환상 가운데 몸 안에 있었는지 몸 밖에 있었는지 모른다고 하였던 표현고후 12:2-3도 다니엘서 구절과 연관하여 이해할 수 있다. 환상을 본 것이 몸의 세계를 떠나서 보고 경험한 것인지, 아니면 여전한 자신의 몸 가운데 있으면서 경험한 것인지가 알 수 없다는 것이 바울의 표현이라면, 다니엘의 경우 확실히 자신의 몸 가운데 있으면서 놀랍고 두려운 환상을 본 것을 이야기한다. 바울은 그때 본 환상을 일러 '말로 표현할 수 없고 사람이 가히 이를 수 없는 말을 들은 것'이라고 하였다. 그에 비해 다니엘이 본 환상은 그 내용이 소개될 뿐 아니라 그 해석까지도 풀이된다. 그러므로 바울이 본 환상과 다니엘의 환상의 차이는 몸 안이냐 밖이냐의 차이일 수 있다. 그런 점에서, 본 구절에서 다니엘이 느끼는 번민은 자신이 본 환상과 자신의 현실 사이의 불일치, 괴로움을 이렇게 표현한 것이라고 볼 수 있지 않을까 여겨진다. 바울의 환상이 어떤 천상의 비밀과 연관된다면, 다니엘의 환상은 이 땅을 살아가는 사람과 이 땅에서의 역사와 연관된 것이라고 할 수 있다. 한계를 가진 사람으로 놀랍고도 두려운 하나님의 환상을 볼 때 감당하기 어렵다. 그리고 이러한 괴로움은 보이는 꿈에 비하여 나타난 현실의 간격이 크다는 데서도 기인할 것이다.

다니엘은 옛적부터 항상 계신 이를 모셔 선 자에게 나아가서 환상의 의미를 질문하였다. 15절의 표현은 다니엘이 그의 꿈 혹은 환상에서 깨어난 후의 반응인 것처럼 보였는데, 16절은 다니엘이 여전히 그의 환상 가운데 머물러 있음을 보여준다. 애굽의 바로와 바벨론의 왕을 위해 하나님의 사람들이 꿈을 해석해 주거니와, 본디 꿈을 해석할 수 있는 이는 오직 그 꿈을 주시는 하나님 한 분이시다.창 40:8; 41:16 다니엘이 다른 이에게 나타난 꿈과 환상을 풀이할 수 있었던 것도 전적으로 하나님으로 말미암은 것이었다.단 2:19-23 16절은 어떻게 요셉과 다니엘 같은 이들이 꿈이나 환상의 의미를 알게 되었는지를 보여준다. 그들은 하나님 보좌 곁에 하나님을 모셔 선 이들에게 환상의 의미를 물었고, 그들은 하나님의 사람들에게 그 의미를 풀이하였다. 스가랴서나 다니엘, 요한계시록 같은 묵시문헌에서는 이처럼 어떤 천상의 존재로부터 환상이나 꿈의 의미를 듣게 되는 경우들이 빈번히 나타난다.가령, 슥 1:7-6:8 이렇게 꿈의 의미를 알려주는 이를 기리켜 '헤석지 천사'Angelus Interpres - the interpreting angel라고 부른다.

환상이 의미하는 바에 대한 요약 17-18절

보좌에 계신 이를 모셔 선 자 가운데 한 존재가 환상의 의미를 간결하게 설명하였다. 네 큰 짐승은 앞으로 일어날 네 명의 왕들을 가리키며, 결국에는 지극히 높으신 이의 성도들이 승리하고 영원 영원토록 그 나라를 얻게 되리라는 것이 환상의 의미이며 진상이다. 13-14절에 따르면 나라와 권세가 인자 같은 이에게 돌려진다고 하였는데, 18절에서는 그 나라를 지극히 높으신 이의 성도들이 얻게 된다 표현한다는 점에서, 인자 같은 이가 가리키는 것이 바로 하나님의 성도들임을 알 수 있다.

상황은 복잡하고 현실은 매우 까다로울 수 있지만, 이 모든 사태의 진상은 '커다란 짐승으로 대표되는 나라들이 등장하겠지만 결국에는 하나님의 백성들이 나라를 얻게 되며 영원토록 다스리게 되리라'였다. 모든 삶의 문제를 한두 줄의 정답으로 요약할 수는 없겠지만, 우리 삶을 이끌어가는 것은 매우 복잡한 설명이 아니라 이렇게 명료한 요약이라고 볼 수 있을 것이다. 하나님 백성의 궁극적인 승리에 대한 고백과 신뢰야말로 쉽지 않은 현실을 살아가는 힘이다. 치열하게 묻고 고민하고 모색해야 하되, 다음은 하나님의 승리와 신실하심에 대한 신뢰에 근거한 고백 위에 서 달려가야 할 것이다.

다니엘이 환상의 내용을 다시 정리함 19-22절

환상의 의미를 간결히 풀이한 내용을 들었음에도, 다니엘은 넷째 짐승에 대해 좀 더 알고자 하였다. 19-22절은 앞에서 주어진 해석에 근거하여 다니엘이 넷째 짐승을 중심으로 그가 본 환상을 다시 서술한 내용이라고 할 수 있다. 7-8절에 제시되었던 내용에 비해, 여기에서는 넷째 짐승의 발톱이 놋이라는 점이 더 추가되어 있고, 나중에 나온 뿔이 다른 뿔들보다 더 커 보인다는 진술도 추가되어 있다. 다니엘이 본 환상을 설명할 때 사용하는 형식인 '내가 보니' 혹은 '내가 본즉'이라는 어구가 2절을 비롯하여 4, 6, 7, 9, 11, 13절에도 쓰였는데, 21절에서도 쓰였다. 그런 점에서 다니엘에 처음 보았던 환상에서는 언급되지 않았던 21-22절은 다니엘이 새로이 본 환상인 것으로 여겨진다. 아마도 다니엘 보는 데에서 환상이 계속해서 펼쳐지고 있었을 수도 있다.

8절에 따르면 나중에 난 뿔은 "다른 작은 뿔"이며, 이것이 20절의 "다른 뿔"일 것이다. 이 뿔은 작게 시작해서 점점 커지더니 마침내 다른 뿔들보다 더 커졌다. 다니엘서에 등장하는 나라들의 공통점은 이 '큼'에 있다고 할 수 있다. 느부갓네살이 보았던 신상이 크고,2:31 그의 나라 바벨론이 크며,4:30 벨사살이 베푼 연회가 컸고,5:1 다니엘이 환상에서 본 바다와 거기에서 나온 네 짐승이 컸다.7:2-3 넷째 짐승에게는 큰 이가 있었고,7:7 처음에는 작던 뿔이 나중에는 커졌으며,7:20 그 뿔에 있는 입으로 큰 말을 하였다.7:8,11,20 한편으로 다니엘은 바벨론 지혜자의 어른이 단어는 '크다'라는 단어와 같은 것이다이 되었다.2:48 왕이 보았던 신상을 무너뜨린 돌은 큰 산이 되고,2:35 무엇보다 하나님께서는 크시며,2:45 그의 이적도 크다. 4:3 눈으로 나타난 현실에서 이방 왕이 크고 그의 권세도 크며 그의 나라도 크다. 다니엘은 비록 지혜자 가운데 '큰 자'가 되지만 사자굴에 던져지고, 하나님께서는 참으로 크시지만, 여전히 그 백성은 풀무불과 사자굴의 현실 가운데 살고 있다. 눈으로 보이는 현실에서는 세상이 크지만, 참된 현실, 확실한 현실에서는 하나님께서 크시다.

21-22절은 11-14절에 소개되었던 환상의 더욱 세세한 부분을 담고 있다. 11절에서 뿔이 말하는 큰 소리가 있었고, 옛적부터 항상 계신 이와의 어떤 싸움 같은 것을 예상힐 수 있었는데, 21-22절이 그 부분을 좀더 확대해서 세밀하게 보여준다. 그 뿔은 성도들을 대적하였고 성도들을 이겼다. 세상에서 권세를 지닌 세력들은 성도들을 대적하며 이긴다. 세상에서 하나님을 경외하는 이들이 대적하는 세력을 만나는 것은 필연적이다.

> "세상이 너희를 미워하며 너희보다 먼저 나를 미워한 줄을 알라 너희가 세상에 속하였으면 세상이 자기의 것을 사랑할 것이나 너희는 세상에 속한 자가 아니요 도리어 내가 너희를 세상에서 택하였기 때문에 세상이 너희를 미워하느니라" 요 15:18-19

세상에서 성도들은 패배한다. 넷째 짐승과 큰 뿔로 대표되는 세상의 세력은 하나님의 백성들을 대적하며 이긴다. 뿔의 승리에 대한 이 표현은 다니엘서가 바라보는 현실 인식을 반영하며, 다니엘서가 향해 있는 시대의 고통과 괴로움을 반영한다. 사람 살아가는 세상에서 악이 승리하기도 하고, 정의는 패배하여 물러간 것 같기도 하다. 그러나 이 싸움은 여기서 끝이지 않다. 22절은 승리를 이야기한다. 옛적부터 항상 계신 이가 오실 것이며 그는 지극히 높으신 이의 성도들의 원한을 풀어주실 것이다. 여기서 "옛적부터 항상 계신 이"와 "지극히 높으신 이"는 하나님을 가리키는 다른 이름이다. 두 이름을 한꺼번에 사용하면서, 이러한 승리가 이미 오래전에 계획되고 진행되는 것임을 보여주고, 이를 행하시는 분이 지극히 높으신 분, 아래 있는 사람들을 보시고 감찰하시는 그분임을 선언한다. 하나님께서 오실 것이다. 오늘의 그리스도인들은 언제부터인가 '가게 되는 천국'을 바라지만, 구약과 신약은 일관되게 '오시는 하나님'을 증언한다.

'성도들을 위하여 원한을 풀어주다'로 번역된 표현은 '지극히 높으신 이의 성도들을 위하여 판결이 주어졌다'라고 직역할 수 있다. 이 구절에서 재판이 성도들을 위하여 주어졌다는 것은 재판의 판결을 통해 성도들의 눈물을 닦고 억울함이 해소되었음을 의미할 것이다. 재판의 당사자에 고아, 과부, 나그네로 대표되는 사회적 약자가 있을 때, '재판하다'라는 동사는 '신원하다', '변호하다' 같은 의미로 이해된다.가령, 시 72:4; 사 1:17 그러므로 여기서 지극히 높으신 이의 성도는 가난하고 고통받는 약자의 자리에 놓여 있는 것으로 이해되고 있음을 알 수 있다.

이 환상에서 다니엘은 나중에 난 뿔과 지극히 높으신 이의 성도들과의 전쟁을 보았다. 성도들은 뿔과의 전쟁에서 거의 패배하였으나 옛적부터 계신 이가 오셔서 재판을 베푸시니 성도들이 마침내 승리하게 되었다. 구약에서 재판은 통치자의 핵심적인 업무 사항이라고 할 수 있다.왕상 3:7-9; 시 72:2-4; 잠 31:8-9 이스라엘의 진정한 통치자이신 여호와 하나님은 왕이시면서 동시에 재판장이시다.사 33:22 하나님께서 짐승과 뿔이 판치는 세상에 왕으로 오셔서 재판하실 것이다. 그가 재판을 행하시면 모든 억울하고 원통하던 이들은 그 눈물이 닦여지고 회복되며, 그들을 억압하고 학대하던 강하고 힘센 세력들은 처벌받게 될 것이다. 보좌에 앉으신 이의 행하심을 통해 약한 자들의 눈물이 신원 된다는 생각은 영광의 보좌에 앉으신 분의 재판에 관한 마태복음 본문마 25:31-46에서도 발견할 수 있다. 그리고 이러한 흐름이야말로 요한계시록이 전하는 마지막 재판에 관한 말씀계 7:13-17; 18:20; 20:11-15; 21:1-8을 이해할 수 있는 길이라고 할 수 있다. **이 땅에 임하셔서 짐승과 뿔로 대표되는 악한 세력을 정죄하시고, 고통당하는 가난하고 억울한 이들의 눈물을 닦아 주시는 하나님, 구약 성경에서 일관되게 흐르고 있는 고아와 과부의 재판장이신 하나님을 생각하지 않는다면, 요한계시록 본문은 그저 마지막 날에 예수 믿는 사람은 살고 그렇지 않은 이는 죽는다는 지극히 시적이고 개인적이며 평면적이고 종교적인 본문에 지나지 않을 것이다.** 오늘날 재림과 부활에 대한 교회의 이해가 이러한 사적이고 종교적이기만 한 이해와 그리 멀지 않다는 점은 구약에 대한 그릇된 이해의 필연적 결과라고 할 수 있다. 하나님은 처음부터 고통받고 환난 당하는 자들의 재판관이 되시며, 마침내 온 세상과 역사를 재판하실 것이다. 다니엘서는 이 점을 뚜렷하게 재확인시켜준다.

'지극히 높으신 이의 성도'라는 표현이 앞 단락의 환상에서는 없었는데 이 단락에서는 핵심적 역할을 한다는 점에서, 이 성도들에 관한 내용이 7장 환상의 본질적인 부분이라고 할 수 있다. 13-14절에서 결정적 역할을 하는 존재인 "인자 같은 이"는 21-22절의 "지극히 높으신 이의 성도들"을 가리킨다. 넷째 짐승의 시대이면서 나중에 생긴 뿔에 의해 지극히 높으신 이의 성도들이 거의 싸움에 지게 될 것 같은 상황이, 다니엘서의 청중과 독자들이 현재 처한 상황이었다고 할 수 있다. 나아가, 어느 시대 어떤 상황에서든, 하나님의 백성들이 겪게 되는 고초와 괴로움, 환난이 무척 크게 된 상황이라면, 바로 이 넷째 짐승의 시대와 연관된다고 볼 수 있다. 그리고 이 환난이 단지 개인의 이런저런 형편과 처지, 연약함과 무능함 때문이 아니라, 짐승이나 뿔로 상징되는, 당시에 힘과 세력,

권력을 가진 왕 혹은 권력과의 갈등으로 인한 상황이라는 점도 유의해야 한다. 오늘날 그리스도인의 싸움이라는 것이 지나치게 개인적이고 사적인 상황에만 국한되어 있는 데 비해, 다니엘서의 싸움은 근본적으로 세력과의 싸움, 당시 세상 전체를 지배하고 있는 강력한 나라와의 싸움이었다.

지극히 높으신 이의 성도들의 궁극적인 승리 23-27절

넷째 짐승과 연관한 다니엘의 질문에 대한 대답이 23절 이하에서 주어진다. 넷째 짐승으로 상징되는 넷째 나라는 이전의 나라들보다 훨씬 막강하여 모든 나라를 삼키고 밟고 부서뜨릴 것이다. 넷째 나라는 열 개의 나라들로 이어지게 될 것이며, 나중에 생겨난 한 나라가 나라들 가운데 특출할 것이며, 이전에 있던 열 나라 가운데 세 나라를 정복할 것이다. 뿔로 상징되는 이 나중에 생긴 나라는 지극히 높으신 이를 말로 대적하며 그의 성도를 괴롭히고 때와 법을 고치려고 할 것이다. 때와 법을 고친다는 것은 유대인의 절기와 규례를 고친다는 것을 의미한다고 여겨진다.

이 본문은 명백히 주전 2세기 중반에 이루어진 안티오커스 4세 에피파네스의 유대교 박해를 가리킨다고 볼 수 있다. 애굽 원정을 소득 없이 마쳐야 했던 에피파네스는 귀국길에 예루살렘의 반란 움직임에 대한 소식을 듣고 예루살렘에 들러 잔인하게 짓밟아 버린다.주전 167년 이후에 자신의 군대를 다시 보내어 할례와 안식일 준수, 돼지고기 먹기에 대한 거부 등을 이용하여 하루에 수만 명이나 죽이고, 마침내 예루살렘 성전에는 멸망의 가증한 것을 세우기도 하였으며, 성전 제사를 폐하고 안식일과 절기를 더럽혔다.마카베오상 1:16-64; 마카베오하 5:11-6:11 이에 대해 유다 마카비와 그의 형제들을 중심으로 무장봉기를 일으켜 저항하였던 이들은 3년 정도의 싸움 끝에 주전 164년 예루살렘 성전을 다시 회복하였다.

이상의 역사를 생각하면 25절에서 다루고 있는 내용은 명백히 에피파네스 시대를 가리킨다고 볼 수 있다. 이러한 역사가 다니엘서 7장과 다니엘서 전체의 배경이라고 볼 수 있겠지만, 그것만이 다니엘서의 존재 의미는 아니다. 안티오커스의 성전 모독과 그에 따른 마카비 혁명이 다니엘서의 뿔로 대표되는 하나님 대적과 하나님의 성도들을 괴롭힌 사건의 배경이겠지만, 이후로도 오고 오는 세월 동안 세상의 부당하고 교만하며 폭력적인 권력에 의해 핍박과 괴로움을 당하는 모든 하나님 백성의 현실 역시 다니엘서 본문의 배경이라고 말할 수 있다. 작은 뿔은 안티오커스 에피파네스이면서 네로 황제이기도 하고, 수많은 독재자, 폭압적 권력이기도 하다. 본문이 특정한 사건을 배경으로 하지만, 이후의 모든 역사에서 반복되는 상황 역시 본문과 연관된다.

뿔로 대표되는 왕은 지극히 높으신 이의 성도를 괴롭히고 학대하게 될 것이니, 이 성도들은 한 때와 두 때와 반 때 동안 그의 수중에 떨어질 것이다. 굳이 '년年'을 의미하는 단어를 쓰지 않고 "때"라는 단어를 썼다는 점에서, 한 때와 두 때와 반 때를 단순히 3년 반이라고 생각해서는 안 된다는 것을 짐작할 수 있다. 사실 개역 성경에서 "두 때"로 옮겨진 단어는 단순히 "때"를 의미하는 단어의 복수형이다. 영역 성경들은 대체로 이 표현을 "a time, times, and half a time"으로 옮기고 있다.ESV, NASB, NIV, Tanakh; NRSV는 가운데 부분을 'two times'로 옮김 이 시간은 3년 반이 아니라 하나님이 정하신 시간, 다시 말해 하나님의 신원의 때가 이루어지기까지의 시간을 가리키는 함축적이고 상징적인 숫자라고 할 수 있다. 여기에서 현재의 극심한 고난은 한 때, 두 때, 반 때의 기간으로 표현되며, 이것은 이 고난의 시간이 제한적이어서 반드시 끝날 날이 있음을 알려준다. 숫자 7이 하나님의 완전하심을 상징한다면 그 절반에 해당하는 세 때 반이 의미하는 것은 '제한적인 기간'이라 볼 수 있기 때문이다. 이 기간에 뿔의 수

중에 떨어진다는 것은, 성도들의 고난이 끝나는 시간이 반드시 있음을 의미한다. 영원할 것 같지만, 그 시간은 한 때와 두 때와 반 때, 즉 오래지 않아 끝나게 될 것이다. 세상의 어떤 강한 힘과 권력도 반드시 그 끝날이 오게 될 것이다. 누군가 '이 또한 지나가리라' 말했듯이, 세상의 모든 고난과 괴로움에는 끝이 있게 마련이다. 26절은 그 점을 확실히 선언한다. 옛적부터 계신 이가 그 통치를 행하시어 재판을 시작하시면, 짐승과 뿔의 모든 권세는 일순간에 사라지게 될 것이며 그는 완전히 멸망하게될 것이다. 순식간에 사라진 뿔의 권세가 이미 11절에서 언급되었다. 잠시 주목하여 보는 사이에 짐승은 죽임을 당하고 그 시체는 불타게 될 것이다. 지극히 높으신 이가 오셔서 재판을 행하시니 모든 권세와 영광은 지극히 높으신 이의 거룩한 백성에게 돌아가게 되리라. 세상의 크고 강한 나라들이 힘이고 능력이고 권세일 줄 알았는데, 하나님께서 행하시니 그 권세가 백성들에게 돌아가게 된다. 그러므로 하나님이 오셔서 행하시면 세상 질서가 뒤바뀐다.

27절에서 "그의 나라는 영원한 나라"이며, "모든 권세 있는 자들이 다 그를 섬기며 복종하리라" 하였는데, 여기서 "그"가 누구를 가리키는지 다소 모호하다. "성도들"은 복수형이지만, 27절에서는 새롭게 "지극히 높으신 이의 거룩한 백성"이라고 표현하면서 단수형의 "백성"을 등장시켰다. 이전 절들에서처럼 "성도들"이라고 표현하면 아무런 모호함 없이 단수형의 "그"가 가리키는 것이 지극히 높으신 이라고 말할 수 있겠지만, 또 다른 단수형이 쓰이면서 불확실해진 것이다. 굳이 단수형의 "백성"이 쓰였다는 점을 고려한다면 여기에서 "그"는 "백성"을 가리킨다고 볼 수 있다. 그렇다면 27절이 말하고 있는 것은 그날에 모든 이들이 하나님의 백성들을 섬기게 될 것이며, 하나님 백성의 나라가 영원하리라는 것이다. 이러한 생각의 흐름은 요한계시록에서도 찾아볼 수 있다.

"그들이 새 노래를 불러 이르되 두루마리를 가지시고 그 인봉을 떼기에 합당하시도다 일찍이 죽임을 당하사 각 족속과 방언과 백성과 나라 가운데에서 사람들을 피로 사서 하나님께 드리시고 그들로 우리 하나님 앞에서 나라와 제사장들을 삼으셨으니 그들이 땅에서 왕 노릇 하리로다 하더라"계 5:9-10

"또 내가 보좌들을 보니 거기에 앉은 자들이 있어 심판하는 권세를 받았더라 또 내가 보니 예수를 증언함과 하나님의 말씀 때문에 목 베임을 당한 자들의 영혼들과 또 짐승과 그의 우상에게 경배하지 아니하고 그들의 이마와 손에 그의 표를 받지 아니한 자들이 살아서 그리스도와 더불어 천 년 동안 왕 노릇 하니 그 나머지 죽은 자들은 그 천 년이 차기까지 살지 못하더라 이는 첫째 부활이라 이 첫째 부활에 참여하는 자들은 복이 있고 거룩하도다 둘째 사망이 그들을 다스리는 권세가 없고 도리어 그들이 하나님과 그리스도의 제사장이 되어 천 년 동안 그리스도와 더불어 왕 노릇 하리라"계 20:4-6

"다시 밤이 없겠고 등불과 햇빛이 쓸 데 없으니 이는 주 하나님이 그들에게 비치심이라 그들이 세세토록 왕 노릇 하리로다"계 22:5

이에 따르면 모든 권세와 영광과 찬양이 돌려질 어린 양의 나라는 성도들의 나라, 영원토록 다스리는 성도들의 나라이다. 그리고 이 나라는 하늘에서 이루어지는 나라가 아니라 "땅에서"계 5:10 이루어지니, 이를 위해 옛적부터 항상 계신 이가 오실 것이며,단 7:22 거룩한 성 새 예루살렘이 하늘에서 내려올 것이다.계 21:2 이 거룩한 백성의 나라야말로 영원한 나라이며 세상 모든 이들이 그들에게 복종하게 될 것이다. 아울러 13-14

절에서 인자 같은 이에게 나라와 권세와 영광이 주어진다고 하였으며, 그의 권세가 소멸되지 않고 그의 나라가 멸망하지 않는다는 선포가 있었다. 22절과 27절이 나라와 권세가 지극히 높으신 이의 성도들에게 주어진다고 분명히 증언한다는 점에서 13-14절에 등장하여 권세와 영광과 나라를 얻게 되는 "인자 같은 이"는 성도들을 가리킨다는 것이 다시금 분명해진다. 그리고 인자 같은 이의 권세가 소멸되지 않는 영원한 권세이며 그의 나라가 멸망하지 않으리라는 선언과 27절에서 '그의 나라는 영원한 나라이며 모든 권세 있는 자들이 다 그를 섬기며 복종하게 될 것이라'라는 선언이 거의 흡사하다는 점에서도, 27절의 "그"는 14절의 인자 같은 이이며, 이 존재는 지극히 높으신 이의 성도를 가리킨다고 말할 수 있다. 앞에서도 언급하였듯이, 다니엘서에서 '사람 모양 같은 존재' 같은 표현이 사람 모양으로 나타난 천상의 존재를 가리키기도 한다는 점에서, 14절의 "인자 같은 이"는 이스라엘을 지키는 천사장단 10:21인 미가엘을 가리킨다고 볼 수도 있다. 그러나 하늘에서 모든 권세가 미가엘에게 돌아가게 된다는 것이 실제로 의미하는 바는 이 땅에서 지극히 높으신 이의 성도들의 승리라는 점에서, 궁극적으로 "인자 같은 이"가 하나님 백성을 가리킨다고 보는 것이 타당하다고 여겨진다.

혹은 많은 영역 성경과 한글 성경이 취하듯이, 27절의 "그"를 지극히 높으신 이로 볼 수도 있을 것이다. 그렇다 할지라도 이 구절은 온 세상의 권세가 거룩한 백성, 성도들에게 주어진다는 점을 분명히 한다. 이 백성들에게 권세를 주신 하나님의 통치가 영원하고 하나님의 권세 앞에 모든 권세 있는 자들이 복종하게 된다는 점에서, 하나님께로부터 주어진 백성들의 권세 역시 영원할 것임을 짐작하게 된다. 그런 점에서 어떻게 보든 27절은 지극히 높으신 이의 성도들의 궁극적인 승리를 말한다.

결국, 다니엘서는 지극히 높으신 이의 성도들이야말로 나라와 권세와 영광을 궁극적으로 누리게 될 이들임을 선포한다. 강맹하기 이를 데 없던 넷째 짐승과 뿔의 패배 그리고 괴롭힘을 당하던 거룩한 백성의 승리는 다니엘서에서 줄기차게 등장하는 운명의 역전을 보여준다. 이러한 환상이 지니는 의미는 무엇일까? 누구든 최후에는 정의가 승리할 것을 믿는다. 그런데 문제는 지금 당장의 현실이 너무 힘겹고 고통스럽다는 것이며, 이러한 현실을 어떻게 이겨나갈 것인가에 있다. 지금 일어나는 상황은, 이기기는커녕 거의 패배하였다고 여겨지기까지 한다. '뿔이 성도를 이겼다'라고 하는 진술하는 21절의 환상은 이러한 현실과 닿아 있다. 이러한 상황에서 환상의 유용성이 있다. 환상은 도무지 그렇지 못한 현실을 살아가며 절망하고 체념하게 될 때, 현실이 아니지만 현실로 될 그 날을 목격하고 바라보게 한다. 비현실이지만 곧 현실이 될 환상을 보면서, 참담한 현실을 살아가는 이들이 힘을 얻게 되고, 지금 존재하는 끔찍한 현실이 영원하지 않을 것을 확신하게 된다. 보통 이런 식의 미래에 대한 환상은 현재 주어지는 핍박과 억압을 당연시하게 하고, 체념하고 받아들여 그저 그날을 수동적으로 기다리게 만드는 경향이 있기도 하다. 그러나 다가올 그 날의 궁극적인 승리를 담고 있는 환상이 사람을 수동적이고 체념적으로 만들기만 하는 것은 아닐 것이다. 다니엘과 세 친구는 강력한 왕명을 끊임없이 거부하며 믿음으로 현실을 살아가고 있기 때문이다. 이를 통해 그날의 승리를 현재에서도 계속해서 경험하고 있기도 하다. 그러므로 묵시는 미래의 승리를 붙잡고, 현재의 참담한 현실을 견뎌내고 맞서며 믿음으로 살아갈 것을 촉구한다.

다니엘의 번민 28절

이 모든 일을 들은 다니엘의 반응은 어떠한가? 28절에 따르면 그의 생각이 그를 번민케 하였고, 그의 낯빛이 변하였다 하였다. 우리 말로는 15

절과 비슷하게 '중심에 번민하다'로 되었지만, 직역하자면 '나의 생각들이 나를 번민케 하였다'라고 할 수 있다. 여러 가지 생각들이 계속해서 마음에 떠오르는 것을 이렇게 표현한 것이라고 볼 수 있다. 그런데 '생각들로 인하여 번민하여 낯빛이 변하였다'라는 말은 5:10에서도 쓰여서, 벽에 쓰인 글씨를 보고 놀란 벨사살 왕의 상태를 표현하였다. 5장에서 벨사살은 교만과 허세에 가득 차서 대규모 연회를 벌이다가 갑자기 나타난 글씨로 인해 오만 가지 생각이 들면서 번민하였을 것이며, 그로 인해 안색도 바뀌었을 것이다. 같은 표현이 7장의 다니엘에게도 쓰였다. 하나님께서 보여주신 환상으로 인해 그의 마음이 번민하였으나,7:15 그 의미를 모두 들은 이후에는 그의 생각들로 인해 번민하였다. 처음에는 환상의 의미를 몰라서 번민하였으나, 이제는 환상을 알고 난 후에 떠오르는 여러 가지 생각들로 인해 번민하게 된 것이다. 벨사살의 생각과 번민, 안색의 변함은 자신의 연회가 허세와 교만에서 비롯된 것이기에 이제 자신에게 닥쳐올 불길한 미래에 대한 두려움과 공포로 인한 것이었다. 그에 비해 다니엘의 생각들과 번민, 안색의 변함은 하나님께서 장차 행하실 영광스러운 변화와 연관되었을 것이다. 그는 하나님께서 행하실 놀라운 역사와 하나님 백성의 궁극적인 승리를 듣게 되었다. 그러나 그가 살아가는 현실은 여전히 그리 쉽지 않았을 것이며, 어떻게 이러한 변화가 가능하게 될 것인지 막막했을 수도 있다. 아울러 넷째 짐승이 가리키는 바가 무엇인지, 넷째 짐승이 멸망할 때까지 기다려야 하는 세 때 반의 시간으로 인해 생각이 복잡했을 수도 있다. 앞으로 일어날 변화가 너무 근본적이라서 그랬을 수도 있다. 하여간 여러 가지 생각이 다니엘을 번민케 하였으며 안색을 바뀌게 했다. 분명한 것은 다니엘이 그가 본 환상을 현실과 결부시켜 생각하였을 것이라는 점이다. 환상은 현실의 폭을 넓힌다. 시간상으로 미래와 종말을 보게 하고, 공간적으로 이 땅 너머의 세상을 바라보게 한다. 상징은 비현실을 의미하지 않고 도리어 지독한 현실을 반영한다.

28절은 다니엘이 이 모든 것을 마음에 간직하였다는 말로 끝맺고 있다. 비록 지금의 현실과 닥쳐올 미래의 간격이 크고, 그날이 오기까지 기다려야 한다는 어려움도 있으며, 아직 넷째 짐승의 득세가 다 끝나지는 않았지만, 다니엘은 이 모든 말씀을 마음에 간직하였다. 15절에서 다니엘이 육체 가운데 있으므로 인해 번민함을 이야기하였는데, 28절 마지막은 다니엘의 마음에 대한 언급으로 마무리된다는 점에서 인상적이다. 육체로 대표되는 현실이 우리를 힘겹게 하지만, 마음에 그 말씀을 간직하였다는 것이다.

현실의 어려움으로 인해 말씀을 내려놓고, 믿음으로 그날을 바라보기를 체념하는 것이 아니라, 번민과 두려움 속에서도 하나님의 말씀을 간직하였다. 말씀을 믿고 살아간다는 것이 그저 낙관적이고 그저 희망적이게 만들지는 않는다. **현실과 미래의 간격, 말씀 실현의 불확실성, 때로 불가능해 보이며 너무 멀어 보이는 미래는 우리로 하여금 온갖 생각을 하게 만든다. 하나님의 말씀, 하나님의 나라를 꿈꾸며 소망하는 하나님 백성이라면 현실에서 좌절을 경험할 수밖에 없다. 그러므로 좌절과 번민은 그가 이상을 포기하지 않았음을 입증한다. 좌절과 번민은 부정적이기만 한 것이 아니라, 성도의 당연한 모습이기도 하다.**

그런데도 다니엘은 그 말씀을 마음에 간직하고 새겼다. 그럼에도 불구하고 하나님의 백성들은 그 말씀을 간직하며 믿음의 길을 걸어갔고, 풀무불도 사자굴도 개의치 않았다. 삶이 버겁고 힘겨울 때가 많지만, 하나님 말씀을 간직하자. 우리 육체로 대표되는 힘겨운 현실로 인한 수많은 생각으로 번민하게 되지만, 그 말씀을 우리 마음 깊이 간직하자. 예수께서는 세상을 가리켜 육체는 죽여도 영혼을 죽이지 못한다고 말씀하셨다. 마 10:28 주께서는 육체로는 고난을 당하셨고 죽임까지 당하셨지만, 하나님 말씀을 굳게 붙잡고 순종하며 진리의 길을 걸어가셨다. 육체의 현실은 괴롭지만, 마음에 하나님 말씀과 그 환상을 간직하며 살아가자. **이와 같은 사색을 통해 앞일을 미리 내다보는 것이 중요하다기보다는, 신학적 관점에 굳게 서서 사물과 현상의 속에 숨어 있는 것을 꿰뚫어 보는 것이 중요하다.**16)

---

16) 마이클 고먼 지음, 박규태 옮김, 「요한계시록 바르게 읽기」 (새물결플러스, 2014), 69.

본문의 메시지

1. 하나님의 통치는 모든 억울함을 풀어준다.

하나님께서 왕으로 통치하시는 세상은 어떤 약한 이들의 억울함까지도 신원 되는 세상이다. 그렇기에 하나님께서 통치하신다는 소식은 가난한 자들에게 전해진 복음일 것이다.사 52:7 예수께서 이 땅에 오신 것도 가난한 자에게 전파된 아름다운 소식이었다.눅 4:18-21 오늘 우리가 전하는 복음 역시 세상에 임하시는 하나님의 통치, 하나님의 나라여야 할 것이다.

2. 현재 당하는 환난과 고난으로 인하여 낙심하지 말라.

지극히 높으신 이의 성도들이지만 정해진 동안 짐승과 같은 세상 권력에게 핍박과 괴롭힘을 당한다. 그러나 이것은 반드시 그 끝이 있다. 그러므로 하나님께서 신원하실 것을 굳게 믿고 낙망하지 말아야 한다. 선을 행하되 피곤하지 말지니 때가 이르면 거두게 될 것이다.갈 6:9

3. 교회는 번민 중에도 하나님의 통치와 성도의 궁극적인 승리에 대한 환상을 마음에 간직한 이들이다.

다니엘의 눈에 보였던 환상은 그가 사는 현실과는 너무 달랐을 것이다. 하나님의 교회, 하나님의 백성들은 하나님께서 보여주시는 환상을 보고 살아가는 이들이다. 세상에 가득한 죄악의 관영과 승리로 인해 위축된 채 대세와 주류를 따라가는 것이 아니라, 하나님의 나라와 성도의 궁극적인 승리를 믿으며 세상 가운데서 믿음으로 환난을 견뎌 나가야겠다.

17. 숫양과 숫염소의 환상

다니엘 8:1-14

2:4부터 아람어로 기록되었던 다니엘서가 8장부터는 다시 히브리어로 기록되었다. 7장과 8장은 다가올 시대의 변화 그리고 성도들에게 임할 극심한 박해를 다룬다는 점에서 같은 주제 의식을 지닌다. 그런데 앞서 보았듯이 7장은 2-6장과 연결된 구조를 지니고 아람어로 기록되었다는 점에서 1-6장과 이어진다. 그리고 7장과 동일한 주제를 지닌 8장은 다시 히브리어로 시작하면서 7-12장에 일관된 다가올 시대를 좀 더 세밀하게 다룬다고 볼 수 있다. 8장은 7장에 있던 핍박과 박해 부분을 보다 구체적이고 세밀하게 다룬다. 이러한 박해가 9장에 나오는 다니엘의 기도와 응답의 배경이라 할 수 있으며, 10-12장 역시 박해 상황에 대한 응답으로 주어진다고 볼 수 있다. 7장까지는 꿈이 주된 소재였다면, 8장부터는 모두 환상이라는 점에서 이전 장들과 구별된다. 7장까지의 꿈들이 좀 더 추상적이었다면, 8장부터 제시되는 환상들은 주전 2세기 중반의 실제적인 역사적 상황을 훨씬 더 분명하게 반영하고 있다.

1-2절은 다니엘이 환상을 보게 된 배경을 소개한다. 3절부터 그가 본 환상의 내용이 소개되는데, 3-4절은 두 뿔 가진 숫양에 대한 환상이며, 5-8절은 그 숫양을 짓밟은 숫염소에 대한 환상이다. 9절부터 14절까지는 그 숫염소에게서 난 작은 뿔의 횡포를 둘러싼 내용을 소개하는 환상이다. 이를 보건대 다니엘이 두 번째 본 환상의 초점은 숫염소에게서 난 작은 뿔이라고 할 수 있다. 환상에 대한 해설이 15-25절에 제시되는데 여기에서도 작은 뿔에 대한 해설 부분23-25절이 두드러진다.

을래 강변에서 환상을 본 다니엘 1-2절

1절에 있는 "처음에 나타난 환상"이라는 언급은 7장의 환상과 8장을 연결한다. 다니엘이 환상을 본 곳은 수산 성 인근의 을래 강변이었다. 수산은 페르시아 시대 느헤미야가 머물던 장소이기도 하고, 에스더와 그의 사촌 오빠 모르드개가 살던 곳이기도 하였다. 수산은 페르시아 시대 유대인들이 살던 장소인 데 비해, 벨사살 3년은 여전히 바벨론 시대라는 점에서, 다니엘이 수산에 거주하였다는 언급은 특이하다. 9장 이후의 본문은 페르시아 시내와 연관된나는 점에서, 수산에 대한 인급은 8장의 환싱과 9장 이후 페르시아 시대를 서로 연결시킨다고 볼 수도 있다.

다니엘이 환상을 본 장소는 오늘날에는 케르카 강이라고 불리는 수산 인근의 을래 강변이었다. 강 인근 지역이 하나님의 사람과 연관하여 언급되는 경우들이 종종 있다. 에스겔은 바벨론의 그발 강가에서 환상을 보았고,겔 1:1 에스라는 유대로 귀국하는 길에 아하와 강가에서 하나님께 기도하였다.스 8:15, 21 또한, 시편 137편을 보면 바벨론의 강가에 앉아서 사로잡힌 유대인들이 시온을 기억하며 울었다고 되어 있기도 하다.시 137:1 다니엘서의 경우, 8장이 을래 강변에서 본 환상이라면 10장은 힛데겔 강가에서 본 환상이며,단 10:4 12장에서도 여전히 다니엘이 강가에 있는 것을 볼 수 있다.12:5 이스라엘은 아마도 바벨론의 강 인근 지역에 정착했을 것이다. 흘러가는 강물을 바라보며, 유대인들은 이방 땅에 살면서 겪는 애환과 더불어 자신들의 현실과 역사에 대해 이런저런 생각에 사로잡히게 되었을 것이다.

숫양 환상 3-4절

다니엘이 환상 중에 본 것은 두 뿔 가진 숫양이었다. 두 뿔이 모두 길었다는 것은 숫양으로 대표되는 나라의 위세를 가리키는 표현일 것이다.

처음부터 같이 있던 것이 아니라 한 뿔이 먼저 나오고 다른 뿔이 나중에 나왔다. 다니엘서에 언급되는 여러 환상에서 상징들은 대개 이런 식으로 순서에 따라 등장한다. 이 점에서도 이러한 환상들은 모두 역사 속에서 등장하는 나라 혹은 민족의 변화와 변천을 반영한다는 것을 알 수 있다. 한 뿔이 먼저 등장하고 나중에 난 뿔이 처음 뿔보다 더 길었다는 것은 나중에 등장한 나라가 처음 나라보다 훨씬 더 강했음을 의미할 것이다. 서로 다른 두 나라를 상징하는 뿔이 하나의 숫양으로 표현된다는 점은 두 나라가 서로 다른 나라이면서도 한 나라와 같이 취급되고 있음을 알 수 있게 한다. 20절에서는 숫양이 상징하는 것이 "메대와 바사"라고 풀이한다. 바벨론을 무너뜨리고 페르시아 제국 시대를 열어젖힌 고레스는 안샨 Anshan이라는 작은 나라의 왕이었으나 얼마 후에 메대를 무너뜨리면서 메대의 왕으로 그 위세를 떨치기 시작하였다. 마침내 바벨론까지 멸망시키고 고대 중동 전역을 장악한 페르시아 제국을 건설하였다. 이를 생각하면 처음 난 뿔이 메대를 가리키고 나중 난 좀 더 긴 뿔이 페르시아를 가리킨다고 볼 수 있다.

숫양이 서쪽과 북쪽, 남쪽을 향하여 공격하는데 아무도 이를 당해내지 못하였다. 이 숫양이 의미하는 것이 페르시아이고, 팔레스타인에 있는 다니엘서 저자의 관점에서 보기에 페르시아는 동쪽 끝에 있는 나라라는 점에서, 숫양의 공격 방향으로 동쪽을 뺐을 수 있다. 실제로는 페르시아의 인도 원정이 있다는 점에서, 페르시아의 원정은 동서남북 사방을 향하였다. 칠십인경과 몇몇 히브리어 사본에서는 동쪽도 포함되어 있으며, 이런 경우 사방을 향해 숫양이 공격한 것으로 이해할 수 있다.

숫양의 위세가 대단하였으니 숫양에게 공격당하는 이를 아무도 구해낼 수 없었다. 이제 숫양은 자신이 원하는 대로 마음껏 행한다. '원하는 대로 행하다'는 상대방에 대해 자기 뜻을 마음대로 행할 수 있는 상태,

대개 보다 강력한 힘을 가진 세력이 피정복민을 좌지우지하는 것을 가리킨다.에 1:8; 9:5; 느 9:24, 37; 단 11:3, 16, 36 '강하여졌다'로 번역된 동사는 '커지다, 자라다, 크게 되다'를 의미한다. 이 동사는 8장에서 여러 번 쓰였는데, 8절에서 '스스로 강대하여'로, 9절과 10절에서 '커지다', 11절에서 '스스로 높아져서'로, 25절에서는 '스스로 큰 체하며'로 각각 옮겨졌다. 이렇게 강해지고 높아지더니 숫양 혹은 숫염소는 자신이 원하는 대로 세상을 향해 행한다. **힘을 가지고 기세가 등등해지면 대개 자기 마음내로 행하고 자기 뜻대로 행하는 깃으로 드러나게 마련이다. 숫양과 숫염소로 대표되는 이방 나라의 특징이 이러한 강성함 혹은 강성함에 대한 추구, 그 강성함에 기반한 패권적인 지배라고 할 수 있다.** 세상의 권력과 권세는 그렇게 자기 뜻을 내세우고 자신의 의지대로 모든 것을 밀고 나간다. 우리는 이미 인류 역사 내내 그렇게 힘으로 자신이 원하는 것을 밀어붙인 수많은 나라와 권력자들을 알고 있다. 그리고 그렇게 자기 뜻대로 원하는 대로 행하던 나라의 결말이 어떠한지도 알고 있다.

'커지다, 자라다'라는 동사가 쓰인 또 다른 예가 있다. 앞서 언급했던10장 참고 이삭의 창대를 설명하는 본문,창 26:13 그리고 다윗의 강성을 설명하는 본문삼하 5:10이다. **그들의 강성함은 모든 나라를 무릎 꿇리는 강성함이 아니라, 계속해서 쫓겨 나는 상황 속에서도 다투지 않고 끊임없이 변방을 향해 나아가는 강성함이었고, 다만 하나님을 의지하여 그 명하신 대로 나아가는 강성함이었다.** 예수께서 이에 대해 말씀하신 바 있다. 이방의 집권자들은 사람들을 좌지우지하고 권세를 부리지만 인자이신 예수는 도리어 섬기려 하고 자기 목숨을 대속물로 주시는 분이시다.마 20:25-28 숫양은 그렇게 원하는 대로 하며 강하여졌으나, 예수를 따르는 이들 가운데서는 섬기는 자가 큰 자이다.마 20:26

숫염소 환상 5-8절

다니엘이 숫양에 대해 생각하고 있을 때 숫염소 한 마리가 나타났다. 이 염소는 서쪽에서부터 왔으며 온 지면에 두루 다니되 땅에 닿지 않는다고 하였다. 염소로 상징되는 나라가 이스라엘보다 왼편에서 등장한 나라임을 이러한 환상이 알려준다. 발이 땅에 닿지 않는다는 것은 이 염소가 매우 빨랐음을 의미할 것이다. 실제로는 염소로 상징되는, 서쪽에서 페르시아 쪽으로 진출하는 나라가 굉장히 기동력이 빠른 나라임을 의미한다. 그들은 매우 빨리 진격하는 나라이며, 온 땅 위를 두루 가로지르며 장악하고 휘젓는 나라이다. 숫양과는 달리 "온 지면"이라는 표현이 있다는 점에서, 숫염소로 상징되는 나라가 훨씬 더 강력하고 광범위한 정복을 이루어낸 나라임을 짐작할 수 있다.

숫염소의 두 눈 사이에는 현저한 뿔이 하나 있었다. 8절과 21절에서 '현저하다'와 대응된 것이 '크다'라는 점에서, '현저한 뿔'이 실제 의미하는 것은 눈에 바로 뜨일 만큼 '큰 뿔'이라고 할 수 있다. 숫양에게 있던 두 개의 뿔이 각각의 나라를 상징했듯이, 숫염소에게 있는 큰 뿔 역시 그렇게 온 세계를 정복한 강력한 나라를 상징할 것이다. 숫염소는 두 뿔 가진 숫양에게 강력하고 거세게 달려들었고 그렇게도 강하였던 숫양은 숫염소에게 아무런 힘도 쓰지 못하였다. 그 두 뿔이 꺾이면서 엎드러졌고 짓밟혔으나 누구도 숫양을 건져낼 수 없었다. 숫양은 위세가 당당하였고, 그에게 걸리면 누구도 당할 수 없었으나 이제는 숫양이 그런 처지가 되고 말았다. 숫양을 짓밟은 숫염소의 위세가 갈수록 커져 강성하여갔다.

숫염소에게서 난 뿔은 알렉산더를 가리킨다고 여겨진다. 알렉산더가 마케도니아에서 시작하여 오리엔트 세계 전체, 애굽, 그리고 인도에까지 광범위한 제국을 이룩하였고 전 세계를 헬레니즘으로 통일시키는 엄청난 일을 행하였지만, 다니엘서 본문에서는 이에 대해 아무런 긍정적인 평가나 암시를 거의 찾아볼 수 없다. 크게 분내어 서쪽에서 동쪽으로 진격해 와서는 스스로 심히 강대하여 갔다고 진술할 뿐이다.참고. 단 11:3-4 어쩌면 알렉산더의 팽창에 대한 다니엘서의 시각은 서쪽에서 침략해 들어온 세력에 대한 당시 메소포타미아-팔레스타인 지역의 사람들의 시각을 반영하는 것일 수도 있겠다. 아울러 구약 성경은 세계를 장악하는 크고 강한 나라에 대해 조금도 경외감을 표현하지 않는 데 있어 일관된다. 땅 중앙에 있는 높이 솟은 나무는 오직 찍혀질 대상일 뿐이다.단 4장

큰 뿔이 꺾이더니 또 다른 큰 뿔 네 개가 사방을 향하여 났다. 알렉산더 사후, 그의 광대한 나라가 그의 부하 장수 네 명에 의해 분할되었던 것을 정확하게 가리키는 표현이다. 7장의 환상에서는 넷째 짐승에게 열 개의 뿔이 났다 하였지만 여기서는 네 개의 뿔로 되어 있다. 열 개의 뿔이 이후에 등장하는 모든 나라를 상징적으로 가리키는 표현이라면, 네 개의 뿔은 이후에 등장한 나라를 사실적으로 정확히 표현한 것이라고 할 수 있겠다. 여기서 "하늘 사방"이라고 번역된 표현이 7:2에서도 쓰였는데, 거기서는 "하늘의 네 바람"으로 옮겨졌었다. 그런 점에서 이 표현은 네 개의 뿔이 하늘로 상징되는 하나님을 도전하고 대적하는 세력임을 나타낸다고 볼 수 있다. 이 점에서도 다니엘서가 알렉산더와 그 이후 제국에 대해 호의적이지 않을 뿐 아니라, 하나님을 대적하는 세력으로 보고 있음을 짐작할 수 있다.

다니엘의 환상 속에서 역사가 흐른다. 4절에서 숫양의 위력 앞에 그 손에서 구할 자가 없더니, 7절에서는 숫염소에게 숫양이 패배하게 되고, 숫염소의 위력 앞에 구할 자가 없다 표현된다. 4절에 쓰인 표현이 고스란히 7절에 쓰이면서 일종의 풍자가 발생한다. 한때 그리 강하던 힘도 어느새 또 다른 힘에 의해 철저하게 굴복하게 된다. 세상의 권력은 그리도 덧

없다. 숫양에게서 아무도 건져냄을 받을 수 없고, 숫염소에게서도 마찬가지이다. 숫양과 숫염소가 세상의 강한 나라들을 상징한다는 점에서, 숫양과 숫염소의 변화는 세상에서 일어나는 제국의 운명을 고스란히 보여준다. **크고 강하여 전 세계를 발아래 두는 것 같지만, 그토록 강한 나라 역시 언젠가는 무너지고 말며, 그들이 무너질 때 아무도 그들을 돕지 못한다.** 이것은 지금 강성하여 숫양을 무찌른 숫염소에게도 그대로 해당할 것이니, 그 큰 뿔도 꺾이고 만다. 숫양과 숫염소의 대결은 동서고금을 막론하고 어떤 강한 나라라 하더라도 영원하지 않다는 점을 확실히 보여준다. 다니엘서는 이러한 강력한 제국에 대해 호의적이지 않으며 그 기원이 하나님께로부터 온 것으로 신성시하지도 않는다. 다니엘서에서 크고 강한 나라들일수록 도리어 다른 나라와 다른 백성들을 잔인하게 짓밟으며 하나님을 대적하고 거스른다. 그런 점에서 다니엘서는 강력한 제국에 대해 확연하게 반대하고 거부하며 심판을 선포한다.

이 모든 것이 다니엘의 환상 속에 나타난 일이다. 끌려온 존재인 그가 할 수 있는 것은 앉아서 보는 것이다. 그러나 이 환상 가운데 천하 역사가 흐른다. 역사가 강한 자들의 손에서 주물러지는 것이 아니라, 이렇게 앉아서 보고 있는 다니엘의 하나님을 통해 흘러간다. 역사의 주인에 대한 확신이 있을 때, 다니엘은 포로이어도 포로이지 않다.

하늘 군대를 대적하는 작은 뿔 9-12절

다니엘의 환상에서 가장 많은 분량을 차지하고 있는 것은 네 개의 뿔 가운데 한 뿔에서 자라난 작은 뿔에 관한 것이다. 이 작은 뿔은 남쪽과 동쪽, 그리고 영화로운 땅을 향해 커졌다. "영화로운 땅"으로 번역된 히브리말 단어는 '영화로움'이라는 기본적인 의미 외에 사슴의 일종인 '영양 gazzelle'을 의미하기도 하며, 구약에서 곧잘 하나님께서 주신 아름다운 땅으로서의 이스라엘을 가리키기도 한다.렘 3:19; 겔 20:6, 15; 단 11:16, 41 이 뿔은 계속해서 커졌고, 하늘 군대에 미칠 만큼 커졌다. 그러더니 하늘 군대와 별 중의 몇을 땅에 떨어뜨리고 짓밟았다. 이것은 이 뿔로 대표되는 왕의 위세가 어찌 그리 대단하던지 하나님 백성의 권세만큼이나 되었다는 것이며, 하나님의 백성들 가운데 빛나는 이들을 제거하고 짓밟았다는 것을 의미할 것이다. 하늘 군대는 '하나님의 백성'을 의미한다.단 8:24

권세와 힘이 대단해지면 하늘에 닿을 만큼 높아진다는 것도 거의 공통된 현상인 것 같다. 바벨탑을 쌓은 이들이 하늘에 닿고자 했던 이래, 사람들이 행하는 크고 높고 놀라운 일들은 모두 하늘을 향하고 하늘을 대적한다. 바벨론이 그 힘을 떨치며 하늘에 올라 하나님의 뭇 별 위에까지 자리를 높이리라, 가장 높은 구름에 올라가 지극히 높은 이와 같아지리라 하였다.사 14:13-14 이것은 다니엘서에서도 엄청나게 컸던 신상,단 2장 하늘에까지 닿을 것 같은 나무단 4장에 관한 환상에 잘 나타난다. 이제 숫염소 머리 위에 가장 나중에 났던 뿔 역시 그렇게 커지고 커지더니 하늘에 닿고 하늘 군대와 싸우기까지 한다. 끝도 없이 위로 올라가는 것이야 말로 하나님을 대적하는 세력의 특징이라고 할 수 있다.

하늘에까지 닿을 기세인 이 뿔은 군대의 주재를 대적한다. "군대의 주재"로 번역된 히브리말 표현을 직역하면 '군대의 주the prince of the host'라고 할 수 있다. 미카엘 같은 천사를 가리키는 의미일 수도 있지만, 이어지는 내용에서 "그에게 매일 드리는 제사"라는 표현이 있다는 점에서 하나님을 가리킨다고 보아야 할 것이다. 뿔은 하나님을 대적하며 하나님께 매일 드리는 제사를 폐지해 버리고 하나님의 성소를 헐어 버렸다. 그가 행하는 악과 더불어 하나님의 백성과 하나님께 드리는 제사가 그의 손에 좌우되게 넘어가고 말았으며, 그의 시대에 진리는 땅에 던져져 버렸다. 그리고 그의 시대에 그는 자기 마음대로 행하며 번성하였다. 하나님을 대적하고 하나님 백성을 마음대로 짓밟으면서도 형통하고 번성하는 시대, 그 시대가 다니엘서가 놓여 있는 시대이다. 참으로 어둠이 가득하고 절망과 두려움이 온 세상을 덮을 시대였다. 그러나 이것은 끝이 아니다.

끝이 있다: 어느 때까지 이를꼬 13-14절

다니엘이 본 환상은 두 거룩한 이들이 주고받는 대화로 이어진다. 다니엘에게 환상의 의미를 풀어주던 존재들이 여기에 등장하는 거룩한 이들일 것이다. 이에 따르면 다니엘이 보았던 환상은 매일 드리는 제사, 망하게 하는 죄악, 성소와 백성이 내어 준 바 되어 짓밟히게 되는 것을 내용으로 한다. 이렇게 하나님 백성이 고통을 당하게 되는 것은 2,300 주야까지라고 선언되었다.

매일 드리는 제사는 제사 제도 자체를 강조한다기보다 하나님 한 분을 섬기며 제사하며 살도록 존재하는 하나님 백성을 나타내고자 한다고 볼 수 있다. 매일의 삶이 그렇게 하나님을 예배하는 삶이다. 그러나 뿔로 대표되는 존재가 오면서 하나님 백성을 대적하여 하나님을 예배하지 못하게 하며 "망하게 하는 죄악", 황폐하게 만드는 죄악을 저지를 것이다. 마침내 성소와 하나님 백성이 그의 손에 넘겨져 짓밟히게 될 것이지만, 그것은 오직 2,300주야 동안이다. 2,300 주야는 1,150일에 해당한다. 3년 6개월의 시간 1,277일가량에는 좀 모자라지만, '세 때 반'에 해당하는 상징적인 기간을 가리킨다고 볼 수 있다.

주전 323년 알렉산더가 죽은 후, 그의 네 부하 장수들은 알렉산더의 영토를 분할하였다. 마케도니아는 카산더Cassander, 드라게Thrace는 루시마커스Lysimachus, 애굽은 톨레미Ptolemy, 그리고 메소포타미아는 셀류커스Seleucus가 차지하였다. 톨레미와 셀류커스는 이 지역 전체의 패권을 두고 기나긴 세력 다툼을 하게 된다. 주전 3세기까지 팔레스타인은 톨레미의 지배 아래에 있었으나, 주전 200년경부터 확연하게 셀류커스 왕가에게 장악되었다. 한 뿔에서 난 작은 뿔은 하늘 군대를 대적하고 성전 제사를 폐지하며 성소를 헐어 버렸다. 이러한 상황은 셀류커스 왕가의 왕이었던 안티오커스 에피파네스주전 175-164가 주전 167년 이래 예루살렘에서 행하였던 일을 정확하게 묘사한 것이다. 이에 대해서는 가톨릭 성경에 실린 마카베오상과 마카베오하에 잘 묘사되어 있다. 안티오커스 에피파네스는 신앙을 가졌다는 이유로 수만에 달하는 사람들을 죽였고, 성전 제사를 폐지하였으며, 안식일과 할례를 금지했다. 일찍이 유대 역사에 하나님을 굳게 믿는다는 이유로 이렇게 많은 사람이 일시에 죽임당한 적이 없을 정도의 유례없는 핍박과 순교의 상황이 도래하였고, 성소는 모독 되었다. 안티오커스는 번제 제단에 "황폐를 부르는 혐오스러운 것"을 세웠다.마카베오상 1:54 아마도 이것이 13절에서 언급하고 있는 "망하게 하는 죄악"이 의미하는 바일 것이다. 이 부분은 달리 "멸망하게 하는 가증한 것"이라고 표현되기도 한다.단 11:31; 참고. 마 24:15 "망하게 하는 죄악"은 히브리말로 "페샤 쇼멤"인데 이것은 히브리어 특유의 풍자적인 말놀이일 것이다. 안티오커스가 예루살렘 성전에서 제우스를 나타내는 상징과 제단을 세웠는데 제우스는 수리아 지역에서 "바알 샤멤"하늘의 주라는 의미으로 알려져 있다. "페샤 쇼멤"은 "바알 샤멤"을 비꼬는 말이라고 볼 수 있다.

두 거룩한 이의 대화가 시간과 때에 관한 것이라는 점에서 이 환상 본문의 초점이 여기에 있음을 알 수 있다. 거룩한 이 사이의 대화였고, 한 거룩한 이가 다른 거룩한 이에게 물은 것이되, 14절의 대답이 다니엘을 향하고 있다는 점도 다니엘과 다니엘서 독자의 관심과 초점이 '언제까지'에 있음을 보여준다. 8장의 모든 관심이 여기에 있으며, 이것이야말로 **독자와 청중이 처해 있는 근본적인 상황**이라고 할 수 있다. 그에 대한 대답은 2,300주야, 즉 1,150일이다. 이 기간이 의미하는 것은, 특정한 시간이라기보다는 세 때 반이 그러하듯이단 7:25 정해진 시간이 있다는 것, 반드시 이러한 고통스러운 상황의 끝이 이른다는 것이라고 수 있다.

겹쳐 본 환상 7장과 8장

다니엘은 바벨론 시대를 살고 있지만, 그가 본 환상은 정작 그 이후에 오는 숫양과 숫염소의 시대, 특히 숫염소 시대의 종말이었다. **다니엘서의 모든 초점은 숫염소와 뿔로 상징되는 안티오커스 에피파네스 박해 시대에 있다.** 그리고 다니엘서는 극심한 고통의 시대를 사는 이들을 향해 이 고통의 시기가 곧 끝이 남을 이야기한다. 고통의 시대를 살지만, 그 시대 이후 새로운 날들을 미리 본다. 이것이 행복이나 기쁨일 수도 있지만, 7장 마지막에서 본 것처럼 번민과 괴로움일 수도 있다. 시대를 먼저 보고 살아간다는 것은 현재 닥쳐 있는 시대를 불평 없이 꿋꿋이 버텨내면서 다가오는 시대를 기다리게 한다. 시대를 이렇게 먼저 보는 이들에게는 필연적으로 더 큰 고통과 괴로움이 닥칠 수밖에 없을 것이다. 현실의 괴로움으로 인해 번민하고 안색이 바뀔 수도 있을 것이다. 그렇기에 7장과 8장에서 보듯 하나님께서는 거의 같은 환상을 두 번 겹쳐 보게 하셨다. 창세기에 보면 애굽의 바로 역시 7년 풍년과 7년 흉년을 상징하는 같은 내용의 꿈을 두 번 꾸었다. 한 번은 소가 등장하고 또 한 번은 이삭이 등장하지만 같은 것을 말하였다. 나중에 요셉이 왕의 꿈을 풀이하면서 두 번 겹쳐 꿈을 꾼 것은 하나님께서 이 일을 정하셨고 속히 행하신다는 것을 의미한다고 풀이하기도 한다.창 41:32 그러므로 **다니엘에게 하나님께서 7장과 8장에 거의 같은 환상을 보이신 것은 하나님께서 이 일을 정하셨고 속히 행하신다는 것을 말씀하신 것이라고 할 수 있다.** 이것은 다니엘로 대표되는 하나님의 백성들이 더 견뎌야 한다는 것이며, 체념하거나 포기하지 말아야 한다는 점을 더욱 강조한다. 다가올 하나님의 나라

를 먼저 보는 이의 삶은 괴로울 수 있다. 그것이 이 땅을 살아가는 하나
님 백성의 존재의 의미일 것이다.

본문의 메시지

1. 누가 큰 나라인가?

숫양의 기세가 드높고 숫염소의 기세, 그리고 네 뿔 가운데 나온 작은 뿔의 기세가 드높다. 세상 나라는 그 힘을 자랑하고 그 세력을 자랑한다. 그러나 하나님의 나라, 하나님의 통치는 위세와 힘에 있지 않다. 예수께서 선포하신 나라는 섬김의 나라요, 자기희생의 나라이다. 오늘날 교회 공동체는 숫염소처럼 커지는 곳이 아니라, 어린 양이신 예수 그리스도처럼 자기를 죽이어 바치는 곳이다.

2. 하나님께서는 다니엘의 환상 가운데 세상 역사를 보이신다.

비록 다니엘은 사로잡혀 온 자의 자손에 불과하지만, 그가 보는 환상이야말로 세상 가운데 일어날 역사이다. 사로잡혀 온 포로들의 처지이기에 달리할 수 있는 것이 없고, 그렇기에 이들이 환상을 보게 될 것이다. 환상은 끌려온 이들, 약자들의 것일 수 있다. 그러나 이 환상 가운데 그들은 세상의 역사와 종말을 보게 된다. 그들은 약하나 그들이 본 환상이야말로 세상 전부이다. 우리는 부족하고 연약한 자로되, 세상 전체를 주관하시는 하나님의 환상을 보는 이들이다.

3. 모든 고통과 환난에는 끝이 있다.

악의 세력은 어찌나 강한지 성전 제사까지 폐하여 버리고, 성소를 모독하며 조롱한다. 수많은 사람이 짓밟히게 되기도 한다. 그러나 이러한 시기 역시 반드시 그 끝이 있다. 하나님이 정하신 시간이 지나고 나면 그 강성하던 세력도 힘도 사라지게 되고 말 것이다. 현재의 고통 속에 낙심하거나 절망하지 말고, 인내하고 견뎌야 한다. 포기하고 체념해서 우리 자신을 더럽힐 것이 아니라, 하나님께서 행하실 일을 기대하며 인내해야 한다. 반드시 영광의 그 날이 오게 될 것이다.

다니엘이 환상의 의미를 알고자 할 때 가브리엘이 그에게 나타나서 환상을 풀이하였다. 이 본문은 구약 성경 전체에서 처음으로 이름을 가진 천사가 사람에게 등장하는 장면을 보여준다. 이후에 미가엘 천사의 존재도 드러나게 된다.단 10:13; 12:1 다니엘이 보았던 환상에서는 어느 때까지 인지에 초점이 있었다면, 이 단락은 정한 때 끝에 악한 왕에 의해 이루어질 만행을 서술하는 데에 중점이 있다.

가브리엘의 등장 15-18절

7장과 마찬가지로, 환상을 모두 보았으나 여전히 다니엘은 환상 가운데 머물러 있다. 13-14절에서 두 명의 거룩한 존재가 등장하였는가 하면, 15절 이하에서는 정체를 표현할 수 없는 어떤 존재가 "사람 모양 같은" 존재를 향해 "가브리엘"이라고 부르며 다니엘이 본 환상의 의미를 풀어주라고 명령한다. 이 같은 신적 존재들의 등장은 다니엘을 통해 전해지고 알려지는 말씀이 사람의 지식이나 지혜가 아니라 하늘로부터 내려온 것임을 강조한다. 이런저런 삶의 곤경 속에 신음하며 살아가고 있지만, 하늘 영역에서는 끊임없이 하나님께서 정하신 일들이 진행되고 있다. 15절에서 "사람"으로 번역된 '게베르'는 연약한 여성이나 아이와 대조되는 의미로서의 사람이라는 점에서 굳이 반영한다면 '장정'쯤으로 옮길 수 있다. "가브리엘"이라는 이름에도 이 단어가 들어가 있으며 '하나님의 게베르', 즉 '하나님의 장정'이라는 의미로 풀이할 수 있는데, 15절에서 가브리엘을 가리켜 '게베르' 모양 같다는 표현은 일종의 말놀이인 셈이다. 그런 점에서 가브리엘은 강한 용사 되시는 하나님의 이미지를 담고 있는 존재라고 할 수 있다. 한쪽에는 크고 강력한 나라들이 있지만, 하늘에서는 하나님께서 그의 거룩한 이 가브리엘을 동원하여 행하신다. 가브리엘은 다니엘을 "인자", '사람의 아들'로 부른다. 여전히 다니엘은 인자이지만, 하나님께서는 가브리엘을 통하여 하나님의 크고 놀라운 일을 행하신다.

가브리엘의 등장은 쐐 두려운 것이었다. 가브리엘에게서 환상의 의미에 대해 말을 듣는 것이 매우 힘든 일이었다는 것은 그 말은 들은 다니엘이 엎드린 채 깊은 잠에 빠지게 되는 것에서 볼 수 있다. 같은 현상이 10:8-9에서도 일어난다. 그 본문에서도 다니엘은 하나님이 보여주신 환상을 보고 온몸에 힘이 빠져 쓰러지듯 엎드리게 된다. 이러한 깊은 잠은 마치 죽음과 같은 것이다. 추수 때처럼 일손이 급할 때 잠든 아들은 부끄러움을 초래하는 아들이다.잠 10:5 하나님이 꾸짖으시면 강한 말과 병거도 잠든다.시 76:6 말과 병거라도 잠들게 되니 아무 쓸모 없이 죽은 것과 방불하다. 시스라 같은 용사도 깊은 잠에 빠지니 여인의 손에 죽임당하고 만다.삿 4:21 하나님의 명령을 거스르고 다시스로 건너가는 배를 탄 요나는 배 깊은 곳으로 내려가 깊은 잠에 빠진다.욘 1:5 배의 선장은 아예 요나를 "자는 자여"라고 부른다.욘 1:6 깊은 잠에 빠진 이는 무능하고 무기력하고 아무것도 할 수 없는 자이며 죽은 것과 마찬가지인 자이다. 다니엘은 이미 하나님 앞에 모셔 선 자들과 만나고 그들과 이야기를 나누었으되, 끝날에 관한 이야기를 듣고 그의 안색이 변하고 번민하였으며, 이제 가브리엘을 통해 이 이야기를 듣게 되자, 마침내 땅에 그대로 엎드려 깊은 잠에 빠지게 된다. 그는 아무것도 할 수 없고, 무력하다. 그런 점에서 **다니엘서 환상 본문은 당황스럽고, 번민하며 죽은 것과 마찬가지가**

된 다니엘의 모습을 거듭해서 보여준다. 아마도 이것은 다니엘서가 향하고 있는 청중들이 살아가는 모습일 수 있다. 살아 있되 죽은 자와 방불하다.

가브리엘은 다니엘을 만졌고 다니엘을 일으켜 세웠다. 18절에서 "일으켜 세우며"로 번역된 부분을 직역해 보면, '그가 나를 내 선 곳에 세웠다'라고 할 수 있다. 우리말로는 분명하지 않지만, '내 선 곳에'라는 표현이 있다는 것은 의미심장하다. 이 표현을 어떤 영역 성경NRSV에서는 '내 발로on my feet'로 옮기기도 하였다. 가브리엘이 얼굴을 땅에 대고 엎드려 있는 다니엘에게 다가와 그를 만지며 그로 하여금 원래 서 있던 그곳에 서게 하였다. 다니엘은 하나님이 보낸 가브리엘로 인해 땅에 엎어지지만, 하나님은 그를 다시 우리 발로 그 자리에 서게 하신다. 결국, 우리는 우리가 섰던 곳에 다시 서야 한다. 우리 발로 현실에 서서 하나님이 행하실 일을 듣고 거기에 응답하는 것이 힘겨워 지쳐 쓰러져 죽음 같은 깊은 잠에 빠지게 되기도 하지만, 하나님께서는 가브리엘 같은 하나님의 힘과 능력의 천사를 보내셔서 우리를 만지시며, 우리로 다시 우리 발로, 우리가 서 있던 그곳에 서게 하신다.

끝 날에 관한 환상 19절

가브리엘은 다니엘이 본 환상이 의미하는 것이 끝날에 관한 것임을 분명히 하였다.8:17, 19 다니엘서와 같은 묵시를 다루는 문헌의 핵심적인 특징은 바로 이 '끝날 의식'이다. 끝 날에 대한 강조에는 두 가지 측면이 있다. 우선, 현재 독자 혹은 청중으로 하여금 자신들이 사는 시대가 끝날, 마지막 시대임을 깨닫게 하는 측면이 있다. 끝날 강조의 두 번째 측면은 첫 번째의 당연한 결과인데, 우리 사는 시대가 끝날의 시대이니 현재 겪는 고난과 괴로움이 영원하지 않음을 강조한다는 점이다. 숫양과 숫염소가 강하고, 그들에게서 난 뿔이 그 아무리 세다 하여도 반드시 그들의 날은 지나간다. 지금 극심한 고통이 하나님 백성에게 있다 하더라도 반드시 그날은 끝이 있다. 이 점은 다니엘서에서 줄기차고도 일관되게 강조되는 점이기도 하다. 그렇기에 다니엘은 이방 나라의 고관이 되었지만, 한결같이 하나님 백성으로 살아간다. 그렇기에 아무리 백성들의 고난이 크다 하여도 결코 하나님을 배반하거나 떠나지 말아야 한다.

한 가지 더 이해할 것은 "진노하시는 때가 마친 후"와 끝날이 결합되어 있다는 점이다. 바벨론 포로 이래 이스라엘이 처한 상황은 하나님의 진노하심의 결과로 이해되었다. 열방은 강력하고 자신들은 무력하였기에 이렇게 고초를 겪는 것이 아니라, 하나님을 떠난 자신들의 죄악으로 인한 하나님의 진노하심으로 고초를 겪는 것이다. 하나님의 진노를 고백하는 것은 열방에게 초점을 두는 것이 아니라 하나님께 초점을 두고자 하는 노력이다. 그럴 때 이스라엘에 필요한 것은 힘을 기르는 것이 아니라, 하나님께로 돌이키는 것임을 깨닫게 된다. 그러한 하나님의 진노가 마쳐지는 은혜로운 날들이 온다. 그러므로 고초의 시간 동안에 다시 죄악으로 돌아가지 말고, 죄악과 불의에 굴복하지 말아야 한다. 진노의 후에 오는 것이 끝날의 은혜임을 기억하자. 진노는 하나님과 우리 관계의 끝이 아니다. 끝이라고 포기하고 체념하는 자에게 끝이지, 하나님의 은혜는 결코 끝나지 않는다. 다함이 없는 사랑, 그 깊음을 다 측량할 수 없는 사랑이니, 그 사랑과 은혜를 의지하자. 은혜를 굳게 붙들고 지금 서야 할 곳에 다시 선다.

메대-바사 그리고 헬라왕의 시대 20-22절

숫양과 숫염소가 각각 의미하는 것은 메대와 페르시아, 그리고 첫 번째 임금 알렉산더로 대표되는 헬라 제국이었다. 메대와 페르시아의 시대가 지나가고 큰 뿔로 대표되는 첫 번째 헬라 왕의 시대가 오게 된다. 그런데 이 헬라 왕의 시대는 곧 끝이 나고, 이어서 네 뿔의 시대, 알렉산더를 이은 네 명의 후계자의 시대가 오게 된다. 2장이나 7장에서도 네 개의 서로 구별되는 시기에 대한 내용이 있었지만 구체적이지 않았던 데 비해, 8장은 각각의 시대에 대해 아주 구체적으로 풀이하고 있음을 볼 수 있다. 그리고 페르시아로부터 알렉산더 제국, 그리고 제국의 분할에 이르기까지 실제 일어난 역사를 정확하게 반영하는 것도 볼 수 있다. 다니엘서에서는 이렇듯 동물이나 금속을 통해 역사와 시대를 이야기하는 경우가 많다. 비록 8장에서는 꽤 노골적으로 서술되어 있기는 하지만, 금속 같은 물질이나 짐승의 예를 들어서 시대와 역사의 변화를 이야기하는 것은 매우 함축적이고 상징적인 의미를 지니게 된다. 짐승과 같은 상징으로 말한다는 것은 단지 특정한 시대를 넘어 수많은 세대에 적용될 수 있다는 장점이 있다.

숫양과 숫염소는 모두 제사에 드려지는 제물이라는 공통점이 있다. 숫양과 숫염소가 강해 보인다고 하여도, 하나님께 드려지는 제물에 불과함을 암시한다고 볼 수 있다. 숫염소 같은 것은 사람이 살기 어려운 광야에 존재하는 동물사 13:21; 34:14이면서 숭배의 대상레 17:7; 대하 11:15이기도 하였다는 점이, 다니엘서 8장에서 숫염소가 강력한 제국의 상징으로 쓰이는 것과 연관된다고 볼 수도 있다. 하나님께서는 숫염소를 숭배하는 것을 강력히 금지하셨다.레 17:7 세상에 크고 강한 세력이 있기에 보이지 않는 하나님을 믿고 섬기는 것은 그리 간단하고 쉬운 일이 아니다. 그 점에서 **세상의 강력한 세력을 숫양과 숫염소로 비유한다는 것은 세상에 존재하는 강한 악의 세력에 대한 다른 상상력의 산물이라고 할 수 있다.** 그들은 양이요 염소에 불과하다. 세상은 여전히 강하다 할지라도 다른 상상력을 가지고 세상을 바라볼 때, 우리는 하나님께서 행하시는 일을 기대하고 소망하게 된다.

만왕의 왕을 대적하는 한 왕 23-25절

다니엘서의 초점은 숫양이나 숫염소의 시대가 아니다. 그토록 강력하던 알렉산더 시대도 다니엘서에서는 그저 스쳐 지나가는 한 부분일 뿐이다. 다니엘서가 초점을 두는 시기는 그다음에 일어난 한 왕, 즉 안티오커스 에피파네스의 시대이다. 23-25절은 그의 시대와 행동을 다룬다. 그가 등장하는 시대는 "반역자들이 가득할 즈음"이다.8:23 여기 쓰인 "반역자"로 옮겨진 동사는 사람과 나라 사이의 배반을 가리킬 때도 쓰이지만, 하나님을 거역하고 그 도를 따르지 않은 이스라엘을 가리키는 데에 빈번하게 쓰인 단어이다.가령, 스 10:13; 시 51:13; 사 1:28; 46:8; 호 14:10; 암 4:4 언제나 하나님과 그 명령을 어기고 떠나는 자들이 있거니와, 이제 헬라 제국의 확장과 강성함으로 인해 많은 사람이 하나님 신앙을 버리게 될 것이다. 강력한 제국의 힘과 문화 앞에서 그 말씀을 떠나고 저버리는 이들이 속출하게 될 것이다.

이 왕은 얼굴이 뻔뻔하며 속임수에 능하다. 얼굴이 사납고 거만하며 부끄러운 줄을 모르는 왕이다. '속임수에 능하다'라는 것을 직역하면 '수수께끼를 이해하는 자'이다. 특정한 말이 지닌 이면의 의미 혹은 이중적인 의미를 이해하는 것과 연관하여 개역처럼 '속임수에 능하다'로 이해될 수 있다. 그는 자신의 야망과 욕심을 감추지 않는 자요, 그를 위해서라면 얼마든지 교묘한 말을 할 수 있는 존재이다. 이 무자비하고 교활한 왕은 매우 강력한 힘을 휘둘러 제멋대로 파괴하고 악을 행할 것이다. 그는 강한 자들과 거룩한 백성을 멸할 것이다.

"강한 자들"은 안티오커스에 맞섰던 유대 백성들을 가리키는 것일 수 있다. 안티오커스의 무도함에 대항하여 마타디아스에서부터 시작하여 그의 아들 유다 마카비는 무력으로 맞서 싸웠고 3년여의 투쟁 끝에 마침내 성전을 다시 회복하기까지 한다는 점을 고려하면, 이러한 상황이 아마도 본문의 "강한 자들"이라는 표현 이면에 있을 것으로 생각해 볼 수 있다. 7장에서 "성도" 혹은 "거룩한 백성"이라 불리는 이들이 있었고,7:25,27 8장에서도 "거룩한 백성"이 언급된다. 이들은 모두 안티오커스의 박해와 연관되었다. 그런 점에서 이 시기에 신앙을 지킴으로 인해 순교한 수많은 백성이 다니엘서 안에 반영되었다고 할 수 있다. 성도들은 그에게 패배하기도 하고,7:21 괴롭힘을 당하기도 하며,7:25 멸함을 당하기도 한다.8:24 한편에서는 "반역자들"이 있는가 하면, 다른 한편 이렇게 왕에게 죽임당하는 "강한 자들과 거룩한 백성"이 있어 대조적이다.

거룩한 백성을 대적하는 이 왕의 행동은 궁극적으로 "만왕의 왕"을 대적하는 것이다.8:25 여기서 "만왕의 왕"은 근본적으로 하나님을 가리킨다고 이해할 수 있다. 사람으로서 점점 강해지더니 마침내 만왕의 왕을 대적하기까지 이르는 것은 이 땅에서 강성하고 교만한 통치자의 필연적인 귀결을 보여준다고 할 수 있다. 그러나 그는 사람의 손으로 말미암지 않은 채 깨어지게 될 것이다. 이것은 이 왕의 패망이 사람의 능력이나 힘과 상관없이 임하게 될 것을 의미한다. 실제로 안티오커스 에피파네스가 질병으로 인해 갑작스럽게 죽었다는 점마카베오상 6:8-9; 마카베오하 9:7-12은 참으로 그의 죽음이 사람의 손에 의한 것이 아님을 보여준다. 주목할 것은 이미 2장에서도 세상 나라를 상징하는 커다란 신상이 사람의 손으로 뜨지 아니한 돌에 의해 산산조각이 나게 된다고 진술되었다는 점이다.단 2:34-35, 45 어찌 보면 다니엘서는 마카비 혁명처럼 사람이 함께 모여 악한 왕을 맞서 싸우는 것을 그리 동의하지 않는다는 인상을 주기도 한다. 그렇지만 이 구절은 근본적으로 악을 심판하시는 분이 하나님임을 선언한다. 하나님의 사람에 대한 대적과 괴롭힘은 실상 만왕의 왕이신 분을 대적하는 것이니, 그가 행하실 것이다. 짐승으로 비유되는 왕에 비해 거룩한 백성은 여전히 사람이지만, 결국 이 왕이야말로 산산이 부서지게 될 것이다. 하나님께서 행하실 것이다.

2장에서 다룬 환상은 바벨론의 느부갓네살에서부터 시작하였다. 그리고 8장에서의 환상은 메대와 페르시아에서 시작하여 알렉산더 시대와 네 왕의 시대를 거쳐, 셀류커스 왕조의 안티오커스 에피파네스의 시대에까지 이른다. 그런데 안티오커스 다음의 시대는 다니엘서에서 자세히 표현되거나 묘사되지 않는다. 다니엘서는 안티오키스의 시대가 끝나면서 궁극적인 승리가 오게 된다고 선언한다. 그런 점에서 다니엘서의 모든 초점은 안티오커스의 시대임을 알 수 있다. 다니엘서는 이 시대를 살아가는 사람들에게 일어나는 결코 쉽지 않은 현실을 설명하고 있다. 하나님을 의뢰하는 거룩한 백성인데도 불구하고 하나님을 대적하는 안티오커스에게 패배하는 현실이 눈앞에서 벌어진다. 무자비하고 교활한 존재임에도 안티오커스는 날로 강성해져 가고, 자기 마음대로 행하는데도 형통하다. 그러나 다니엘서는 그의 형통함마저도 그 자신의 힘이 아님을 분명히 한다.8:24 이 환상은 끝 날에 대한 것이다. 이렇게 고통스럽고 힘겨운 날들이 올 것이며, 아마도 지금 독자와 청중은 그러한 시대를 살고 있다. 그러나 반드시 기억해야 할 것은 이 끝 날에 관한 것이 예고되었다는 점이다.

주야에 대한 환상을 깨달은 다니엘의 놀라움 26-27절

위에서 보았듯이, 환상은 주로 다가올 환난에 대한 경고였다. 이를 대비하고 현재 상황을 이해하라는 것이 환상이 주는 의미일 것이다. 다니엘을 향해 "깨달아 알라"8:17 말하는 가브리엘의 말도 이 점을 강조한다. 26절에서 '주야에 대한 환상은 확실하니 이를 간직하라' 가브리엘이 말한다. 여기서 '간직하다'는 7:28에 있는 '간직하다'와 다르다. 7장의 '간직하다'는 무엇인가를 마음에 담아 두는 것을 의미한다면, 8장의 '간직하다'는 봉인하는 것이다. 죽으신 주님을 무덤에 누이고 무덤 문을 인봉하듯이, 편지를 봉투 안에 넣고 아무나 뜯어 보지 못하도록 인봉하듯이, 그렇게 인봉하여 지니라는 것이 8:26 명령의 의미이다. 이 환상을 그렇게 인봉하는 까닭은 그 마지막이 지금 당장 일어나는 것이 아니라 "여러 날 후의 일"이기 때문이다. 여러 날 후의 일이지만 이미 하나님께서는 그 모든 것을 정하셨고 마침내 이루어가실 것이다. 훗날 이 일이 마침내 이루어질 때 인봉된 것을 보면 하나님의 뜻만이 성취되었음을 알게 될 것이다. 그러므로 **무엇인가를 인봉한다는 것은 그 보이신 바가 얼마나 확실하고 정확한 것인지를 증언하기 위한 상징적 행위이다.** "주야에 대한 환상은 확실"하다! 하나님께서는 반드시 그 정하신 대로 행하실 것이다.

우리 하나님을 믿는다는 것은 역사가 그분의 손 안에 있음을 믿는 것이다. 이것은 모든 것이 시간표대로 다 정해져 있으니, 지금 우리가 무엇을 하든 아무것도 바꿀 수 없다를 의미한다기보다, 그 어떤 고초와 괴로움이 있다 하여도 반드시 하나님께서 그분의 선하신 뜻을 행하실 것을 의미한다고 볼 수 있다. 이 환상은 현재의 고난이 끝이 정해진 고난임을 분명히 하는 데 목적이 있다. 그리고 이러한 목적을 지닌 환상은 실천적으로 공동체 구성원들로 하여금 현재 눈 앞에 닥친 고난에 굴복하거나 절망하지 말고 끝까지 견디고 버틸 것을 권면하는 기능을 한다. 시간이 지나면 그 날이 올 것이니, 지금은 참고 견뎌야 한다 격려한다.

27절은 이를 들은 다니엘의 반응을 소개한다. 이 모든 것을 들은 다니엘은 완전히 몸의 힘이 다 빠져 버렸고 지쳐 버렸다. 며칠 동안 쓰러져 있다가 다시 일어나서 그가 맡은 일을 할 수 있었다. 그는 그가 본 환상으로 인해 놀랐다. 여기서 '놀라다' 동사가 쓰인 예들을 보면, '참담하다'시 143:4, '이상하다'사 59:16; 63:5, '패망하게 하다'전 7:16과 같은 의미로 옮겨졌다. 다니엘서에서는 환상을 들은 다니엘의 상태가 그저 평안하고 차분한 것이 아니라 꽤 당황스럽고 막막한 상태였음을 이와 같은 말로 표현했다고 볼 수 있다. 우리말로는 "그 뜻을 깨닫는 사람도 없었느니라" 라고 되어 있어 다니엘 아닌 다른 사람을 가리키는 것 같지만, 이 표현은 다니엘의 상태를 가리킨다고 보아야 한다. 영역 성경들도 모두 그렇게 번역한다 '깨달음'에 대한 언급이 16절에도 있고 27절에도 있다. 다니엘로 하여금 깨닫게 히려고 가브리엘이 왔고 "깨달아 알라" 말씀하였지만, 다니엘은 깨닫지 못하였다. 7장에서 환상이 알려져도 다니엘이 안색이 변하였는데, 8장에서도 다니엘은 그 내용을 들고서도 깨닫지 못하였다고 진술되고 있는 것이다. 9:2에서 다니엘이 "깨달았나니"라는 표현이 나오는 것을 볼 때, 7-8장은 9장과 밀접하게 연관되어 있다고 볼 수 있다. 천사의 말을 듣고도 깨닫지 못하는 다니엘의 모습은 12장에서도 볼 수 있다. 단 12:8

그 점에서 다니엘에게 알려진 환상은 쉽게 납득하기 어려운 것이었다고 볼 수 있다. 그저 하나님께서 함께 하셔서 마침내 승리하게 된다는 식의 손쉬운 말이 아닌 것이라 할 수 있겠다. 가브리엘이 말하는 내용을 다니엘이 당연히 이해했겠지만, 깨달을 수 없었다. 알았다 하더라도 그렇게 쉽게 믿음이 되고 신념이 되고 일상을 버텨낼 힘이 되지 않았다는 뜻이라고 볼 수도 있다. 믿고 확신하며 그에 따라 살아간다는 것이 쉽지 않다. 다니엘도 고민하고 괴로워하고 힘겨워 한다. 고난의 시간을 살아간다는 것이 그렇게 쉽고 간편하게 해결되는 것이지 않다.

아울러 오늘 우리는 안티오커스의 시대가 세상의 끝 날이지 않았음을 알고 있다. 그런 점에서 다니엘서는 단지 물리적으로 세상의 끝 날을 향한 말씀이라기보다 견뎌내기 쉽지 않고 이길 수 없을 것 같은 절망과 고난의 시대를 살아가는 이들을 향한 말씀이라고 확장해볼 수 있다. 그러한 시대는 짐승의 시대이다. 그러한 시대는 짐승 같은 힘과 폭력, 난폭함, 무자비함이 휩쓰는 시대이고 진리와 정의가 땅에 떨어져 버린 시대이며, 수많은 하나님의 사람들이 죽임 당하고 고통 당하는 시대이다. 다니엘서는 그 시대를 향해 반드시 그 날이 끝장나게 될 것이며, 하나님께서 행하시는 영광의 날이 올 것이라 선포하며 증언한다. 다니엘은 그러한 시대를 살아가는 하나님의 사람을 증언한다.

1. 하나님께서는 그 백성을 도우셔서 그 발로 그 자리에 서게 하신다.

하나님은 다니엘에게 가브리엘을 보내셔서 그를 만지시고 회복시키시며 하나님의 정하신 뜻을 깨닫게 하신다. 하나님은 어떤 상황 속에서라도 그 백성을 반드시 도우시는 분이시다. 천사를 보내어 그 백성을 만지시며 회복시키시는 분이시다. 그럴 때 우리는 다시 우리 발로 우리가 섰던 곳에 서게 될 것이다.

2. 하나님이 온 세상의 참된 주권자이시다.

지금 세상을 장악하고 지배하는 것은 안티오커스 같은 악한 왕이지만, 그의 날은 정해져 있으며, 그는 시한부 인생일 뿐이다. 참으로 역사를 주관하시는 분은 하나님이시다. 하나님을 믿고 살아간다는 것은 결코 쉽지 않은 삶을 살아가면서도, 하나님께서 행하시고 바로 잡으실 그 영광의 날을 기대하고 소망하며 살아가는 것이다. 본질적으로 그리스도인들은 그 날을 꿈꾸는 사람들이다. 소망 없는 현실을 살면서도 바랄 수 없는 중에 바라고 살아가는 이들이 바로 성도된 그리스도인들이다.

3. 하나님께서 보이시는 영광의 날들이 쉽게 납득되거나 믿기지 않기도 한다. 묻고 찾고 나아가자.

다니엘에게 하나님의 천사들이 나타나 환상을 풀이해 주지만, 다니엘의 반응은 번번이 당황스럽다는 반응이다. 마침내 구원하심이 있다는 것이 현재의 답답함과 어려움을 일거에 해결하지는 못하더라는 것이다. 그럴지라도 다니엘처럼, 체념하거나 포기하지 않고 하나님을 찾고 구하자.

9장의 배경에는 예레미야가 예언한 70년의 황폐함에 대한 깨달음이 있다. 예레미야는 예루살렘이 멸망하고 황폐하게 되는 기간이 70년이라고 전하였다.렘 25:11-12; 29:10-14 비록 현재는 바벨론 땅에 포로로 끌려와 살고 있지만, 예레미야를 통해 예언된 70년이라는 기간이 무엇을 의미하는지, 언제 그 기간이 끝이 나게 되는지에 대해 포로로 사는 이들은 지대한 관심을 가졌을 것이다. 자신의 시대에 대한 의미를 깨달은 다니엘은 하나님께 기도하되, 민족의 죄악을 고백하며 하나님의 회복과 긍휼을 구한다.

다니엘이 예레미야의 예언을 깨달음 1-2절

9:2은 다니엘이 '깨달았음'을 이야기한다. 7장과 8장에서 다니엘은 천사를 통해 앞으로 일어날 일에 대한 환상과 그 의미를 보고 들었음에도 번민하고 안색이 변하며 심지어 죽은 사람과 마찬가지 상태가 되기도 하였다. 특히 8장 환상 경우, 다니엘을 깨닫게 하려고 가브리엘이 왔지만, 그는 여전히 깨닫지 못하였다.8:27 그런 점에서 다니엘의 깨달음에 대한 9:2의 언급은 7-8장과 대조되면서 7-8장을 9장과 연결한다고 할 수 있다. 이미 천사가 일러 주는 내용을 통해 환상이 의미하는 바를 알고 있었겠지만, 다니엘은 이때 이르러서 참으로 그 환상이 의미하는 바와 하나님의 행하실 일을 충분히 이해하게 되었다고 볼 수 있다.

다니엘이 깨닫게 되었던 그 시기는 언제인가? 1절은 이 시기가 메대 족속 아하수에로의 아들 다리오가 갈대아 나라 왕으로 세움을 받던 첫해라고 소개한다. 5장에서도 이야기했지만 실제로 바벨론의 마지막 왕은 나보니두스이며 벨사살은 나보니두스의 아들로 알려져 있다. 메대와 페르시아의 왕이던 고레스가 진격하자 주전 539년 바벨론은 아무런 저항 없이 항복하였고, 페르시아가 고대 중동의 패자가 되었다. 고레스 다음으로 캄비세스가 통치하였고, 다음에 등극한 왕이 다리오였다. 그의 시대 동안 페르시아는 안정되고 견고해졌다. 다리오의 뒤를 이어 아하수에로Xerxes, 아닥사스다Artaxerxes, 다리오 2세, 아닥사스다 2세 등이 차례로 등극하였다. 이를 생각하면 "메대 족속 아하수에로의 아들 다리오가 갈대아 나라 왕으로 세움을 받던 첫 해"라는 진술에는 메대와 페르시아, 바벨론 세 나라가 모두 포함되어 있으며, 실제 역사와는 꽤 차이가 있다고 여겨진다. 5:30-31에서는 "갈대아 왕 벨사살"의 나라가 망하고 "메대 사람 다리오"가 나라를 이었으며 이 "다리오"는 "메대와 바사"의 왕이다.5:28; 6:8,12,15 그런데 9:1은 다리오를 가리켜 "갈대아 나라 왕"이라 부른다는 점에서, 5-6장의 표현과는 다소 거리가 있음을 알 수 있다. 1장 해설에 언급하기도 했지만, 여기서 "갈대아"는 바벨론을 가리키는 특정한 이름이라기보다 메소포타미아 지역을 가리키는 상징적 이름이라 할수 있다. 어찌 되건 9:1의 언급은 1-6장 진술과 손쉽게 조화되지는 않는다고 할 수 있다.이와 같은 본문 언급은 다니엘서가 페르시아 시대로부터 꽤 시간상으로 거리가 멀어진 시기에 기록되었음을 보여주는 근거일 수 있다 그런 점에서 이미 여러 번 언급하였듯이, 다니엘서 같은 책을 객관적 진술을 전하는 역사책으로 여겨 접근하는 것은 적절치 않을 것이다. 다니엘서는 바벨론-메대-페르시아-헬라로 이어지는 나라의 교체, 그리고 바벨론에서는 느부갓네살과 벨사살, 메대의 다리오, 페르시아의 고레스 순으로 이어지는 왕들의 교체를 중심으로 한 연대기를 지니고 있다. 다니엘서와 같은 글을 읽을 때 역사의 세밀한 기록의 정확성보다는 실제 역사의 소재를 이용하여 하나님께서 행하시는 일을 어떻게 표현해 가는지 주목해야 할 것이다. 아울러 바벨론이든 메대와 페르시아이든, 그리고 현재 7-12장이 초점을 두고 있는 헬라이든, 제국의 본질은 변함이 없다는 것을 이와 같은 다니엘서 본문의 시대 언급에서 읽을 수도 있다. 제국의 본질은 수천 년이 지나 20세기 초중반에 조선이 겪었던 일본 제국주의에도 그대로 관철된다.

1-2절은 다리오의 등장과 더불어 다니엘이 역사에 두신 하나님의 뜻을 깨닫게 되었음을 명확히 전한다. 벨사살 통치 시기에 보여주신 환상의 의미는 그 끔찍하던 날들이 지나가고 하나님의 백성들이 회복되고 굳게 서게 되는 시기가 온다는 것이었다. 어쩌면 다니엘은 벨사살의 죽음과 바벨론의 멸망을 통해 하나님이 행하실 그 날이 임박하였다고 생각했을 수도 있다. 다리오의 등극을 통해 다니엘은 민족의 회복이 지금 당장 일어날 일이 아니라고 여겼을 수도 있겠고, 다리오의 등극과 더불어 그러한 놀라운 회복과 해방의 날이 곧 일어나리라고 생각하였을 수도 있다. 분명한 것은, 하나님의 경륜에 대한 다니엘의 깨달음이 그가 살아가던 세상의 격변과 연관되어 있음을 1-2절이 분명히 보여준다는 점이다.

또한, 2절은 이러한 깨달음을 얻게 된 통로가 "책"이라고 언급한다. 2절 첫머리를 그대로 직역하면, '그가 통치하던 첫 해에 나 다니엘이 그 책들에서 깨달았다'이다. 개역성경에서는 그저 "책"이라고 되어 있지만, 히브리말로는 '책들'이다. 여기에서 어떤 책들이 염두에 두어져 있는지 알기 어렵다. 문제가 되는 것은 예레미야가 언급한 70년에 대한 것인데, 이러한 내용이 언급된 글로는 예레미야서렘 25:11-12; 29:10를 비롯한 역대기대하 36:21도 있다.참고. 사 23:15, 17; 슥 1:12; 7:5 다니엘이 여러 책을 통해 깨달았다는 점에서, 단지 지금의 구약에 포함된 책들뿐 아니라, 그가 바벨론에 온 이래 공부하고 읽었던 다른 많은 책 또한 해당한다고 보는 것이 자연스러울 것이다. '깨달음'으로 옮겨진 히브리말 단어가 1장에서도 여러 번 쓰이는데,단 1:4, 17, 20 9장은 1장과 더불어 다니엘의 총명함 혹은 통찰력을 강조한다고 볼 수 있다.

특이하게도 천사가 나타나서 환상을 풀어주는데도 불구하고 깨닫지 못하였던 다니엘이 이 모든 환상의 참된 의미와 하나님의 뜻을 제대로 깨닫게 되었던 계기가 된 것이 그가 살아가는 시대와 그가 공부하고 읽었던 책임을 9:1-2에서 알 수 있다. 우리가 살아가는 시대를 이해하는 것, 그리고 이를 위해 열심히 책을 읽고 공부하고 고민하는 것은 이처럼 중요하다. 어느 한 권의 책을 읽고 전부가 바뀐다기보다 세상과 시대를 향한 고민과 더불어 무수히 읽고 생각했던 것들이 결합하여 크고 놀라우신 하나님의 행하심과 뜻을 깨닫게 한다. 세상을 바라보는 것과 공부는 그렇게 하나님을 알게 한다. 그러므로 그 어떤 것도 속되지 않다. 믿음으로 진지하게 살아간다. 먹기 위해 살아가는 것이 아니라, 알기 위해 살아가고 바르게 살기 위해 살아간다. 하나님께서 깨닫게 하실 것이다.

다니엘은 예레미야가 예언했던 70년에 걸친 예루살렘의 황폐함을 깨닫게 되었다. 다니엘서에 따르면 그는 여호야김 3년주전 606년에 바벨론으로 끌려왔고, 그로부터 20년가량 후인 주전 587년 예루살렘이 멸망하였다. 539/538년에 바벨론을 정복한 고레스는 유다 포로를 비롯한 바벨론에 끌려와 있던 모든 포로의 귀환을 허락하였다. 일차로 돌아온 유다 포로들은 성전 재건을 시작하여 마침내 주전 516년 두 번째 성전을 다시 세울 수 있었다. 다니엘서 9장의 배경인 다리오 원년이 페르시아의 다리오 1세를 가리킨다면, 이때는 주전 520년경이 된다. 이때로부터 4년 후인 516년에 제2성전이 완공된다. 예루살렘 성전이 587년 파괴되어 516년 다시 세워지니 성전 파괴와 재건이 70년으로 상징되는 이스라엘의 멸망과 회복이라고 볼 수도 있다. 성전 재건이 다리오 때에 이루어진다는 점에서, 그리고 예루살렘의 중건에 대한 언급이 9:25에 있다는 점에서, 9:1-2에서 보듯 다리오 왕 때에 70년의 의미를 깨달았다는 언급이 존재하였을 것이라 볼 수도 있다. 그러나 9:25에서는 아직 완전한 회복까지 더 많은 시간이 남아 있음을 이야기한다.

다니엘서의 매우 특이한 점 가운데 하나는 고레스 시대에 이루어진 포로 귀환에 대해 완전히 침묵한다는 점이다. 바벨론의 멸망과 포로 귀환은 거의 같은 시기에 이루어진 사건이되, 다니엘은 그에 대해 아무런 언급을 하지 않는다. 오히려 다니엘서는 위에서 보았듯이 성전 중건에 관해 관심이 있다. 그것도 성전 중건 자체가 초점이라기보다는 성전 회복과 더불어 일정한 시간 후에 이루어질 궁극적 회복에 관심이 있다. 여전히 다니엘은 바벨론 지역에 살면서 기도하고 환상을 보지만 그는 예루살렘에 돌아갈 것에 대해 아무런 기대를 품고 있지 않다. 그런 점에서, 앞서도 언급했지만, 다니엘서 7-12장은 이미 예루살렘에 존재하는 공동체를 향해 다가올 미래에 관해 이야기한다고 여겨진다. 여전히 본문 자체는 다니엘을 바벨론 멸망 직후인 주전 539년경의 시점에 두고 있지만, 실제로 본문은 그 시기의 핵심 사건일 귀환보다는 궁극적 회복 시점을 향해 있다. 어쩌면 다니엘서의 저자는 고레스 시기 포로 귀환과 제2성전 건설이 하나님의 온전한 회복과는 무관한 것으로 여겼을 수 있다. 그가 보기에 아직 예루살렘의 진정한 회복은 일어나지 않았다.

기본적으로 예레미야가 전한 70년은 물리적이고 기계적인 시간이지 않았음을 다니엘이 깨달았다고 볼 수 있다. 천지창조나 여리고성 정복, 나아만의 문둥병이 낫는 사건 등에서 보듯, 구약에서 숫자 7은 하나님의 모든 완전하심을 상징하는 숫자이다. 그러므로 70년은 하나님의 모든 뜻과 경륜이 이루어지는 시간, 하나님의 시간이라고 할 수 있다. 가령 두로 역시 교만함으로 인해 패망하게 되어 잊히게 되는 기간이 70년 동안이라고 선언된다.사 23:15 70년이 지난 후에 하나님께서 다시 두로를 돌아보실 것이다.사 23:17 그런 점에서 70년은 하나님께서 무엇인가를 다루고 바로잡으며 완전히 무기력하고 황폐케 만드는 기간이라고 할 수 있다. 이 기간은 전적으로 하나님께 달린 시간이며, 하나님의 긍휼하신 뜻에 달린 시간이라고 말할 수 있을 것이다. 아울러 70년이라는 숫자는 하나님께서 정하신 그 모든 것의 끝이 있음을 알리고 있기도 하다. 다리오의 등장과 함께 드디어 다니엘은 예레미야가 전하였던 70년의 의미를 깨닫게 되었다. 예루살렘의 황폐함이 끝나기까지 70년의 세월, 다시 말해 '하나님의 시간'이 걸리게 된다. 허황된 기대를 할 것도 아니되, 절망하여 체념할 것도 아니다. 그 시간은 하나님의 시간이기 때문이다. 그래서 다니엘은 이를 붙잡고 하나님께 기도하게 된다. 삶과 역사에 두신 하나님의 뜻을 깨달은 다니엘은 그저 손 놓고 시간을 기다리는 것이 아니라 하나님께 나아가 부르짖어 기도한다.

금식하며 기도하는 다니엘 3절

"주 하나님께 기도하며 간구하기를 결심하고"로 옮겨진 부분을 직역하면, '내가 기도와 간구로 찾고자 나의 얼굴을 주 하나님께 두었다'가 된다. 기도의 출발이요 근본은 우리 얼굴을 하나님께로 향하는 것이며, 하나님께 구하는 것이다. 비록 자신은 바벨론 땅에 포로로 끌려온 신세이며, 그 땅의 권력자들은 이렇게 저렇게 변화하면서도 여전히 세상을 주름잡고 있지만, 온 세상과 이스라엘의 주관자는 오직 하나님 한 분이시니, 다니엘은 하나님을 향한다. 하나님께 기도하되, 다니엘은 금식하고 베옷을 입고 재를 덮어쓴다. 베옷을 입고 재를 덮어쓰는 것은 애통과 통곡을 상징한다.렘 6:26 특히 요나의 선포를 들은 니느웨 백성들은 왕에서부터 짐승에 이르기까지 베옷을 입고 재 위에 앉으며 금식했다.욘 3:6-8 모르드개는 민족에게 닥칠 재앙으로 인하여 베옷을 입고 재를 덮어썼다.에 4:1 그리고 당시 바벨론 땅에 있던 모든 유대인 역시 금식하며 베옷과 재에 앉았다.에 4:3 금식이니 베옷, 재가 의미하는 것은 우리의 겉모습이나 육체의 힘이 관건이지 않음을 의미할 것이다. 체면이니 격식이니 그리고 다른 사람에게 보이는 나의 모습 같은 것이 아무런 의미가 없음을 깨닫고 오직 하나님만이 길임을 고백하여 찾을 때 거친 베옷을 입고 재를 뒤집어쓰며 금식한다. 그렇게 지금 다니엘은 민족 전체의 재앙과 황폐함을 두고 오직 하나님만 구하며 하나님의 긍휼을 구한다. 예루살렘의 황폐함을 두고 기도하기로 결심하는 다니엘의 모습은 그저 사로잡혀 온 자의 모습이지 않다. 그는 자신을 과소평가하지 않으며, 자신의 처지를 한탄하며 움츠려 들지도 않는다. 민족의 운명이 열방 왕의 교체와 그의 호의에 달린 것이 아니라 하나님께 달려 있음을 굳게 믿기에, 그는 도리어 민족 전체를 대신하여 하나님께 금식하며 부르짖는다.

하나님이 길임을 깨닫게 되거든 하나님께로 얼굴을 향하고 하나님께 구하라. 누가 시켜서 하는 것이 아니라 그것만이 길임을 알기에 그렇게 한다. 또한, 금식하며 부르짖는 기도의 결심은 책을 읽는 공부와도 전혀 분리되지 않는다. 책을 통해 진리와 그 의미를 깨닫게 되고, 그럴 때에야 하나님께 제대로 기도할 수 있다.

다니엘의 기도 4-19절

1. 크고 두려우신 하나님을 부르는 다니엘

다니엘의 기도는 먼저 그가 기도하는 하나님에 대한 고백으로 시작한다. 하나님은 크고 두려운 분이시며, 그를 사랑하고 그의 계명을 지키는 이를 위해 언약과 인자를 지키시는 분이시다. 크고 두려우신 하나님이시되, 그 하나님께서는 이스라엘과 상대하는 분이시다. 하나님을 사랑하는 것과 하나님의 계명을 지키는 것이 나란히 놓여 있다는 점에서, 하나님 사랑이라는 감정적 정서적 표현의 의미가 계명을 소중히 여기고 순종하는 것임을 알 수 있다. 하나님께서는 그러한 이들에게 언약과 인자, 인애를 지키신다. 언약과 인자를 지키는 하나님이라는 표현은 구약의 다른 곳에서도 나타난다.왕상 8:23; 대하 6:14; 느 9:32 다니엘처럼 하나님을 고백하는 기도는 느헤미야 1:5에서도 글자 그대로 똑같이 찾아볼 수 있다. 신명기 7:9에서도 첫머리를 '신실하신 하나님'으로 시작힌다는 점을 제외하고는 다니엘 9:4과 같이 하나님을 부르고 있음을 볼 수 있다. 고대 중동의 종교와 구약 신앙의 차이가 있다면, 구약 신앙은 믿고 신뢰하며 의지하는 하나님에 대한 또렷한 지식과 고백이 있다는 점을 들 수 있을 것이다. 그저 무섭고 두려우며 인간을 마음대로 좌우하는 신, 막대한 예물을 갖다 바쳐야 움직이는 신이 아니라, 그 행하시는 바를 통해 성품과 뜻을 알리시는 하나님이 구약의 하나님이다. 미신과 타부, 금기가 하나님을 움직이는 것이 아니라 하나님을 바로 알고 그분이 기뻐하시는 뜻이 담긴 그의 계명을 지켜 행하는 삶이 하나님을 사랑하는 것이다.

2. 민족의 죄악을 고백하는 다니엘

이스라엘의 실패는 정성의 부족이나 불운, 국력 때문이 아니라 오직 크고 두려운 하나님, 언약에 신실하시며 인자가 크신 하나님께서 명하신 법도와 규례를 행하지 않은 데에서 기인한다. 다니엘은 민족의 죄악을 고백한다. 5절은 민족의 행동을 일러 "범죄하여 패역하며 행악하며 반역하며 … 떠났사오며"라고 표현한다. 여러 개의 동사가 이스라엘의 고집스러움과 완악함, 불순종과 거역을 표현한다. 참상의 원인은 하나님을 떠나고 거역했기 때문이다. 그들은 하나님께서 모세를 통하여 주신 율법을 떠났고, 이로 인해 하나님께서 그 선지자들을 보내셨음에도 여전히 그 말씀을 듣지 않았으니, 결국 그들에게 모세의 율법에 기록한 대로의 재앙이 임하였다. 닥쳐온 재앙은 어떤 미신적이거나 불길한 무엇이 아니라, 이미 모세의 율법을 통해 예고된 것이 이루어졌을 뿐이다. 하나님을 떠나고 그 계명을 준수하지 않은 이들에게 어떤 재앙이 임할 것인지 이미 선포되었고, 그 선포가 그대로 현실이 되었다. 이스라엘의 예언자들이 줄기차게 선포했던 것이 바로 그러한 다가올 재앙에 대한 경고였다. 당시의 사람들은 이를 무시하고 귀 기울이지 않았으며, 그저 성전에 막대한 예물을 드리기에만 골몰하였다. 결국, 그 멸망이 현실이 되었다. 이것을 알지 못하면 재앙을 엉뚱하게 미신적으로 풀이하게 되고, 반복되는 죄악을 무수한 제물로 대신하려 들기도 한다.가령, 사 1:10-15; 미 6:6-7 모세의 율법을 언급하는 예언서들을 거의 찾아볼 수 없다는 점에서,말라기 4:4가 유일한 예이다 9장에서 이에 대해 반복적으로 언급하는 것은 주목할 만하다. 이스라엘의 참상을 모세 율법에 대한 불순종으로 설명하는 또 다른 예를 느헤미야서에서 볼 수 있다.느 1:6-7; 9:14, 26, 29 다니엘서 9장은 느헤미야서와 거의 같은 시각으로 지난 역사와 현재의 참상을 이해한다고 말할 수 있다. 다니엘서 9장과 느헤미야서 9장 모두 모세 율법에 대한 불순종, 하나님께서 보내신 선지자들에 대한 불순종을 언급한다는 점에서도 공통된다.느 9:26, 30; 단 9:10 이 점은 다니엘서가 이스라엘의 지난 신앙전통 위에 굳게 기반해 있음을 보여준다.

바벨론 포로 사건이 이스라엘에 가져다준 근본적인 변화 가운데 하나가 9장에서 볼 수 있는 바와 같은 민족의 죄악에 대한 회개 고백이다. 예루살렘의 멸망은 정치적이고 군사적인 문제가 아니라 전적으로 신앙의 문제였으며, 그 백성이 하나님의 율법을 버리고 하나님을 떠난 것으로 인해 임한 하나님의 심판이라는 것이 이 시기에 나온 회개 기도의 핵심적인 특징이다. 이렇게 민족의 죄악을 붙잡고 하나님께 회개하며 기도하는 내용은 느헤미야 9장 외에도 에스라 9장에서도 찾아볼 수 있고, 시편 곳곳에서도 볼 수 있다. 이스라엘은 하나님께서 천하 만민 가운데서 선택한 백성이기에 망할 수 없는 백성이라 여겼을 수 있지만, 그들은 망하고 말았다. 그리고 그 망함의 원인은 하나님의 율법을 떠난 것이었다. 오직 하나님의 은혜로 존재케 된 이스라엘이지만, 하나님께서 율법을 통해 찾으시는 영광스러운 삶을 살아가지 않을 때 이스라엘은 그 존재 이유가 사라지고 만다. 민족이 겪는 참상에 대한 올바른 반성이야말로 앞으로 다가올 미래를 위한 올바른 준비라고 할 수 있다는 점에서, 그리고 이를 통해 어디에서부터 어긋났는지를 제대로 돌아보게 한다는 점에서, 이러한 회개 고백은 매우 중요하다. 회개라는 어떤 행동이 관건인 것이 아니라, 참상의 원인이 자신의 거역과 어리석음, 하나님을 떠난 것에 있음을 깨닫고 인정하는 것이 관건이라 하겠다. 이러한 반성이야말로 앗수르, 바벨론, 페르시아, 헬라 제국 나아가 로마에 이르는 강력하고 거대한 국가의 종교가 멸망 이후 모두 사라졌음에도 이스라엘과 같은 약소국의 신앙이 오늘까지 살아 생생하게 전해지는 근본적인 원인이라 볼 수 있다.

다니엘은 이스라엘의 왕정 시절을 철저하게 하나님을 거역하고 그 율법을 떠난 시기로 풀이한다. 이렇게 지난날을 달콤하고 아름답던 시절로 묘사하는 것이 아니라 죄악 가득한 시기로 표현하는 것은 중요하다. 과거에 대해 철저하고 제대로 된 반성은 변화된 미래를 가져올 것이기 때문이다. 과거를 치장하고 단장하는 이들은 변화된 미래를 기대할 수 없다. 과거에 집착하고 과거를 파헤치는 것이 목적이 아니라, 더 나은 미래를 위해서, 변화된 미래를 위해서, 철저하게 과거에 저지른 잘못과 죄악들이 분석되고 고백 되고 인정되어야 한다. 과거를 잊어버리면 미래가 없다.

3. 하나님의 긍휼을 구하는 다니엘

이스라엘은 하나님의 목소리를 듣지 않고 그의 율법을 범하였다. 그래서 그들에게는 수치가 임하였다. 그들에게 마땅히 일어날 일이 일어났기에 그 어떤 변명이나 핑계도 의미 없었다. 민족의 죄악을 고백하는 다니엘의 기도는 하나님에 대한 또 다른 고백적인 부름으로 이어진다. "강한 손으로 주의 백성을 애굽 땅에서 인도하여 내시고 오늘과 같이 명성을 얻으신 우리 주 하나님이여"15절 애굽의 종이던 이들을 건지신 하나님이라는 고백과 신앙이 다니엘에게 죄악으로 인해 마땅히 겪어야 하는 참상에도 하나님의 은혜를 구하게 하는 원동력이 되었다. 출애굽 신앙, 종이던 이들을 건지신 이에 대한 신앙이 그 어떤 참담한 현실에서도 결코 포기하지 않게 하는 힘이 된다. 그것이 하나님 백성의 힘이며, 그것이 이스라엘 신앙의 힘이다. 참으로 다니엘이나 오늘의 우리나 견고히 붙잡아야 하는 것은 오직 그 백성을 건지시는 하나님의 행하심과 성품이라 하겠다.

다니엘의 기도에서 여러 번 반복되는 단어가 하나님의 "공의"이다.9:7, 16, 18 여기서 "공의"로 번역된 히브리말 단어 '쩨다카'는 기본적으로 '올바른 관계'를 의미한다. 그런데 이러한 올바른 관계는 내 이웃을 내 몸처럼 생각할 때 가능해진다는 점에서, 상대의 처지와 형편에 마음을 같이할 때 성립된다고 할 수 있다. 하나님께서는 공의로우시다.9:14, 여기에는 '쩨다카'의 형용사형인 '짯디크'가 쓰였다 왜냐하면, 하나님께서는 이스라엘을 아시고 그들의 처지를 불쌍히 여기시기 때문이다. 그렇기에 다니엘은 오직 하나님의 공의를 의지한다. 흔히 '공의'라고 하면 어떤 무섭고도 엄정한 것을 떠올리곤 하지만, 공의의 근본은 상대의 곤경을 이해하고 공감하는 올바른 관계이다. 하나님의 공의를 의지한다는 것은 하나님께서 비참함과 수치 당하는 백성을 이해해 주시기를, 공감해 주시기를 구하는 것이라고 할 수 있다.

공의와 더불어 다니엘이 의지하는 것은 오직 하나님의 긍휼이다. 16절에서 하나님의 공의를 따라 분노를 거두어 주시기를 구하고, 18절에서는 "주의 큰 긍휼"을 의지한다는 고백이 있음을 볼 때, 공의와 긍휼은 서로 겹쳐지는 개념임을 알 수 있다. "긍휼"'라하밈'은 여성의 '자궁'을 뜻하는 단어'라함' 혹은 '레헴'에서 파생된 명사이다. 이를 생각하면 "긍휼"은 태중의 자식에 대한 어머니의 마음을 나타내고 있으며, 달리 표현해서 하나님의 모성성母性性이라고도 말할 수 있다. 다니엘은 무기력하고 어린 자녀를 향한 어머니의 마음으로 하나님께서 패역한 백성을 불쌍히 여기시기를 구하고 있다.

이스라엘이 하나님과 맺었던 어떤 올바른 관계가 아니라 오직 하나님께 있는 공의와 긍휼만이 다니엘에게 하나님의 용서를 구하게 하는 유일한 근거이다. 하나님의 은혜를 구하는 다니엘의 기도는 19절에서 절정에 이른다. 첫머리에 세 번이나 반복된 "주여"'아도나이'라는 부름과 그에 잇따른 '들으소서, 용서하소서, 귀를 기울이소서'라는 간구는 하나님을 향한 다니엘의 절절한 간절함을 보여준다. 예루살렘과 이스라엘 백성이 하나님의 이름으로 칭함 받는 존재들이니, 오직 하나님 자신을 위하여서 그들을 긍휼히 여겨주시기를 구한다. 하나님 앞에 범죄한 자신을 고백한 다니엘이 유일하게 붙잡을 수 있는 것은 오직 하나님의 공의와 긍휼, 그리고 그분 자신의 이름을 위해 행하시기를 구하는 것뿐이었다. 오직 주 하나님뿐이었다. 이스라엘은 재앙이 임하였음에도 죄악을 떠나거나 진리를 깨달아 하나님을 기쁘게 하는 백성이 아니었다는 고백9:13은 하나님의 은혜를 구하는 근거가 그들의 바뀐 행실이나 어떤 행동 같은 것으로 표현된 회개가 아님을 보여준다. 오직 다니엘이 의지하는 것은 하나님의 은혜와 긍휼, 공의였다. 그리고 이러한 하나님의 무한하신 사랑과 은혜는 죄를 죄로 여기지 않는 데 있는 것이 아니라, 다니엘의 철저한 죄고백에서 우리는 죄가 하나님과 얼마나 거리가 먼지 확실히 알 수 있다 그토록 참담한 가운데서도 다시 출발할 수 있도록 세우시고 부르시며 일으키신다는 데에 있다. 다니엘은 오직 주의 공의와 긍휼을 의지하며 이 백성을 돌이켜 주시기를 간구한다.

9장의 역할

다니엘서는 일반적으로 잘 일어나지 않는 놀라운 기적들과 인류 역사 전체를 꿰뚫는 환상이 가득하다. 이와 더불어 하나님 백성 이스라엘의 고유한 특징이나 역사가 잘 다루어지지도 않는다. 그런 점에서 9장은 특이하다. 다니엘서 전체에서 이 본문에서만 하나님의 이름 "여호와"가 언급되고 있으며, 이스라엘과 하나님의 지난 역사가 회고된다. 9장의 분량은 다니엘서 전체에서 많지 않지만, 다니엘서에서 빠질 수 없는 부분이고 핵심적인 부분이라고 할 수 있다. 이 본문을 통하여서 다니엘서의 여러 환상과 기적들이 제 자리를 잡게 된다. 그렇지 않으면 다니엘서는 이적과 환상, 신비스러운 숫자로 가득 찬 책이 되고 말 것이다. 9장과 더불어 이적과 환상의 핵심이 하나님께서 부르신 이스라엘, 그들에게 주신 모세의 율법, 그 율법을 지키지 않아 멸망한 백성이라는 현실 해석, 그 가운데서도 오직 하나님의 공의와 긍휼만을 구하는 기도에 있음이 분명히 드러나게 된다. 아울러 모세의 율법에 대한 언급과 하나님이 보내신 선지자들에 대한 언급은 다니엘서가 율법과 선지자라는 이전 전통에 굳건하게 서 있음을 잘 보여준다. 율법을 따라 순종하는 삶, 선지자들을 통해 경고된바 하나님 말씀으로 돌이키는 것이야말로 풀무불과 사자굴, 그리고 역사에 대한 놀라운 환상이 명령하고 요구하는 핵심이다. 이적과 환상을 풀어가는 참된 길은 더 큰 환상과 기적에 대한 추구가 아니라 여호와께서 모세를 통해 주셨고 선지자들을 통해 다시 깨우치신 명령과 규례로 돌아가는 것이다.

 1-6장이 낯선 땅에서 어떻게 하나님 백성으로 살아갈지를 보여주며, 7-8장과 10-12장이 하나님께서 앞으로 어떻게 행하실지를 보여준다면, 9장은 낯선 땅을 살아가는 하나님 백성으로서 그리고 하나님이 행하실 크고 놀라운 일을 목전에 둔 존재로서 하나님을 향하여 온 마음 다하여 기도하는 다니엘을 보여준다. 다니엘서의 나머지 본문이 세상 속을 살아가는 다니엘의 모습을 보인다면, 9장은 하나님 앞에 서서 중보하며 부르짖는 다니엘을 보여준다. 일상을 살아가기, 하나님이 주시는 환상을 품기에 이어, 9장은 하나님 앞에 엎드려 부르짖으며 기도하기를 강렬하게 증언한다.

본문의 메시지

1. 다니엘은 민족의 재앙과 황폐함으로 인하여 하나님께 금식하며 기도
   하였다.

    스스로는 사로잡혀 온 자에 불과하지만, 다니엘은 하나님의 말씀을
연구하면서 민족을 위해 금식하며 기도하기로 결심하였다. 오늘날 우리
는 언제 금식을 하며 언제 애통해하는가? 대부분 우리의 기도는 우리의
앞날과 우리 가족을 위한 것에 집중되어 있다. 어느새 우리 신앙은 매우
개인적이며 사적인 신앙으로 전락하였다. 다니엘처럼 기도한다는 것은
민족의 황폐함을 두고 기도하는 것이다. 다니엘처럼 기도한다는 것은 한
국 교회와 한국 사회의 타락과 부패를 두고 하나님께 금식하며 부르짖는
것이다.

2. 과거사를 제대로 반성할 때 변화된 미래가 있다.

    다니엘은 지난 과거 그들의 열조의 삶을 미화하거나 치장하지 않는다.
이전의 역사를 명확하게 하나님을 거역하며 수치를 당하게 되었음을 분
명히 고백한다. 오늘날 우리 한국의 교회는 지난 과거를 명확하게 반성
하고 있는가? 바다 건너 일본이 끊임없이 과거를 반성하지 않고 정당화
하는 것은 오늘 우리 일각에서 이루어지는 지난 독재 정권 시절에 대한
미화와 얼마나 다른가를 돌아보게 된다. 우리 교회가 주기철 목사 같은
분을 출교조치했으면서 이제 와서 마치 한국 교회가 순교자의 교회인 듯
말하는 것 역시 이에 다름없을 것이다. 오히려 오늘의 우리 교회는 우리
가 배교자의 후손임을 고백해야 할 것이며, 지난 독재 정권 시절 교회가
권력에 야합하여 국민의 고통과 괴로움을 모른 체한 채 교회의 양적 성장

에만 몰두했음을 회개해야 할 것이다. 올바른 반성은 변화된 미래의 첫 걸음이다.

3. 오직 하나님의 긍휼만이 우리를 회복하는 유일한 근원이다.

회개하고 죄를 고백한다고 해서 하나님의 은혜가 자동으로 보장되는 것은 아니다. 진정한 구원은 그 백성을 향한 하나님의 긍휼하심에서만 온다. 다니엘과 같이 엎드려 다만 주를 바라보며 그 공의와 긍휼을 구하지.

20. 70 이레

다니엘 9:20-27

　9장 전반부에 있는 내용은 환상이 아니라 다니엘이 드렸던 참회와 긍휼을 구하는 기도이다. 그런데 다니엘의 기도에 대해 가브리엘이 등장해서 환상의 의미를 풀이해 준다는 점에서 특이하다. 가브리엘이 일러주는 내용과 다니엘 기도의 교집합은 예레미야가 예언한 70년이다. 70년 만에 그치리라 예언된 말씀의 의미는 무엇일까?

기도하는 다니엘 20절

　히브리말 본문에서 20절은 '아직'이라는 말로 시작하는데, 네 개의 분사형'말하다', '기도하다', '자복하다', '간구하다'이 서술어 역할을 한다. 이것은 현재 상황이 진행되고 있음을 강조한다. 첫머리의 '아직'이라는 표현과 함께, 이 절은 다니엘이 계속해서 열심히 하나님께 기도하는 중임을 보여준다. 그의 기도에 대한 응답으로 가브리엘이 등장한 때를 일러 21절에서는 "저녁 제사를 드릴 때"라고 하였다. "저녁 제사"는 아침과 저녁으로 드리는 제사를 가리킨다. 개역에서는 "제사"라고 번역하였지만, 엄밀하게는 '소제'를 가리킨다. 성전이 없어서 더는 저녁 소제를 드리지 못할 때도, 이 표현이 쓰이면서 특정한 기도 시간을 가리킨다. 시편에서도 저녁 제사를 기도와 견주어 말하는 것을 볼 수 있다. "나의 기도가 주의 앞에 분향함과 같이 되며 나의 손 드는 것이 저녁 제사 같이 되게 하소서"시141:2 다니엘서와 시편의 표현은 포로기 이래 고대 이스라엘의 제사 제도가 상징적 의미로 발전하였음을 보여준다. 이방 땅에서 성전이 없기에 더는 제사드릴 수 없었고, 이전의 제사를 기도로 이해하고 해석하며 새로운 현실을 표현했다고 볼 수 있다. 이러한 상징적인 의미야말로 가시적인 여러 제도의 본질적인 의도였다고 할 수 있다. 앞서 인용한 시편 구절은, 매일 저녁 한결같이 하나님의 성전에서 저녁 제사를 드리듯이 하나님을 향한 간구와 아룀이 끊이지 않기를 구하는 기도이다. 다니엘 역시 그렇게 저녁 제사 드릴 때까지 오직 하나님 앞에 기도하며 아뢰었다.

다니엘은 자신의 죄와 자신의 백성 이스라엘의 죄악을 자복하며 기도하였다. 그의 기도를 가리키는 동사가 네 가지나 쓰인다. 그는 말하고 기도하고 고백하고 간구한다. 이때 그가 드린 고백의 기도는 '자신의 죄와 자기 백성 이스라엘의 죄'를 고백하는 것이었다. 사실 4-19절에 이르는 죄 고백 기도의 중심은 이스라엘의 죄악에 대한 고백이다. 그리고 이를 포함한 그의 말하고 기도하고 고백하고 간구하는 기도는 "내 하나님의 거룩한 산"에 대한 기도이다. 하나님의 거룩한 산은 예루살렘을 가리킬 것이며, 이 예루살렘은 민족 전체를 의미한다. 6장에서 보았듯이 다니엘이 예루살렘으로 향하여 난 창문을 열고 기도하였을 때 그가 드린 기도의 내용도 결국 이와 연관되었으리라 볼 수 있다. 예루살렘을 하나님의 거룩한 산으로 표현한 것은 단순히 예루살렘의 회복이나 민족의 회복만이 아니라 하나님의 거룩하고 존귀하신 뜻의 성취를 염두에 두었기 때문일 것이다.

자신의 죄에 대해 고백하는 것은 민족의 죄악을 고백하는 것과 연결되어 있으며, 이러한 기도는 궁극적으로 거룩한 산 예루살렘을 위한 기도이다. 자기 자신의 죄악을 돌아보는 기도는 이처럼 민족을 위한 기도와 곧바로 연결된다. 그에 비해 대부분은 우리의 회개 기도는 오직 우리 자신의 문제에만 급급해 있을 때가 많다. 우리 하나님을 믿는 신앙은 우리 자신의 모습에만 집중하며 한도 끝도 없이 우리를 정결케 하는 기도와 추구라기보다는 우리 죄를 고백하며 민족의 회복을 갈망하는 것이라고 할 수 있다.

다니엘에게 날아온 가브리엘 21-23절

21절 역시 20절처럼 '아직'에 해당하는 단어로 시작한다는 점에서 20절과 연관된다. 또한, 20-21절은 모든 서술어가 분사형으로 되어 있어서 이 모든 일이 서로 연결되어 동시에 일어나고 있음을 생생하게 표현하며 강조한다. 이를 통해 다니엘의 기도와 가브리엘의 등장이 밀접하게 관련되어 있다는 것이 잘 드러난다. 가브리엘이 빨리 날아서 다니엘에게 이르렀다는 21절의 표현은 마치 다니엘의 기도에 대한 응답으로 가브리엘이 서둘러 날아온 것 같은 인상을 준다. 23절에서는 다니엘이 기도를 시작할 때에 명령이 내렸다 하였다. 가브리엘의 등장은 내려진 명령과 연관된다. 명령을 내린 주체가 언급되지 않았지만, 다니엘의 기도에 대해 하나님께서 명령을 내리셨고, 그 명령을 이행하기 위해 이제 가브리엘이 다니엘을 서둘러 찾아왔다고 볼 수 있다.

다니엘은 아마도 자신의 처소에서 민족과 자신의 죄악을 붙잡고 기도하고 부르짖었을 것인데, 하나님께서는 그의 기도와 함께하셨고 가브리엘을 보내셨다. 포로로 사로잡혀 온 다니엘이지만, 그가 드린 기도는 온 세상을 주관하시는 하나님의 행하심과 결부되어 있다. 하나님 백성이 드리는 기도는 결코 사소하거나 작지 않다. 우리가 할 수 있는 것이 너무 없는 것 같다 할지라도 우리가 기도할 수 있다면 우리는 우리가 할 수 있는 가장 중요한 것을 행하고 있다. 이스라엘 땅에서 살아가던 시절에는 성전이 있고 성전 제사가 가능했지만, 이제 바벨론 땅을 살아가는 유대 백성들에게 하나님께 나아갈 수 있는 유일한 통로가 기도이다. 그런 점에서 기도는 포로 후기를 살아가는 하나님 백성, 성전 없는 낯선 땅을 살아가는 하나님 백성의 경건한 삶의 매우 중요한 요소라고 말할 수 있다. 다니엘 역시 기도하고 기도를 부탁하였으며,2:17-18 사자굴의 위협 앞에서도 하루 세 번 기도하기를 멈추지 않았다.6:10 9:23은 기도가 왜 중요한지를 극적으로 보여준다. 기도하면 나와 우리를 둘러싼 세상을 향한 하나님의 뜻을 파악하고 이해하게 된다. 그러면 하나님 아닌 것들에 휘둘리지 않게 되고, 불안하고 초조한 세상을 살면서도 하나님의 정하신 때가 있음을 굳게 신뢰하게 된다. 이를 통해 어떤 위협과 협박이 있더라도 끝까지 하나님께 대한 믿음을 지킬 수 있게 된다.

하나님을 굳게 신뢰하고 기도하는 다니엘을 가리켜 23절에서는 "크게 은총을 입은 자"라고 표현한다. 개역이 길게 옮겼지만 이에 해당하는 히브리말은 '하무도트' 한 단어로, '소중한 것, 보물' 등을 의미하는 단어의 복수형이다. 구약의 다른 곳에서 좋은 물건을 가리켜 이 단어가 쓰였고,창 27:15; 대하 20:25; 스 8:27 다니엘서에서도 그렇게 물건을 가리켜 '보물' 내지는 '좋은 것'의 의미로 쓰였는데,단 10:3; 11:38, 43 본 9:23과 몇 군데에서는 사람인 다니엘을 가리켜 이 말이 사용되었다.10:11, 19 다른 나라를 침략한 이들은 정복한 나라의 보물을 약탈하고, 어려움에 부닥친 이들은 우상에게 보물을 드려 도움을 구하기도 한다. 그러나 진짜 보물은 다니엘과 같은 사람이다. 다니엘이야말로 보물, '크게 은총을 입은 자'이다. 하나님께서는 그 백성에게 보물을 구하시는 분이 아니다. 보물로 하나님을 움직일 수는 없다. 진정한 보물인 다니엘이 하나님 앞에서 기도하며 부르짖을 때 하나님께서 그의 기도 가운데 응답하신다. 이스라엘의 진정한 국력, 이스라엘의 병거와 마병은 하나님 말씀을 깨닫고 전하는 예언자이듯이,왕하 2:12; 13:14 참된 보물은 어디에서나 하나님을 경외하며 부르짖는 하나님의 사람이다.

한편 9장의 전반부는 환상에 대한 것이 아닌데 23절에서 보듯 가브리엘이 와서 환상의 의미를 깨닫게 한다는 점에서 특이하다. 아마도 23절의 "그 환상"은 예레미야를 통해 선포된 "예루살렘의 황폐함이 칠십 년만에 그치리라"단 9:2를 가리킨다고 여겨진다. 가브리엘의 말 가운데 '깨닫다'라는 표현이 여러 번 나온다.9:22, 23, 25 환상을 통해 마지막 날에 일어날 일들을 알리시나 다니엘이 깨닫지 못하였으되, 하나님께서는 거듭거듭 그의 천사를 보내셔서 다니엘로 깨닫게 하신다. 이 본문은 8장에서 본 다니엘의 환상과도 연결되는 점이 있다고 볼 수 있다. 8장 마지막은 깨닫는 자가 없다고 하였고, 다니엘이 깨달았다는 9:2은 8장과 9장을 연결한다. 8:13에서 어느 때까지일꼬 물었고 그에 대한 대답으로 2300주야가 주어졌다. 그리고 8:26은 주야에 대한 환상이 확실하다 하였다. 다니엘은 자신의 시대 속에서 책들을 읽으며 하나님께서 예루살렘에 정하신 70년의 황폐의 의미를 깨달았고, 이제 하나님께서는 70에 담긴 하나님의 뜻을 그로 깨닫게 하신다. 다니엘은 예레미야가 전한 70년이 예루살렘의 황폐함이 끝나는 시기임을 깨닫고 하나님께 기도했다. 하나님의 뜻을 찾고 구하는 자가 그 의미를 깨달아 알게 되고, 하나님께서는 그에게 그 참되고 온전한 의미를 더욱 깨닫게 하신다.

70이레의 기한 24절

가브리엘은 예레미야의 70년이 의미하는 것이 70이레라고 이야기한다. 이레는 7로 이루어진 기간으로, 기본적으로 일주일을 의미한다.신 16:9; 레 12:5 구약의 다른 본문에서 용례를 찾아볼 수 없지만, 다니엘서에서는 이 용어가 7년을 가리킨다고 여겨진다. 그래서 70이레는 490년을 가리킨다. 이 숫자를 맞추어 보기 위해 이런저런 노력이 있지만, 무엇보다도 숫자 7이 지니는 의미를 생각하면 70이레 역시 상징적인 수로 보아야 할 것이다. 7년이라는 시간은 레위기 25:1-7에서 보듯 안식년과 연관된다. 그리고 희년은 일곱 번의 안식년이 지난 후에 오게 된다. 7과 연관된 숫자인 70이레, 즉 490년은 안식년을 상징하는 숫자 혹은 희년을 상징하는 숫자를 모두 포함하고 있는 숫자이다. 70이레 같은 단위는 제2성전기 문헌인 에녹1서나 희년서 같은 데에서도 등장한다. 이런 문헌들에서도 이 표현은 역사의 기간을 가리키는 표준적인 용어처럼 쓰였다고 할 수 있다. 이상의 상황을 고려하면 70이레를 실제의 정확한 시간을 가리키는 숫자로 보기는 어렵다고 여겨진다. 그렇다면 70이레는 하나님께서 정하신 모든 충만하신 뜻이 이루어지고 성취되는 시간이라고 이해할 수 있다. 24절은 70이레가 지나게 되면 허물이 그치고 죄가 끝나며 죄악이 용서되고 영원한 의가 드러나게 되며 환상과 예언이 응하게 된다고 하였다. 악한 본성으로 인해 어리석고 미련한 행실은 늘 있기 마련인 것인데, 본 절에서는 허물이 그치며 죄가 끝나고 죄악이 대속되는 때가 온다고 이야기한다는 점에서 특별하다. 그러므로 이 말씀은 단지 개인의 어떤 죄악이라기보다는 민족 전체의 허물과 죄악에 대한 회복과 은혜의 때가 올 것에 대한 말씀이라고 볼 수 있다. 이러한 용서와 회복의 때야말로 영원한 의가 드러나는 때이다. 하나님께서 그 백성을 불쌍히 여기시며 긍휼히 여기시는 때이니 참으로 영원한 의가 드러나는 때이다. 다니엘은 오직 하나님의 공의를 의지하여 기도하였고, 그렇게 영원한 의가 드러나게 되는 때가 온다.

24절 마지막에 있는 표현을 개역성경은 "지극히 거룩한 이"라고 사람을 가리키는 것으로 번역했지만, 이 표현은 많은 경우 성소와 성소 내의 물건, 제사를 가리킨다. 출 26:34; 29:37; 40:10; 레 2:3; 14:13; 민 4:4 등 성소와 성소에 속한 물건들에 기름을 붓는 것도 구약에서 쉽게 예를 찾아볼 수 있다. 창 31:13; 출 29:36; 레 8:10 많은 영역 성경도 이 표현을 장소를 가리키는 것으로 옮겼다. ESV, NASB, NIV, NRSV 성소에 기름이 부어지면 이제 성소는 구별되고 성별되어 성소 본연의 기능을 수행하게 된다. 그날이 되면 지극히 거룩한 성소에 기름 부어지니, 성소에서 하나님을 예배하고 경배하게 되리라. 그러므로 24절 마지막 문장은 여호와 하나님을 경배하는 예배의 완전하고도 온전한 회복을 의미한다고 볼 수 있다.

이러한 모든 진술은 70이레 후에 완전한 변화와 회복이 일어나게 될 것을 전한다. 24절은 다니엘을 통한 말씀을 읽고 듣는 독자와 청중을 향해 반드시 하나님께서 정하신 영광스러운 시간이 다가올 것을 증언하면서 희망과 기대를 굳게 붙잡을 것을 촉구한다.

일곱 이레, 예순 두 이레, 그리고 한 이레 25-27절

25절 이하는 70이레를 세 개의 기간으로 나눈다. 처음 일곱 이레와 다음의 예순 두 이레는 예루살렘의 중건에서부터 시작하여 "기름 부음을 받은 자 곧 왕"이 일어나기까지의 기간이다. 예루살렘의 중건이 포로 귀환한 이들에게 주어진 명령이라는 점에서, 이 일곱 이레는 포로기를 끝맺고 예루살렘 회복이 시작되는 기간을 가리킨다고 할 수 있다. 25절에서는 "기름 부음을 받은 자 곧 왕"이 이 시기에 일어난다고 되어 있다. "기름 부음을 받은 자"에 해당하는 히브리말 '마쉬아흐' 즉 '메시야'는 구약에서 대체로 왕과 제사장을 가리킬 때 사용되는 호칭이다. 이 표현과 나란히 놓여 "왕"으로 옮겨진 히브리 명사 '나기드'는 사실 "왕"과는 조금 구별되는 직책으로, 이스라엘의 경우 왕정 이전의 지도자들을 가리킨다고 볼 수 있다.가령, 삼상 9:16 또한, 이 호칭은 제사장의 어떤 직책을 가리키는 데에도 쓰인다.대상 9:11; 대하 31:13; 느 11:11; 렘 20:1 중요한 것은 이 존재가 세습하거나 자기 마음대로 왕이 된 이가 아니라, 하나님의 기름 부으심으로 인해 세워진 지도자라는 점이다. 이상을 생각하면 여기서 기름 부음을 받은 자이면서 지도자인 이는 포로 귀환을 이끌었던 대제사장 여호수아스 3:2; 학 1:1; 슥 3:6-10 같은 이를 연상시킨다. 개역 성경의 번역은 이 표현에서 얼핏 예수 그리스도를 떠올리게 한다. 그러나 다니엘서의 표현이 만일 신약의 예수 그리스도를 가리키는 표현이 되면 막상 다니엘 시대의 사람들에게는 본문의 말씀이 크게 해당하지 않는다는 문제가 생긴다. 궁극적으로 예수 그리스도의 사역과 연관을 지어 볼 수 있겠지만, 기본적으로 다니엘서의 본문은 다니엘서의 시대와 연관을 지어 해석하는 것이 필요하며, 그다음 단계로 예수 그리스도와 연관된 해석이 시도될 수 있을 것이다.

다음 62이레 동안에 이스라엘이 회복되고 예루살렘 성이 중건된다. 이스라엘의 거리가 제대로 모습을 갖추게 되고, 그 안에서 살아가는 삶도 활발하게 이루어지게 된다. "그 곤란한 동안에"라는 표현에서 보듯, 어려움도 있고 환란도 있지만, 예루살렘이 든든하게 세워져 가는 기간이 62이레라고 할 수 있다. 그런데 이 62이레가 지난 후 이 모든 상황은 돌변하게 된다. 기름 부음 받은 자가 끊어졌다는 언급은 이스라엘의 대제사장 혹은 지도자에게 어떤 변고가 생긴 것을 의미할 것이다. 가령 주전 2세기 중반 많은 이들의 존경을 받던 사독 계열 대제사장이던 오니아스 3세 같은 이가 셀류커스 왕가의 예루살렘 지배와 조종 가운데 친헬라파 사람들에 의해 암살되는 상황마카베오하 4:30-38도 이와 연관하여 생각해볼 수 있다. 이러한 사건은 유대에 밀어닥칠 혼란과 참상을 단적으로 보여준다.

26-27절은 유대에 임하게 될 참담한 날들을 예고한다. 한 왕의 백성이 와서 성읍과 성소를 무너뜨리고 홍수가 휩쓸고 간 것처럼 가는 곳마다 전쟁을 일으킬 것이니, 참으로 "황폐할 것이 작정" 되었다고 할 수 있다. 이 왕이 누구를 가리키는지 알기 어렵지만, 27절에서 그가 하는 일이 제사와 예물을 금지하는 것임을 볼 때, 주전 2세기 중반 안티오커스 에

피파네스를 가리킨다고 볼 수 있다. 그는 이렇게 제사를 폐지하고, 마침내 "포악하여 가증한 것", 달리 표현하면 '멸망의 가증한 것'을 세울 것이다. 이것은 그가 예루살렘 제단에 이방 우상을 설치한 것을 가리킬 수 있다.마카베오상 1:54 이렇게 그가 행하는 기간은 "그 이레의 절반" 즉, 세 때 반이다.단 7:27 27절의 마지막 문장은 애매하다. 개역에는 "진노"라는 번역어가 있지만, 이 단어는 히브리어 성경과 다른 영역 성경에서는 발견되지 않는 단어이다. 오히려 마지막 문장은 대부분의 영역성경들이 옮긴 것과 비슷하게, '끝까지리니, 정해진 것이 멸망케 하는 것 위에 부어지리라'라고 할 수 있다. 이 표현은 반드시 끝이 임할 것이니, 그 모든 패역하고 교만하고 악한 현실 위에 끝이 임하게 될 것에 대한 선언이라고 이해할 수 있다.

　주전 587년 바벨론에 포로로 끌려갔던 이스라엘은 주전 539년 고레스의 명령과 더불어 본토로 돌아오게 된다. 그리고 얼마 후인 주전 516년 두 번째 성전이 세워진다. 어려움도 있고 답답한 상황도 있었지만, 주전 444년 느헤미야의 귀환 이래 예루살렘 성벽도 세워지게 된다. 이후의 시기가 아마도 포로 이후 유대 역사에서 어쩌면 가장 평안했던 시기라고 할 수 있다. 그야말로 곤란함도 있었지만, 예루살렘이 회복되는 시기였다고 할 수 있다. 그러나 알렉산더의 등장과 더불어 팔레스타인 전역에 헬레니즘의 물결이 밀어닥쳤다. 그리고 주전 2세기 중반 유례없으리만치 무자비하고 전면적인 탄압과 핍박이 몰아닥쳤다. 그런 점에서, 일곱 이레와 예순 두 이레는 주전 2세기 중반까지의 기간을 가리키는 것이라고 할 수 있다. 처음 기간이 일곱 이레인 것은 회복과 중건에 담긴 하나님의 뜻이 담겨 있음을 의미한다고 할 수 있다. 예순 두 이레가 특별하다기보다는 70이레로 정해진 시간에서 마지막 한 이레를 제외한 시간을 표현하기 위해 예순 두 이레가 설정되었다고 볼 수 있다. 문제는 마지막 한 이레일 것이다. 한 이레에 대한 설명이 26-27절에 길게 소개되고 있으며, 그 참상이 상세히 열거된다는 점에서, 70이레에 관한 말씀의 모든 초점은 마지막 한 이레에 있다고 할 수 있다. 그리고 이것은 이제까지 다니엘서의 여러 꿈과 환상들이 공통으로 지닌 요소이기도 하다.

이 단락에서 어떻게 악의 세력이 물리쳐지게 되는지 아무런 내용이 없다. 악인의 날들에 대한 묘사가 길지만, 궁극적으로 이 내용은 악의 패배를 선언한다. 악이 득세하고 그 위력을 발휘하는 때가 있지만, 그것은 한 이레이다. 한 이레의 정해진 시간이 끝나면 그 모든 것의 끝이 오게 될 것이다. 세상에서 악이 번성하나 그들은 최종적으로 패배한다. '정해진 것이 멸망케 하는 것 위에 부어지게 될 것이다!' 이것은 칠흑 같은 어두운 시간에도 희망을 놓치지 않게 하는 강력한 선포이다. 다니엘서 9장은 70년의 황폐함에 대한 예레미야 말씀을 극심한 탄압에 직면한 이들을 향한 말씀으로 다시 해석하고 있다. 70년이 의미하는 것은 70 이레이며, 이제 그 시간의 마지막 한 이레를 보내고 있다. 묵시를 따른다는 것은 현재의 끔찍한 고통에도 불구하고 마침내 다가올 승리의 날을 믿는 것이다. 그래서 묵시는 근본적으로 초월적이다. 초월적이라는 것은 현실에 관심을 끊게 만드는 것이 아니라 현실을 단단히 부여잡게 만든다. 현실의 끔찍함에도 불구하고 결코 패배감이나 절망에 사로잡히는 것이 아니라 믿음으로 지금 할 일을 하게 만든다. 본문이 악의 극성의 시대를 자세히 표현한다는 것은 독자와 청중이 살아가는 시대가 도무지 쉽지 않은 시대, 참으로 희망과 앞이 보이지 않는 시대임을 말한다. 그런데 다니엘서는 그러한 세상과 시대를 향해 이 모든 상황이 하나님의 뜻에 따른 시간 가운데 있으며, 하나님께서 이 모든 것을 주관하심을 증언한다. 그래서 결코 희망을 버리지 말고, 소망을 포기하지 말 것을 촉구한다. 믿는다는 것은 희망하는 것이며, 소망하는 것이다. 절망적인 상황에서도 결코 다가올 새로운 날들을 포기하지 않는 것이다. 참으로 믿음이 세상을 이긴다.

1. 기도의 중요성

기도할 때 세상의 권력의 허망함을 보게 되고, 하나님께서 온 세상을 주관하심을 발견하게 된다. 다른 사람들을 두려워하여 무엇을 행하는 것이 아니라, 무엇을 하든지 하나님 앞에서, 세상 역사 전체를 그 시간을 따라 주관하시는 하나님을 두려워하여 행하라. 그럴 때 옳은 것은 옳다 할 수 있게 되고, 그른 것은 그르다 용기 있게 말할 수 있게 된다. 기도야 말로 권력에 좌우되지 않고 세상을 이기는 힘이다.

2. 아무리 악이 성행해도 반드시 그 끝이 있다.

9장이 제시하는 70이레는 악의 번성이 반드시 끝이 있음을 명확히 보여준다. 성소를 헐고 심지어 성소에 멸망의 가증한 것을 세우기까지 득세하더라도 반드시 그 끝날이 그들 위에 임하게 될 것이다. 악의 끝이 있다는 것은 우리에게 오늘 우리의 삶을 포기하거나 체념해서는 안 된다는 것을 보여준다. 하나님의 주권을 믿고 그의 행하심을 신뢰한다면 악에 굴복하지 말고 믿음으로, 선으로 악을 이겨야 한다.

3. 하나님의 때가 이제 곧 이르리라는 소망이야말로 우리 신앙의 초점이다.

비록 지금의 현실이 어렵고 힘들다 하더라도, 그리스도인은 근본적으로 하나님이 행하시는 날, 하나님의 날을 기대하고 꿈꾸는 이들이다. 우리를 세상과 구별시키는 것은 우리의 성취나 업적이 아니라, 하나님이 행하실 날에 대한 기대라고 할 수 있다. 그러니 세상을 흉내 내거나 본받지 말고, 끝까지 믿음을 지켜 믿음의 삶을 살아가자.

21. 나만 홀로 있어서

다니엘 10:1-9

10장은 12장까지 이르는 긴 환상 이야기의 서론 역할을 한다. 그렇게 한데 묶을 수 있는 10-12장은 다니엘서 마지막 부분에 자리하면서, 다니엘서 전체의 방향을 또렷하게 제시한다. 10장은 본문의 배경으로 고레스 3년을 언급한다. 다니엘서의 연대기는 엄밀하지 않으며, 10장의 고레스보다 9장의 다리오가 나중 시대인 것 같다. 어찌 되건, 본문의 배경이 되는 고레스 시대는 이스라엘을 멸망시키고 수많은 이들을 포로로 끌고 왔던 바벨론이 마침내 멸망하게 되고 이스라엘이 조상들의 땅으로 귀환할 수 있게 되었던 시대이다. 그렇지만 다니엘서에서 고레스로 인한 포로 귀환은 전혀 언급되지 않는다. 포로 귀환이 문제 해결의 출발점이라고 전혀 생각하지 않는다는 점, 그리고 이미 7-12장의 청중은 유대 땅에 있는 사람들이기에 포로 귀환 사건이 그렇게 다루어질 필요가 없다는 점으로, 이러한 침묵을 이해할 수 있다. 오히려 중요한 사건은 바벨론의 멸망과 페르시아의 등장이라는 당시 세계 전체의 격변이라 할 수 있다. 바벨론의 멸망은 다니엘서가 이전에 예고하였던 것의 성취이며 앞으로 일어날 일 역시 확실함을 보여주는 증거이기도 하다. 이처럼 다니엘이 살아가는 시대는 격변의 시대이다. 도무지 앞이 잘 보이지 않는 시대이면서, 시대 속에 하나님께서 행하시는 일의 흔적을 발견하게 되는 시기이기도 하였다. 다니엘은 그러한 시대를 살아가는 하나님의 사람이었다.

고레스 3년 다니엘에게 나타난 일 1절

1절에서 다니엘의 바벨론식 이름인 벨드사살이 다시 소개된다. 이 이름은 다니엘서에서 항상 이방 땅에 끌려와 있는 현실 그리고 그를 주관하는 이방 왕과 연관된 맥락에서 쓰였다.1:7; 2:26; 4:8, 9, 18, 19; 5:12 고레스 시대이면 유다 포로들이 본토로 귀환할 수 있었던 시기였지만, 1절은 고레스의 이름과 다니엘의 바벨론식 이름을 나란히 적어 두고 있다. 그런 점에서 이 이름의 언급은 다니엘이 그렇게 끌려와 있는 신세이며, 여전히 포로로 살고 있으면서 이방 왕에 의해 좌우되는 처지에 있음을 보여준다. 앞서 언급했듯이, 다니엘서는 고레스 이래의 포로 귀환에 대해 언급하지 않는다. 오히려 고레스와 벨드사살이라는 이름의 결합을 통해 진정한 변화, 진정한 회복이 아직 오지 않았음을 강조한다고 볼 수 있다. 7-12장의 관심이 예루살렘과 예루살렘에 있는 유대인이지만, 벨드사살이라는 이름은 세상 어디에 살건 유대인의 처지가 이방 왕과 세력에 의해 좌우되는 존재임을 보여준다. 또한, 다니엘서의 첫머리에 등장했던 다니엘과 벨드사살이라는 이름이 마지막 부분을 시작하는 10장에 다시 등장하면서 다니엘서 전체를 하나로 묶어준다고 할 수 있다.

1절에서 "한 일"로 번역된 표현은 히브리말 '다바르'이다. 이 단어는 예언자들에게 일어난 말씀 사건을 표현하기 위해 예언서들의 첫머리에 곧잘 쓰였다.사 2:1; 렘 1:2; 겔 1:3; 호 1:1; 욜 1:1; 욘 1:1; 미 1:1; 습 1:1; 학 1:1; 슥 1:1; 말 1:1 그에게 임한 사건이 단지 말씀에만 관한 것이 아니라 '환상'에 대한 내용도 있다는 점에서 다른 예언서와 차이는 있지만, 다니엘서 역시 '말씀이 그에게 드러났다'라는 식의 표현을 지니고 있다는 점은 유의해야 할 것이다.참고. 삼상 3:7 1-6장은 여타의 예언자와 다니엘을 확연히 구별시키지만, 10:1 같은 부분은 다니엘 역시 구약 예언자의 뒤를 따르고 있음을 보여준다.

다니엘에게 나타난 그 일은 "환상"이라고 표현되기도 하였다. 그리고 그 일 혹은 그 환상은 "큰 전쟁"에 관한 것이었다. "전쟁"이라고 번역된 단어는 '군대', '힘든 노동', '사역' 등을 의미하기도 한다. 다니엘서의 문맥상 '전쟁'일 수도 있고, '군대'일 수도 있다. 8장에서 이 단어는 "군대" 혹은 "백성"으로 번역되었다.단 8:10, 11, 12, 13 고레스 시대가 되었으나 여전히 이방 땅에서 벨드사살이란 이름으로 존재해야 했던 다니엘은 이때 앞으로 일어날 군대 혹은 전쟁에 관한 환상을 보았고, 그 환상의 의미를 깨닫게 되었다. 세상 가운데 큰 싸움, 큰 군대가 있을 것이다. 바벨론, 페르시아 같은 나라에 이어 헬라의 강력한 제국이 등장할 것이되, 이것이 싸움의 끝이 아니며 군대의 끝도 아니다. 이 싸움은 단지 땅에서의 싸움만이 아니라 하늘 영역에서의 싸움이기도 하다. 그리고 땅에서의 싸움의 진정한 국면은 하늘에서의 싸움이라는 안목은 다니엘서와 구약 성경의 공통된 시각이기도 하다. 이러한 싸움 앞에서 하나님의 사람은 어떻게 살아갈 것인가?

그가 본 것은 참되었다. 여기에 쓰인 단어는 "진리"로 번역될 수도 있다.가령, 8:12; 9:13; 10:21 다니엘이 본 환상은 참되다.8:26; 11:2 이 환상이 참이며 확실하다는 말씀이 반복적으로 나타난다는 것은 그만큼 이 환상을 붙잡고 살기 어려움을 의미할 것이다. 벨드사살로 살아가는 세상은 어떤 환상을 품기 쉽지 않은 세상이다. 그러한 현실에 비해 그가 본 환상은 비현실적이라 보이지만, 그 일은 참되다. 하나님께서는 이 환상 가운데 보이신 대로 세상 가운데 행하실 것이다. 여기서 진리는 다니엘에게 보였던 환상이다. 진리를 따른다는 것은 그 환상을 굳게 붙잡고 끔찍한 현실을 굳게 버티며 살아가는 것이다.

탄식하는 다니엘 2-4절

2절부터 이어지는 다니엘의 행동은 그가 본 환상에 대한 대응이라고 할 수 있다. 다가올 전쟁에 대한 환상으로 인해 다니엘은 탄식하였다. 탄식하며 좋은 떡을 먹지 않고 고기와 포도주를 입에 대지 않은 것은 일정한 종교적인 의식을 행한 것이라고 볼 수 있다. 9장에서 다니엘이 금식하며 하나님께 자신과 백성의 죄악을 고백하며 기도한 것과도 연관될 것이다. 벨드사살로서 이방 땅에 살고 있지만, 다니엘은 끊임없이 민족의 현재와 앞날로 인해 때로 금식하고 때로 탄식하고 절제하며 하나님께 기도한다. 참으로 그는 항상 기도하되 낙심하지 않는 이였다.참고. 눅 18:1

"좋은 떡"에 쓰인 "좋은"이라는 표현은 9장에서 "크게 은총을 입은 자"에 쓰인 표현이기도 하다. 다니엘이 좋은 음식을 거절하였다지만, 다니엘이야말로 참으로 좋은, 귀중한 존재이다. 그가 먹는 음식이 아니라 그 자신이 귀중하다. '이레'라는 것이 9장의 문맥에서는 7년을 가리켰지만, 여기에서 "세 이레"라는 표현에는 마지막에 '날들'을 의미하는 단어가 더 있어서, 3주, 즉 21일임을 알 수 있다. 3주의 기간이 절제하며 드리는 기도와 탄식에 선택된 까닭은 알기 어렵다. 이 역시 숫자 7이 사용되고 있다는 점에서, 할 수 있는 대로 긴 기간 동안 탄식하며 온전히 하나님만을 구하였음을 가리킨다고 볼 수 있다. 하나님이 보이신 환상을 참으로 굳게 붙잡고 민족과 공동체를 부여잡고 하나님의 도우심과 은혜만을 구하며 탄식하는 이가 드리는 기도가 바로 다니엘의 세 이레 기도라고 할 것이다. 그러므로 세 이레 기도의 핵심은 하나님만을 바람, 민족과 공동체를 향한 탄식, 환상을 현실로 붙잡는 믿음이라고 말할 수 있겠다.

힛데겔 강은 티그리스강을 가리키는데 구약 성경 전체에서 창세기 2:14과 여기에서만 등장한다. 8장에서 다니엘은 을래 강변에서 환상을 보았고, 이제 10장에서는 힛데겔 강가에서 환상을 본다. 8장에서도 다루

다니엘처럼, 낯선 땅에서 하나님과 함께

었지만, 강 인근 지역은 사람들이 정착하며 살아가는 지역이고, 아마도 유대 포로들이 어려움을 겪으며 동원되던 지역이었을 수도 있다. 그리고 흘러가는 강물은 우리가 살아가는 역사와 현실에 대해 많은 것을 생각하게 하는 소재이기도 하다. 3주 동안 절제하고 삼가며 탄식하던 다니엘의 발걸음이 힛데겔 강가에 이르렀고, 그곳에서 그는 하나님께서 보여주시는 환상을 경험한다. 민족으로 인하여 애통하며 슬퍼하는 다니엘에게 하나님은 힛데겔 강에서 역사하셨다. 다니엘서의 마지막 부분 역시 그렇게 강가에서 본 환상이기도 하다는 점에서,^{단 12:5} 다니엘서는 강가에서 경험하고 깨달은 말씀들이라고 표현할 수도 있겠다.

그가 세 이레 동안을 탄식하다가 첫째 달 24일에 힛데겔 강에서 환상을 보았다^{10:4}는 점에서, 그의 세 이레 기도 기간은 첫째 달 14일인 유월절과 다음 날부터 시작되는 무교절을 포함하고 있었음을 알 수 있다. 유월절은 애굽으로부터 놓여남을 기념하는 절기이다. 고레스 3년은 이스라엘이 바벨론 포로 생활로부터 놓여나기 시작한 때라고 할 수 있다는 점에서, 다니엘의 행동은 특별해 보인다. 그가 좋은 떡을 먹지 않은 행동도 유월절에 먹는 쓴 나물에 견주어 볼 수 있을 것이다. 안티오커스가 예루살렘을 짓밟을 때 유월절과 무교절 같은 절기를 지키는 것도 금하였음을 생각할 때,^{마카베오상 1:39, 45} 이 절기가 포함된 기간 다니엘의 슬픔은 민족이 당한 참상과 현실에 대한 슬픔을 표현한다고 볼 수 있다.[17] 다니엘이 본 환상은 앞으로 일어날 큰 군대로 상징되는 큰 전쟁이었고, 다니엘은 기도한다. 출애굽 하던 때 하나님께서 행하시던 놀라운 일을 기억하며 다니엘은 좋은 음식을 삼가고 탄식하며 하나님께 부르짖는다. 이미 9장에서도 그가 민족의 죄악을 자신의 죄악으로 고백하며 기도하는 모습을 볼 수 있다. 아울러 10장에서도 앞으로 다가올 재앙으로 인해 탄식하

---

17) 존 E. 골딩게이, 채천석 옮김, 「다니엘」 (WBC 30; 솔로몬, 2008), 「다니엘」, 514.

며 부르짖는 다니엘의 모습을 볼 수 있다. 벨드사살이라는 이름에 담긴 바, 남의 땅에 포로로 끌려 온 신세, 나라가 망하고 사라져 버린 신세 가운데 다니엘은 기도한다. 하나님의 사람들은 이처럼 민족의 죄악을 부둥켜안고 기도한다. 민족의 죄악상을 그저 남의 일로 여기고 말하는 것이 아니라, 자신의 것으로 고백하며 기도한다.

하나님을 믿고 믿음으로 살아간다는 것이 늘 기쁘고 감사가 넘치는 것만이지는 않다. 본문에서 보듯, 좋은 것을 먹지 않은 채 슬퍼하며 탄식하게 되는 때가 있다. 탄식은 하나님을 부정하는 것이지 않다. 찬양이 하나님의 임재 가운데서 하나님을 크게 높이는 노래라면, 탄식은 하나님 외에는 달리 의지할 곳이 없는 이들이 고통스러운 현실 속에 하나님을 향해 부르짖는 기도라는 점에서 하나님의 부재 가운데 하나님을 크게 높이는 노래라고 말할 수 있다. 탄식은 앞이 잘 보이지 않고 고난과 환난이 우리를 기다리고 있을 때도 하나님의 주권과 권능을 굳게 믿을 때 우리 입술에서 흘러나오는 고백이다. 어느결에 우리네 교회는 이러한 탄식의 소리를 잊어버렸고, 무엇이든지 언제든지 늘 감사해야 하고 늘 기뻐해야 한다는 생각이 지배하게 된 것 같다. 그런데 탄식이 마치 불신앙 같아지면서, 우리네 교회의 모습은 오히려 훨씬 더 천박해져 버렸다고 말해야 할 것 같다. 다니엘은 다가올 전쟁을 보며 탄식하였다. 다니엘의 탄식이 오늘 가운데 있기를. 다니엘은 자신의 성공을 전하는 사람이 아니라,사실, 7-12장은 다니엘의 사회적 지위에 대해 일절 언급하지 않는다 자신의 위치를 내세우는 사람이 아니라, 민족의 아픔을 자신의 것으로 홀로 안은 사람이며, 홀로 하나님 앞에 엎드려 기도하는 사람이었다.

강가에서 본 사람 5-6절

환상 가운데 다니엘은 한 사람을 보았다. 그 사람은 세마포 옷을 입고 있었다. 제사장의 의복은 세마포 옷이다.출 28:42; 39:28; 레 6:10; 16:4; 삼상 22:18 한편 다윗도 세마포 옷을 입었고,삼하 6:14=대상 15:27 하나님이 보낸 사자들이 세마포 옷을 입은 것으로 표현되기도 한다.겔 9:2; 10:2; 단 12:6, 7 이를 생각하면, 다니엘이 본 사람은 세마포 옷을 통해 그의 거룩함과 구별됨을 나타내고 있는 존재라고 볼 수 있다. 이 사람은 또한 허리에 우바스의 금으로 된 띠를 띠었다. 예레미야 10:9에도 '우바스의 금'이 쓰인 예를 볼 수 있다. 금으로 유명한 곳은 오빌이다.욥 28:16; 시 45:9; 사 13:12 그래서 "우바스"를 '오빌'로 고쳐 읽을 것을 제안하는 견해도 있다.18) 히브리말 '우파즈'에 쓰인 자음들인 '파즈'는 '정련된'을 의미하는데, '금'과 함께 쓰여 '정금' 혹은 '순금'을 나타내는 예들도 있고,아 5:11; 사 13:12 아예 '파즈'만 쓰여서 '정금'을 의미하는 예들도 있다.욥 28:17; 시 19:10; 119:127; 잠 8:19; 아 5:15; 애 4:2 이상을 볼 때, '우바스의 금'은 아주 잘 정련된 좋은 금을 나타낸다고 할 수 있다.

그의 몸통은 황옥 같고, 그의 얼굴은 번갯빛 같다. 황옥은 제사장의 흉패에 부착하는 보석 가운데 하나이기도 하고,출 28:20 하나님의 동산을 장식하던 많은 보석 가운데 하나이기도 하다.겔 28:13 번갯빛 같은 얼굴은 온 세상을 단번에 두루 볼 수 있음을 가리킬 것이다."그의 번개가 세계를 비추니 땅이 보고 떨었도다", 시 97:4 또한, 번갯빛 같은 얼굴은 횃불 같은 눈과 더불어 빠르고 신속함을 보여준다.나 2:5 그의 팔과 발은 잘 닦여진 놋의 번쩍임과 같았다. '잘 닦여진 놋의 번쩍임'은 에스겔서에서 등장하는 생물을 가리키는 데에도 쓰였다.겔 1:7 아마도 이 역시 매우 신속하게 이동 가능한 것을 표현한다고 볼 수 있다. 이 사람의 말소리는 무리의 말소리와 같았다. 이사야서의 한 구절은 이러한 '무리의 말소리'로 인하여 열방이 무서워 도망쳤다고 전한다.사 33:3; 여기서는 같은 히브리어 표현을 "요란한 소리"

---

18) 골딩게이, 「다니엘」, 488.

로 번역하였다 2장에서 다룬 느부갓네살의 환상에서도 커다란 신상이 등장한다. 그곳에서의 신상은 얼굴의 자세한 윤곽에 대해 아무것도 표현되지 않았던 데 비해, 10장에서 다니엘이 본 존재는 얼굴과 눈, 입이 묘사되었고, 이 존재가 하는 말소리 역시 웅장하였다. 함께 쓰인 비유어들과 더불어, **이 존재는 눈에 확연히 뜨일 만치 눈부시고 빛나며 빠른 존재라고 할 수 있다. 또한, 이 존재는 마치 모든 것을 다 태울 듯이 그 속을 들여다보며 크고 강력하게 말할 수 있다.** 말을 할 수 있으니, 이제 다니엘에게 하나님의 뜻을 알게 할 것이다. 이러한 신비한 존재는 에스겔에서도 종종 볼 수 있는데, 가령, 1장, 8장, 10장 이들의 등장은 에스겔이나 다니엘이 받은 말씀이 하나님께로부터 온 것임을 확증한다.

홀로 환상을 보고 죽은 듯이 잠든 다니엘 7-9절

환상을 본 다니엘은 쓰러졌다. 특이하게도 이 환상은 다니엘만 목격했다. 당시에 다니엘과 많은 무리가 함께 힛데겔 강가에 있었지만, 다니엘만이 하나님이 보이신 환상을 보았다. 다른 이들 역시 그곳에서 일어난 특별한 상황에 대한 인식과 느낌은 있었지만, 자세한 것은 볼 수 없었던 것 같다. 개역에서 "그들이 크게 떨며"라고 번역된 부분을 직역하면 '큰 떨림이 그들 위를 덮쳤다'이다. 이를 보면 다니엘이 특별한 무엇인가를 경험하는 것처럼 보일 때에, 두려움이 다른 사람들을 덮쳤고, 그들은 떨면서 도망쳐 버렸다. 하나님의 행하심을 보지 못하고 듣지 못하니, 도리어 하나님의 임재가 두려움의 대상이 되어 버렸고, 종래에는 그 현장에서 도망쳐 버리게 된다. 결국, 다니엘만이 그 자리에 남아 있게 되었다. 7절과 8절은 각각 '그 홀로'라는 단어를 지니고 있기도 하고, 인칭 대명사를 중복으로 사용하기도 하면서, 다니엘만이 남았음을 두드러지게 표현한다. 함께 그 자리에 있고 역사의 현장에 있다고 하여 모두가 같은 것을 경험하지는 못한다. 물론 이러한 환상을 하나님께서 다니엘에게만 보여 주신 것이기도 하겠지만, 다니엘이 그렇게 민족을 생각하며 다가올 일을 생각하며 탄식하고 기도하였다는 점과도 연관될 것이다. 다니엘 홀로 환상을 보았다.

사람들이 이때 일어난 현상으로 인해 두려움에 사로잡혔다지만, 과연 하나님의 뜻을 깨닫고 보는 것은 결코 쉬운 일이 아니다. 이미 몇 번이나 다니엘은 환상으로 인해 근심하고 번민하였다.단 7:15, 28; 8:27 한 번은 환상의 의미를 듣고 죽은 자처럼 되기도 하였다.8:18 10장에서의 다니엘 역시 그 홀로 본 환상으로 인해 몸에 큰 변화가 일어나게 된다. 환상으로 인해 온몸에서 힘이 쭉 빠졌다. "나의 아름다운 빛이 변하여 썩은 듯하였고" 부분을 직역하면 '나의 광채가 내 위에서 뒤집혀 부패하게 되었다'이다. 얼굴빛이 생기를 잃고 부패하게 되었다는 점에서, 얼굴빛이 마치 죽은 사람처럼 변해 버렸다는 것을 표현한다. 그에게 어떤 심각한 현상이 나타남으로 인해, 그의 얼굴은 마치 죽은 자와 방불하게 되었다. 8절 처음에는 그에게 힘이라고는 남아 있지 않았다 진술하더니, 8절 마지막에는 그가 힘을 조금도 끌어낼 수 없었다 표현한다. 자신의 힘을 완전히 소진하였고 기력이라고는 전혀 남아 있지 않았으니, 그야말로 기진맥진했다고 볼 수 있다. 얼굴은 아마도 시커멓게 썩어 버린 듯하고, 끌어낼 수 있는 모든 힘까지 다 없어지게 되니 참으로 그는 살아 있으나 죽은 것과 같게 되었다. 급기야 다니엘이 본 존재가 말을 할 때, 다니엘은 얼굴을 땅에 대고 깊이 잠들어 버렸다. 이 표현은 이미 8:18에도 나왔던 것으로, 죽은 자와 마찬가지로 깊은 잠에 빠진 상태를 가리킨다. 하나님이 보내시는 환상을 홀로 목격한 다니엘은 거의 죽은 자와 마찬가지 상태로 엎드려질 수밖에 없었다. 다니엘의 이러한 반응 역시 그가 받은 말씀이 자신의 것이 아니라 하나님께로부터 온 것임을 확증한다고 할 수 있다. 그는 생각을 고안해 낸 사람이 아니라, 하나님께로부터 온 놀라운 상황 속에 자신의 모든 것이 죽은 것과 다름없이 된 사람이다.

하나님을 만나고 그의 놀라운 역사 안에 들어간다는 것은 말처럼 단순하지도 않고, 오늘날의 많은 이들이 그러하듯이 사모하고 소망할 어떤 것이라 말하기도 어렵다. 하나님을 경험한다는 것은 그야말로 자신이 뒤집혀 죽은 이와 방불하게 되는 것이다. 그의 힘도, 그의 얼굴의 광채도 전부 사라지고, 스스로는 자신을 도무지 지탱할 수 없을 정도로 힘이 다 빠지게 된다. 이전에 다니엘은 왕의 음식과 왕의 포도주를 거부하였으나 그런 음식을 먹은 이들보다 오히려 더 아름다운 얼굴이었다.단 1:15 그러나 이제 다니엘은 하나님의 천사를 직면하고 하나님께서 주시는 놀라운 환상을 대하면서 그의 아름다움이 썩어 부패해 보이는 지경까지 이르렀다. 다니엘의 놀라운 체험은 이 말을 듣는 청중이나 이 글을 읽는 독자를 향하여 다니엘처럼 놀랍고도 깊은 '영적 체험'을 하라고 초대하기 위한 것이지 않다. 성경에 등장하는 이들의 체험은 단 한 번도 우리도 그런 놀라운 체험하기를 열심 내게 하려고 기록되지 않았다고 할 수 있다. **본문이 말하는 것은 체험이 아니라 하나님을 구하고 그의 말씀을 듣는다는 것이 얼마만큼 우리 삶 전체를 압도하는 일인가이다. 하나님의 뜻을 경험하면 얼굴이 환해지고 밝아지기만 하는 것이 아니라 다른 이들보다 더 곤고하고 무력해지며 죽은 사람처럼 되기도 한다.** 어쩌면 우리네 신앙은 다니엘처럼 민족의 아픔과 고통을 붙잡고 기도하지 않기에, 그저 자신의 기도 제목, 자기네 교회의 부흥과 성장에만 매달린 사사로운 신앙이기에 그렇게도 웃으며 감사하며 다니는지도 모르겠다.

하나님께서 행하실 영광스러운 미래를 누구나 소망할 수 있지만, 참으로 그날을 목격하고 직면하고 하나님의 뜻을 듣고 보는 것은 누구나 소망하는 것이지 않다. 고통스러운 현실로 인해 탄식하지 않는 이들은 도리어 하나님의 행하심이 두려울 따름이다. 그러나 다니엘은 아름답게 할 것 같은 음식을 자원하여 거부하였고, 이제 하나님 앞에서 실제로 그의 아름다움이 부패하게 된 것 같은 지경까지 나아간다. 이렇게 힘이 빠지게 되었을 때, 위로부터 임하는 힘을 얻게 될 것이다.

하나님의 행하심을 구하고 찾으며 애통하며 기도하는 자는 하나님께서 행하시는 것을 보게 되고 알게 된다. 구하는 자가 얻게 되고, 애통하는 자는 위로받게 된다. **탄식하던 다니엘이야말로 죽은 자와 방불케 되는 놀라운 경험 안으로 들어가게 된다. 그 홀로 하나님이 보이시는 환상을 보게 된다.** 누가 능력 있는 자인가? 탄식하는 자가 능력 있는 자이다. 다른 이들은 결국 이것을 감당하기 어려워 도망가서 숨어 버리되, 다니엘 홀로 남아 하나님의 환상을 보았다. 오늘 우리 역시 하나님 앞에 홀로 설 수 있게 되면 좋겠다. 예배하는 가운데, 찬양하는 가운데 하나님 앞에 홀로 서게 되는 은혜가 있으면 좋겠고, 하나님 앞에 홀로 서서 도망가지 않고 숨지 않고 그 소리를 들을 수 있으면 좋겠다.

1. 탄식하는 다니엘

　다니엘은 앞으로 임할 놀라운 현실로 인해 탄식하며 하나님께 기도한다. 민족의 죄악을 품고 드린 기도에서도 보았지만, 다니엘은 참으로 민족을 품고 살아가는 이였다. 그에 비해 오늘 우리의 기도는 너무 지나치게 개인적이고 사적인 영역에 머물러 있다. 우리의 자녀와 우리 가족과 기껏해야 우리가 속한 교회를 위한 기도에 불과하며, 나라를 위한 기도는 형식적이기 쉽다. 그러나 다니엘이 드린 기도의 본질은 민족을 위한 기도였다. 자식을 위한 금식 기도보다 우리에게 더 요구되는 것은 나라를 위해 애통하며 부르짖는 기도이지 않을까.

2. 힛데겔 강가의 다니엘

　다니엘과 그와 함께 한 이들은 힛데겔 강가에 있었다. 강가에서 다니엘은 하나님께서 베푸시는 놀라운 것들을 여러 차례 경험하게 된다. 하나님을 향한 굳은 믿음과 나라와 민족, 함께 살아가는 이웃들을 향한 애통한 마음을 가지고 오늘의 우리 역시 우리가 살아가는 강가를 걷고, 오늘의 우리 이웃들이 정착하여 살아가는 거리와 골목을 걸어야겠다. 낯선 이방 땅의 강과 거리를 거닐며 조국의 독립을 구하고 자신의 삶을 돌아보았던 선조들의 기상과 진심이 참으로 필요한 시대이다.

3. 홀로 환상을 보고 죽은 자와 같이 된 다니엘

　하나님 앞에서 영적 체험을 한다는 깃은 그야말로 다니엘에게 죽은 깃과 방불한 상태로 만드는 것이었다. 영적 체험은 자랑하거나 내세울 어

떤 것이지 않다. 그것은 하나님 앞에서 자신이 완전히 죽는 것이며, 자아
도 육체의 힘도 완전히 죽는 것이다. 그래서 전적으로 하나님께 잡힌 바
된 삶을 살아가게 하는 것이다. 나아가 다른 사람들은 숨어 버렸으나 다
니엘은 하나님 앞에 서 있다. 그 홀로 하나님의 뜻을 구하며 살아가고 있
다. 하나님의 교회는 힘과 숫자와 건물을 자랑하는 곳이 아니라, 하나님
께 완전히 사로잡혀서 그 힘 없음을 드러내는 곳이며, 그런데도 하나님이
주시는 힘으로 무엇인가를 감당하는 곳이다.

22. 깨닫고 일어서서 힘내라

다니엘 10:10-21

놀라운 환상을 보고 하나님의 살아계심을 경험한다는 것이 말처럼 쉬운 일이지만은 않은 것 같다. 그가 본 환상으로 인해 다니엘이 거의 죽은 듯 되었을 때 그에게 나타난 영적 존재가 다니엘을 여러 번 만지고 강건케 하여 일으켜 세운다. 자신이 말할 수 있는 존재이지 않음을 말하는 다니엘과 그를 거듭 강건케 하는 영적 존재와의 대화 장면에서 볼 때, 이 본문은 일종의 소명 기사라고 볼 수 있다.

다니엘에게 보내어진 존재 10-11절

그가 본 환상으로 인해 다니엘은 깊은 잠에 빠져 죽은 자처럼 되었다. 그럴 때 한 손이 다가와 다니엘을 만졌다. 우리말과는 다소 차이가 있지만, 그 존재는 다니엘을 흔들었고 무릎과 손으로 서게 하였다. 즉 땅에 손을 디딘 채 무릎 꿇은 상태가 되게 하였다. 죽은 자와 같이 된 다니엘을 이 존재가 만져주었고, 깊은 잠에서 깨어나도록 흔들었다. 다니엘은 겨우 몸을 일으켜 이제 무릎과 손으로 몸을 지탱한 상태가 된 것이다.

이 존재가 누구인지 본문은 명확하게 이야기하지 않는다. 8장에서 다니엘이 보았던 환상을 풀어주기 위해 가브리엘이 등장하였다. 그리고 9장에서 다니엘의 금식 기도 후에 나타나서 70 이레의 의미를 풀이한 이도 가브리엘이었다. 가브리엘이 풀이한 내용은 모두 훗날에 일어날 재앙과 그 때에 관한 것이었기에, 10장 처음에 다니엘이 환상 중에 본 존재 역시 가브리엘로 보는 것이 자연스러울 것이다. 그리고 10장에서의 내용을 보건대 이 존재는 미가엘과도 밀접한 관계에 있다는 점에서 가브리엘로 보는 것이 적절할 것 같다. 그러나 그를 바라보는 다니엘의 시선이 처음 보는 이를 대하는 듯하다는 점에서, 확정적으로 말하기는 어렵다. 그뿐 아니라 16절에는 "인자 같은 이"가 있어 다니엘의 입술을 만지고, 18절에서는 "사람의 모양 같은 것"이 다니엘을 만지는 것을 볼 수 있으며, 16절에는 "내 앞에 서 있는 자"도 있는데, 이러한 존재가 모두 같은 이를 가리키는 것인지 아니면 각각 다른 이들을 가리키는 것인지 알기 어렵다. 다만 10절 이하에서 죽은 듯한 다니엘을 깨우고 그에게 "마지막 날에 네 백성이 당할 일"10:14을 이야기해 주는 존재가 바사 군주와의 싸움 이야기를 한다는 점에서, 이 존재는 10-15절에 등장한 존재 그리고 16절에 있는 "내 앞에 서 있는 자"와 같은 존재라고 볼 수 있다. 그리고 이 존재가 11장과 12장까지 다니엘에게 앞으로 일어날 일을 말하고 있다고 여겨진다. 아마도 가브리엘이라고 보는 것이 적절하고 자연스러울 것 같지만, 10장 자체가 여기에 등장하는 존재에 대해 무엇이라고 명확하게 정체를 밝히지 않는다는 점도 고려되어야 할 것이다.

이렇게 하나님의 사람들에게 천상의 존재가 등장하되, 정체를 명확히 가늠하기 어려운 경우는 스가랴서에서도 볼 수 있다. 스가랴 1장과 2장에서도 여러 명의 천상 존재들이 등장하지만, 그들을 명확하게 구분하기 쉽지 않다. 이런 경우, 등장하는 존재의 불명확함은 그 자체로 의미하는 바가 있다고 할 수 있다. 다니엘서 10장에 등장하는 존재 중의 하나는 가브리엘일 수 있지만, 훨씬 더 중요한 사실은 하나님께서 누군가를 다니엘에게 보내셨다는 사실이다. 그리고 그 누군가는 일반적인 사람이 아니라 천상 존재이다. 가브리엘이든 다른 누구이든, 하나님께서는 다니엘을 홀로 두지 않으셨고, 그의 백성 역시 홀로 두지 않으셨다. 하나님은 천상 존재들을 보내셔서 다니엘과 그의 백성을 돌보시며 인도하신다. 11절은 하나님께서 그를 다니엘에게 보내셨음을 명백하게 증언한다. 개역 성경에는 반영되어 있지 않지만, 이 문장은 첫머리에 '이제'라는 부사어를 지니고 있다. 이를 통해, 바로 지금, 마침내 그가 다니엘에게 보내어졌다는 점이 강조된다.

다니엘에게 등장한 이는 그를 향해 "큰 은총을 받은 사람"이라고 부른다. 이 표현은 9:23; 10:19에서도 다니엘을 부른 말로 쓰였다. 다니엘이야말로 보석같이 소중하고 값진 존재임을 다니엘에게 보내어진 존재마다 반복해서 이야기한다. 어쩌면 여러 번 반복해야 하는 참으로 중요한 표현이라고 말할 수 있을 것이다. **다니엘 홀로 있어 환상을 보고 홀로 있어 그날에 이루어질 일들에 대해 듣고 있지만, 그는 참으로 큰 은총을 받은, 보석 같은 존재이다.** 힘겹고 어려울 때마다 자신이 죽은 것 같고 온몸에 힘이 빠질 때마다, 그리고 하나님의 도우심을 구하며 민족을 위해 기도할 때마다, 하나님께서는 다니엘에게 그리고 오늘 우리에게 우리야말로 보석이요 보물과 같은 존재, 크게 은총을 입은 존재라고 말씀하신다. 우리 존재의 가치는 유대 땅에 있든, 제국의 땅에 낯선 이로 존재하든 변치 않는다. 내가 능력 있고 세속 군주나 권력에 인정받는 사람이어서 보물이 아니되, 모든 힘이 빠지고 기력이 하나도 남아 있지 않은 상태라 해도 하나님 보시기에 보물이다. 그 백성을 붙잡고 하나님의 뜻을 구하며 온 힘 다해 기도하는 그가 보물이다.

가브리엘로 여겨지는 천상의 존재는 다니엘을 향해 "깨닫고 일어서라" 이야기한다. 다니엘에게 필요한 것은 두 가지이다. 먼저 그는 하나님이 보내신 존재를 통해 일러주는 말을 깨닫고 이해해야 한다. **다니엘서에서 '깨닫는 것'은 여러 번 반복되는 중요한 표현이기도 하다.**가령, 단 1:17; 9:2; 10:1 다니엘에게 보내어진 존재들은 항상 다니엘에게 하나님의 행하실 일들을 깨닫게 하려고 한다.8:17; 9:23 다니엘서의 마지막에 놓인 말씀 역시 깨달음을 강조한다.12:8-10 하나님의 말씀은 그저 주어지는 것이 아니라 깨달아야 한다. 깨닫는 것은 그저 아는 것이지 않고, 그 말씀이 무슨 의미인지 어떻게 우리와 나의 삶에 연관되는 것인지를 발견하는 것이라고 볼 수 있다. 그 점에서 성경은 단순한 지식에 그치지 않는다. 성경을 읽는 것은 단순한 지식이 아니라, 그 말씀이 살아 있어 오늘 우리에게 무엇이라 말씀하시는지를 깨닫는 것이다. 그 말씀을 붙잡고 살아간다는 것은 무턱대고 믿고 살아가는 것이 아니라, 그 의미가 무엇인지, 우리가 살아가는 시대에 어떻게 해당하며 적용될 수 있는 것인지 이해하고 깨닫는 것이다. 그렇기에 오늘도 우리는 성경을 읽는다. 성경을 읽을 때 기도하고, 성경을 읽을 때 생각한다. 다니엘은 책을 읽으며 깨달았고, 기도하며 깨달았고, 이제 그에게 나타난 천상의 존재는 깨달으라 말씀하신다.

이와 더불어 이 존재는 다니엘에게 일어서라 말씀하신다. 여기에 쓰인 표현을 직역하면 '그의 자리에 서다'가 된다. '다니엘아, 너의 자리에 서라'. 누워 있지 말고, 엎드려 있지 말고, 네 자리에 일어서라. 이 말씀은 가브리엘을 처음 만났을 때 다니엘이 죽음 같은 깊은 잠에 빠지자 가브리엘이 다니엘에게 했던 행동이기도 하다.8:18 그때 다니엘이 서 있던 곳은 을래 강변이었고, 이제 다니엘이 서 있는 곳은 힛데겔 강변이다. 다니엘의 동포들이 살아가는 그곳, 다니엘이 살아가며 하나님을 만나고 그 뜻을 묵상하고 깨닫던 그곳, 그곳에 다니엘보고 서라 말씀하시고 다니엘을 일으켜 그 자리에 세우신다. 하나님께서는 우리 역시 이렇게 세우시고 서라 말씀하실 것이다. 내가 있는 자리, 우리가 있는 자리에 서야 한다. 이렇게 서는 것과 하나님 말씀을 깨닫는 것은 서로 연관되어 있다. **그리스도인으로 살아가는 것은 하나님의 말씀을 읽고 생각하고 기도하고 깨닫는 것이며, 그래서 우리 서 있던 그 자리, 우리 이웃들이 살아가는 그 자리, 우리 역사가 흘러가는 그 자리에 서는 것이다.** 무겁고 힘들고 어렵다 하더라도 회피하거나 숨어 버릴 것이 아니라, 그 자리에 서야 한다. 이제 다니엘은 떨면서 일어났다. 17절을 보니 몸에 힘이 하나도 없고 호흡조차 없는 상태였지만, 다니엘은 하나님이 보내신 존재가 말할 때 떨면서도 일어나 섰다.

다니엘의 겸비함을 보신 하나님 12절

가브리엘로 여겨지는 존재는 다니엘을 향해 두려워 말라 이야기한다. 다니엘에게 그가 나타났다는 것은 하나님께서 그의 간구를 들으셨고, 그에게 응답하신다는 것을 의미하기 때문이다. 천사의 말 속에서 다니엘의 모습을 볼 수 있다. 그는 깨닫고자 하여 자신을 스스로 겸비하게 하기로 결심하였다. 겸비케 하였다는 것은 좋은 음식과 그럴싸한 꾸밈을 버리고 오직 하나님만을 구하는 것을 가리킨다. 다니엘은 하나님의 뜻을 알고자 하였고, 이를 알 수 있는 것은 자신의 힘과 지혜가 아니기에, 하나님 앞에서 자신을 낮추었다. 좋은 떡을 삼가고 고기와 포도주를 먹지 않으며, 탄식하며 부르짖었다. 그렇게 하나님께 나아갈 때 하나님께서는 그가 기도를 시작한 날부터 그의 기도를 들으셨다. 12절에서 "네 하나님"이라는 표현을 볼 수 있다. 10장 전체에서 유일하게 한 번 나오지만, 이 하나님 이야말로 특별한 영적 존재를 다니엘에게 보내시고 이 모든 것을 주관하고 이끌어 가는 분이시다. 하나님께서 다니엘의 기도와 말을 들으시며 아신다. 하나님께서는 다니엘이 스스로 겸비케 한 것에 응답하신다. 하나님께서는 그가 자신을 낮추던 첫날부터 그에게 응답하셨다. 이것은 다니엘의 어떤 기도나 낮춤의 행위, 음식을 삼가는 행동 같은 것이 하나님을 움직인 것이 아님을 잘 보여준다. 다니엘의 행동이 아니라, 하나님을 향한 그의 간구, 하나님만이 진리의 근원이심을 믿고 하나님을 의지하며 깨닫고자 하는 그의 믿음, 그것이 하나님이 다니엘에게 응답하게 한 것이다.

금식이나 절제가 하나님을 움직이지 않는다. 금식과 절제의 훨씬 중요한 본질은 하나님 앞에서 자신을 낮춤이요, 오직 하나님만을 구하는 믿음이다. 그리고 다니엘이 이렇게 행한 것은 깨닫고자 함이었다는 점도 주목해야 할 것이다. 무엇인가를 알고 깨닫는 것은 있어도 되고 없어도 되는 어떤 것이 아니라, 하나님께서 참으로 기뻐하시는 것이다. 그의 기도가 가브리엘 같은 천상의 존재로 다니엘에게 이르게 하였다. 하나님을 움직이고 하늘을 움직이는 것은 오직 하나님만이 힘이요 능력이요 근원이심을 믿는 이들의 마음 드리는 기도와 간구이다.

군주들의 대결 13절

다니엘의 겸비케 함이 시작되는 순간에 이미 하나님께서는 응답하시고 가브리엘을 다니엘에게 보내셨지만, 그는 다니엘의 기도가 끝나는 3주간 동안 다니엘에게 다다르지 못하였다. 13절에 따르면 이것은 페르시아를 지키는 군주가 막아섰기 때문이었다. 마침내 가브리엘이 다니엘에게 올 수 있었던 것은 가장 높은 군주들 중의 하나인 미가엘의 도움 덕분이었다. 이 구절은 비록 한 구절이지만 매우 특이하다. 여기서 "군주"는 지상의 존재가 아닌, 하늘 영역에 속한 어떤 존재를 가리킨다. 신명기의 한 구절은 하나님께서 각 민족에게 주신 나름의 신들이 있음을 이야기한다.신 29:26 그리고 이스라엘은 하나님의 몫이라고 선언된다.신 32:9 이에 따르면 각 나라와 민족은 자기들을 보호하는 신이 있다는 것이고, 이스라엘을 보호하시는 분은 오직 여호와 하나님이시라는 것이다.이러한 내용은 위경으로 분류하는 희년서 15:31-32에서도 볼 수 있다 그리고 여호와의 몫인 이스라엘을 보호하는 군주는 미가엘이다.단 10:21; 12:1 가브리엘은 페르시아를 보호하는 존재와 싸워야 했고, 미가엘의 등장으로 다니엘에게 올 수 있었다.

이 구절에 담긴 내용을 어떻게 여겨야 할지 간단하지 않다. 페르시아 종교인 조로아스터교는 온 세상의 질서를 선신과 악신의 대결과 같은 이원론으로 이해한다. 가브리엘과 싸우는 페르시아의 군주와 같은 언급에서, 이원론적 세계관이 다니엘서에 끼친 영향을 발견할 수도 있다. 어찌되건 이 구절이 말하고자 하는 바는 꽤 분명하다. 사람들이 살아가는 땅에서의 싸움은 결국 하늘에서의 싸움이며, 그런 점에서 영적인 전쟁이다. 이 땅에서 페르시아가 득세하고 기승을 부리며 이것은 하늘 영역에서 페르시아를 맡은 군주의 강맹함으로 반영된다. 그런 점에서 페르시아 군주와 가브리엘, 미가엘이 싸운다는 장면은 고레스의 페르시아에 대해 다니엘서가 그리 우호적이지 않다. 근본적으로, 다니엘서는 여타의 제국 자체에 대해 우호적이지 않다고 해야 할 것이다. 페르시아 당국의 협력 덕분에 귀환하게 된 에스라-느헤미야 시대의 사람들조차 자신들의 처지를 일러 '종이 되었고, 이방 왕들이 이 땅의 많은 소산을 얻고 임의로 관할하여 곤란이 심하다'라고 이야기한다.느 9:36-37 아울러 다니엘서는 이스라엘이 하늘 영역에서 하나님께서 보내신 존재들 때문에 보호되고 있음을 확실히 보여준다.

비록 이 땅에서의 현실은 지극히 암담하여 다니엘이 고통스럽게 기도하고 있지만, 이 땅의 싸움의 최종적인 결판은 하늘에서 이루어진다. 그러니 염려 말라. 다니엘서는 그들을 돕는 이가 참 강하다는 것을 전한다. 그런 점에서 다니엘서는 도무지 희망을 찾아볼 수 없는 시대에 희망하며 꿈꾸며 살아가는 것을 가르친다. **현실을 볼 때는 사로잡힌 자의 후손, 벨드사살이라는 이방 이름을 써야 하는 존재에 불과하며, 도무지 미래를 기약할 수 없지만, 이미 하늘 영역에서 하나님이 보내신 이가 그들을 위해 싸우고 있으며, 천사들의 우두머리archangel 가운데 하나인 미가엘 역**

시 그들을 위해 싸운다. 그러므로 이 싸움은 반드시 승리할 것이며, 이스라엘을 가로막는 페르시아와 그다음에 오는 어떤 나라가 있다 해도 하나님께서 그 백성을 건지실 것이다. **현실을 살아가지만, 하늘을 바라보고 깨닫는 것은 궁극적으로 현실을 버텨내게 하고, 현실 속에서 보이지 않는 하나님의 역사와 행하심을 굳게 붙들게 한다. 참으로, 묵시는 꿈꿀 수 없는 시대에 꿈꾸게 하는 글이다.**

다니엘을 강건케 하심 14-19절

이 천사가 다니엘에게 온 것은 "마지막 날에 당할 일을 깨닫게" 하기 위해서이다. "마지막 날에"라고 번역된 표현은 '훗날에'라고 번역하는 것이 좀 더 단어 자체의 의미에 맞는다. 영역 성경들은 대개 이 표현을 'in the latter days'라고 옮기고 있다.ESV, KJV, NASB NIV는 아예 '미래에'in the future'라고 옮기기도 한다. '이 환상이 오랜 후의 일이다'라고 번역된 부분을 직역하면 '아직 환상이 그날들을 위해 있다'가 된다. '그날들', 즉 훗날을 위해 환상이 존재한다. 환상은 다가올 미래를 알림을 통해 그날과 오늘의 간격에 선 백성으로 올바르게 믿음으로 살아가게 한다. 이제 가브리엘이 그날들 이전을 사는 이들을 위해 환상을 알려줄 것이다. 당장에 어떻게 될 것이지 않되, 앞으로 오게 되는 날들 가운데 하나님께서 행하실 일들이 있다. 그 가운데서 다니엘의 백성들이 맞닥뜨려야 하는 쉽지 않을 수 있는 현실이 있을 것이다. 이제껏 다니엘은 하나님이 보이시는 환상을 경험하는 것이 힘겨웠다. 때로 깨닫지 못하기도 하고 여러 날 앓기도 하였으며, 듣고서는 죽은 자와 같이 되기도 하였다. 현실을 살아가면서 하나님의 크고 놀라운 일을 듣기가 쉽지 않았으되, 아직 다니엘이 더 듣고 깨달아야 할 환상, 앞으로 닥쳐올 여러 날에 대한 환상이 남아 있다. 아직도 그에게는 가야 할 길이 있다.

아직 환상이 있다며 하늘의 영역에서 일어나는 일과 앞으로 될 일을 들을 때에 다니엘은 다시금 얼굴이 땅으로 향하게 되고 말문이 막히게 되었다. 인자와 같은 이가 입술을 만진 덕분에 겨우 말할 수 있게 된 다니엘은 환상으로 말미암아 근심이 그를 덮쳤고 힘이 없어졌으며, 호흡이 하나도 남아 있지 않게 되었다 이야기한다. 이러한 상태가 되니 자신이 어떻게 하나님이 보내신 존재와 이야기를 할 수 있을지 두려워졌다. 하나님과 그 환상으로 말미암아 다니엘은 여러 번 힘이 빠지게 되고 엎어지게 된다. 하나님의 손에 잡힌 삶이라는 것이 그리 간단하지 않다. 하나님께서 행하시는 일과 그 일에 참여하게 된다는 것은 참으로 두렵고 무서운 일이며, 사람의 힘으로 할 수 있는 것이 아니다.

천상의 존재였겠으나 사람 모양 같은 어떤 존재가 다니엘을 만졌고, 그를 강건하게 하였다. 16절에 있는 "인자와 같은 이"와 18절의 "사람의 모양 같은 것"은 천상의 존재임에도 불구하고 다니엘이라는 땅의 사람에게 손을 대거나 만질 수 있다는 점과 연관해서 사용된 것 같다. 그저 인간과 멀리 떨어져 있는 존재가 아니라 인간을 만질 수 있고 손댈 수 있는 존재, 참으로 사람 같은 존재임을 알려준다. 사람 모양의 천상 존재에 대한 언급은 사람을 도우시고 만지시고 힘을 주시는 하나님을 표현한다. 이 존재는 다니엘을 향해 "두려워하지 말라 평안하라 강건하라 강건하라" 이르신다. 이를 풀어서 '두려워하지 말라, 평안이 너와 함께 있기를 구한다, 그러니 힘내라 힘내라'로 옮길 수 있다. 이 부분에서도 다니엘을 일러 "큰 은총을 받은 사람"이라 부르고 있다. 하나님께서는 다니엘을 격려하고 위로하며 권면하신다. 그가 말하자 다니엘은 힘이 났고, 이제 그가 이르는 말에 귀를 기울일 준비가 되었다. 이 장면은 성경 곳곳에 등장하는 하나님의 사람들의 소명 장면을 떠올리게 한다. 가령, 이사야 6장; 예레미야 1장 여기서 '힘이 나다'로 옮겨진 단어는 '강건하게 하다' 혹은 '강건하다'로 옮겨진 동사의 또 다른 변화형이다. 18절과 19절에서 이 동사의 여러 형태가 모두 다섯 번이나 쓰였다. 하나님은 우리를 힘내게 하시며, 우리에게 힘내라 격려하신다. 하나님의 말씀을 들을 때에 힘이 나게 되고, 그래서 하나님께서 이르시는 말씀을 들을 수 있게 되었다.

하나님께서 그들의 삶에 찾아오실 때 누구든 두려움과 떨림에 사로잡히게 된다. 그들을 결국 세우는 것은 하나님의 붙드심과 약속이었다. 다니엘은 하나님의 영역과 닿을 때마다 죽은 것 같이 되고 몸의 힘이 빠진다. 그러나 이 존재들로 말미암아 일어나서 그의 자리에 서게 되고 힘을 얻어 강건하게 되기도 한다. **이것은 다니엘이 그의 길을 걸어가게 만드는 것이 그 자신의 힘이 아니라 위로부터 임한 은혜, 하나님께서 주신 강건함임을 알게 한다.** 자신의 힘이 아니라 하나님이 주시는 힘으로 그 자리에 서고 한 걸음 걸어가며 하나님이 보이시는 환상을 굳게 붙잡는다. 오늘 우리 역시 마찬가지이다. 하나님께 쓰임 받고 하나님의 일에 참여하게 되는 것은 우리 자신의 힘과 능력으로 가능한 것이지 않다. 우리 몸에 힘이 다 빠지는 때가 오며 그때에야 비로소 우리는 하나님의 힘으로 행하게 될 것이다. 몸에 힘을 빼야 대부분의 운동이 제대로 가능하게 되듯이, 우리 몸 곳곳에 들어가 있는 힘을 빼고 하나님께서 행하실 것을 굳게 신뢰할 때, 비로소 우리는 주의 일을 감당하게 된다. 힘이 빠지고 힘을 내는 다니엘의 모습은, 능력 있는 사람이 하나님의 일을 하는 것이 아니라, 힘이 빠진 사람이, 연약한 사람이, 그래서 오직 하나님만을 구하고 찾는 사람이 하나님의 일을 행하게 됨을 확실히 보여준다.

자리를 들고 일어서라요 5:8 앉아 있지 말고, 체념하지 말고 그 자리에 일어서라. "나의 등 뒤에서 나를 도우시는 주 / 나의 인생길에서 지치고 곤하여 매일처럼 주저앉고 싶을 때 나를 밀어주시네 / 일어나 걸어라 내가 새 힘을 주리니 일어나 너 걸어라 내 너를 도우리."최용덕 작사/작곡-"일어나 걸으라"

진리의 글에 기록된 것 20-21절

이제 가브리엘로 여겨지는 이 존재는 앞으로 될 일을 이야기한다. 페르시아의 시대가 가지만 곧 헬라의 시대가 도래한다. 이 천사는 바사 군대와 싸우는 것이 그 역할이었다. 헬라의 시대가 온다고 하여 그것이 희망은 아니다. 열강의 교체가 하나님 백성의 희망은 아니다. 오직 이 모든 것이 진리의 글에 기록되었으니, 그것이 이루어질 것이다. 진리의 글이 다니엘서에서 언급되는 책들7:10; 12:1과 어떻게 연관되는지 알기 어렵지만, 어떤 책이냐보다 무엇인가가 책에 기록되어 있다는 점이 의미 있다. 이제 벌어지는 일들은 이미 기록되어 있고, 그래서 확정되었음을 뜻한다. 역사는 불투명한 것이 아니라 하나님의 계획 가운데 확정되어 있다.

10장의 마지막은 이스라엘을 지키는 천사 미가엘이 가브리엘을 도와 이 백성을 지키고 보호할 것이라는 말씀이다. 미가엘만이 가브리엘을 도와 이스라엘을 지킨다는 말씀은 이스라엘에 닥칠 일이 그리 쉽지 않을 수 있음을 암시하는 것이기도 할 것이며, 두 천사가 이스라엘을 도우니 두려워하지 말라는 의미이기도 할 것이다. 땅에서 벌어지는 쉽지 않은 현실이 있다. 그러나 하나님 백성 이스라엘에게는 이 모든 것을 기록한 진리의 글, 그리고 그들을 돕는 미가엘과 가브리엘이 하늘에 존재한다. 땅에서 눈에 보이는 싸움이 다가 아니니, 하늘에서 이루어지는 일을 듣고 믿음 위에 굳게 서야겠다. 참으로 우리의 싸움은 혈과 육에 대한 것이 아니요, "통치자들과 권세들과 이 어둠의 세상 주관자들과 하늘에 있는 악의 영들"에 대한 것이다.엡 6:12

1. 하나님께서는 천사들을 보내어 지키신다.

다니엘이 탄식하며 기도하기로 마음먹었을 때, 하나님께서는 그의 천사들을 보내어 다니엘에게 찾아가게 하신다. 구약의 시대에나 오늘 우리의 시대에나 하나님께서는 그 백성들을 홀로 두지 않으시고 반드시 찾으시며 도우신다. 하나님의 백성들은 어떤 처지에 있건 홀로 있지 않고, 그와 동행하시는 하나님이 계시다. 그러니 사람을 의지하거나 찾지 말고, 오직 하나님께 구하고 부르짖으라.

2. 땅에서의 싸움은 천상에서의 싸움과 대응된다.

눈앞에 보이는 현실은 페르시아 땅에 사로잡혀와 사는 유대 포로들이지만, 이미 하늘 영역에서는 페르시아의 군주들과 가브리엘, 미가엘이 싸우고 있다. 땅에서 일어나는 일은 하늘에서 일어나는 일과 대응된다. 이것은 믿는 이들의 싸움이 결코 패배하는 싸움이 아님을 의미할 것이다. 우리의 싸움은 혈과 육에 대한 것이 아니라, 이 세상의 공중 권세 잡은 이들과의 싸움이니, 주를 의지해 승리할 것이다.

3. 하나님께서 진행하시니 두려워 말고 힘내라.

페르시아의 시대가 간다고 하여 어떤 희망이나 해방이 오는 것이 아니다. 바벨론의 시대가 지나고 페르시아의 시대가 왔지만, 여전히 이스라엘이 곤고한 가운데 있는 것에서도 이것을 볼 수 있다. 열강의 교체와 그로 인한 행운을 기대할 것이 아니라, 이 모든 역사를 뜻대로 주관하시는 하나님을 굳게 의지해야 한다. 진리의 글이 존재한다는 것은 우리를 둘러싼 역사가 우연이 아니라, 하나님의 계획 가운데 있음을 의미한다. 하나님을 신뢰하고 요동치 말라.

23. 북방 왕과 남방 왕의 대결

다니엘 11:1-19

11장에는 더는 동물이나 뿔에 빗대어 표현하는 것이 나타나지 않고, 실제의 사람들이 등장한다. 페르시아나 헬라 제국 왕들의 이름이나 구체적인 정체가 잘 드러나지는 않지만, 여러 왕의 등장을 통해 지난 과거 역사를 요약하고 앞으로 일어날 역사를 이야기한다. 다니엘서의 이전 본문에서는 상징과 비유로 설명되었고, 11장부터는 좀 더 직접적이라는 점에서, 11-12장이 다니엘서가 전하고 알리고 싶은 가장 핵심적인 본문이라고 말할 수 있을 것이다. 특히 주전 3세기와 2세기의 매우 세부적인 역사적인 부분까지 다루어지고 있다는 점에서 이전의 본문들과는 확실히 구별된다.

가브리엘과 미가엘 1절

7-10장은 과거와 현재, 미래에 대한 환상을 다루었고, 이제 11장은 그 내용을 구체적인 말로 표현한다. 이렇게 풀어가는 내용은 페르시아 시대부터 시작한다. 다니엘이 바벨론 시절에 끌려왔지만, 그가 활동하는 시기의 마지막이 페르시아이니, 페르시아부터 시작하여 이후의 시대를 다루어간다고 볼 수 있다. 이제 더는 뿔이나 짐승으로 표현되는 것이 아니라, 실재의 인물로서의 사람을 들어서 앞으로 될 일이 설명된다. 다니엘서의 이제까지의 환상은 이 부분을 위한 것이라고 할 수 있다. 꽤 구체적인 11장의 내용은 유대 백성들을 둘러싸고 있는 역사의 진전을 어떻게 바라보아야 할지를 보여준다.

이 모든 이야기를 풀어가는 주체는 아마도 가브리엘로 여겨지는 천사이다. 1절은 10장과 좀 더 가깝다고 할 수 있다. 10장 마지막에서 가브리엘은 진리의 글에 기록된 대로 보이겠다고 이야기했으며, 미가엘만이 이스라엘을 보호하기 위해 자신을 도울 존재라고 이야기했다. 11:1은 가브리엘 역시 미가엘을 도왔음을 이야기한다. 얼핏 이 구절은 가브리엘이 다리오를 강하게 한 것처럼 보인다. 그러나 바로 앞 구절인 10:21에서 미가엘을 가리켜 "너희의 군주"라고 한 것을 볼 때, 11:1에서 가브리엘이 이스라엘을 지키기 위해 미가엘을 도운 것을 의미할 것이다. 가브리엘과 미가엘은 페르시아의 편에 서 있지 않다. 그러므로 1절에서 나오는 "그"우리 말로는 두 번 나오지만, 히브리어 본문에서는 한 번 나오는 미가엘을 가리킨다고 볼 수 있다. 우리 말로는 모호하지만 1절 첫머리는 '그리고 나'라는 말로 시작한다. 그 점에서 이 부분은 10:21절에 연결된다고 볼 수 있다. 미가엘만이 가브리엘을 도와 이 모든 것들에 대항해 싸울 것이며, 가브리엘 역시 미가엘을 강하게 하며 도왔던 적이 있다. 미가엘과 가브리엘이 이스라엘과 함께 있다.

이 점은 두 가지를 우리에게 보여준다. 먼저 천상의 미가엘과 가브리엘의 협력이다. 미가엘이 가브리엘을 돕고 가브리엘도 미가엘을 강하게 하고 돕는다. 10장에 등장하는 천상 존재가 누구이며 몇 명인지 모호하다는 이야기를 했거니와, 누가 누구인지보다 훨씬 중요한 것은 이들 존재가 긴밀하게 연관되어 다니엘을 도우며 힘을 회복하게 하고 앞으로 일어날 일을 일러주고 있다는 점이다. 한 명의 천사로도 이 모든 일이 능히 가능할 것이되, 다니엘서는 여러 천사가 등장하고, 이스라엘을 돕는 것역시 미가엘과 가브리엘의 협력을 통해 이루어진다고 알려 준다. '우리가 만들자', '우리의 모양과 형상을 따라'와 같은 표현을 사용하면서 사람의 창조가 어떤 공동체적인 관계 안에서 이루어졌음을 보여주는 창세기의 진술창 1:26도 이와 연관될 수 있다. 사람을 돕고 회복하기 위해 천상에서 이루어지는 협력의 절정은 이 땅에 오신 성자 하나님과 그 백성을 보호하고 동행하는 성령 하나님, 그리고 이 모든 일을 주관하시는 성부 하나님이리라.

두 번째로, 이러한 천상의 존재가 이스라엘을 돕는다는 것이야말로 하나님께서 이스라엘을 지키고 보호하심을 강력하게 보여준다. 이스라엘의 싸움은 그들만이 땅에서 하는 싸움이 아니라, 하늘 영역에서 하나님의 천사 역시 하나님의 보내심을 따라 행하고 있는 싸움이기도 하다. 그러므로 두려워 말고 겁내지 말라. **하늘 영역에서 이루어지는 싸움은 우리에게 하늘만을 사모하고 쳐다보게 만드는 것이 아니라, 이 땅에서 비굴하거나 굴복하지 않게 한다. 신비하고 놀라운 하늘 영역의 은혜를 사모하는 것이 하늘을 바라는 신앙이 아니라, 이 땅에서 이루어지는 치열하고 끔찍하며 고통스러우며 잘 바뀌지 않는 삶의 현실 속에서 결코 굴복하거나 체념하지 않는 것이 하늘을 바라는 신앙이다.** 그리고 이것이 하늘 영역에서의 싸움과 대응되어 있다는 점에서 우리 싸움이 혈과 육에 대한 것이 아님을 명심해야 한다. 이 싸움은 한 번 이긴다고 해서 끝나는 것이지 않고, 악한 영들은 그 모습을 달리해서 끊임없이 이 땅 가운데서 다시 일어날 것을 기억해야 한다.

페르시아와 알렉산더 시대 2-4절

2절은 '이제 내가 너에게 진실을 이야기하겠다'로 시작한다. 다니엘서에 '진실'/'진리'라는 표현이 종종 쓰였다. 하나님의 말씀이 진리이되,9:13 이 진리를 저버리는 이들이 있다.8:12 하나님께서 이제 행하실 일들은 진실하며 진리이고 확실하다.8:26; 10:1, 21; 11:2 '진리' 혹은 '진실', '참된 것'으로 번역되는 이 히브리말 단어 '에메트'는 '관계 안에서 참되고 숨김없음'

으로 풀이할 수 있다. 하나님의 말씀이 참되시다는 것은 그가 세상을 향해 한결같고도 숨김없이 행하심을 의미한다. 하나님은 사람과 세상을 외모로 취하지 않으시니, 그의 행사는 참으로 진리이다. 그의 뜻이 반드시 이루어질 것이다. 가브리엘은 이를 위해 페르시아 시대부터 풀어간다. 그리고 다니엘서에서는 역사의 변화를 이야기할 때 바벨론부터 이야기하기도 했다.단 2:36-38; 아마도 7:4 이미 일어난 일 역시 하나님의 계획 가운데 일어난 일로 풀이하면서 앞으로 임하게 될 나라들에 관한 말씀 역시 반드시 성취될 진실임을 증언한다.

가브리엘을 통해 페르시아부터 시작되는 역사의 궁극적 시기가 풀이된다. 페르시아의 세 명의 왕과 그다음에 등장한 네 번째 왕을 이야기하는데, 이들이 정확히 누구를 가리키는지 말하는 것은 거의 불가능하다. 여기서 네 번째 왕은 꽤 힘 있고 부유한 왕국을 이루었으며 그에 기반하여 헬라 왕국 즉 그리스를 침공하기도 한다. 우리는 역사적으로 페르시아와 그리스 사이에 있었던 전쟁주전 499-449을 잘 알고 있다. 다리오 왕의 대규모 원정, 그리고 마라톤에서의 패배, 아하수에로의 진격, 그리고 그를 막기 위해 300명의 스파르타군이 포함된 테르모필레 전투, 그리고 그리스의 궁극적 승리 등이 이와 연관된 이야기들이다. 구약 성경에 등장하는 페르시아 왕으로는 고레스, 아하수에로, 아닥사스다가 있으니, 그들을 가리키는 것으로 볼 수도 있지만, 가능성의 하나일 뿐이다. 다리오도 있지만, 다니엘서에서 다리오는 고레스 이전에 등장한 메대의 왕으로 언급된다는 점에서 아마도 이 구절이 이야기하는 네 명의 왕에는 포함되지 않을 것이다. 아모스서에서 이방 나라의 죄악을 강조하기 위해 쓰인 '세 가지와 네 가지 죄악' 같은 표현,암 1:3-2:6 강력한 나라를 가리키느라 미가가 사용한 "일곱 목자와 여덟 군왕"과 같은 표현미 5:5과 마찬가지로, 특정한 누군가를 가리킨다기보다 일련의 강력한 군주를 다니엘서 본문에서 표현한다고 볼 수 있다.[19] 중요한 것은 네 명의 왕의 정체보다 페르시아를 지배하고 다스리는 일련의 왕들의 변화가 하나님의 파악하심과 주관하심 안에 들어있음을 이 구절이 말하고 있다는 점이다.

3절에서 언급되는 능력 있는 왕은 알렉산더를 가리킨다고 여겨진다. 다니엘서는 알렉산더의 시대를 매우 강력했던 시절로 그리는 것 외에는 아무런 가치나 비중을 두지 않는다.단 8:5-8 이 왕의 강력함은 "큰 권세로 다스리며 자기 마음대로 행하리라"로 표현된다. 여기서 '자기 마음대로 행하다'는 8:4에서도 페르시아의 왕들이 지닌 권세를 가리키는 표현으로 쓰였다. 11:3뿐 아니라 11:16,36에서도 쓰여서 강력한 왕권을 표현한다. 이방 왕들의 강력함은 그 권력 행사의 임의로움으로 나타난다. 강력한 이방 왕은 하나같이 그 힘과 권세를 자기 뜻대로 자신이 원하는 대로 휘두르는 것으로 행사한다. 그것이 이방이 추구하는 강함일 것이다. 구약이 증거하는 하나님은 그 뜻대로 세상을 통치하시는 참된 왕이시다. 그러나 하나님께서는 그 은혜를 약하고 고통받는 이들을 건지시기 위해 베푸신다. 그는 "가난한 자를 진토에서 일으키시며 빈궁한 자를 거름더미에서 올리사 귀족들과 함께 앉게 하시며 영광의 자리를 차지하게" 하시고,삼상 2:8 "그의 팔로 힘을 보이사 마음의 생각이 교만한 자들을 흩으셨고 권세 있는 자를 그 위에서 내리치셨으며 비천한 자를 높이셨고 주리는 자를 좋은 것으로 배불리셨으며 부자는 빈손으로 보내셨도다."눅 1:51-53 그러므로 이방 왕과 하나님의 통치는 그 권력 행사에 있어 확연하게 구별된다. **이방의 집권자는 군림하고 주관하고 지배하거니와, 예수를 따르는 이들에게 큰 자는 섬기는 자이다.**마 20:25-27 **예수께서는 그 목숨을 많은 사람의 대속물로 주신 왕이시다.**마 20:28 = 막 10:45

---

19) 존 E. 골딩게이, 채천석 옮김, 「다니엘」 (WBC 30; 솔로몬, 2008), 「다니엘」, 521. 이러한 기법에 대해 김근주, 「소예언서 어떻게 읽을 것인가 1」 (성서유니온, 2015), 393-395를 보라.

강력한 제국의 건설자 외에는 알렉산더에 대해 아무런 더 이상의 평가가 주어지지 않는다. 오히려 4절은 자기 뜻과 권세와는 아무런 상관없이 그 나라가 쪼개어지게 된다고 서술함을 통해, 세상의 강력한 왕권이라는 것이 얼마나 허무한지를 증언한다. 다니엘서가 보기에 강력한 제국이 실제로 가져다주는 어떤 긍정적인 결과 같은 것은 존재하지 않는 셈이다. 제국은 제국일 뿐이며, 그 땅을 살아가는 약하고 힘겨운 이들에게는 아무런 선한 영향을 끼치지 않는 실체일 뿐이다. 느부갓네살과 같은 강력한 권력에 대해 하나님이 주신 것임이 여러 번 다니엘서에 언급되지만, 강력함 자체에 아무런 특별한 의미를 주지 않는다. 오히려 다니엘서와 구약의 곳곳에서 그 강력함은 덧없음을 드러내는 그야말로 강력한 예일 뿐이다.

셀류커스 왕조와 톨레미 왕조의 갈등과 대결 5-8절

알렉산더 사후 그의 나라는 네 명의 장수들에 의해 분할 통치되었고, 그 가운데 이전의 바벨론-페르시아 영역이던 곳을 다스리는 셀류커스와 애굽을 다스리는 톨레미가 단연 두드러졌다. 이 두 왕국은 본문에서 북방 왕과 남방 왕으로 표현된다고 여겨진다. 5절은 '남방 왕이 강해질 것이다'로 시작하면서, 알렉산더 이후 초기 남방 톨레미 왕가의 강성함으로 특징지어지는 현실을 반영한다. 주전 3세기 내내 팔레스타인의 지배자는 톨레미 왕조였다. 팔레스타인은 완전히 톨레미의 영향력 아래에 있었으며, 그로 인해 아주 많은 수의 유대인들이 애굽으로 이주하기도 하였다. 이러한 상황은 주전 2세기로 접어들면서 확연히 변화하게 된다. 3세기 내내 여러 번에 걸쳐서 팔레스타인 지역의 패권을 두고 톨레미 왕조와 셀류커스 왕조 사이에 전쟁시리아 전쟁이 있었고, 주전 200년 셀류커스 왕조 안티오커스 3세의 군대가 톨레미의 군대를 파니온 전투에서 대파하면서 이후로 한 세기 이상 동안 팔레스타인은 셀류커스 왕조의 지배하에 놓이게 되었다.

팔레스타인은 이미 고대 적부터 애굽과 메소포타미아 두 열강 사이의 각축장이었고, 주전 3세기 이래 헬레니즘의 시대에도 여전히 메소포타미아 지역에 근거를 둔 셀류커스와 애굽에 근거를 둔 톨레미의 각축장이었던 셈이다. 이것은 두 열강 사이에 놓여 있으며, 상대의 지역을 공격하기 위해 필수적으로 먼저 확보해야 하는 교량적 위치에 자리한 지역의 숙명이기도 하다. 나라가 있던 주전 8세기와 7세기에도, 나라가 사라져 버리고 식민지로 전락한 4세기 이래 1세기에 이르기까지, 여전히 팔레스타인은 열강이 이익을 둘러싸고 싸우는 전쟁터였다.

두 왕국은 끊임없이 대결하지만, 틈틈이 서로의 필요를 위해 연합하기도 하였다. 셀류커스 왕조의 안티오커스 2세와 톨레미 왕조의 톨레미 2세의 딸 베레니케Berenice의 결혼주전 252년이 아마도 6절의 배경일 것이다. 그러나 이 결혼은 오래가지 못하였고 안티오커스 2세가 첫 아내와 재결합하였을 때, 그 첫 부인은 남편 안티오커스 2세뿐 아니라 베레니케와 그녀의 아들들까지 모두 죽여 버렸다. 죽임당한 베레니케와 남매지간인 이가 톨레미 3세이다. 그는 누이에 대한 복수로 셀류커스 왕조와 전쟁을 벌이게 되고 바벨론 지역까지 진격한다. 그를 통해 바벨론의 많은 신상과 금은 보화를 약탈하여 돌아가게 된다. 이것이 7-8절이 말하고 있는 바일 것이다. 북방 왕의 성에 가득한 신들과 부어 만든 우상들, 금은 그릇의 약탈에 대한 보고는 우상의 무기력함과 허무함을 보여주기도 하면서, 바벨론이 이스라엘에 했던 일단 1:1-2이 고스란히 그들에게도 일어났음을 보여주기도 한다. 두 왕조 사이의 연합은 이렇게 오래가지 못한다. 마치 진흙과 쇠가 섞여 있는 것과 마찬가지일 것이다.2:43

안티오커스 3세 9-19절

남방 왕의 승리는 전쟁의 끝이 아니라 기나긴 전쟁의 서막에 불과했다. 10절에는 모두 일곱 개의 동사들이 쓰이면서 두 나라 사이에 일어나는 강력하고도 거센 전쟁의 소용돌이를 단적으로 묘사한다. 9절부터는 셀류커스 왕조의 안티오커스 3세를 다루는 것으로 여겨진다. 그는 주전 223년부터 187년까지 다스렸다. 그의 치세 동안 이제까지 계속해서 밀리던 톨레미 왕조와의 싸움의 국면이 승세로 바뀌었다. 특히 주전 217년 라피아에서 톨레미 4세 필로파터와 벌였던 전쟁에서 그는 엄청난 규모의 군대를 동원하였다. 그런데도 그의 시도는 성공적이지 못했고, 톨레미와 화친을 맺은 채 본국으로 돌아가야 했다.11:9, 11 톨레미는 승리를 거두었지만, 그의 세력이 더 강해지지는 못하였다. 화친의 기간은 도리어 안티오커스로 하여금 더욱 세력을 규합하게 만드는 기회가 되었고, 마침내 그는 더 많은 군대와 물자를 거느리고 다시 전쟁을 일으켰다. 201년에 다시 남쪽으로 원정을 시도하였고, 마침내 주전 200년 그의 군대는 파니온에서 톨레미의 군대를 격파하였고, 톨레미 군대의 뛰어난 사령관 스코파스가 주둔하던 "견고한 성읍" 시돈을 점령하였으며, 당시 톨레미 군대가 주둔하던 예루살렘"그는 영화로운 땅에 설 것이요" 역시 접수하였다.11:15-16

그 이후 거의 백 년에 다다르는 기간 동안 예루살렘과 유대 지역은 셀류커스의 영향력 아래 놓이게 되었다. 유대 역사가 요세푸스의 기록에 따르면「유대고대사」12.133-134 안티오커스가 예루살렘에 입성할 때 주민들의 따뜻한 환영을 받았다고 한다. 그래서 안티오커스 3세 역시 유대 백성들에 대해 특별한 배려를 베풀었다.「유대고대사」12.138-153 성전에서 희생 제사를 바치는 데 필요한 짐승들을 준비하기 위한 기금을 마련케 하고, 성전 보수에 필요한 재정을 지원하였다. 그뿐 아니라 유대인들에게 조상들의 율법을 따라 살아갈 권리를 허락하였으며, 성전 봉사자들의 납세 의

무를 면제해 주기도 하였다. 이러한 정책이 완전히 새로운 것은 아니다. 이전의 셀류커스 왕들 역시 거의 같은 권리를 보장해 주기도 하였다. 하여간 안티오커스 3세 치세에 대한 요세푸스의 긍정적인 기록을 고려할 때, 다니엘서 11장에서의 이에 대한 침묵은 인상적이다. 오히려 "그는 영화로운 땅에 설 것이요 그의 손에는 멸망이 있으리라"는 16절의 언급은 그에 대해 부정적이기까지 해 보인다. 이 점은 다니엘서에서 일관되게 볼 수 있는바, 제국에 대한 부정적이거나 기껏해야 중립적인 평가를 반영한다고 볼 수 있다. 분명히 다니엘서에서 그들이 사는 이방 왕들에 대한 우호적인 평가도 볼 수 있지만, 다니엘서는 이방 제국의 한계에 대해 꽤 뚜렷한 인식을 보여준다. 알렉산더에 대한 그의 평가나 안티오커스 3세에 대한 평가에 공통으로 나타나는 '자기 마음대로 행하다'라는 표현11:3,16 역시, 그들의 독재와 자의적 통치를 부정적인 뉘앙스로 다루고 있다고 여겨진다.

14절은 안티오커스 3세에게 협력한 유대인들"네 백성 중의 포악한 자"이 있음을 이야기하는 것 같다. "포악한 자"는 성품에 관련되었다기보다는 폭력을 행하기를 일삼는 자를 가리킨다. 예레미야 구절에서는 이득을 위해 성전을 이용하는 이들에게 이 표현을 적용하였는데, 개역은 이를 "도둑"이라고 옮기기도 하였다.렘 7:11 실제로 셀류커스의 유대 지배는 유대인들 사이에 불어온 헬레니즘의 진전과 깊이 연관되어 있다. 주전 4세기 말 이래 유대 전역은 밀어닥치는 헬레니즘의 물결을 피할 수 없었고, 처음에는 톨레미 왕조로부터, 다음에는 셀류커스 왕조로부터 깊은 영향을 받게 되었다. 톨레미와의 오랜 연관으로 인해 유대 지도층들 가운데는 친톨레미 계열 인사들이 있는가 하면, 새로이 등장하여 점점 강성해져 가는 셀류커스 왕조와 좀 더 밀접한 관련이 있는 인사들도 등장하였고, 이들은 각각 자신들에게 좀 더 연관된 쪽을 지지하였다. 예루살렘 대제사

장이던 오니아스 3세가 친톨레미 계열의 핵심적인 인물이었다면, 처음에
는 톨레미 왕가의 세금 징수 담당자였다가 셀류커스 왕조 쪽으로 돌아선
토비야 가문이 그 반대편에 있었다. 결국, 오니아스 3세는 암살당하고 성
전에서 축출되고 만다.마카베오하 4:34

17절은 안티오커스가 그의 승리를 톨레미와의 결혼 동맹으로 매듭지
으려 한 것을 다룬다. 그는 자기 딸 클레오파트라를 톨레미 5세와 결혼시
켜서 그의 영향력을 확장하려 하였지만, 뜻밖에도 그의 딸이 오히려 그녀
의 새로운 남편에게 더 충성스러워진 바람에 그의 계획은 실패로 돌아갔
다. 이후 그는 지중해 쪽으로 눈을 돌렸으나, "그의 얼굴을 바닷가로 돌려" 주
전 190년 로마와의 전쟁에서 패배했고, 로마에 갚아야 할 배상금으로 인
해 전전긍긍하다가 187년 암살당하고 말았다.

11장이 다루는 시대는 팔레스타인 지역이 톨레미와 셀류커스의 틈바
구니에 끼인 채 이리저리 치이던 시기이다. 두 왕조는 북방 왕과 남방 왕
으로 표현되었다. 어쩌면 북방 왕과 남방 왕은 세상에 존재하는 강하고
힘센 열강의 상징이라고 말할 수도 있을 것이다. 이스라엘은 세상 왕의
틈바구니에 끼어 있다. 이스라엘은 세상 가운데에서 살아간다. 북방 왕
과 남방 왕에 비해 전혀 강하지 않은 이스라엘이 어떻게 세상 가운데에서
살아가며 존속할 수 있을까? 그들의 안전은 그들의 힘이나 견고함에 있
지 않았고, 그들의 하나님 여호와께 있었다. 하나님을 의지할 때 열강의
틈바구니에서도 그들은 하나님의 은혜와 진리가 넘치는 나라를 이룰 수
있었고, 하나님을 떠나 바알을 따를 때 그 아름답던 땅은 온통 전쟁과 폭
력이 난무하는 땅이 되고 말았다. 안전과 평안은 지리적 위치에 좌우되지
않고, 살아계신 하나님께 있다. 열강들 사이에 놓인 지리적 위치는 하나
님만이 그들의 능력임을 명확히 보여주는 도구라 할 수 있다. 11장은 전
쟁의 소용돌이에 휘말리게 된 팔레스타인과 유대의 현실을 그대로 보여

준다. 이 땅을 차지한 열강들이 이렇게 저렇게 싸우고 다투며 서로의 힘을 과시한다. 하나님이 보내신 가브리엘은 이 모든 것이 이미 알려진 것임을 선포한다. 역사는 두려워 어쩔 줄 모르게 되는 어떤 것이 아니라, 하나님의 계획 가운데 진행되는 것이다.

1. 역사의 진행은 하나님의 뜻과 계획 가운데 있다.

11장은 페르시아 시대부터 알렉산더 이후 셀류커스 왕조에 이르기까지 역사를 예언의 형식으로 전달하고 있다. 이 본문은 단순히 일어난 일을 말하지 않는다. 일어난 일을 통해 진리를 말하며, 일어난 일을 통해 하나님의 주권과 세상 다스리심을 말한다. 다니엘이 그의 시대의 역사를 믿음으로 조망하고 있다는 점은 오늘 우리에게 도전이 된다. 우리는 세속의 역사를 믿음과 무관한 것으로 여기고 있지는 않은가? 대한민국의 현대사 속에서 우리는 어떻게 하나님의 행하심과 손길을 발견할 수 있을 것인가? 이것은 신앙에 부수적인 어떤 것이 아니라 모든 그리스도인이 고민하고 추구하고 찾아보아야 하는 핵심적인 사항의 하나이다.

2. 한 나라가 강하다지만, 결국에는 다른 나라로 계속해서 교체된다.

페르시아가 강해 보였지만, 그 시대는 가고 알렉산더의 시대가 도래한다. 그토록 강력해 보이던 알렉산더의 나라는 그가 가장 강성하던 시기에 그의 죽음과 더불어 네 조각으로 깨어지고 만다. 세상에 강하고 대단한 나라가 있다 한들, 결코 나라의 힘은 믿을 것이 못 된다. 오늘날에 미국을 비롯한 열강의 힘을 지나치게 강조하고, 미국과의 관계가 마치 한반도의 장래를 결정할 것처럼 말하는 이들이 있지만, 다니엘서가 말하듯, 제국의 힘은 반드시 오래가지 못한다는 점을 명심해야 한다.

3. 이스라엘이 놓여 있는 팔레스타인은 강력한 열강들의 틈바구니에 끼인 나라이기에 하나님만이 그들의 힘인 지역이다.

팔레스타인은 애굽이든 앗수르, 바벨론, 페르시아이든, 어느 한 지역이 강해지면 다른 지역을 점령하기 위해 반드시 거쳐 가야 하는 교량과 같은 지역이었다. 그렇기에 이 지역은 늘 전쟁의 위협 앞에 놓여 있고, 다른 나라의 침략 앞에 노출되어 있다. 그들을 지키는 것은 창검이나 군대의 수일 수 없었다. 이스라엘을 지키는 것은 오직 한 분 하나님 여호와였다. 이 지역은 그들이 누구를 의지하고 무엇을 의지하는지를 첨예하게 보여주는 땅이었다.

24. 비열한 이가 인생 중에 높아지니

다니엘 11:20-35

본문은 셀류커스 왕조의 안티오커스 4세 에피파네스의 통치를 다루고 있다. 이미 그의 통치에 대해 7:24-25; 8:9-12, 23-25; 9:26-27에서도 다루었고, 11장에서는 이전 본문보다 훨씬 직접적이고 상세하게 전후의 배경과 함께 다룬다. 마치 눈앞에 보는 듯이 상세하고 긴 설명은, 다니엘서 전체가 바로 이 시기 가운데서 어떻게 살아갈 것인지를 말하고 있음을 짐작하게 한다.

셀류커스 4세와 헬리오도루스 20절

20절에서 "압제자"로 번역된 단어가 실제로 의미하는 것은 세금 징수관이라고 할 수 있다. 가령, 새번역, 가톨릭 성경, ESV, NIV, NKJV "그 나라의 아름다운 곳으로"로 번역된 부분을 직역하면, '그 나라의 영광'이다. 그래서 유다의 영광인 예루살렘을 가리키는 표현일 수도 있다. 개역도 그렇게 이해한 결과인 것 같다. 또한, NASB 이런 경우 이 구절의 전반절이 의미하는 것은 '새로 등극한 왕이 세금 징수관으로 예루살렘에 두루 다니게 할 것이다'라고 볼 수 있다. 가톨릭 성경 그에 비해 꽤 많은 번역은 '그 나라의 영광을 위해' 혹은 '왕실의 광휘를 위해'라고 번역하기도 한다. ESV, NIV, NRSV, Tanakh 문맥상 두 가지 모두 가능한 번역이라고 할 수 있다. 안티오커스 3세를 이어 왕위에 오른 이는 셀류커스 4세였다. 20절은 로마에 물어야 할 막대한 배상금이라는 현실 속에 즉위한 셀류커스 4세에 의해 예루살렘에 파견된 헬리오도루스를 표현한 것으로 보인다. 이 내용은 마카베오하 3장에 소개되어 있다. 그는 예루살렘 성전에 막대한 금은 보화가 있다는 정보를 듣고 이것을 거두어들이기 위해 왔다. 대제사장 오니아스오니아스 3세가 막는데도 불구하고 성전으로 난입하던 그는 높은 말을 타고 황금 갑옷을 입은 이의 환상을 보게 되고, 거의 죽은 것과 마찬가지인 채로 쓰러지게 된다. 어떤 싸움이 있거나 했던 것이 아니었지만 왕의 사신이 쓰러지게 된 것이다. 오니아스와 유대인들의 기도로 겨우 회생한 헬리오도루스는 성전에 제사를 드린 후 본국으로 돌아가게 된다. 그리고 셀류커스 4세 역시 암살되고 만다.

안티오커스 4세 에피파네스의 등장 21-27절

21절은 그다음에 등장한 왕을 다루고 있는데, 이가 바로 안티오커스 4세 에피파네스주전 175-164이다. 개역에서는 "비천한 사람"이라 했지만, '비천한'은 신분에 관한 표현이 아니라, 성품이나 성격, 행동을 가리키는 표현이다. 그런 점에서 '야비한' 혹은 '비열한', '경멸스러운'이 좀 더 적절한 번역일 수 있다. 왕의 이름인 **'에피파네스'는 '신의 현현'을 의미한다는 점에서, "비천한 사람" 언급은 왕의 이름에 대한 통렬한 비꼼과 풍자라고 볼 수 있다.**[20] "속임수"로 번역된 단어는 '미끄러움, 아첨, 멋진 약속' 등을 의미한다. 매우 그럴듯한 말로 약속하여 상대를 안심시킨 후 일거에 상대를 제압해 버린 상황이, 21절의 배경이라고 할 수 있겠다. 8:25"그가 꾀를 베풀어 제 손으로 속임수를 행하고 …"에서도 이 점이 반영되어 있다. 이와 연관하여 이 왕의 행동이 이루어진 때를 가리켜 "평안한 때"라고 표현하였다. 이 표현은 24절에도 한 번 더 쓰이는데, 이를 보면 다니엘서가 그리고 있는 에피파네스는 평안한 틈을 타서 자기 뜻을 이루고 못된 짓을 행하는 이다. 아울러 이렇게 "평안한 때"야말로 사람들이 방심하거나 상

---

20) 존 E. 골딩게이, 채천석 옮김, 「다니엘」 (WBC 30; 솔로몬, 2008), 527.

황을 안일하게 대처하게 만드는 때이기도 하다. 다니엘서 본문은 안티오커스 4세가 매우 비열한 인물이라고 전한다. 그는 상대가 안심하고 방심할 때를 이용해서 자신의 야욕을 성취하는 인물이며, 거짓말로 그럴듯한 말을 늘어놓아 사람들의 환심을 사는 자라고 묘사된다.

아마도 22절 이하는 유대 지역을 둘러싼 안티오커스의 행보를 가리킨다고 여겨진다. 22절에 있는 "넘치는 물 같은 군대"는 그의 등장을 반대했던 이들이라고 볼 수 있다. 그들의 노력은 안티오커스에게 잘 통하지 않았고 패배하고 말았다. 이 절은 홍수에 쓸려나가듯이 강력한 군대들이 이 왕 앞에서 쓸려나가게 될 것이라 전한다.개역개정판의 번역은 이해하기 어려운데, '넘치는 물 같은 군대가 그의 앞에서 넘치는 물처럼 휩쓸려가리라'로 옮기는 것이 더 낫겠다 이 가운데는 "동맹한 왕"도 있다. "동맹한 왕"을 직역하면 '언약의 군주'the prince of the covenant이다. 문맥상 이 "동맹한 왕"은 안티오커스의 반대편에 있는 인물을 가리킨다고 할 수 있다. 그런데 톨레미와의 싸움은 25절 이하에서 다루어진다는 점에서, 22절의 존재는 유대 땅과 연관된 이라고 볼 수 있을 것이다. 그렇다면 "동맹한 왕"은 당시 대제사장 오니아스 3세를 가리킨다고 볼 수 있으며, 그에 비해 23절에 있는 "소수의 백성"은 안티오커스의 편에 선 유대 세력을 가리킨다고 볼 수 있다.

대제사장 오니아스 3세는 사독의 후예로서 백성들의 존경을 얻고 신망이 두텁던 이였다. 그가 톨레미 왕조와 좀 더 밀접한 관계였다면, 그를 시기하고 그의 자리를 탐내던 야손 같은 이는 셀류커스 왕조에 좀 더 밀접한 이였다. 오니아스에 이르기까지 예루살렘의 대제사장직은 사독의 후손으로 이어져 왔다. 이것은 유대의 자치적인 영역이기에, 이제껏 유대 땅을 지배했던 어떤 이방 왕조도 그 계승에 개입하지 않았었다. 그러나 대제사장직에 눈독을 들인 야손은 안티오커스 4세를 찾아가서 뇌물을 주고 자신을 대제사장으로 임명해 달라고 요청하였고, 대제사장의 임명권이 재물을 모을 생각지 못한 기회임을 발견하게 된 안티오커스는 이를 허락하였다.주전 175년 이후부터 유대의 대제사장직은 한동안 셀류커스 왕가의 수중에 떨어지고 말았다. 졸지에 야손에게 대제사장직을 강탈당한 오니아스는 결국 반대파에 의해 암살된다.마카베오하 4:34

야손은 헬레니즘에 대해 강한 신념을 가지고 있었고, 예루살렘을 안티오키아라는 헬라식 도시로 바꾸는 작업을 진행하였다. 헬라식의 김나지움 같은 학교와 체육관을 설립하였다. 주전 172년 상황은 더 악화되었다. 메넬라우스라는 인물 역시 안티오커스를 찾아가서는 더 큰 뇌물을 약속하고 대제사장직을 확보하였고,주전 172년 이 돈을 마련하느라 성전 기물들을 훔쳐 팔기도 하였다. 바야흐로 예루살렘과 그 성전은 헬레니즘에 발맞춘 개혁이라는 구호와 그 이면에 있는 탐욕스러운 사람들의 야심이 소용돌이치는 장소가 되었다. 안티오커스는 이처럼 유대인들 가운데 자기편을 얻었고, 이것이 23절이 이야기하는 "소수의 백성들"일 것이다. 24절이 의미하는 정확한 내용을 알기 어렵지만, 안티오커스가 노략하고 탈취한 재물로 자신의 사람들에게 크게 선심 쓴 것을 이야기하는 것 같다. 이러한 구절은 당시에 안티오커스 편에 서서 그에게 혜택을 받고 누리는 이들에 대한 강한 비판과 반대도 내포하고 있다.

애굽에서는 톨레미 5세가 181년에 죽고, 176년 그녀의 부인이자 어린 아들들의 어머니였던 클레오파트라까지 죽게 되자, 어린 톨레미 6세 필로메터가 즉위하였다. 팔레스타인을 회복하고자 셀류커스의 안티오커스 4세와 전쟁을 벌이지만, 그리 성공적이지 못했고 여기에는 아마도 필로메터가 자신의 사람들26절 "그의 음식을 먹는 자들"의 어리석은 충고에 좌우된 측면이 있는 것 같다. 안티오커스와 필로메터는 한자리에 모여 협상을 맺으면서 좋은 말들을 주고받았지만, 이것은 서로를 향한 침략과 야욕을 하나도 버리지 않은 채 이루어지는 협상일 뿐이었다.27절 그들의 협약은 반드시 깨어질 것이로되, 다만 아직 때가 아닐 뿐이다. 27절 마지막 문장은 개역성경에서 "이는 아직 때가 이르지 아니하였으므로"라고 풀이되었는데, 직역하면 매우 간결하다. '이는 끝이 아직 정해진 때를 위해 있음이라'이다. 거의 비슷한 표현이 35절 끝에도 있는데, 거기서 개역은 '이는 아직 정한 기한이 남았음이라'라고 옮기고 있다. 열방의 왕들이 이런저런 계획을 세우고 동맹하고 힘을 모으기도 한다. 그들의 세력이 강하고 영원해 보인다. 그러나 이 모든 것은 아직 그 끝 날의 때가 되지 않았을 뿐이다.

안티오커스가 예루살렘을 짓밟음 28-35절

25절 첫 부분을 직역하면 '그가 그의 힘과 그의 마음을 남방 왕에 맞서 일으켜 세웠다'이다. 28절에도 이와 비슷한 구문이 있는데, 개역 성경에서 "그는 마음으로 거룩한 언약을 거스르며"라고 번역된 부분을 직역하면 '그의 마음이 거룩한 언약에 맞섰다'라고 할 수 있다. 애굽과의 싸움에서 승리한 안티오커스는 이제 그 교만함과 자신감으로 유대 땅을 향하였다고 이해할 수 있다. 28절에서 언급하는 "거룩한 언약"이 의미하는 바가 무엇인지 불확실하다. 안티오커스와 필로메터 사이의 언약으로 볼 수도 있고, 안티오커스가 예루살렘에 대해 맺은 언약이라고 볼 수도 있다. 그런데 다니엘 9장에서는 예루살렘을 가리켜 "주의 성 예루살렘, 주의 거룩한 산", 9:16 "주의 이름으로 일컫는 성"9:18이라 부른다. 이것은 예루살렘이 하나님의 이름으로 일컬음 받는 성, 즉 하나님과 언약 맺은 백성이라는 의미일 것이다. 이를 생각하면, "거룩한 언약"은 예루살렘 혹은 하나님과 언약 맺은 이스라엘을 가리킨다고 볼 수 있다.21) 30절에서는 안티오커스가 "거룩한 언약에 분노하였"다고 전하는데, 이 역시 예루살렘

---

21) 골딩게이, 「다니엘」, 530.

혹은 하나님과 언약 맺은 백성들에 대한 분노로 이해할 수 있다. "거룩한 언약"이 언급되는 또 다른 본문으로 마카베오상을 들 수 있다.

"그들은 곧 이방인들의 풍속을 따라 예루살렘에 운동장을 세우고 할례 받은 흔적을 없애고 *거룩한 계약*을 폐기하고 이방인들과 어울렸다. 이렇게 그들은 자기 민족을 팔고 악에 가담하였다"마카베오상 1:14-15

"그러나 이에 꺾이지 않고 부정한 것을 먹지 않기로 굳게 결심한 이스라엘 사람들도 많았다. 그들은 부정한 음식을 먹어서 몸을 더럽히거나 *거룩한 계약*을 모독하느니 차라리 죽음을 달게 받기로 결심하였고, 사실 그들은 그렇게 죽어갔다"마카베오상 1:62-63

위 구절들에서 "거룩한 계약"은 하나님과 이스라엘이 맺은 언약을 가리킨다. 결론적으로, "거룩한 언약"은 하나님과 이스라엘 사이에 맺은 언약 그리고 그 언약을 상징하는 이스라엘 혹은 예루살렘을 가리킨다고 볼 수 있겠다.

안티오커스는 하나님과의 언약을 굳게 지키는 이들의 반대편에 서서 행하였다. 28절에 있는 "자기 마음대로"는 히브리말 본문에 없는 표현이다 마카베오상 1:20-28에 따르면 이때 안티오커스는 성전 기물들과 금장식, 금은보화들을 약탈해 갔다. 그러나 아직 최악의 상황이 기다리고 있었다. 애굽 1차 침공 이듬해,주전 169년 그는 다시 애굽을 침공했다. 이것이 29절이 가리키는 상황이다. 이번에 거의 알렉산드리아까지 장악하고 애굽을 손에 넣는 듯했으나, 로마의 강력한 간섭으로 인해 결국 빈손으로 애굽을 떠나야 했다. 30절에 언급하고 있는 "깃딤의 배들"은 로마를 가리키는 것으

로 볼 수 있다. 쿰란의 하박국 주석은 갈대아를 깃딤으로 풀이하면서 로마를 의도한다;
가령, 1QpHab 2:10-14, 3:4-5, 10-14 수치와 격분 속에 본국으로 돌아가던 왕
은 예루살렘에서 메넬라우스에 의해 밀려난 야손과 그의 무리가 반란을
계획하고 있다는 것을 알게 되어 더욱 격분한 채 예루살렘에 대대적인 박
해를 진행하게 된다. 30절 이하는 주전 167년부터 시작된 잔혹하고 전면
적인 박해와 그에 대한 유대인들의 대응을 보여준다. 그는 "거룩한 언약"
에 분노하였다. 30절에서 "거룩한 언약"을 꾸며주는 "맺은"이라는 표현은 히브리말 본
문에 나타나지 않는다. 28절에서는 '그의 마음이 거룩한 언약에 맞섰고 그래서
행동했다' 되어 있는데, 30절에서는 '분노가 거룩한 언약 위에 있었고 그
래서 행동했다'로 되어 있다.

안티오커스는 그의 모든 분노를 하나님을 따르는 자들과 예루살렘
에 쏟아부었다. 그는 유대 신앙 관습을 떠난 이들, "거룩한 언약을 배반하는 자
들" 다시 말해 헬라주의자들을 받아들여 자기편으로 삼았고, 다른 한편
으로는 여호와 신앙 자체에 대해 강력한 탄압을 진행하였다. 마카베오상
1:41-55에 따르면, 왕은 유대 민족의 고유한 관습을 버릴 것, 성소에서
번제물과 희생제물을 바치지 못하게 할 것, 안식일과 축제를 더럽힐 것,
돼지와 부정한 짐승을 제물로 바칠 것, 성소와 성직자들을 모독할 것, 할
례 금지 등을 명령하였고, 제단에는 "멸망하게 하는 가증한 것"을 세우
게 하였다. 이것은 히브리어로 "핫식쿠츠 메쇼멤"에 해당하는데, 다니엘
서에서 "망하게 하는 죄악"으로 번역된 "페샤 쇼멤", 단 8:13 "포악하여 가
증한 것"으로 번역된 "식쿠침 메쇼멤" 9:27과 더불어 아마도 "바알 샤멤"에
대한 비꼬는 말일 가능성이 크다. 이렇게 세워진 것이 정확히 무엇인지
알기 어렵지만, 아마도 바알 샤멤 하늘의 주을 섬기는 새로운 제단을 세운
것이라고 여겨진다. 이와 더불어 성전은 올림푸스 산에 있는 제우스 신
전으로 개명되었고, 마카베오하 6:2 유대인들은 그리스 신인 디오니소스를

위한 축제에도 참여해야 했으며, 율법서가 불태워졌다.마카베오상 1:56 이를 어기는 이는 모두 사형에 처하도록 포고되었다. 여호와 신앙과 당시의 유대교 관습에 대한 이러한 강력한 탄압을 보면, 안티오커스는 단지 식민지를 단호하게 통치하는 것을 넘어, 유대 신앙 자체가 제국의 이익에 반하는 것으로 여겼음을 알 수 있다. 그리고 안티오커스의 이러한 조치를 현실로 만드는 것이 바로 그의 군대, 제국의 군대였다.단 11:31 다니엘 8:10-11,13에서 하나님의 백성을 가리켜 "하늘 군대"라 하였으되, 이제 세속 왕의 군대가 하늘 하나님 섬기는 도를 탄압하고 폐지한다. 세속 나라 지배의 특징은 이처럼 군대에 의한 지배, 철저히 힘에 의한 지배이다.

주전 3세기 이래 팔레스타인에 밀어닥친 헬레니즘은 점차 확산되었다. 헬레니즘의 물결 앞에서 전통적으로 내려오던 신앙을 달리 해석하고 행동하는 소위 '헬라파'들이 당시에 많이 등장했다. 이들은 헬레니즘의 발달한 무역과 상업, 확장된 세계 가운데서 경제적 이익과도 꽤 깊이 결부된 이들이었다. 헬라화된다는 것은 발달한 체계와 보다 더 풍요롭고 화려한 삶으로의 변화를 의미하기도 하였다. 그래서 이 시기는 거세게 밀어닥치는 헬레니즘의 물결 앞에서 유대인들의 대응이 매우 다양하게 나타나던 시기였다. 2세기 중반에 이르러서는 헬레니즘에 동화된 야손이나 메넬라우스 같은 이들이 실제로 권력을 쥐게 되었다. 이들이 아마도 30절이 이야기하는바, "거룩한 언약을 배반하는 자"일 것이다.

유대 백성들은 자신들의 율법에 따라 살아갈 권리가 있었으며, 그 상징이 대제사장이다. 페르시아 시대 이래 유대의 중추적인 지도력은 대제사장이었다. 그런데 이제 대제사장을 셀류커스 왕조에서 임명함을 통해, 제국의 법과 토라의 법이 사실상 통합되어 버린 셈이 되었다. 토라를 따르는 삶이 그대로 제국의 문화와 법을 따르는 삶이 되어 버린 것이다. 세상 가운데 살지만 하나님의 법을 따르는 하나님 나라 백성이 있는가 하면, 이제 예루살렘은 제국의 백성으로 완전히 동화되어 버렸다. 이러한 현실에서 제국의 명령을 어기고 자신들의 관습을 따라 살아간다는 것은 그대로 제국에 대한 반역이 되었다. 바야흐로 여호와 신앙 자체가 문제가 되어 버린 것이다. 안티오커스는 모든 종교를 폐지한 것이 아니되, 유대교 신앙을 가혹하게 탄압하였다. 여호와를 섬기는 신앙은 제국의 통치와 맞지 않게 되어 버렸다.

신앙의 법은 제국의 법과 무관한 것이며 제국 안에 살아가지만 참된 왕이신 여호와의 통치를 따라 살아가는 것이되, 헬라주의자들은 신앙의 법을 제국의 법과 일치시켜 버렸다. 결국, 신앙은 제국을 떠받치고 지탱하는 존재가 되어 버린다. 이렇게 상황이 진전되면 사람들은 헬레니즘이라는 대세 안에서 자신의 입신과 영달을 위해 살아가게 된다. 그리고 이것이야말로 오늘 우리의 현실과도 흡사하다. 기독교 신앙이 국가를 지탱하며 지지하는 윤리로 전락해 버리고, 세속 국가 가운데에서 자신의 삶을 일으켜 세우는 것만이 남게 되었다. 왕이신 예수 그리스도를 섬기는 신앙이 제국과 세속 국가를 섬기는 '시민 종교civil religion가 되어 버렸다.[22] 오늘날 횡행하는 제국의 불의에 관심을 두지 않은 채, 개인의 경건을 강조하는 이들이 자신들의 그와 같은 처신의 근거로 다니엘서를 제시하기도 한다는 점은 참으로 놀랍다. 다니엘은 국가 권력을 내버려 둔 채 개인 신앙에 몰두하는 인물이지 않다. 다니엘서는 당시의 제국의 행태에 대해 강력하고도 격렬하게 풍자하고 비판하면서, 그 종말을 선언한다.

32절은 왕이 이들을 "속임수로" 더럽힌다 진술한다. 여기서 "속임수"로 번역된 표현은 위에서 보았듯이 '부드러운 말' 혹은 '매끄러운 말', '아첨'을 의미한다. 왕이 헬라주의자들에게 전한 말이 그들을 추켜 올리는 말이었을 것이며, 헬레니즘의 우산 아래에서 임하게 될 새로운 세상, 온

---

22) 참고. 마이클 고먼 지음, 박규태 옮김, 「요한계시록 바르게 읽기」 (새물결플러스, 2014).

세계가 헬레니즘으로 하나 된 세상 같은 헛된 이상이기도 했을 것이다. 세상이 주는 달콤한 말이 있고, 하나님께서 그 거룩한 언약 가운데 약속하시는 말씀이 있다. 세상이 주는 말의 특징으로 이 구절에서는 '부드럽고 달콤하며 매끄러움'을 들고 있다. 이와 비슷한 단어가 34절에도 쓰였다. 많은 사람이 "속임수로" 이러한 헬라주의자 악인들에게 결합한다. 결합하되 진심은 따로 있으며, 서로서로 거짓인 줄 알고, 적당히 속이는 줄도 알면서 그 시기 상호의 유익을 위해 그리하는 것이다. 그리고 이 단어는 애초에 안티오쿠스가 왕위에 오를 때를 표현하는 말이기도 하다.21절 악인들은 속고 속이며 그들 가운데는 겉과 속이 다른 부드럽고 매끄러운 말, 아첨하는 말이 가득하다. 이러한 것의 반대말이 구약에서 줄기차게 언급되는 '신실' 혹은 '성실'일 것이다.

11장에는 여러 명의 북방 왕들과 남방 왕들을 언급한다. 그들끼리 계속해서 세력 다툼을 하고 필요하면 때로 결혼을 도구로 하여 연합하기도 하지만 금세 이 결합은 서로를 향한 적대와 전쟁으로 깨어지기 일쑤이다. 그야말로 세상 나라들은 철과 흙이 섞인 것과 같아서 함께 있지만, 결국 함께할 수 없다.단 2:43 11장은 매우 세밀하게 왕들의 전쟁과 결합을 묘사한다. 일차적으로는 특정한 시기와 사건을 가리키는 내용이지만, 나아가서 인류의 모든 나라의 다툼을 상징한다고 볼 수도 있다. 아무리 강력한 제국이라 할지라도 이면에 흐르고 있는 속임수와 거짓이 있고, 그 가운데 왕들이 일어서고 넘어진다. 하나님 백성들이 놓여 있는 현실은 이러한 현실이다. **온통 속임수와 거짓, 음모가 난무하고 힘이 지배하는 가운데 하나님 백성들은 어떻게 살아갈 것인가?**

이 단락에는 이러한 현실에 대한 여러 대응이 나타난다. 어떤 이들은 "거룩한 언약"을 배반하며 악행한다.30절, 32절 그들이 보기에 세상은 이미 그러한 세상이다. 그들 역시 속임수와 힘을 의지하며 강한 왕들에게 결탁하며 자신들의 이익과 성공을 도모한다. 그러나 이러한 현실에서도 "자기의 하나님을 아는 백성"32절도 있고, "백성 중에 지혜로운 자들"33절도 있었다. 자기 하나님을 아는 이들은 강할 것이며, 구체적으로 행동까지 할 것이다. 개역에서는 32절 마지막에 '용맹을 떨치다'로 옮겼으나, 히브리말로는 '행하다'라는 동사가 쓰여 있다. 우리 말로는 잘 반영되지 않았지만, 이 동사는 28절과 30절에도 쓰였는데 안티오커스가 거룩한 언약을 반대하며 어떤 행동을 한 것을 가리키고 있다. 이제 하나님을 아는 이들도 행동한다. 하나님을 안다는 것은 그렇게 구체적인 실천을 하는 것이며 행동하는 것이다.

33절에 있는 "지혜로운 자들"은 앞 절에서 나온 '그들의 하나님을 아는 백성'과 연관될 것이다. 하나님을 아는 이들은 행동한다고 하였는데, 그들이 실천으로 옮기는 행동 가운데는 이러한 교육이 있음을 짐작하게 된다. 그들은 하나님이 어떤 분인지를 가르치고 하나님께서 행하실 영광의 미래를 가르쳤을 것이다. 안티오커스와 그를 따라 언약을 배반한 이들이 전하는 부드럽고 매끄러운 말이 아니라, 하나님의 뜻을 따라 살아가고 역사를 주관하시는 하나님의 때를 가르쳤을 것이며, 하나님을 믿는 신앙을 결코 버리거나 배반하지 말 것을 가르쳤을 것이다. 그 결과로 많은 박해를 받게 되니, 그들이 "칼날과 불꽃과 사로잡힘과 약탈을 당하여 여러 날 동안 몰락"하게 된다. 34절에 이들은 "도움을 조금" 얻게 된다. 이 표현은 마카비 혁명 세력으로부터의 도움을 의미한다고 볼 수 있다.[23] 그렇다면 다니엘서는 마카비 혁명으로 대표되는 폭력적인 방법에 대해 그리 호의적이지 않다고 볼 수 있다. 마카비 세력으로부터 도움을 받기는 하지만 그리 큰 도움이 되지 못한다는 것이다. 유다 마카비와 그 후계자들에 의해 세워진 새로운 유다는 음모와 계략, 정치적인 이합집산

---

23) Norman Porteous, *Daniel. A Commentary* (OTL; SCM Press, 1979), 168.

에 의해 유지된다는 점에서 이전의 셀류커스나 톨레미 왕가와 거의 다르지 않다. 음모와 술수 가득한 이방 세계를 이기는 방법은 선한 목적을 위해 음모와 술수를 활용하는 것이 아니다. 목적을 위해서 과정이 정당화된다면, 그 나라가 더는 하나님의 나라가 아니라고 해야 한다. 결국 "지혜로운 자들"이 가르친 교육은 권력을 쟁취하여 휘두르게 하는 교육이 아니라 닥쳐온 "칼날과 불꽃과 사로잡힘과 약탈"에 굴복하지 않게 하는 교육이었다 할 수 있다.

35절은 지혜로운 이들이 겪게 되는 핍박과 환난이 연단과 정결케 함의 과정임을 말한다. 핍박은 절망하고 포기하게 만드는 것이 아니라 도리어 연단하고 정결케 하는 근원이 되니, 하나님의 사람은 몰락해도 결코 쓰러지지 않는다. 또한, 다니엘서는 지배적인 헬레니즘의 물결과 전반적인 사회의 흐름에 대해 끝까지 저항할 것을 가르치되, 마카비 혁명과 같은 방식이 아닌, 고난과 순교의 방식을 따른다고 말할 수 있다. 안티오커스의 탄압은 철저히 군대에 의한 힘의 지배11:31였으되, 하나님 백성은 고통당하고 환난당하며, 여러 날 동안 몰락하고 사로잡히고 칼날과 불꽃에 죽임당한다. 그러나 이 모든 것은 정한 기한이 있으니, 반드시 하나님께서 승리하시며 회복하시리라. 그것이 '지혜로운 자들의 가르침'일 것이다.

때와 기한

이 단락에는 때에 대한 언급이 여러 번 나온다. "… 때가 이르기까지 그리하리라",24 "… 이는 아직 때가 이르지 아니하였으므로 그 일이 이루어지지 아니할 것임이니라",27 "이는 아직 정한 기한이 남았음이라"35 36절에도 이러한 언급이 있다. "… 이는 그 작정된 일을 반드시 이룰 것임이라" 다니엘서는 다가올 때에 대한 강한 확신이 있다. 모든 것이 정해진 기한이 있다. "범사에 기한이 있고 천하만사가 다 때가 있나니" 전 3:1 지금은 아직 그때가 이르지 않았으니 어려움도 있고, 괴로움도 있지만, 마침내 그때가 이르게 될 것이다. 왕들이 이런저런 일을 행하는 것은 하나님께서 정하신 그때가 되었기 때문이며, 때로 아직 때가 되지 않았기에 그러한 일들이 있기도 하다. 다니엘서는 하나님 백성의 삶이 왕들에 의해 좌우되는 것이 아니라 하나님에 의해 좌우되며 하나님의 때와 시간에 따라 진행되고 있음을 굳게 확신하며 증언하고 이를 통해 그때까지의 역사를 풀이한다. 다니엘서는 미래에 대한 정확한 예측에 관심이 있는 것이 아니라, 현재가 하나님의 시간과 계획안에 있음을 알리고 전하는 데에 관심이 있다. 그리고 그것이야말로 다니엘서가 포함된 성경이 말하고자 하는 본질이다. **앞으로 이러한 일이 일어날 것이니 미래의 징조를 보고 예측하라는 것이 초점이 아니라, 현재의 삶의 극심한 고초와 막막함, 답답함에도 불구하고 하나님께서 이 역사를 주관하고 계심을 굳게 믿고 믿음 위에 서라는 데에 모든 초점이 있다.** 모든 것이 정해졌으니 숙명으로 받아들이게 하는 데 목적이 있지 않고, 현재의 견고한 세력에 결코 굴복하지 않게 하는 데 목적이 있다.

끝을 생각한다는 것은 지금 있는 강력하고 두드러진 어떤 것의 외적 양상에 좌우되거나 압도되지 않는 것이다. 끝을 생각한다는 것은 현재를 다르게 바라보고 상상하게 한다. 그러므로 다니엘서와 요한계시록 같은 책을 읽는다는 것은 신비한 암호와 상징을 풀이하는 비밀스러운 지식을 알아가는 것이 아니라, 현재의 참담한 현실 속에서 변함없이 한결같게 하나님의 약속을 굳게 붙잡고 일상을 살아가겠다는 선언이다. 참으로 묵시는 미래에 대한 강력한 소망을 가지고 현재를 견디고 버티게 하는 힘이다. 묵시는 환난의 날을 위한 글이며, 미래를 확신하며 현재를 살게 한다. 거꾸로, 묵시가 없다는 것은 미래에 대한 소망이 사라진 것이며, 온 힘 다해 버티며 살아갈 현재의 일상이 사라졌음을 의미한다. 묵시가 없다는 것은 현재의 홍수 같은 압도적인 힘 앞에서 달리 아무 것도 상상할수 없게 되었음을 의미한다. 그래서 **묵시가 없는 백성은 방자히 행하게된다.**잠 29:18

시편 12편은 세상에서 고통 받는 시편기자가 하나님께 드리는 간구와 탄식을 담고 있다. 그가 살던 세상에서 경건한 자와 충실한 자들은 점점 사라지고 고통 당한다. 하나님의 은혜를 굳게 의지하며 한결같이 하나님과 그 진리를 따르는 이들은 사라지되, 이웃에게 거짓을 말하고 아첨하는 이들은 날로 득세한다. 이를 일러 시편 기자는 8절에서 "비열함이 인생 중에 높임을 받는 때에 악인들이 곳곳에서 날뛰는도다"라고 탄식한다. 그렇게 속이고 거짓말하며 자신의 이익을 위해 충실하고 경건한 자를 끊어지게 만드는 비열한 자들이 세상에서 높은 자리에 가고 존중 받는 세상이 되면, 곳곳에 악인이 판을 치게 된다. 다니엘서 본문은 그 단적인 예를 보여준다. "정의가 뒤로 물리침이 되고 공의가 멀리 섰으며 성실이 거리에 엎드러지고 정직이 나타나지 못하는 도다 성실이 없어지므로 악을 떠나는 자가 탈취를 당하는도다"사 59:14-15와 같은 이사야서 구절 역시 비슷한 현실을 고발한다.

이러한 현실을 우리는 어떻게 살아갈 것인가? 흔히 악용되곤 하는 '뱀과 같은 지혜'를 가진 사람은 안티오커스나 시편 12편이 이야기하는 비열한 자를 가리키는 것이지 않다. 도리어 **참된 '뱀과 같은 지혜'는 이렇게 비열한 자가 득세하는 세상 가운데서도 충실하고 경건하게 하나님을 따르는 이들이다.** 이들이 바로 다니엘 11장에서 볼 수 있는 "하나님을 아는 백성"이며 "지혜로운 자들"이며, 칼날과 불꽃 속에서도 하나님을 구하는 이들이다. 비록 그렇게 쓰러지지만 많은 사람들을 가르치게 된다는 점에서, 이들의 모습은 흐릿하게 예수 그리스도의 대속적 고난과 죽으심을 보여주기도 한다. 그리스도야말로 비열한 자가 높아지던 때에 경건하고 충실한 지혜의 삶을 보여주신 분이다.

본문의 메시지

1. 하나님께서 역사를 주관하신다.

다니엘서는 앞으로 일어날 일의 매우 세부적인 부분까지도 예고하는 형식을 취하고 있다. 이것은 인간사의 모든 영역을 하나님께서 주관하고 있음을 강력하게 증언한다. 이방의 왕들이 아무리 거세고 강하다 할지라도 역사는 하나님의 정하신 뜻을 따라 이루어질 것이다.

2. 하나님을 섬기는 신앙을 제국 종교로 바꾸며 신앙을 박해하는 세력에 굴복하지 말라.

하나님을 대적하는 왕은 궁극적으로 하나님을 믿고 고백하는 신앙을 자신과 맞서는 것으로 여기게 마련이다. 그래서 단순히 관습이 아니라, 신앙 자체를 대적하고 파괴하고자 한다. 그러므로 하나님을 믿는 이들은 제국의 세력이 기승을 부릴 때에 필연적으로 박해를 받게 되지만, 굴복하지 말고 저항하고 견뎌야 할 것이다.

3. 하나님이 정하신 때가 있다.

하나님이 정하신 때가 있다. 이방의 왕들이 기승을 부린다는 것은 아직 그들을 다루실 때가 아니기 때문이다. 그러나 때가 되면 하나님께서 행하실 것이다. 하나님이 정하신 때가 있음을 믿을 때, 현재 세상을 가득 메우는 불의와 불법에 대해 굴복하지 않고 체념하지 않는다. 때에 대한 믿음은 삶을 그저 받아 들이는 숙명론자로 만드는 것이 아니라, 가장 어둠이 심할 때에도 곧 다가올 영광의 날을 확신하는 적극적이면서 저항적인 그리스도인을 만든다.

25. 별과 같은 하나님의 사람

다니엘 11:36-12:4

안티오커스의 극렬한 박해에 대한 예고가 이미 다니엘서에서 여러 번 언급되었다. 결국, 다니엘서는 그러한 박해의 시대에 어떻게 살아갈 것인가를 다루고 있으며, 1-6장에 있었던 다니엘과 그의 세 친구 이야기 역시 박해 시대를 살아가는 하나님 백성의 모습을 전한다. 지금의 본문은 박해 시대를 다루는 마지막 단락에 해당하며, 그 시대를 겪은 이에게 임할 영광과 수치를 이야기한다.

강한 신을 공경하는 왕 11:36-39

왕이 자기 마음대로 행한다는 표현은 왕의 강력한 왕권을 표현한다.단 8:4; 11:3, 16 본 단락에서 급기야 강력한 왕권은 자신을 신의 경지에까지 끌어 올리고야 만다. 안티오커스의 이름은 '신의 현현'을 뜻하는 '에피파네스'였다. 나아가 그는 자신을 높여 모든 신보다 크다 하였고, "신들의 신"조차도 대적하였다. 아마도 "신들의 신"이라는 호칭은 다니엘서 저자에게 있어서 이스라엘의 하나님을 가리키는 이름이었을 것이다. 이렇게 신을 대적함에도 그가 형통하였기에 그의 교만과 신성모독은 그야말로 하늘을 찌를 지경이 되었을 것이다. 그에게 하늘 무서운 줄 모르게 한 것은 그의 성취, 그의 업적, 그의 위세였다. 경이로운 일들, 대단한 일들을 이야기하며 현실의 형통함을 배경으로 하니 그의 이야기가 힘을 떨치게 된다. 이렇게 자신을 스스로 하늘 높은 줄 모르고 치켜세우는 짓은 단지 안티오커스 에피파네스만 했던 행동이지 않으며, 느부갓네살과 다리오,

이스라엘의 왕들을 비롯해 오늘날에 이르기까지 이 땅에 존재한 무수한 권력자들이 자행한 짓이기도 하다.

다니엘서 저자는 이러한 현실로 인해 절망하지 않는다. 도리어 그는 왕의 오만함이 오래 가지 않을 것을 분명히 한다. 아직 진노가 끝나지 않았다. 아마도 이 진노는 범죄한 이스라엘에 대한 하나님의 진노를 가리킬 것이다. 9장에서는 "우리의 죄와 우리 조상들의 죄악으로 말미암아" 하나님의 분노가 임하였다 하였다.단 9:16 그리고 다니엘을 통해 전해지는 환상은 "진노하시는 때가 마친 후에 될 일"이라 소개되었다.8:19 왕이 교만하고 오만하여 제 뜻대로 행하며 큰소리를 치지만, 그조차도 이미 하나님께서 미리 정하신 것에 불과하다. 왕의 교만이 지속될 수 있는 유일한 이유는 '작정된 것이 반드시 이루어져야' 하기 때문이다. 하나님의 주권과 주관하심을 굳게 붙잡을 때 현실의 길고 긴 질곡과 괴로움은 더는 다니엘을 실족케 하는 일이 아니었다. 그것은 하나님의 무력하심도 세상 권세의 대단함도 아닌, 다만 그 정해진 시기까지 일어나야 할 일일 뿐이다.

36절과 37절 모두 왕이 신들에 대해서까지 오만하였음을 이야기한다. 37절은 그가 우습게 여겼던 것들을 여럿 열거한다. "그의 조상들의 신들", "여자들이 흠모하는 것", 그리고 그 외 여러 신을 가리키는 "어떤 신"이 언급되었다. "여자들이 흠모하는 것"에서 '흠모하는 것'은 대체로 '보물' 혹은 '보배'로 번역되곤 하였다.가령, 대하 32:27; 단 11:8; 호 13:15; 학 2:7 '여성들의 흠모하는 것'은 상식적으로 보석 같은 것일 수 있지만, 문맥에서 볼 때 여성들이 주로 마음을 기울여 섬기던 어떤 토속 신앙을 가리킨다고 볼 수 있다. 에스겔 8:14에 보면 여인들이 앉아 담무스Tammuz를 위해 애곡하였다는 내용이 있다. 담무스는 수메르어로 두무지Dumuzi

라고 불리는 신이라 여겨진다.[24] 고대 중동 신화에서 두무지는 이난나 Inanna라는 여신과 결혼했지만, 이후에 오래 살지 못한 것으로 전해지는데, 그에 대한 기념이 그의 이른 죽음을 애통하는 절기로 전해 내려온다. 가족을 갖지 못한 채 일찍 죽임당한 이에 대한 여인의 애곡이 두무지 혹은 담무스를 위한 애통과 연관되는 것 같다. 에스겔서와 다니엘서의 언급도 이에 연관된다고 여겨진다. 고대 근동의 문화 속에 깊이 들어와 있을 토속 신앙이 이스라엘에도 자연스레 침투해 들어왔음을 짐작할 수 있다. 이렇게 죽은 두무지가 신화에서 다시 살아나게 된다는 점에서, 이러한 애곡은 앞으로 올 풍요로운 회복에 대한 기원과 연관되었을 수 있다.

조상들이 섬기던 신도, 여인네들이 섬기던 신도, 그리고 그 어떤 신도 이 왕에게는 아무것도 아니었다. 스스로가 가장 높아졌고, 자신을 가장 높은 자리에 두면서 특이하게도 모든 신과 우상들이 아무것도 아닌 것이 되었다. **신들이 아무것도 아니게 되는 것은 오직 한 분 참 하나님이신 여호와를 알고 경외할 때 일어나는 깨달음인 동시에, 이렇듯 인간의 성취와 능력이 모든 것의 가장 높은 자리에 올 때 일어나는 현상이기도 하다.** 이 왕, 안티오커스의 신앙은 유대 신앙에 견주어서 오만불손할 뿐 아니라, 이방 신앙의 틀 내에서도 교만하기 그지없었다고 할 수 있다. 다니엘서의 진술은 안티오커스가 속해 있는 이방 신앙의 틀만 고려해도 안티오커스의 오만함을 이해하기 어렵다고 전하는 것 같다. 다종교로 이루어진 환경 가운데 살아가고 있는 다니엘의 모습을 여기에서 엿볼 수 있기도 하다.

한편, 모든 신을 우습게 여긴다는 것이 신들에 대한 신앙 전체를 없애 버리는 것 같지만, 그렇지 않다. 38절은 모든 신보다 자신을 더 크다

---

24) 이에 대해서는 B. Alster, "Tammuz", *Dictionary of Deities and Demons in the Bible* (eds. by K. van der Toorn, B. Becking, and P.W. van der Horst; Brill, 1999), 828-834.

여기던 안티오커스에게도 신이 있었음을 보여주는데, 그가 섬기는 신을 일러 "강한 신"이라 표현하였다. 이 표현을 직역하면 '산성들의 신god of fortresses'인데, 여기 쓰인 '산성'이란 단어는 11장에서만 모두 일곱 번 쓰였다.11:1, 7, 10, 19, 31, 38, 39 여기서 의미하는 '산성'은 안티오커스의 군대가 다윗의 도시 예루살렘을 포위하고 지배하기 위해 주전 168년에 세웠던 성채인 아크라Akra와 연관된다고 여겨진다. 주전 164년에 유다 마카비가 안티오커스로부터 예루살렘 성전을 회복하지만, 이후로도 아크라는 마카비 세력을 훼방하고 공격하는 전초 기지 역할을 한동안 계속하였다. 안티오커스의 '산성'인 아크라가 여호와의 성전이 있는 예루살렘을 둘러싸고 있다는 점이 안티오커스의 신을 '산성의 신'이라 표현하는 배경이 되었으리라 볼 수 있다. 아울러 안티오커스는 금, 은, 보석, 보물을 그의 신에게 바쳤다. 그러므로 '산성들의 신'은 금은보화와 결부되어 있다고 볼 수도 있다. 어떤 신도 그의 눈에 들어오지 않았고 모든 신을 업신여겼던 그가 결국에는 '강한 신'을 숭배하고 그 신전에 금은보화를 바쳤다는 것은 아이러니이다. 산성으로 대표되는 강력함, 견고함이 있는가 하면, 여기에는 부귀영화도 수반되어 있다.

'산성'으로 번역된 단어가 11:1에서도 쓰였는데 가브리엘이 미가엘을 "강하게 한 일"로 반영되었다. 한편 11:31에서도 같은 표현이 쓰여서 예루살렘 성전을 가리켜 "견고한 곳"이라고 이르기도 한다. 하나님의 행하심 안에도 강함과 견고함이 있다고 말할 수 있다. 그러나 안티오커스와 같은 이가 숭배하는 강함은 오직 힘이다. 그는 침략하고 또 침략한다. "그는 이방 신을 힘입어 크게 견고한 산성들을 점령"하였고,11:39 그를 안다 하는 자에게는 영광과 부귀, 영토를 나누어 주었다.11:39 **안티오커스의 신은 강력한 힘과 승리, 지배, 그리고 그에 수반하는 부귀영화라고 표현할 수 있을 것이다.** 크고 강하여 정복하고 지배하는 신을 섬겼더니 부귀영화와 권세가 주어진 것이다. 사실 헬레니즘의 물결이 밀어닥치면서 전통적 여호와 신앙을 가지고 살던 유대인들은 새로운 삶의 형태를 만나게 된다. 헬레니즘의 세계 안으로 들어갈수록 그들은 사회적 야심을 성취할 수 있는 길을 발견하게 된다. 이렇게 변화된 인간형을 보여주는 대표적인 예가 요세푸스의 글에 기록되어 전해지는 요셉 벤 토비야 같은 이라고 할 수 있다.「유대고대사」 12.160-185.

그러므로 **안티오커스의 신은 낯설지 않다.** 인류 역사 이래 끊임없이 사람들의 마음을 빼앗으면서 세상의 한 편을 지배해왔던 신이며, 본질적으로 인간의 탐욕과 욕망이 빚어낸 신이라고 단언할 수 있다. 이 신은 언제나 더 강한 신의 등장 앞에 무릎을 꿇게 될 것이다. 신을 섬긴다고 하지만 실제로는 강함에 대한 추구, 더 큰 부와 힘에 대한 추구의 다른 이름일 뿐이다. 안티오커스의 신앙은 모세가 없는 동안 불안과 초조 속에 자신들이 지닌 금을 아낌없이 내어놓은 백성들이 "자기들을 위하여"출 32:31 만들어낸 금송아지 신앙과 다를 바 없어 보인다. 안티오커스의 신은 오늘 우리가 믿고 고백하는 신앙과 얼마나 다를까? 예수님의 이름으로 승리하고 예수님의 이름으로 영향력 있는 위치에 오르고, 예수님의 이름으로 크고 화려하고 강한 교회를 지으려는 우리의 노력은 안티오커스의 '강한 신' 숭배와 본질적으로 차이가 있기는 한 것일까? 이름만 예수이면 그러한 추구는 정당화되는 것일까?

결국, 이 시대의 문제는 강한 신 숭배이다. 예수 그리스도를 상징하는 핵심이 십자가임에도, 놀랍게도 오늘 우리네 교회는 십자가조차도 더 큰 영광을 얻기 위해 거쳐 가는 과정 정도로 만들어버렸다. 수많은 '내려놓음'은 자기부인이라기보다 탐욕을 위한 절제에 불과해 보인다. 골로새서의 선언대로, **"이런 것들은 자의적 숭배와 겸손과 몸을 괴롭게 하는 데는 지혜 있는 모양이나 오직 육체 따르는 것을 금하는 데는 조금도 유익이**

없느니라"골 2:23 오직 능력을 숭상하며 모든 신을 가벼이 여길 때 결국 그가 섬기는 신은 '강한 신', 힘과 능력 숭배일 수밖에 없다. 더 많이 더 강하게 더 높이를 추구하며 살 때, 하나님도 말씀도 눈 안에 들어오기 어렵다. 우리는 무엇을 추구하며 살아가고 있는가? 무엇을 위해 어제도 내일도 열심히 달려갈 것인가?

여호와 하나님이야말로 산성이시되, 환난 당한 자, 오직 하나님의 도우심만을 구하는 그의 가난한 백성들의 피할 산성이시다.시 27:1; 28:8; 31:4; 37:39; 52:7; 사 25:4; 렘 16:19; 욜 4:16; 나 1:7 여호와 하나님은 "포학자의 기세가 성벽을 치는 폭풍과 같을 때에 빈궁한 자의 요새이시며 환난 당한 가난한 자의 요새이시며 폭풍 중의 피난처시며 폭양을 피하는 그늘"이 되셨다.사 25:4 **여호와는 한도 끝도 없는 힘과 부를 추구하며 더 세고 더 힘 있고 더 강한 것을 추구하는 이들이 마침내 찾아오게 되는 전능자가 아니라, 폭풍과 폭양 앞에 어찌할 줄 알지 못하며 떨고 있는 모든 빈궁한 자와 가난한 자의 든든한 요새요 산성이 되신다.** 그리고 여호와께서는 이 하나님의 백성을 통해 새로운 날을 만들어 가실 것이니, 나라와 권세와 영광이 최종적으로 인자 같은 이인 성도들에게 돌아오게 될 것이다.단 7:13-14

왕의 영광과 갑작스러운 종말 11:40-45

40절부터 다시 북방 왕과 남방 왕의 전쟁이 다루어지고 있으며, 마지막에는 북방 왕의 갑작스러운 종말을 서술한다. 40절은 북방 왕이 다시 남방 왕, 애굽으로 쳐들어간 내용을 언급한다. 이 구절은 북방 왕의 대단한 기세를 "병거와 마병과 많은 배" 그리고 "회오리바람"으로 표현한다. 안티오커스의 추가적인 애굽 침공에 대해서는 역사적으로 알려지지 않았다. 그런 점에서 이 구절은 묵시적인 성격을 지닌다고 할 수 있다. 실제 역사를 반영하기보다는 마지막에 있을 대대적인 전쟁과 하나님을 대적하는 기세등등한 왕을 표현한다고 볼 수 있다. 그는 여러 나라를 향해 자신의 세력을 밀어붙일 것이며, 또다시 영화로운 땅에도 들어갈 것이다. "영화로운 땅"은 다니엘서에서 예루살렘과 그 성전을 가리켜 부르는 표현이다.8:9; 11:16 이스라엘이 다시금 이 왕에게 짓밟히게 될 것이다. 반면 에돔과 모압과 암몬 자손의 지도자들은 그의 손에서 벗어나게 된다. 에돔과 모압, 암몬은 대대로 이스라엘을 적대하는 민족이었고, 이스라엘의 곤경과 패망을 기뻐하는 나라였다는 점에서, 이들이 안티오커스의 손에서 벗어났다는 것은 그들이 안티오커스와 한 편에 섰음을 의미할 것이다.

이스라엘은 짓밟히고 에돔과 모압, 암몬은 안전하겠지만, 이것이 궁극적인 결말이지 않다. 북방 왕의 기세가 대단하여, 그의 강력한 진격 앞에 애굽 역시 견뎌낼 수 없으며, 애굽과 구스, 리비아도 굴복하게 될 것이다. 44절에서 언급되는 동북에서부터의 소문은 파르티아로부터의 위협과 도전을 가리킨다고 볼 수 있다. 북방 왕은 어떤 도전에도 거세게 자신의 힘을 과시할 것이지만, 그의 종말은 이미 이르렀다. **다니엘서에서 앞날에 관해 이야기하는 환상들이 지닌 공통점의 하나는, 악한 세력의 종말에 대해 매우 간결하고 짧게 선언한다는 점이다.**2:44-45; 7:11,26; 8:25; 9:27; 그리고 11:45 악한 세력이 그리도 거세었지만, 그의 마지막은 참으로 순식간이다. 어쩌면 이것은 강하고 거센 악의 세력의 종말이 현실에서 꽤 요원해 보였음을 반영하는 것일 수 있다. 그가 재물과 부귀로 수많은 사람을 자신의 편으로 만들고 굴복시켰지만,단 11:30,32,39,41 정작 그의 끝날에 아무도 그를 도울 수 없다. 참으로 "그들이 어찌하여 그리 갑자기 황폐되었는가 놀랄 정도로 그들은 전멸하였나이다"시 73:19 처음부터 다니엘서는 북방 왕의 기세등등하던 시절을 "마지막 때"로 규정하고 있기

도 하다.단 11:40

40-45절 단락이 구체적으로 어떠한 역사적 상황을 반영하는지 알기 어렵다. 이전 단락들은 매우 구체적인 역사적 현실을 반영했지만, 40절부터는 그렇지 않다. 이 부분에서 묘사되는 내용은 실제 역사 안에서는 일어나지 않은 사건들, 적어도 현재의 기록으로 확인할 수 없는 사건들이라고 여겨진다. 이를 고려하면, 북방 왕으로 표현된 안티오커스 4세의 등장에 이어 휘몰아친 핍박과 박해의 시기와 북방 왕의 갑작스러운 종말 사이의 어딘가에 다니엘서 저자와 그가 의도한 청중이 서 있다고 볼 수 있다. 그로 인해 다니엘서가 주전 6세기의 다니엘을 배경으로 하고 있지만, 실제로 이 글이 최종적으로 완성된 연대는 안티오커스 에피파네스의 등장과 박해, 그리고 그의 죽음 사이의 어떤 시기라고 여길 수 있다.

달리 생각하면, 이 책이 언제 쓰였든 다니엘서는 독자와 청중을 핍박과 박해, 그리고 갑작스럽게 다가오는 구원의 날 사이에 서 있도록 부른다고 풀이할 수 있다. 이러한 말씀은 다가올 그 날을 향해 기다리라 권할 뿐 아니라, 현실을 뒤덮는 대단한 기세로 인해 위축되거나 굴복하지 말 것을 적극적으로 촉구한다. 다니엘서는 악의 종말을 상세하게 묘사하지 않는다. 초점은, 악의 종말에 있는 것이 아니라 그 종말을 선언함을 통해 현재를 견디고 버티게 하는 데 있기 때문이다. 애굽까지 아우를 정도의 대단한 열강 앞에 누가 이처럼 그 왕의 시대가 이제 끝 날에 이르렀다고 확언할 수 있었을까. 사람들이 제국주의와 힘의 지배에 굴복하며 굴종하는 까닭은 이러한 힘의 지배가 영원하리라고 생각하기 때문이다. 그렇기에 일제강점기 시절, 1930년대 중반으로 가면서 친일과 변절이 그토록 극심하였다고 볼 수 있다. 당시에 지식인들도 많았고 교회도 많았지만, 그들은 다가올 영광의 날을 볼 수 없었고, 일본의 지배가 이제 곧 끝나리라고 생각하기 어려웠다. 30년 넘는 식민지 지배가 어느새 조선 사람들의 생각과 상상력 전부를 없애버린 것이다. "빼앗긴 들에도 봄은 오는가"를 노래한 이상화의 표현을 빌자면, 그들은 '들을 빼앗겼을 뿐 아니라 봄조차 빼앗긴 것'이다.

이를 생각하면 다니엘서가 줄기차게 선포하는 "끝" 혹은 "종말", "마지막 때"에 관한 말씀은 끔찍하고 무기력한 현실을 강력하게 거부하고 맞선다. **모든 견고해 보이는 현실에 대한 가장 본질적인 비판이 다니엘서와 요한계시록으로 대표되는 묵시문학이라 할 수 있다.** 다니엘서는 청중과 독자를 지독한 현실과 이제 곧 임박한 새날 사이에 세운다. 그래서 현재의 참상 가운데 살면서 앞날에 대한 새로운 상상력으로 적극적으로 대처하게 한다. 이것이야말로 이 땅에서 나그네로 살아가는 하나님 백성의 자리이기도 할 것이다. 다니엘서는 자신의 삶이 극심한 고통 가운데 처해 있다고 여기는 이들을 향한 강렬한 메시지를 전한다. 고통과 고난 가운데 있는 이들은 다니엘서를 읽으면서 그 끝이 멀지 않았음을 말씀하시는 하나님의 위로와 격려를 발견하게 될 것이다.

사후 예언

이제까지 보았던 대로 다니엘서의 모든 초점이 안티오커스 에피파네스 시기 박해에 있다는 점에서, 특히 11장의 경우 주전 3세기와 2세기 중반까지의 역사를 생생하게 그려내고 있다는 점에서, 다니엘서를 주전 2세기 중반 이후에 쓰인 글로 보게 한다. 그렇다면 다니엘서는 이미 지나간 역사인 바벨론과 페르시아, 그리고 알렉산더 시대를 하나님의 계획 가운데 일어난 일로 풀이하고 있는 셈이다. 이처럼, 어떤 사건이 이미 일어난 이후 시점에 있으면서 마치 자신이 그 사건 이전에 존재하는 것처럼 이제 일어날 그 사건을 예언하는 것을 가리켜 '사후 예언事後 豫言'이라 부른다. 이미 일어난 사건들을 바벨론과 페르시아 초기에 존재하는 다니엘의 입을 통해 미래의 일로 선포하는 이러한 '사후 예언'을 두고 그저 조작이나 거짓이라고 말할 수는 없다. 7-12장이 이미 안티오커스가 등장한 후에 쓰였다 하더라도 여전히 11:40부터는 아직 오지 않은 미래를 다루고 있으며, 이 점은 다니엘서 안에 다가올 미래에 대한 예언이 존재한다는 것을 보여준다. 사후 예언을 말한다고 해서 일체의 예언을 부정하는 것이지 않다. 이러한 사후 예언이라는 문학적 양식의 의도는 이미 일어난 사건을 마치 자신이 과거에서 다 예언한 것으로 조작하는 데 있지 않고, 이미 일어난 사건을 하나님의 미리 이르신 예언의 성취로 묘사함을 통해 장차 다가올 미래를 지금 대비케 하는 데 있다. 다니엘서는 앞으로 임할 환난의 날, 그리고 그 환난의 날 이후에 오게 될 영광의 날을 증언한다. 알렉산더와 안티오커스 에피파네스의 등장을 미리 맞히는 데에 다니엘서의 능력이 있는 것이 아니다. 다가올 앞일을 맞히는 것만이 하나님의 능력을 드러내는 것이 아니다. 지나간 역사와 현재의 역사를 하나님의 손길과 행하심으로 깨닫는 것이 능력이며, 그를 통해 이제 선포되고 증거되는 그 환난의 날을 믿음으로 견디어 이후에 올 영광에 참여하고 누리게 하는 것이 능력이다. 그런 점에서 **다니엘서의 사후 예언 방식은 끔찍한 시대를 살던 신앙 공동체가 현재를 이해하도록 돕고 현재의 박해에도 불구하고 결코 포기하지 않고 영광의 미래를 소망하며 현재를 버텨내게 하는 결단에서 비롯된 표현이라 할 수 있다.**

두 가지 종류의 미래 12:1-4

그날에 이스라엘을 지키고 보호하는 천사 미가엘이 일어날 것이다. 오직 강함만을 추구하며 숭상하는 왕이 그 힘을 만방에 떨칠 것이나, 하늘에서도 이 싸움이 벌어진다. 이스라엘을 수호하는 미가엘이 이 싸움을 치를 것이며, 그것은 싸움의 결론이 반드시 하나님 백성의 승리일 것임을 확증한다. 미가엘은 이스라엘을 지키고 보호하는 하나님의 돌보심을 상징한다. 하늘의 군대가 이스라엘을 돌보시니, 누가 그들을 해할 수 있으랴. 미가엘과 가브리엘에 대한 다니엘서의 언급은 싸움이 단지 땅 위에서의 싸움이 아니라, 하늘 영역에서 전개되고 있음을 증언한다. 하늘 영역에서 이루어지는 싸움은 10장10:13, 20-21과 11장 첫머리11:1에서도 언급되었다. 이처럼 다니엘서는 지상에서 이루어지는 싸움을 하늘 영역에서의 싸움이 둘러싸도록 본문을 배열하였다. 이것은 땅 위에서의 싸움이 참으로 버겁고 견디기 힘든 것이며 동시에 반드시 승리할 싸움임을 보여준다. "개국 이래로 그 때까지 없던 환난"12:1이라는 땅의 현실은 무척 힘들지만, 하늘의 현실은 이 땅에서 곧 임할 승리를 증언한다.

그렇다면 현재의 환난은 도리어 하나님 백성을 건지고 살리기 위한 과정이다. 이 큰 환난 가운데 "책에 기록된 모든 자"는 구원 얻게 될 것이다. 의로운 이들과 악인의 이름이 적힌 책에 대한 언급을 구약 곳곳에서 볼 수 있다.시 69:28; 사 4:3; 말 3:16 요한계시록에서 볼 수 있는 책에 대한 언급은 구약에 나타난 생각의 연장이다.계 3:5; 17:8; 20:11-15 이러한 책은 최종적으로 이루어질 재판의 근거가 된다.말 3:16-18 '생명책'이라고 할 수 있는 이 책은, 하나님께서 반드시 역사하신다는 것, 그리고 이 땅에서 우리가 어떻게 살아갔는가가 우리의 미래와 직접 연관되어 있음을 말한다.

다니엘 12:1에 언급된 "구원"은 죽음 이후에 닥쳐오는 삶을 가리킬 것이다. 2절을 보면 어떤 이들은 땅의 티끌 가운데 잠들었다가 영생을 얻게 된다고 하였다. 이것은 죽은 이들이 다시 살아나서 더는 죽음이 없는 영원한 생명을 누리게 된다는 것을 의미할 것이다. 그리고 어떤 이들은 수치를 당하여 영원한 부끄러움을 당하게 된다. 그날에 모든 이들이 다시 하나님의 재판정에 서게 되되, 영원한 생명의 영광을 누리는 이가 있고, 영원한 부끄러움의 판결을 받게 되는 이도 있다. 구약 성경이 죽음 이후의 삶에 대해 거의 말하고 있지 않다는 점에서, 2절은 죽음 이후의 생명에 대해 말하는 유일한 구약 본문이라고 볼 수 있다. 다니엘서가 이야기하는 죽음 이후의 삶에는 악인과 의인 모두의 부활이 있고, 이렇게 부활한 이들은 하나님 앞에 있는 책에 따라 재판을 받게 된다. 여기에서 영원한 생명과 영원한 부끄러움이라는 판결이 각 사람에게 내려지게 될 것이다. 이 땅에서의 삶이 전부가 아니라 영원한 생명과 영원한 부끄러움이 우리를 기다리고 있다면, 우리가 모두 하나님의 재판정에 최종적으로 서야 한다면, 우리는 지금의 현실을 어떻게 살아갈 것인가? 이제 곧 닥쳐올 승리의 그 날에 우리는 깨어 일어나 영원한 생명을 얻을 것인가, 아니면 수치 가운데 영원한 부끄러움을 당할 것인가?

묵시는 꿈꿀 수 없는 때에 꿈꾸게 하는 글이다. 그렇기에 다니엘서는 듣고 있는 청중과 독자를 향해 도전한다. 구약 전체에서 유일하게 죽음 이후의 영원한 생명에 대해 말하는 2절을 이해하는 가장 중요한 맥락은 이처럼 극심한 박해와 순교의 상황임을 유의해야 한다. 구약 시대 내내 믿음으로 인해 대대적인 순교자들이 발생하는 상황 자체가 거의 드물다. 그러나 주전 2세기 중반 안티오커스의 시대에 여호와를 믿는 믿음으로 인해 수많은 이들이 죽었고, 사람들은 하나님의 살아계심과 도우심이 무엇을 의미하는지 근본적으로 질문하게 되었다. 고통스러운 상황에서도 하나님의 신실하심을 굳게 믿었던 이들에게 주신 은혜는, 바로 이 땅에서 안 죽고 다시 영광을 누리는 삶이 아니라 죽음 이후에 다시 살아나서 누리는 영원한 생명이다. 그래서 다니엘서는 결코 굴복하지 말고 믿음을 굳게 지키라고 권면한다. 이를 생각하면, **'부활신앙'의 핵심은 단순히 죽음 이후에 영원한 삶이 있다를 믿는 것이라기보다, 하나님께서 반드시 새로운 생명을 주실 것이라는 믿음, 즉 신실하신 하나님께 대한 견고한**

신뢰라고 말할 수 있다.[25]

그렇게 믿음을 지키며 또한 다른 이들을 믿음에 굳게 서도록 권면하는 이들은 하늘의 별과 같이 빛날 것이다.단 12:3 이들을 가리켜 "지혜 있는 자"라고 하였는데 이러한 생각은 11장에서도 볼 수 있었다. 지혜 있는 이들은 칼날과 불꽃, 사로잡힘과 약탈에도 불구하고 많은 사람을 가르칠 것이다.11:33 환난 중에 몰락하고 쓰러지겠지만, 12장은 이들이야말로 궁창의 빛, 밤하늘의 별과 같이 빛나는 이들이라 증언한다. 살아있지만 타락하여 마침내는 부끄러움에 처하게 되는 이들이 있는가 하면, 죽은 것처럼 몰락하고 쓰러지지만, 하늘의 별과 같이 빛나는 이들이 있다. 여기서 다니엘서의 저자가 늘 보던 하늘에 있는 별은 환난 가운데 살아가는 하나님 백성으로 현실을 견디며 이기게 하는 동기를 부여하는 셈이다. 밤하늘의 별이 빛난다기보다, 믿음으로 견디며 굴복하지 않은 이들이야말로 별과 같이 빛나는 이들이다.

4절은 다니엘서의 청중이 살아가는 시대를 '많은 사람이 빨리 왕래하며 지식이 더하는 시대'로 표현한다. 바로 앞의 3절에서 지혜자에 대한 찬사가 있었다는 점에서 마지막 때에 대한 묘사를 다루는 4절의 언급은 조금 이상하게 보인다. "지식"으로 옮겨진 히브리말 '다아트'는 '악'을 의미하는 단어의 복수형인 '라오트'와 자음이 매우 흡사하다.두 단어의 첫 자음인 '달렛'과 '레쉬'는 구약 사본에서 빈번히 잘못 베껴진다 만일 '라오트'가 원래적인 읽기라면 4절 마지막 문장은 '악이 더하리라'가 되는데, 이렇게 읽는 것이 오히려 마지막 때를 표현하기에 더 적절해 보인다. 칠십인경이 이렇게 읽고 있으며, NRSV도 이를 따른다. 사람들이 빨리 오간다는 것은 그만큼 세상이 좁아지고 분주해진 것을 의미할 것이다. 바삐 왕래하는 세상에서 하나님께서 기뻐하시는 삶을 살고 지혜를 추구하며 살아간다는 것은 도

---

25) 이에 대해, 김근주, 「구약으로 읽는 부활신앙」 (SFC, 2014)를 보라.

리어 어리석고 미련해 보인다. 특히 오늘날의 시대는 "피로사회"라고 부를 만큼이나 바쁘고 쉴 새 없는 세상이 되었다. 바빠서 도리어 아무것도 할 수 없는 세상이 되었고, 바빠서 자기 일을 돌아보는 것 말고는 무엇에도 신경 쓸 수 없는 세상이 되었다. 이렇게 분주하게 왕래하는 세상은 필연적으로 악이 더하게 되는 세상, 강함을 추구하고 권력을 추구하는 반면 가치와 진리는 점점 뒷전으로 물러나게 되는 세상이지 않을까. 그런 점에서 빨리 왕래하는 세상을 맞서는 방법은 오히려 속도를 늦추어 느리게 걸어가는 삶일 수 있다.

이 말씀은 마지막 때를 위한 말씀이다. 다니엘서가 실제로 주전 6세기에 쓰였다 할지라도 이 말씀은 마지막 때, 안티오커스의 시대, 넷째 짐승의 시대를 살아가는 이들을 향한 말씀이다. 짐승처럼 강하고 거세고 빠른 시대, 악이 날로 더해가는 시대를 향해 다니엘서가 존재한다. 우리는 어떻게 살아갈 것인가?

본문의 메시지

1. 우리는 강한 신을 숭배하고 있지는 않은가?

결국 우리가 숭배하는 것은 본질적으로 '강한 신'이지 않은가? 헬레니즘의 전파와 더불어 고대 사회 전반에 풍요로움과 부가 흘러 들어가고, 전통적 신앙을 간직하고 살던 이들은 이러한 부로 인해 그들의 삶 전체가 흔들리게 되었다. 당시 헬라 문화를 받아들인다는 것은 교양이기도 했고 사회적 성공의 기반이기도 했다. 오늘날 자본주의 체제와 더불어 재물과 부가 모든 삶의 이유처럼 견고해져 가는 시대이며 모든 성공이 부와 지위로 평가되는 시대가 되었다는 점에서 그 시대와 달라 보이지 않는다. 우리 역시 믿음을 내세워 승리하고 성공하고 획득하고 차지하고 커지고 지배하는 것을 바라고 있지 않은지 돌아보아야 한다. 그것은 십자가의 예수가 아니라 크고 승리하며 정복하는 '강한 신'일 뿐이다.

2. 악인의 종말은 참으로 한순간이다.

안티오커스가 마지막까지도 애굽을 차지하고 수많은 금은보화를 얻지만, 그의 마지막이 이르니 그의 끝이 순식간이다. 비록 악인이 대대로 평안을 누리는 것처럼 보여도, 하나님 앞에서 악인의 종말은 순식간일 뿐이다. 악이 처벌되지 않고 도리어 기승을 부리는 것 같은 현실은 오늘날에도 마찬가지이다. 그러나 우리는 믿음으로, 악이 순식간에 끝날 것을 믿는다. 비록 그 시간이 길다 할지라도 하나님 앞에서는 순식간이다. 불의의 패배, 정의의 승리에 대한 낙관적이고 순진한 생각을 하고 있기 때문이 아니라, 하나님께서 참으로 온 세상과 역사의 주관자이심을 굳게 믿기에 우리는 악인의 급작스러운 종말을 깊이 깨닫게 된다.

3. 지혜 있는 자는 궁창의 빛과 같이 빛날 것이다.

개국 이래 다시 없던 환난 가운데서도 하나님의 말씀을 바르게 깨닫고 가르치며, 많은 이들을 옳은 데로 돌아오게 하는 지혜로운 이들이 있다. 불의와 가짜 진리에 굴복하지 않고 끝까지 진리와 의를 고수하는 지혜로운 이들이 있다. 그들이야말로 하늘의 별과 같이 찬란하고 눈부신 존재들이다. 세상의 영광은 순식간에 사라지는 덧없는 것일 뿐이지만, 지혜로운 이들의 영광은 영원토록 빛나는 영광이다. 그리고 이것이야말로 교회의 영광이기도 하다.

26. 끝까지 가라

다니엘 12:5-13

7장부터 12장에서 항상 다니엘은 일인칭으로 등장하여 자신이 본 환상과 경험을 풀어간다. 그 틀 안에서, 10:20-12:4 단락의 경우 가브리엘로 여겨지는 천사가 등장하여 앞으로 일어날 일에 관해 이야기하였다. 12:5에서 다시 다니엘이 일인칭으로 등장하여 다니엘서 전체를 마무리 짓는다. 1-6장까지의 사건들과 7-12장까지의 환상은 궁극적으로 12장에서 제시되는 결론을 향하고 있다. 지금과 같은 모양으로 완결된 다니엘서는 극심한 환난의 시대를 살아가는 독자와 청중을 향해 마지막 날을 살아가는 삶의 모습이 어떠해야 하는지 권면하고 격려한다. 가장 핵심적인 권면이 이미 12:1-4에서 주어졌다는 점에서, 5절 이하의 본 단락이 다니엘서 전체에서 어떤 기능을 하는지 유심히 생각해보아야 한다.

두 존재 사이의 끝 날에 관한 대화 5-7절

이미 다니엘은 끝 날에 대한 말씀을 간수하고 봉하라고 명령을 받았다는 점단 12:4에서, 5절 이하의 본문은 이전까지의 본문에 대한 일종의 부연이라고 할 수 있다. 간수하고 봉하라는 명령이 9절에 다시 제시된다는 점에서도, 본문에 대한 부연으로서의 본 단락의 위치를 보여준다. 마지막 날에 있을 일들과 그를 대비하여 어떻게 살아야 하는지 천사가 모두 이야기했고, 5절 이하는 그에 대한 다니엘의 반응을 발판으로 삼아 전체 내용을 마무리한다고 볼 수 있다.

다니엘이 본 환상에서 천사라고 여겨지는 두 명이 등장한다. 두 존재는 강의 양편에 서 있었다. 다니엘서에서 강은 환상을 보는 핵심적인 공간으로 역할한다.8:1-2, 15-16; 10:4 흩어진 유대 백성들이 살아가는 바벨론에서의 삶의 터전이 강이었다면, 강 양쪽에 서 있는 천사에 대한 환상은 백성들의 삶 모든 영역에 하나님께서 함께하심을 보여준다고 생각해 볼 수 있다. 5절부터 다니엘이 다시 일인칭으로 등장했다지만, 대체로 5절 이하의 내용을 이야기하는 주체는 천사이다. 천사를 통해 하나님께서는 그들을 향한 모든 계획과 뜻을 이루어가시며 일러 주신다.

강가에 등장한 두 존재 가운데 하나가 다른 하나에게 물은 것은 '이 놀라운 일들의 끝이 언제까지입니까?'였다. 6절의 주어는 그저 3인칭 단수라는 점에서 애매하다. 그에게 질문하는 존재는 8절에서 다니엘이 묻는 것과 내용상 같은 것을 묻고 있다는 점에서, 다니엘처럼 보인다. 실제로 칠십인경은 6절에서 가브리엘에게 질문하는 존재가 다니엘 자신이라고 옮기고 있기도 하다. 누가 묻는가 자체가 관건은 아니다. 누가 물었든 초미의 관심사는 '이 놀라운 일의 끝이 언제까지일까' 이다. 이 질문을 들은 존재가 세마포 옷을 입고 있다는 점에서, 다니엘이 힛데겔 강가에서 보았던 세마포 옷을 입은 존재를 떠올리게 한다.10:5 아울러 이 존재는 "끝"에 대해 풀어주는 존재라는 점에서, 정한 때 끝에 관해 이야기하는 가브리엘일 것이라 짐작하게 된다.8:17, 19; 9:26 이미 가브리엘이 끝에 관한 말씀을 여러 번 전하였지만, 여전히 12장에서도 끝이 다루어진다. **반복은 확고함과 확정적임을 반영할 것이다.** 그래서 반복은 듣는 이들을 설득하고 격려한다.

끝이 언제까지인지를 묻는 말에 대해 세마포 옷 입은 존재는 자신의 좌우 손을 들어 하늘을 향하여 영원히 살아 계시는 하나님을 가리켜 맹세하며 답한다. 이러한 동작은 자신이 이제 이르는 말이 영원히 살아계신 하나님께로부터 온 참되고 확실한 것임을 강조한다. 끝에 대한 반복된 말씀이 이미 확고하고 확실한 계획임을 강조하지만, 세마포 옷 입은 존재의 동작은 이 점을 더욱 분명히 한다. 반드시 그렇게 될 것이다. 특히 "영원히 살아 계시는 이"는 2절에 있는 "영생"이라는 표현을 이루는 단어들'살아 있는', '영원'을 같이 지닌다는 점에서 서로 대응된다. 영생의 본질은 영원히 살아 계시는 하나님과 함께함이다. 그분이 영원하시니 그분과 함께 하는 삶은 영원하다. 영원하신 분이 말씀하시니 그를 따르는 이들은 영원을 누리게 될 것이다.

그는 반드시 "한 때 두 때 반 때"를 지나서 성도의 권세가 모두 깨어지기까지라고 답한다. 이미 7:25에서도 언급되었던 한 때와 두 때, 반 때의 시간은 특정한 3년 반의 시간이라기보다는 하나님께서 정하시고 진행하시는 일정한 시간을 가리킨다. 이 기간은 반드시 이 모든 일이 정해져 있으며, 끝나는 시간이 있음을 의미한다. 그 시간 속에서 성도의 힘이 강력한 박해와 핍박으로 깨어지게 될 것이다.

이미 7-9장에서는 다가올 극심한 환난의 때를 환상을 통해 이야기했고, 11장에서는 실제 역사에서 일어난 상황을 통해 그 극심한 환난을 상세히 다루었다. 10장에서는 그에 대한 명시적인 내용이 없지만, 죽은 자와 같이 쓰러지고 또 쓰러지는 다니엘의 모습을 통해 하나님 백성에게 임할 재앙을 상징적으로 보여주었다. 이제 12장 마지막 부분에서는 다시 고난의 한 때, 두 때, 반 때를 언급하며 이에 상응하는 것으로 보이는 1290일, 1335일을 언급한다. 그러므로 **다니엘서는 고난의 시기, 견디기 어려운 박해의 시기를 향한 글임을 다시금 확인할 수 있다.** 다니엘서는 고통 중의 백성들을 향한 안타까움 가운데 그 박해의 시기가 영원하지 않음을 증언한다. 오직 하나님만이 영원하시며, 그 하나님과 누릴 영광의 날들이 영원하다. 그러므로 이 박해 가운데 살아가는 백성을 향해 그날이 마침내 끝날 것을 선포한다.

한 때 두 때 반 때를 지나며 깨어지는 성도의 권세는 성도의 끝이 아니라 도리어 악의 끝을 알린다. 환난과 박해는 궁극적인 패배의 조짐이 아니라 영광스러운 승리와 영원한 생명의 시작일 뿐이다. 패배가 진정한 승리의 첫걸음인 것이 어디 여기뿐이겠는가. 예수 그리스도의 십자가에서 죽으심이야말로 죽음을 이기신 부활의 첫걸음이었고, 핍박으로 산산이 흩어진 교회야말로 온 세상에 임하는 하나님 나라의 시작이었다.행 8:1, 4 가인에게 죽임당한 아벨, 노예로 팔려간 요셉, 아합에게 죽임당한 나봇, 감옥에 갇혀 버린 예레미야, 수없이 많은 이들이 삶에서 패배하고 쓰러졌지만, 하나님 나라는 쇠하지 않고 이들을 통하여 더욱 견고하고 분명해졌다. 무엇이 악이고 무엇이 선인지, 이들의 죽음과 고통이 선명하게 드러내었다.

듣고도 깨닫지 못하여 다시 질문하는 다니엘 8절

7장 이래 다니엘의 역할은 대체로 매우 수동적이다. 그는 놀라운 환상을 보고 그 환상의 의미를 듣지만, 이로 인해 번민하거나단 7:15,28; 10:8 쓰러지기도 하고,8:18; 10:9, 15-17 잘 깨닫지 못한다.7:16; 8:15,27; 10:14; 12:8 잘 이해하지 못하고 자주 쓰러지는 다니엘은 환난과 박해 중의 하나님 백성을 표현한다. 그렇지만 다니엘의 수동적인 모습은 끝 날을 진행하고 이루어가시는 분이 하나님 그분이심을 두드러지게 보여주는 것이기도 하다. 그리고 다니엘이 이렇게 번민하고 쓰러지고 잘 깨닫지 못할 만큼이나 끝 날에 일어날 일이 크고 놀라움을 보여준다고 할 수 있다.

세마포 입은 존재가 이르는 말에도 불구하고 다니엘은 깨닫지 못하였다.8절 히브리어 본문에서는 일인칭 대명사가 별도로 쓰여서 다니엘이 천사가 이르는 말을 똑똑히 들었음을 강조한다. 스스로 직접 분명히 들었음에도 세마포 옷 입은 존재가 하는 말의 의미를 다니엘은 깨달을 수 없었다. 그는 6절에서 이미 제기된 질문과 거의 같은 취지의 질문을 천사에게 다시 해야 했다. '이 모든 일 다음에는 무엇이 있습니까?' 6절이 이 놀라운 일이 언제까지 계속되는지를 물었다면 8절은 이 놀라운 일 다음에 일어나는 상황이 무엇인지를 묻는다는 점에서, 두 질문 사이에 미묘한 차이가 있다.

다니엘은 왜 듣고서도 깨닫지 못하는 것일까? 다니엘 자신이 깨닫지 못함을 보여주기도 하겠지만, 실제로 이런 언급과 뒤이은 풀이는 독자와 청중들을 향해 참으로 하나님께서 말씀하시는 뜻을 분명하게 드러내기 위한 장치라고 볼 수 있다. 한 때 두 때 반 때에 대한 말씀, 성도의 권세가 깨어진다는 말씀, 그리고 마침내 이 모든 일이 끝나리라는 말씀이 어찌 보면 명료한 말씀이지만, 다시 한번 부연 설명함을 통해 이 말씀이 실제로 그 시대를 살아가는 이들에게 어떤 의미를 지니는지, 어떻게 살아가야 할지를 더 명확하게 드러낸다. 그런 점에서 어떤 주어진 말씀을 깨닫지 못한다는 것은 단지 그 의미를 이해하지 못한다는 것이 아니다. 말씀이 주어졌을 때, 그것이 우리의 실제의 삶과 어떻게 연결되는지가 분명해지지 않는다면, 그 말씀을 들었으되 들은 것이 아니다. 들은 말씀이 약속하는 내용이 워낙 광대하고 놀라운 것이기에 깨닫지 못했을 수 있다. 우리가 생각할 수 있고 기대할 수 있고 예상할 수 있는 것에 비해, 하나님께서 이르시는 말씀이 너무 크고 놀라울 때 우리는 어안이 벙벙하게 되고 이해할 수 없게 된다. 다니엘의 깨닫지 못함은 이렇게 생각해볼 수 있다.

다른 한편, 다니엘이 깨달을 수 없었다는 것은 좀 더 구체적이지 않은 데서 비롯한 것일 수도 있다. 성경의 말씀은 이해되기 어려운 말씀이 아니다. 사실 누구나 지각이 있으면 이 말씀의 의미가 무엇인지 이해하고 깨달을 수 있다. 그러나 그 말씀을 자신의 삶에 적용하여 구체적으로 살아가지 않는다면, 우리는 그 말씀을 이해하지 못한 것과 마찬가지이고 깨닫지 못한 것과 마찬가지이다. 하나님의 말씀은 끊임없이 구체화되어야 한다. 하나님을 사랑하라는 말씀이 아주 명확하고 뚜렷하지만, 우리는 많은 경우 이 말씀을 그렇게 추상적인 차원에 머물러 있게 한다. 그럴 때 하나님 사랑은 우리 마음의 어떤 감정, 우리의 어떤 기분과 연관된 것으로 여겨지기 쉽다. 하나님 사랑이라는 다소 추상적인 표현은 반드시 구체적인 표현, 우리 일상과 연관된 구체적인 용어로 다시 말해져야 한다. 그렇지 않으면 하나님을 사랑한다는 나른한 감정을 지닌 채, 실제로는 신앙을 갖지 않은 사람들과 아무런 차이 없는 삶을 살아가기 쉽다. 삶의 변화가 없다 보니 믿음으로 구원 얻었다는 식의 선포로 끊임없이 스스로 위로해야만 하는 것, 그것이 오늘 우리네 기독교인의 현실이기도 하다.

구체적으로 말씀의 의미가 드러나는 데 필요한 것은 다니엘처럼 그 의미를 다시 질문하는 것이다. 예수께서 비유로 말씀하심을 통해 더는 묻지 않는 '무리들'과 다시 주님께 나아와 질문하는 제자들이 확연히 갈라진다.마 13:10-17, 36 우리네 신앙생활은 점점 질문이 없어져 간다. 하나님을 의지하라, 주님께 기도하라, 구원의 확신을 가져라 식의 정답들이 우리의 모든 질문에 주어지고, 그러한 정답들은 우리의 모든 질문을 거의 봉쇄해 버린다. 하나님 의지한다는 것이 무엇인지, 신뢰한다는 것이 무엇인지 우리 삶과 연관하여 질문되고 다루어져야 함에도, 우리는 그렇게 질문할 기회 자체가 그리 많지 않은 교회 생활을 하는 경우가 많다. 믿음의 공동체 안에 모든 의문을 테이블 위에 올려놓고 질문해야 한다. 추상적인 표현의 의미가 무엇인지, 질문하고 토론하고 생각을 나누어야 한다. 다니엘은 그 말씀을 직접 똑똑히 들었으나 깨닫지 못하였다. 그래서 다시 한번 질문한다. 그 말씀의 의미가 무엇인지, 끝 날에 어떻게 해야 한다는 것인지 다시 질문한다. 그리고 그는 그에 대한 하나님의 뜻을 들고 알게 된다.

가라 9-10절

끝날에 일어날 일을 묻는 다니엘에게 주어진 대답은 '가라'였다.단 12:9 그리고 이에 이어지는 말씀은 이 모든 말씀이 간수되고 봉함되었다는 언급이다. 그렇게 어딘가에 넣어서 봉한 다음 실제로 이러한 일이 일어날 때 열어서 대조해 보면 중간중간 열어서 추가한 것이 아닌데도 하나 남김없이 처음에 적었던 그대로 이루어진 것을 알게 될 것이다. 그런 점에서 '간수하고 봉함한다'라는 것은 모든 말씀이 반드시 그대로 이루어지고 성취될 것임을 알리는 표현이다. 반드시 하나님께서 행하시는 이 마지막 날의 일들이 이루어질 것이니, 남은 것은 다니엘이 가야 할 자신의 길을 가는 것이다. 그래서 하나님께서는 다니엘에게 그가 가야 할 길을 가라 명령하신다.

10절은 그렇게 자신의 길을 걸어가야 하는 다니엘과 하나님 백성 앞의 현실을 이야기한다. 무엇보다도 환난은 사라지지 않는다. 이것은 10절에 쓰인 '스스로 연단함', '스스로 정결케 함', '스스로 희게 함'과 같은 단어들에서 잘 드러난다. 이 세 단어는 11:35에서도 나란히 쓰였다. 거기에서 이 동사들이 몰락한 이들과 연관하여 쓰인다는 점에서, 연단과 정결이라는 것이 어려움 속에 절대 넘어지지 않은 것을 가리킨다기보다는 쓰러지게 됨을 통해 자신을 돌아보고 더욱 강건하고 든든하게 단련되었음을 의미한다고 볼 수 있다. 다니엘서 마지막 부분이 현재의 환난을 강조한다는 점을 7절에서도 보았지만, 10-12절에서 다시금 이에 대한 강조를 볼 수 있다. 환난의 때를 위한 책으로서의 다니엘서를 잘 보여준다.

환난은 사람들을 넘어지게 하고 실족하게 하는 사건이 아니라, 그들을 연단하고 단련하여 정결하고 희게 만드는 사건이다. 이를 생각하면

'예수 믿고 천국 간다 혹은 구원받는다'라는 표현은 지나치게 간략하다고 할 수 있다. 당장 죽어 천국 가는 행복이 관건이 아니라, 환난을 통해 성도의 삶이 단련되어 변화되고 정결케 되는 것이 관건이기 때문이다. 환난을 통해 그들은 이 고통스러운 현실에 끝이 있음을 깨닫게 될 것이며, 하나님께서 이 모든 일을 바로잡으시고, 그 끝을 가져올 것을 깨닫게 될 것이다. 그러므로 **성도의 복됨은 환난이 없음이 아니라 환난을 통해 단련됨에 있다. 성도는 이를 통해 영생이 무엇인지 깨닫게 될 것이다. 참된 영생은 극심한 환난 속에서도 하나님을 굳게 붙잡고 그와 동행하는 것이며, 이 땅에서의 삶이 전부가 아니라 죽음 이후에도 하늘의 별과 같이 빛나며 하나님과 함께 하는 삶이다.**

그러나 환난이 모든 이에게 그러한 효과를 가져다주지는 않는다. 환난은 악인들을 확연하게 드러나게 하는 계기가 되기도 한다. 환난의 때에 몰락하고 넘어지지 않기 위해 어떤 이들은 악을 행한다. 이렇게 악을 행하는 이들에는 하나님을 아는 이스라엘 조상도 있고,9:5 환난의 때에 언약을 저버린 당시 유대인들도 있다.11:32 참으로 환난은 의인과 악인을 확연하게 드러나게 만든다.

10절 마지막은 지혜 있는 자와 악인의 차이가 무엇인지 간결하게 요약한다. 악인은 아무것도 깨닫지 못하되, 지혜 있는 자는 깨닫는다. 이 점에서도 다니엘이 깨닫지 못하였다는 것이 단순히 하나님의 행하심에 대한 무지함과 거리가 멀다는 것을 짐작하게 된다. 그리고 이것은 단순히 성품이나 성격의 문제이지도 않다. 악인은 이 세상을 향한 하나님의 계획을 알지 못하는 이요, 세상 끝 날에 대한 하나님의 뜻도 알지 못하는 이들이다. 의인은 견고해 보이고 단단해 보이는 세상에 마침내 심판이 임할 것을 아는 자들이며,전 12:13-14 악인은 그것을 알지 못하고 믿지 않는 이들이다. 그들은 마지막이 있는 줄 알지 못하고, 그렇기에 어떻게 살아가야 하는지도 아무런 깨달음이 없다. 비록 그들이 지금 땅에서 성할지라도 하룻밤 꿈과 같은 것을 알지 못한다. 세상에서 악을 행하고 불의를 행하는 이들은 이 모든 일의 끝이 있음을 도무지 알 수 없다. 그래서 계속해서 불의를 행하고, 계속해서 악을 행한다. 악을 행할수록 더더욱 그들은 그들 위에 계신 하나님과 하나님이 정하신 뜻을 깨닫지 못하게 된다. 그러므로 악인들에게 임하는 가장 큰 형벌이 있다면 그들의 악 속에서 하나님을 알 수도 깨달을 수도 없는 점이라고 할 수 있다.

그러나 지혜 있는 자는 깨닫는다. 악인의 반대말이 지혜 있는 자라는 점은 인상적이다. 천지의 주권자이시며 영원히 살아계시는 하나님을 믿는 신앙은 사람을 지혜롭게 한다.참고. 잠 1:1-7 그리고 지혜 있는 자는 궁창의 빛과 같이 하늘의 별과 같이 빛날 것이다. 다니엘서 전반에 걸쳐서 꿈과 환상의 풀이를 통해 하나님의 뜻이 드러나게 되지만, 다니엘서는 환상의 중요성을 말하는 책이지 않고, 대단한 영적 체험과 꿈을 강조하는 책이지도 않다. 다니엘서가 전하고 싶은 것은 마지막 날에 이루어질 환난과 그다음에 올 구원에 대한 지식이며, 이를 통해 마지막 때를 어떻게 살아가야 할 것인가이다. 이를 위해 다니엘은 하루 세 번 기도하고 어떤 어려움과 핍박 속에서도 그의 신앙을 지킨다. 그러므로 하나님을 믿는 신앙은 세상에 대한 올바른 지식으로 나타난다. 이 지식이 있을 때, 악이 아무리 번성하여도 오래 가지 못할 것을 깨닫게 되고, 대세와 주류를 따라 사는 세상에서 오직 하나님의 길을 따라, 그 진리를 따라 살아갈 수 있게 된다.

기독교 성경에서 다니엘서 다음은 호세아서이다. 호세아서의 핵심적인 주제가 하나님을 아는 것이라는 점호 2:18-20; 4:1; 5:4; 6:6; 14:9에서, 다니엘과 호세아는 서로 연결된다. 끝 날을 살아가는 가장 중요한 것은 하나님의 행하심에 대한 앎이요 깨달음이며, 하나님께서 그 백성에게 찾으시는 가장 중요한 것도 하나님을 아는 것이다. 호세아서 마지막 역시 다니엘서처럼 지혜와 여호와의 도를 깨닫고 따르는 삶을 연결한다. "누가 지혜가 있어 이런 일을 깨달으며 누가 총명이 있어 이런 일을 알겠느냐 여호와의 도는 정직하니 의인은 그 길로 다니거니와 그러나 죄인은 그 길에 걸려 넘어지리라"호 14:9

마지막까지 가라 11-13절

11절은 마지막 때의 상징적인 사건을 다시 이야기한다. "매일 드리는 제사"는 주로 번제와 연관하여 구약 제사 본문에서 쓰인다.가령, 출 29:42; 민 28:10 등 다니엘서에서도 아침저녁으로 드리는 제사로 이 단어가 언급되었는데, 모두 안티오커스의 박해와 연관하여 언급된다.단 8:11, 12, 13; 11:31 마지막 때의 또 다른 중요한 사건은 '멸망의 가증한 것이 세워지는 사건'이다. 다니엘서에서 그때를 가리키는 가장 상징적인 표현으로 여러 번 언급되고 있지만, 개역에서는 별다른 이유 없이 번역이 조금씩 다르게 되어 있다. "포악하여 가증한 것" 9:27; "멸망하게 하는 가증한 것" 11:31 이 두 가지 사건이 나란히 놓인 것이 이미 11:31에 있었다. 하나님께 드리는 제사는 폐해지고, 그 제사가 드려져야 할 곳에 하나님 아닌 엉뚱한 것이 놓였다는 점에서 이 상황은 그야말로 악이 극성을 부리게 된 시기를 가리킨다. 그러나 하나님의 백성들에게 이것은 마지막 때가 시작되었음을 보이는 신호일 뿐이다. 악한 세력들은 목숨을 가지고 세상을 위협하고 그 강력한 위세와 세력과 힘을 가지고 세상 전체를 장악하려 하지만, 그들의 강력함과 압제는 도리어 그들의 날이 얼마 남지 않았음을 보여주는 징조일 뿐이다.

그러한 마지막 날의 상징은 여호와 예배 대신 멸망의 가증한 것이 예배되는 것이다. 이것은 오늘의 우리를 매우 두렵게 한다. 하나님 대신 교회를 차지하고 있는 것이 무엇인가? 하나님을 예배하는 오늘의 우리네 교회에 하나님 대신 섬김을 받는 것이 무엇인가? 예수께서 성전에 들어가서 장사하는 이들을 몰아내셨듯이,요 2:13-22 오늘도 우리네 교회는 신앙을 이익의 수단으로 여기는 이들로 가득하지 않은가? 하나님과 재물을 겸하여 섬길 수 없다고 예수께서 단호하게 선언하셨건만,마 6:24 오늘 우리네 교회는 재물을 주인으로 삼는 '자본주의'를 너무 당연하게 여기며 살아가는 것은 아닌가? 돈이, 재물이, 자본이 제단에 세워지게 될 때, 그런 현실은 끝을 알리는 신호이다.

11-12절은 그날로부터 1,290일과 1,335일의 시간을 제시한다. 대략 3년 6개월가량에 해당하는 이 두 날짜를 매우 구체적인 특정한 기간으로 풀이하는 것은 적절치 않다. 설령 이 날짜가 다니엘서가 의도한 청중에게 특정한 기간이었다 할지라도 현재의 다니엘서가 기독교 교회의 정경으로 여전히 작동하고 있다는 점에서도, 이 기간은 상징적인 기간으로 읽어야 할 것이다. 그리고 이제까지 "한 때 두 때 반 때"7:25와 "이천삼백 주야",8:14 "이레의 절반"9:27과 같은 시간이 제시되지만, 마지막 12:11-12는 1,290일과 1,335일이라는 한 달 보름 정도의 간격을 둔 두 개의 분리된 날짜를 제시한다는 점에서, 그야말로 임박한 그 날을 좀 더 구체적으로 전한다고 볼 수 있다. 반드시 그날은 온다. 악의 기승은 그 마지막이 정해져 있다. 아무리 불의가 관영하고 죄악이 세상을 가득 채워도, 악의 날은 그 시간이 정해져 있다.

그러므로 다니엘서의 마지막은 너무나도 합당하게 '끝까지 가라'이다. 개역 성경은 "가서 마지막을 기다리라"라고 옮겼지만, 이에 해당하는 히브리말은 대부분의 영역성경들이 번역했듯이 '끝까지 가라'로 옮겨야 한다. '가라'는 명령은 다니엘이 끝날의 의미를 두 번째 물었을 때 하나님께 들었던 대답이기도 하다.9절 다니엘서 마지막 결론 부분은 다니엘과 청중을 향해, 환난과 박해 중의 성도들을 향해 '가라', '끝까지 가라' 권면한다. 도중에 멈추지 말고, 도중에 체념하거나 절망해 버리지 말고, 그 끝까지, 그 정해진 끝까지 가라. 그리고 이 마지막 문장에도 이인칭 인칭대명사가 별도로 쓰여서 강조되고 있다. '그러므로, 너는 끝까지 가라'. 여기에서 '너'는 다니엘만 아니라 이 글을 듣고 읽는 이들, 고통스럽고 힘겨운 날을 살아가고 있는 모든 이들을 가리킬 것이다.

하늘에 계신 영원히 살아 계시는 이를 가리켜 맹세한 대로, 반드시 정해진 시간이 지나가고 성도의 권세가 깨어지며 멸망의 가증한 것이 거룩한 곳에 서게 될 것이다. 그러나 반드시 그 끝이 온다. 이 마지막 단락은 하나님이 행하실 끝 날에 대한 확신을 증언하면서, 마지막까지 버티고 굳건히 걸어갈 것을 촉구하며 격려한다. 하나님이 정하신 그 끝의 순간이 반드시 올 것이며, 임박하였다. 그러므로 끝까지 가라. 마침내는 평안히 쉬고 하나님께서 주신 몫을 누리게 될 것이다.

본문의 메시지

1. 지식을 구하고 찾으라.

믿는다는 것은 그저 받아들이고 수용하는 것을 의미하지 않는다. 하나님께서 세상 다스리심을 굳게 믿으니, 이해되지 않고 알 수 없는 것에 대해 질문하고 찾아야 한다. 우리가 속한 신앙 공동체는 이렇게 묻는 것이 자유로운가? 믿음으로 살아가면서 겪고 보게 되는 수많은 이해할 수 없는 일들에 대해 우리는 숨김없이 꺼내 놓고 나누고 논의하는가? 내 백성이 지식이 없어 망하는도다호 4:6 탄식하셨던 하나님의 음성을 기억하며, 끊임없이 질문하고 참된 지식과 지혜를 찾고 구하자.

2. 악이 기승을 부리는 것은 그 끝이 가까웠음을 의미한다.

멸망의 가증케 하는 것이 제단에 세워진다는 것은 참으로 통탄하고 애통할 일이다. 그러나 이 표현을 여러 번 쓰는 다니엘서는 그때마다 그 순간이 새롭고도 놀라운 하나님 나라의 시작임을 말한다. 세상에 살면서 악이 기승을 부린다고 하여, 쉽게 절망하여 세상은 다 악해, '세상은 다 그런 거야' 말하면서 개인의 경건과 개인의 한계 안으로 숨지 말아야 한다. 악의 번성은 의의 승리의 전조이다. 불의한 세상에 압도되지 말고, 의의 승리를 굳게 믿어야 한다.

3. 끝까지 가라.

하나님께서 정하신 때가 있다. 이 땅에 살아가는 모든 삶 전체에도 끝이 있고, 각자 개인의 삶에도 끝이 있으며, 그때그때 해야 할 일에도 끝이 있다. 도중에 체념하거나 접지 말고 끝까지 가라. 하나님께서 다음 길을 인도하실 것이다.

4. 꿈꿀 수 없는 시대에 꿈을 꾸라.

나라가 망하고 남의 땅에 사로잡혀 간 신세이지만, 다니엘과 세 친구
는 믿음으로 살아갔다. 사로잡힌 신세가 되어 벨드사살이라는 이방 식
이름으로 불리지만, 다니엘은 하나님께서 행하실 영광의 날에 대한 꿈과
환상을 보았다. 그 무엇으로도 하나님의 행하심과 역사는 막거나 묶지
못한다. 도무지 꿈꿀 수 없을 것 같은 시대에, 다니엘서와 같은 묵시는
어떻게 꿈꾸며 살아갈지를 보여준다. 교회는 꿈꾸기 어려운 시대에 하나
님 안에 있는 영광의 날들을 제시하고 보여주며 꿈꾸게 하는 곳이다. 미
래가 보이지 않고 앞이 캄캄하여 살 수 없는 세상을 향해, 교회는 하나님
이 다스리시는 세상, 이리와 어린 양이 함께 뛰어노는 세상사 11:6-9의 꿈
을 제시하고 보여주는 곳이다.

부록 I
다니엘서 추가본문 아사랴의 기도와 세 친구의 노래: 풀무불 속에서 드리는 예배

구약 성경은 다니엘서2:4-7장와 에스라서4:8-6:18; 7:12-26 일부에 아람어로 기록된 부분을 제외하고, 대부분 히브리어로 기록되었다. 주전 587년 예루살렘이 멸망한 이후 바벨론으로 끌려간 이들이나 그 땅에 남아 있던 이들 모두 바벨론의 언어이던 아람어를 사용해야 했으며, 주전 4세기 말 알렉산더가 고대 중동 지역 전체를 정복한 후부터는 헬라어가 이 지역 전체의 공용어가 되었다. 당연히 팔레스타인을 비롯한 이집트와 유프라테스강 유역, 터키 등지에 살던 유대인들도 헬라어를 사용해야 했다. 더는 히브리어가 일상 언어가 아니다 보니, 히브리어로 기록된 성경을 읽을 수 없게 되었고, 그로 인해 주전 3세기 이래 오경부터 시작해서 헬라어로 유대인들의 경전이 번역되기 시작했다. 이렇게 해서 번역된 헬라어 구약 성경을 가리켜 통성 칠십인경이라고 부른다. 칠십인경은 이후 주후 1세기에 새로 시작된 기독교 교회의 구약 성경으로 널리 쓰이게 되었다.

문제는 칠십인경에 포함된 책이 히브리어로 기록된 구약 성경과 꽤 차이가 난다는 점이다. 히브리어 성경에는 없는데 칠십인경에 있는 책들이 있는가 하면, 히브리어 성경에 있지만 칠십인경에는 더 많은 분량이 포함된 책들도 있다. 칠십인경에 더 포함된 부분을 가리켜 통상 "외경外經"이라고 부른다. 이러한 표현은 히브리어 성경에 포함된 책들을 가장 규범적이고 기준이 되는 책으로 여겨 부르는 "정경正經"이란 표현과 구별하여 지어 붙인 이름이다. 현재 기독교 교회는 크게 가톨릭Roman Catholic Church과 동방 정교회Eastern Orthodox Church, 개신교Protestant Church의 세 종파로 나눌 수 있는데, 가톨릭과 동방 정교회는 칠십인경에 포함된 외경을 대체로 자신들의 신앙에 관한 정경으로 인정한다. 동방 정교회는 칠십인경에 있는 외경 전부를 정경으로 인정하며, 가톨릭교회는 그 가운데 7권의 책을 정경으로 인정한다. 그에 비해 개신교 교회는 히브리어 성경에 있는 책만을 정경으로 인정해서 세 기독교 종파 가운데 가장 적은 분량의 구약 정경을 지닌다. 그러나 초기 킹제임스 번역이나 독일 교회의 루터역 성경과 그 외 몇몇 번역에서는 여전히 외경 부분을 구약과 신약 사이에 포함하고 있다.

외경으로 분류되는 책은 대개 주전 3세기 이후부터 신약 성경이 등장하기 이전 시기에 쓰였다. 그런 점에서 외경은 구약 성경이 모두 기록된 후에 신약 성경이 등장하기까지 이스라엘의 신앙에 어떠한 변화가 일어났는지를 잘 보여준다. 구약에는 없는데 신약에는 나타나는 무엇인가가 있다면 대부분 그러한 변화는 외경에서 찾아볼 수 있다. 초대 교회는 외경을 매우 좋아했으며, 외경과 정경이 차이가 있다고 여기기는 했지만 즐겨 읽었다. 가령 신약 성경 유다서 14-15절에는 오늘날 위경僞經이라 분류하는 에녹서 1:9이 인용되어 있기도 하다. "외경은 하나님, 윤리, 신앙적인 삶에 대한 도전, 유대교 역사의 발전에 대해 많은 것을 보여준다. 다른 책들도 그러하지만, 외경은 교회가 이들에 대해 보여주었던 경외심이라는 견지에서 다른 책들과는 구별된다. 그리고 기독교의 중대한 세 교파에서 이들을 중요하게 다루고 인쇄성경에 포함하고 있다는 점에서도 중요하다. … 그런 점에서 외경은 하나님의 백성들이 항상 하나님 앞에서 살아가는 삶을 살아갔음을 보여주는 산 증거이기도 하다."26) 다시 말하면 구약의 시대나 신약의 시대뿐 아니라 그 가운데 끼인 시대를 살던 사람들 역시 하나님 앞에서 믿음으로 응답하고 적용하며 살아갔다는 것이

---

26) David A. deSilva, *Introducing the Apocrypha: Message, Context, and Significance* (Baker Academid, 2002), 40-41.

다.

가톨릭교회가 개신교보다 더 지닌 구약의 책들로는, 느헤미야 다음에 토비트, 유딧, 긴 에스더, 마카베오상하가 있고, 아가서 다음에 지혜서, 집회서, 애가 다음에 바룩이 포함되었다. 에스더와 다니엘의 경우, 개신교 성경보다 훨씬 분량이 더 많다. 다니엘서의 경우, 3장에 추가된 내용으로 아사랴의 기도와 세 친구의 찬양이 있고, 마지막에 수산나, 벨과 용이 추가되어 있다.

아사랴의 기도 가톨릭 성경 다니엘 3:24-45

아사랴의 기도는 세 청년이 풀무불 속에 던져졌을 때 드려진 것이다. 이 기도의 주된 내용은 예루살렘이 멸망하고 이스라엘이 비참한 꼴을 당한 것이 자신의 죄악 때문임을 고백하는 것, 그리고 이제 고통당하는 이들을 하나님께서 자비롭게 여기셔서 건져 주시기를 구하는 것으로 이루어져 있다. 특히 이 기도에서는 조상들이 저지른 죄악과 그로 인한 심판을 우리의 죄악으로 고백한다. 다니엘서에서 발견되는 아사랴와 그의 동역자들의 모습은 전혀 죄를 지은 이의 모습이지 않지만, 이 기도 부분에서 이들은 민족의 죄악을 자신의 죄악으로 고백한다. 자신들이 범죄한 것은 아니지만, 조상들이 지은 죄를 자신들의 죄로 고백하며 하나님의 구원을 부르짖는다는 점에서, 이들이 개인과 민족을 구분하지 않는 공동체적인 정체성을 지니고 있음을 볼 수 있다. 마카베오하 7:18,32-33,37-38에서 믿음을 지키다가 죽임당하게 된 일곱 명의 순교자들이 백성의 죄를 자신들의 죄로 고백하는 것을 볼 수 있다. 그리고 이러한 경향은 구약 성경 본문들에서도 볼 수 있다. 에스라 9:6-15; 느헤미야 9:5-38이 그러하며, 특히 다니엘 9:4-18에서도 그러한 기도를 발견할 수 있는데, 이 본문들은 모두 바벨론 포로기 이후의 본문이라는 공통점을 지닌다. 지난 역사를 불순종의 역사로 고백하고, 그러한 불순종의 역사를 지금 기도하고 있는 스스로의 죄악의 역사로 고백하면서, 이제 돌이키는 이들에게 하나님께서 긍휼을 베풀어 주시기를 구하는 것이 이들 기도의 공통점이라고 할 수 있다. 이 본문들은 변화된 상황 속에서 자신들의 역사를 어떻게 이해하고 살아갈 것인가에 대한 모색을 반영한다. 과거를 아름답게 화장한다 해서 오늘의 현실을 바꿀 수 있지 않다. 바벨론 포로를 경험한 이들은 혹독하고도 치열하게 지난 역사를 되돌이켜 보고 있다. 지난 역사를 힘이 약해서 망했거나 운이 나빠서 망한 것이 아니라, 죄악으로 인해 망했음을 확고히 고백하고 인정할 때, 오직 하나님의 긍휼에 의지하여 새로운 미래를 구할 수 있는 것이다.

아사랴의 기도의 배경은 언제일까? 32절은 "당신께서는 저희를 무도한 원수들, 가장 가증스러운 반역자들, 불의한 임금, 온 세상에서 가장 사악한 임금에게 넘기셨습니다"라는 내용을 담고 있다. 신앙을 버린 배교자들과 그들과 결탁한 사악하고 불의한 임금에 관한 내용은, 느부갓네살보다는 주전 175년 셀류커스 왕조의 왕위에 오른 안티오커스 에피파네스를 떠올리게 한다. 그는 애굽 원정 실패와 예루살렘의 반란 움직임 진압을 위해 예루살렘에 진입하여 성전을 짓밟고 주전 167년부터 164년까지 대대적으로 유대교 신앙을 탄압하였다. 이 시기에 꽤 많은 사람이 유대교 신앙을 버리고 헬레니즘을 받아들였으며, 예루살렘 성전을 짓밟고 탄압한 사건의 선두에도 이렇게 헬레니즘으로 변절한 이들이 서 있기도 했다. 이상의 상황을 생각하면 아사랴의 기도는 주전 2세기 중반의 상황을 배경으로 한다고 볼 수 있다.

언약에 대한 충실함과 유대 백성의 운명이라는 주제는 제2성전기 문헌에 빈번히 나타나는데, 그 가운데서 아사랴의 기도는 하나님의 이름의 영광에 의지한다.단 3:34, 43 27) 참담한 지경에 처한 이들은 오직 하나님 그분 자신의 이름의 영광을 위하여 그들을 건져 주시기를 구한다. 하나님께서 그 이름의 영광을 위하여 백성들을 긍휼히 여기시는 것은 구약 다른 본문들에서도 찾아볼 수 있다.사 48:9 특히 에스겔서는 하나님의 이름을 위하여 하나님께서 행하심을 강력하게 표현한다.겔 20:9, 14. 44; 36:22, 23; 39:7, 25 다니엘서의 다음과 같은 구절도 같은 맥락이다.

> "주여 들으소서 주여 용서하소서 주여 귀를 기울이시고 행하소서 지체하지 마옵소서 나의 하나님이여 주 자신을 위하여 하시옵소서 이는 주의 성과 주의 백성이 주의 이름으로 일컫는 바 됨이니이다"단 9:19

나라의 멸망과 포로로 끌려가 살게 된 현실은 그저 절망으로 그치는 것이 아니라, 절망 가운데서 오직 하나님의 은혜와 긍휼만을 간절하고도 굳게 붙잡게 했다. 참담한 상황은 참담함에서 그치지 않고, 곤고한 가운데서도 하나님 자신의 영광을 위하여 그 백성을 건지실 것에 대한 간절한 신앙으로 발전하였다.

또한, 이 기도는 제사를 단지 외적인 어떤 것으로 여기지 않고 도덕적, 윤리적, 내적 차원의 것으로 이해하도록 돕는데, 더는 레위기에서 명령하는 대로 제사를 드릴 수 있는 성전 없는 현실을 살면서, 그들은 하나님께서 제사를 통하여 참으로 원하신 것이 무엇이었는지를 묵상하고 깨닫게 되었을 것이다.28) 그런 점에서 위기에 처한 현실이야말로 정말 중요하고 지켜야 할 본질이 무엇인지를 보여주는 절호의 기회라고 할 수 있

---

27) deSilva, 229.

28) deSilva, 229.

다. 흔히, 신약에 이르러 제사가 폐지되었다 쉽게 말하지만, 이미 포로기 이래 이스라엘은 제사 없는 여호와 신앙을 충분하고도 깊게 모색하였다.

세 청년의 노래 가톨릭 성경 다니엘 3:46-90

46-50절은 풀무 불 속의 세 청년이 어떻게 아무런 해를 입지 않을 수 있었는지를 설명한다. 그에 따르면 주님의 천사가 풀무 불 속으로 내려와 모든 불길을 바깥으로 몰아내었고, 풀무 불 속을 이슬 머금은 바람이 부는 것처럼 만들었다. 구약과 신약의 사이 시기에 쓰인 글들은 대개 이 단락처럼 구약에 있는 내용 가운데 선뜻 이해가 되지 않는 부분을 나름대로 설명하거나 풀이하는 것들이 많다.

이러한 기적에 이어지는 세 청년의 노래는 창조주 하나님 찬양으로, 여기서 하나님을 찬양하라고 불러내어 지는 모든 존재는 하나님이 지으신 피조라는 공통점을 지닌다.참고. 시 148 정경의 시편처럼, 다니엘서 추가본문에서도 개인적 구원 경험으로 인한 찬양이 하나님의 선하심과 자비의 영원하심 등에 대한 찬양으로 확장된다. 개인의 경험은 그저 개인의 경험에 머물러 있지 않고 우주적이고 보편적인 하나님의 행하심으로 확장된다. 개인의 삶에서 하나님의 은혜로운 도우심을 경험하였다면, 우리 개인뿐 아니라 우리 공동체와 우리 민족 전체를 이끄실 하나님께 대해서도 굳게 확신하게 된다. 개인의 경험은 민족을 향한 하나님의 행하심에 대한 신뢰와 찬양으로 이어지게 된다.

이들 추가 부분이 없는 채로의 다니엘은 금 신상에 절하라는 무지막지한 명령 그리고 그에 대한 세 친구와 느부갓네살의 반응에 초점이 있었다면, 추가 부분으로 인해 다니엘서 3장의 보다 더 큰 강조점은 세 청년을 건지신 하나님께 놓이게 된다.[29] 이 추가 부분은 풀무불 속을 "아름답고

---

29) deSilva, 230.

차분하며 질서 있는 예배의 처소"로 바꾼다.30) 세 청년은 풀무불 속에서도 하나님을 예배한다. 여기에서 풀무불은 바벨론과 같은 이방에서의 생활 혹은 극심한 고난과 고초 가운데 살아가는 삶을 상징한다고 볼 수 있다. 풀무불 가운데서도 아사랴는 하나님의 약속을 굳게 믿으며 그의 구원을 간구하였고, 구원을 경험한 이들은 풀무불 가운데서도 세상의 모든 피조물을 불러내며 하나님을 예배하였다. 그런 점에서 풀무불에서의 예배는 쉽지 않은 일상에서 이루어지는 예배를 상징한다. 풀무불은 모든 것을 다 태워 버리는 장소이며, 그로 인해 사람들은 풀무불에 들어가지 않으려고 금 신상에 절하고 굴복한다. 그러나 믿음으로 살아가는 이들에게 풀무불은 단지 뜨거운 곳이 아니라 하나님을 예배하는 처소가 된다. 그들은 어떤 곳에 있더라도 하나님을 예배한다.

---

30) DeSilva, 230.

1. 우리의 지난 역사를 올바르게 반성하는 것이 오늘의 삶을 살아가는 데 왜 중요한지 이야기해 보자. 나 자신의 지난 삶을 올바르게 되돌아보는 것도 함께 이야기해 보면 좋겠다.

2. 아사랴의 기도는 제사의 본질이 "부서진 영혼과 겸손해진 정신"으로 드려진 우리 자신의 몸이라고 일러 준다. 오늘 우리는 주일마다 교회에 나아와서 드리는 모임을 가리켜 주일 예배라고 부른다. 때로 이런 저런 이유로 주일에 교회에 나올 수 없는 때가 있기도 하다. 그렇다면 과연 예배의 참된 본질이 무엇인지, 무엇이 예배인지 이야기해 보자.

3. 아사랴의 기도와 세 청년의 노래가 다니엘서 3장의 풀무불 본문에 추가되어 있다는 점은 풀무불 본문이 후대의 사람들에게 어떤 의미로 읽혔는지를 짐작하게 한다. 이렇게 추가된 까닭은 무엇일까? 이렇게 이 두 본문을 3장에 함께 묶은 사람들은 이러한 결합을 통해 무엇을 말하고자 했던 것일까? 그리고 오늘날 풀무불과 같은 현실은 무엇일까? 우리는 어떻게 그 가운데에서 하나님을 예배할까?

부록 2
다니엘서 추가 본문 수산나와 벨과 용: 낯선 땅에서 하나님과 함께

개신교 성경에는 없지만, 초대 교회의 성경이던 칠십인경과 가톨릭 성경, 그리고 동방 정교회 성경에는 수산나 이야기와 벨과 용 이야기가 다니엘서 후반부에 붙여져 있다. 수산나 이야기와 벨과 용 모두 바벨론 땅을 배경으로 한다. 수산나의 시대는 따로 언급되지 않지만, 이야기 중에 다니엘이 아주 젊은 사람으로 등장한다는 점수산나 45절에서, 포로기 중에서도 아주 초기인 것 같기도 하다. 그러나 본문에서 볼 수 있는 유대인들이 살아가는 모습은 정착한 지 꽤 오래된 상황을 반영한다. 벨과 용의 경우 고레스 즉위 후인 것으로 여겨진다. 그런 점에서 이 두 이야기는 모두 다니엘 1-6장과 마찬가지로 낯선 땅에서 어떻게 하나님 백성으로 살아갈 것인가라는 근본적인 주제를 다룬다고 할 수 있다.

수산나 가톨릭 성경 다니엘 13:1-64

본문에 따르면 이들이 살아가는 세상은 바벨론이지만 바벨론 같지 않고, 그들만의 독자적인 공동체를 이루어 살아가는 것으로 보인다. 그들에게는 자신들 공동체에서 일어난 문제를 독자적으로 다룰 수 있는 재판제도가 있었으며, 심지어 사형까지 집행할 수 있었다는 점에서 매우 자율적인 공동체의 모습을 보여준다. 바벨론에 살지만, 유다 같은 현실을 살고 있다. 이 점은, 세상 가운데 살아가지만 여전히 그 살아가는 곳에서 하나님의 법대로 살아가는 삶을 증언한다고 볼 수 있다. 세속 사회 속에 살면서 자치적인 재판 제도를 운용한다는 것이 쉽지 않지만, 수산나와 몇몇 구약의 다른 본문들은 세속 가운데서 하나님의 법을 따라 치리되는 공동체를 상정한다. 세속 사회 가운데 살지만, 오늘의 우리 역시 하나님의 법이야말로 그리스도인 공동체에 해당하는 근본적인 원칙인 것에 비견할 수 있다. 본문의 유대인들은 바벨론에 살면서 속히 유다에 돌아갈 날만 기다리지는 않는다. 이제까지 보았던 다니엘서 전체에 담긴 다니엘도 마찬가지이다 세상 가운데 살면서 불안정하고 어정쩡하게 살 것이 아니라, 그곳에서도 하나님을 섬기며 믿음으로 살아가야 한다는 것을 이와 같은 본문이 보여준다.

이 이야기에 등장하는 이들 가운데 중요한 이는 모두 다섯 명이다. 주인공은 수산나라는 여인인데, 매우 아름답고 주님을 경외하는 여인이라 소개된다. 그의 부모는 의로운 이들이었으며, 모세의 율법에 따라 딸을 교육했다. 그리고 수산나의 남편은 요야킴으로, 아주 부유한 사람이며 사람들의 존경을 받는 인물이라 소개된다. 수산나에 대한 언급과는 달리, 그에 대해서는 거의 다루어지지 않는다. 존경을 받는다지만 존경의 이유를 알 수 없고, 그에 대한 소개 가운데는 그가 넓은 정원을 가졌다는 말 정도가 있을 뿐이다. 사실 그는 이야기에서 거의 아무런 역할을 하지 않는다. 이 이야기에서 악인은 재판관으로 새로이 임명된 두 명의 장로들이며, 문제를 해결하는 이는 매우 젊은 다니엘이다.

재판 제도

이 이야기의 기본적인 상황은 재판 제도이다. 재판은 어디에 있건 공동체를 지탱하고 존재하게 하는 근본이다. 악이 있을 수 있지만, 재판이 무너지면 전부가 무너지게 된다. 이 이야기에서도 두 명의 장로는 재판관이라는 자신들의 지위를 이용하여 불의한 일을 진행하였으며 그로 인해 억울한 사람, 억울한 희생을 초래할 뻔하였다. 그에 비해 다니엘은 올바르게 재판하여 억울한 일이 없게 하였다.

두 원로의 거짓 증언으로 인해 수산나는 위기에 처하였다. 그녀는 하나님을 향해 크게 부르짖었고, 하나님은 그의 부르짖음을 들으셨다. 그래서 하나님은 다니엘이라는 젊은이의 영을 깨우셨다. 하나님은 억울한 이의 기도를 들으시고 다른 사람을 깨우셔서 사용하신다. 다니엘이 주장하는 말은 '죄 없는 이와 의로운 이를 죽여서는 안 된다'이다. 다니엘은 이들이 자신의 지위를 이용하여 다른 사람들에게도 그와 같이 행한 것을 지적하였다. 수산나를 무고하던 그들은 결국 사형당하고 말았다. 남에게 죄를 뒤집어씌우려고 했으나 자신들이 판 함정에 빠지고 말았다.

이들처럼 자신의 지위와 권력을 이용하여 욕심을 채우고 약자를 핍박하며 괴롭히는 이들은 언제나 존재한다. 이 장로들은 장로로서 존경받는 위치에 있는 데 더하여, 재판관이기까지 했다는 점에서, 사람들이 이들에게 맞서기 어려웠을 것이다. 57절에 따르면, 이미 이 사람들은 이전에도 이렇게 다른 이들에게 악을 행해왔다. 사람들은 이들에게 부당한 일을 당하지만, 겁에 질려 제대로 대응하지 못한다. 그렇게 고통을 당한 이들은 자칫 자신들이 당한 고통을 정당화하며 다른 이에게 임하는 고통도 당연한 것으로 여기기도 한다. 하나님의 거룩한 영이 임하였던 다니엘은 이러한 불의를 올바르게 대항하여 바로잡았다. 하나님의 영의 역사는 그러한 역사이다. 62절은 다니엘의 지혜로운 처리로 인하여 그날에 "무죄한 이가 피를 흘리지 않게 되었다"고 적고 있다. 억울한 피, 무죄한 피가 흘려지지 않는 것은 이토록 중요하다. 하나님의 성령의 인도하심을 받는 이들로 말미암아 이렇게 무죄한 피가 흘려지는 일이 바로 잡힌다.

이와 연관해 한 가지 더 볼 것은 수산나의 남편 요야킴이다. 그는 존경받는 사람이지만 아내가 당하는 고통과 누명에 대해 아무런 역할을 하지 않는다. 첫머리에 존경받는 인물, 넓은 정원을 가진 부유한 이로 소개되지만, 첫머리의 소개를 제외하면 다니엘로 말미암아 사건이 해결되고

난 후에 하나님을 찬양하는 여러 무리 가운데 한 사람으로 언급되는 부분에만 등장할 뿐이다. 품위 있고 기품 있으며, 넉넉하고, 악을 행하지는 않겠지만, 참으로 그는 무기력하다. 오늘 우리는 다니엘의 길과 장로들의 길, 그리고 요야킴의 길 가운데 어느 길을 걸어가고 있는가?

하나님이냐, 사람이냐?

수산나는 자신들의 요구를 들어주지 않으면 누명을 씌우겠다는 협박으로 인해 크게 탄식하며 하나님께 범죄하기보다는 사람들의 손으로 판함정에 빠지는 것이 낫겠다고 선택한다. 이 점에서 수산나 이야기는 요셉 이야기와 겹쳐진다. 둘 다 하나님 앞에서 범죄하지 않으려고 사람이 파놓은 함정에 떨어지기를 선택하였다. 함정에 빠지지 않으려는 것이 아니라, 차라리 함정에 빠질지언정 하나님께 범죄하지 않겠다 결정한 것이다.

이방 환경에 살면서 부당한 일들을 만나게 되고 함정에도 빠지게 된다. 그러나 사람의 함정에는 빠질지언정, 하나님 앞을 떠나지 말라. 요셉처럼, 수산나처럼. 이렇게 살아난 경우가 있는가 하면 나봇처럼 죽은 때도 있다.[31] 어느 경우이든 사람의 손에서 빠져나오기 위해 선택하는 것이 아니라, 하나님 앞에서 살아간다. 낯선 땅에서 세상과 같은 방식으로 살아가는 것이 아니라, 하나님 앞에 서 있어야 한다. 하나님께서 우리를 지키시고 인도하실 것이다.

벨과 용 가톨릭 성경 다니엘 14:1-42

이 부분은 두 개의 이야기로 구성되어 있다. 22절까지는 벨 우상과 연관된 이야기이고, 23-42절은 왕과 바벨론 사람이 섬기는 용에 관한 이야기이다. 1절에 등장하는 아스티아게스Astyages는 메대Media의 마지막 왕으

---

31) 나봇과 수산나 비교에 대해서 김근주, 「특강 이사야」 (IVP, 2017), 123-125를 참고하라.

로 알려졌다. 그의 딸이 안샨Anshan이라는 작은 나라로 시집을 갔고, 그 딸이 낳은 아들이 고레스인데, 결국 메대는 고레스에게 멸망하고 페르시아로 병합되었다.

벨 우상을 섬기는 바빌론인들

첫 번째 이야기의 배경은 벨이라는 바빌론 신 숭배이다. 벨은 바빌론의 우두머리 신을 가리킨다.사 46:1; 렘 50:2; 51:44 바빌론어인 "벨"은 히브리어에서는 "바알"에 해당하는 말로 '주'를 의미한다. 벨에게 고운 밀가루와 양, 포도주를 날마다 바치는 "바빌론인들"이 있었다. 이들은 다니엘서 2장에서 다니엘과 함께 등장하던 '갈대아 술사/사람들'을 가리킬 것이다. 벨과 용에서도 그들은 영적이고 신성한 것, 하늘의 일에 대한 지식이 특출한 사람으로 여겨진다고 볼 수 있다. 고레스의 시대가 되었음에도 이러한 바벨론 인들은 여전히 특별하게 존중되는 것 같다. 그 점에서 벨과 용 이야기는 다니엘서 2장과 대응된다고 볼 수 있다. 2장이 느부갓네살 시대 갈대아 술사들과 다니엘의 대결이라면, 벨과 용은 고레스 시대 갈대아 술사들과 다니엘의 대결이라고 할 수 있다.

그들이 벨을 섬기며 음식을 바치니, 임금도 벨을 섬기는 일에 예외가 아니었다. 임금 역시 그 우상 앞에 나아가 경배하였다. 그러나 다니엘은 오직 그의 하나님만 경배하였다. 모두가 경배하는데 다니엘만 예외이니, 왕은 그에게 왜 벨을 경배하지 않느냐 질문하였다. 다니엘은 "손으로 만든 우상이 아니라, 하늘과 땅을 창조하시고 모든 생물을 지배하시는 살아 계신 하나님"을 숭배한다고 대답하였다.단 14:5 이를 통해 다니엘은 벨이 살아있는 신이 아니라 우상에 불과함을 직접 선언한 셈이다.

벨의 제사장들은 벨에게 바친 제물을 자신들이 몰래 취하였다. 벨에 대한 신앙을 통해 사실상 자신들이 배를 불린 것이며, 이러한 조작을 통

해 벨에 대한 신앙심을 더욱 돋우었다고 할 수 있다. 어느 시대에나 종교
는 사람들로 신을 두려워하게 하며, 그를 통해 신의 중재자 역할을 맡은
이들의 배를 불리곤 한다. 이 제사장들은 벨 앞으로 몰래 가는 비밀 통로
를 만들어 두고 자신들만 그리로 다니며 음식을 취하고 이용하였다. 그
처럼 오늘날에도 신으로 가는 비밀 통로를 마치 자신들만 알고 있는 것
처럼 생각하며 하나님의 뜻을 독점하여 사람들이 그 앞에 굽신거리게 하
는 이들이 있다. 그래서 하나님께 무엇을 바치게 하고 하나님이 그것을
기쁘게 드신 것처럼 표현하는 이들이 있다. 예배와 헌금의 정성을 극도로
강조하며 마치 이 모든 것을 하나님께서 취하시기라도 하는 것처럼 강조
하는 오늘의 몇몇 개신교 교역자들과 벨의 제사장들은 실상 아무런 차이
가 없어 보인다.

그에 비해 여호와 하나님께서는 하나님께 나아오는 바른 도리를 일러
주셨다. 이스라엘은 하나님께 나아올 때 소나 양, 염소, 비둘기를 제물
로 드려야 했다. 이것은 모두 자신들이 손수 키운 가축이라는 점에서 무
엇보다 자기 자신을 하나님께 드린다는 의미라고 할 수 있다. 이렇게 드
려진 소는 번제의 경우 전부를 불태웠고, 화목제, 속죄제, 속건제의 경
우 기름 부위만을 불태우고 나머지는 제사를 주관하는 제사장의 몫이 되
었다. 번제나 화목제의 경우 하나님께서는 제물이 타는 냄새를 받으신다
고 표현한다. 이를 통해 하나님께서는 제물의 고기를 드시는 분이 아니
라 제물의 타는 냄새로 상징되는바, 예배자 자신의 헌신과 순종을 받으
신다는 것을 알 수 있다. 이렇게 드려진 제물 가운데 태우지 않은 부분은
제사장의 몫이 되며, 이를 통해 땅을 기업으로 받지 않은 제사장과 레위
지파가 살아갈 수 있었다. 구약 제사는 제물이 어디에 어떻게 쓰이는지를
명확하게 제시한다는 점에서 벨의 제사와 근본적으로 구별된다.

우상의 특징은 탐욕이다. 그리고 우상 제사장들의 특징은 독점이다.

그들만이 신의 전부를 아는 것처럼 독점하고 그를 이용하여 사람들을 미혹시킨다. 그러나 다니엘은 그들이 비밀 통로로 몰래 들어왔으리라는 것을 굳게 확신한다. 왜냐하면 하나님 외에는 신이 없기 때문이며, 신이라는 존재가 사람들이 차려 놓은 음식을 먹는 존재이지 않기 때문이다. 그래서 그는 재를 곳곳에 뿌려 두어 제사장들이 몰래 왔다 간 흔적을 드러내었다. 다니엘이 지혜롭기도 하지만 근본적으로는 살아 계신 하나님에 대한 신뢰, 그리고 하나님 아닌 그 어떤 것에도 신비를 주거나 굽신거리지 않는 태도와 자세가 돋보인다고 하겠다. 참된 지혜는 똑똑함이 아니라, 하나님께 대한 신뢰이다.

용을 숭배하는 이들과 다니엘

우상에게 굽신거리는 모습을 보여주는 또 하나의 이야기는 용 숭배이다. 여기에 언급되는 용은 헬라어로 "드라콘"인데, 보통 '용'을 의미하는 dragon으로 번역되거나 혹은 가톨릭 성경에서처럼 '큰 뱀'으로 번역되기도 한다. 이 단어가 헬라어 구약 성경에 처음 쓰인 것은 모세가 들고 있던 지팡이가 변한 뱀을 가리킬 때이다.출 7:9 종종 하나님을 대적하는 태고의 괴물을 가리키는 맥락에서 이 단어가 쓰였고,시 74:13-14; 욥 7:12; 사 27:1; 참고. 겔 29:3 요한계시록에서 마지막 날에 하나님을 대적하는 존재로 등장하는 용 역시 이 단어이다.계 12:3; 13:2; 20:2 등 바벨론 사람들과 그에 영향받은 왕은 당시에 존재하던 큰 뱀을 숭배하였다. 벨이 허상의 존재라면 큰 뱀은 눈에 보이게 존재하는 특별한 존재이다. 오래된 무엇이나 대단한 무엇은 사람의 숭배를 불러일으킨다. 하나님을 대적하는 존재를 뱀이나 용에 비유하는 것도 이와 연관될 것이다. 큰 뱀이나 용으로 상징되는, 대단하고 놀라운 무엇인가가 있다. 사람들은 이런 것들에 영향을 받고 굴복한다. 그러나 다니엘에게는 오직 살아 계신 하나님만이 온전한 경배의 대상일 뿐이다. 다니엘은 기름과 역청, 머리털을 사용해서 뱀을 죽게 한다. 그 모든 강한 것이 하나님을 경외하는 다니엘에게는 강하지 않다. 그 모든 놀라운 것이 하나님을 예배하는 다니엘에게는 놀랍지 않다.

사자 굴의 다니엘과 예언자 하박국

벨과 뱀이 모두 허상이 되어 버리자, 바벨론 사람들은 왕을 위협하며 다니엘을 자신들에게 넘겨줄 것을 요구한다. 결국, 다니엘은 그들에 의해 다시 사자 굴에 처하게 된다. 엿새 동안이나 다니엘은 일곱 마리의 사자들에 둘러싸인 채 사자 굴에 있었다. 놀랍게도 하나님께서는 예언자 하박국을 다니엘의 사자 굴로 데려와서 그의 먹을 것을 주게 한다. 7일째 되는 날, 왕은 다니엘이 죽었으려니 하며 굴을 찾아왔다가 다니엘이 멀쩡하게 사자 굴 안에 앉아 있는 것을 보게 되었고, 그를 죽이려던 이들을 사자 굴에 던져 넣어 버렸다.

다니엘은 사자 굴에 7일 동안 머물렀고, 사자 굴 속의 다니엘을 둘러싸고 있는 사자들은 모두 일곱 마리였다는 점에서, 그가 있던 사자 굴은 다름 아닌 하나님의 임재의 장소였다고 할 수 있다. 벨 이야기가 다니엘서 2장과 대응되었다면, 용 이야기는 다니엘서 6장과 대응된다. 하나님은 그 극심한 상황 속에서도 다니엘과 함께하셨다.

벨과 용 이야기가 우상 숭배를 주제로 한 것이라면, 수산나 이야기는 공동체 내부의 재판과 정의를 주제로 한 것이다. 낯선 땅에 살아가는 이스라엘을 이스라엘답게 하는 것은 무엇인가? 그것은 그 압도적인 이방 환경에서도 꿋꿋하고 견고하게 살아 계신 하나님만을 예배하며 살아가는 것이다. 꿩 잡는 것이 매라는 생각으로 살지 않고, 비록 포로가 되고 초라한 신세가 되었지만, 그들이 섬기는 하나님만을 굳게 붙잡고 살아간다. 아울러, 이방 땅이라 하여도 옳은 것은 옳은 것이며, 불의는 바로잡아야 한다. 약속의 땅 이스라엘이 아니라 이방 땅에 살고 있지만, 그곳에서도 무죄한 자의 피가 흘려져서는 안 된다. 이스라엘은 이를 순종하지 않았기에 결국 그 약속의 땅에서 쫓겨나게 되었지 않은가.

그러므로 이 두 이야기는 낯선 땅에서 하나님 백성으로 살아가기를 다루고 있다. 비록 사로잡혔지만 삶이 끝난 것이지 않으며, 믿음으로 말씀대로 살아가는 것이 끝난 것도 아니다. 여호와만을 섬기는 것이 아니라 힘과 권세와 능력을 지닌 나라들의 우상에 미혹 당하고 우상이 주는 부귀영화에 미혹되어 망하고 말았으니, 이제 낯선 땅에서라도 오직 하나님만을 섬길 일이다. 하나님이 주신 땅에서 불의가 가득하였고 무죄한 자가 희생되었으니, 이제 낯선 땅에서라도 정의를 행할 일이다. 그러므로 여기에서 낯선 땅은 하나님 백성이 하나님께로 돌아가고 그 율법을 따라 살아가는 땅이며, 죄악 된 과거로부터 돌이켜 하나님께로 돌아가는 공간이다. 이들이 여호와께 돌이킬 때 하나님도 그들에게 돌이키실 것이다.

이방 땅에서 살아간다는 것은, 이방의 벨과 용을 존중하지 않고 경배하지 않는 한, 언제든 사자 굴 가운데 살아가는 삶이라고 할 수 있다. 그러나 다니엘서는 풀무불과 사자 굴이 다름 아닌 하나님 예배의 장소임을 보여준다. 이것을 깨닫게 된 것이 이방 땅에 사는 자신, 그곳에서 여호와만을 섬기느라 고난받는 자신이었으니, 고난은 하나님이 살아 계시지 않음을 보여주는 증거가 아니라, 어디든 예배의 장소임을 보여주는 방편이다. 온 땅에 임재하시는 하나님에 대한 깨달음은 단순히 홀로 살며 고심한 철학적 숙고의 결과가 아니라, 낯선 땅에서 고난받는 삶의 현실에서 비롯되었다.

함께 나누어 볼 것

1. 수산나 이야기와 벨과 용 이야기는 다니엘서의 나머지 부분보다 확연하게 나중에 쓰인 글이라고 여겨진다. 이 이야기들이 나중에 쓰였으면서도 그렇게 널리 읽혔던 까닭이 무엇일지 생각을 나누어 보자.

2. 오늘 우리가 어떻게 세상 속에서 살아가야 할지에 대해, 수산나 이야기와 벨과 용 이야기가 주는 교훈을 나누어 보자.